W0410209

ACHIM VON ARNIM
UND
CLEMENS BRENTANO
FREUNDSCHAFTS-
BRIEFE
I

DIE
ANDERE BIBLIOTHEK

Herausgegeben
von Hans Magnus Enzensberger

ACHIM VON ARNIM

UND

CLEMENS BRENTANO

FREUNDSCHAFTS-BRIEFE I

1801 bis 1806

VOLLSTÄNDIGE
KRITISCHE EDITION
VON
HARTWIG SCHULTZ

EICHBORN VERLAG
FRANKFURT AM MAIN
1998

Herausgegeben unter Mitarbeit
von Holger Schwinn

ISBN 3-8218-4157-5
© Vito von Eichborn GmbH & Co. Verlag KG
Frankfurt am Main, 1998

Die »Liederbrüder« und ihre »Bresche in Göthens Litterairgeschichte«

Der Briefwechsel von Achim von Arnim und Clemens Brentano

Von Hartwig Schultz

Die deutsche Romantik wird – spätestens seit Theodor Fontane und Thomas Mann den *Taugenichts* als Verkörperung des musisch-deutschen Wesens verstanden – für eine typisch deutsche Erscheinung, für den Ursprung des gefährlichen »Sonderwegs« unserer Geschichte gehalten. Dabei sind die Texte der deutschen romantischen Dichter – von einzelnen Beispielen, wie dem zur Schullektüre avancierten Eichendorffschen *Taugenichts* abgesehen – bis heute kaum wahrgenommen, oft genug gar nicht publiziert worden. So ist der Briefwechsel von Achim von Arnim und Clemens Brentano – ein romantisches Gegenstück zum Briefwechsel der Klassiker Goethe und Schiller – bislang nur in der lückenhaften und tendenziösen Auswahlausgabe Reinhold Steigs bekannt, einer Edition der Jahrhundertwende, die noch alle Makel der Briefbücher des 19. Jahrhunderts trägt. Steig versucht, mithilfe von kommentierten Briefzitaten und -montagen sein einseitiges, heroisch eingefärbtes Bild Achim von Arnims zu vermitteln. Im ersten Band des dreibändigen Werkes, das den umständlich-betulichen Obertitel *Achim von Arnim und die ihm nahestanden* erhielt, veröffentlichte er von den ihm zugänglichen

Briefen der Freunde nur sorgfältig ausgewählte Abschnitte. Alles, was seinem Arnim-Bild nicht entsprach und was – wie er meinte – die Leser langweilen oder irritieren könnte, ließ er weg, ohne seine Auslassungen auch nur zu kennzeichnen. So blieb dieser Briefwechsel zu einem großen Teil unveröffentlicht, und lediglich die Briefe Brentanos aus dem Zeitraum 1802 bis 1812 sind seit kurzem vollständig in der großen historisch-kritischen Brentano-Ausgabe zugänglich.

Dabei vermag dieser Briefwechsel der Freundschaft mit seinen emotionalen Höhen und Tiefen, seinen oft spontanen Meinungsäußerungen und seiner Kritik an den hergebrachten Vorstellungen über Form und Sinn von Kunst heutige Leser eher zu fesseln als der etwas steifleinene Gedankenaustausch unserer Klassiker, der vielfach publiziert wurde. Während Goethe »Promemorias« »zu gefälliger Durchsicht« übermittelt und Schiller seinem Gönner in aller Form versichert: »Ich nehme wahren Anteil an dem Fortgang Ihrer jetzigen Geschäfte«, ist der Ton der beiden unternehmungslustigen Studenten Arnim und Brentano locker und offen. Dabei sind die Gesprächsthemen oft nicht minder gewichtig als bei den Klassikern, und hier wie dort mischen sich Klatsch und Kunst, ästhetische Diskussionen und persönliche Erfahrungen. Doch es sind nicht zwei etablierte, bereits über Deutschlands Grenzen hinaus anerkannte Dichter, die hier miteinander korrespondieren, sondern zwei junge Menschen, die ihre Freundschaft in einem literarischen Briefwechsel erst entdecken und entwickeln und im Verlauf dieses Briefwechsels zu Dichtern der neuen, der »romantischen« Generation heranreifen. Hier korrespondiert nicht der »Dichterfürst«, der »Literaturpapst« und Minister Herr von Goethe mit dem Professor der Geschichte und Philosophie, Friedrich von Schiller, sondern ein Studentenpaar, das sich nach den »klassischen Jahren« unserer Literatur im Jahre 1801 bei einem Studiensemester in Göttingen erst kennengelernt hatte. Gemeinsam nahmen die beiden an einer studentischen Huldigung Goethes teil, die Arnim selbst als Fackelzug arrangiert hatte. Den Dichter Goethe, mit dem Arnim bereits in Göttingen ein persönliches Gespräch führte, betrachteten die jungen Leute nicht als Denkmal einer vergangenen Epoche, sondern als leuchtendes Vorbild einer neuen Zeit – ganz ähnlich wie dies zunächst auch die großen ästhetischen Revolutionäre der Frühromantik, die Brüder Schlegel, Tieck und Novalis taten. Mit dem jugendlichen Sturm-und-Drang-Goethe, der Lieder im Volksliedton schrieb und sich in seiner großen Hymne mit Prometheus identifizierte, der die vermeintlich deutsche Baukunst in der Gotik des Straßburger Münsters verherrlichte und seine Liebeserfahrungen und Adelskritik im empfindsamen *Werther* offenbarte, mit diesem genialen jungen Poeten fühlen sich Arnim und Brentano ebenso verbunden wie mit dem *Wilhelm Meister* und seiner Mignon. Daß sich der Autor seither von einigen frühen Werken, insbesondere vom *Werther*, längst losgesagt hatte, erklärten sie sich aus dem steifen höfischen Umfeld in Weimar: »Das ist ja eben sein Unglück, daß er keine ordentlichen Leute hatte mit denen er Jugendlich bleiben konnte, drum ist er ja etwas steifstellig worden«, resümiert Brentano noch 1808 und ermuntert Arnim: »Ich bin versichert, daß Göthe dich unterstüzzt, wenn du ihn bittest«.

So wird der Briefwechsel zum Zeugnis einer zunächst harmonisch verlaufenden Begegnung zweier Generationen. Vom »Geiste der immer neuen jenaischen Jugend« weiß Goethe 1802 seinem Schriftstellerkollegen Schiller noch ohne den Unterton von Kritik oder Beängstigung zu berichten. Es ist eine Jugend, die auf Anerkennung durch die herausragenden, unangefochtenen literarischen Instanzen der Weimarer Klassik hofft, sich aber von deren ästhetischen Vorstellungen rasch und weit entfernt. Der Konsens beschränkt sich im wesentlichen auf die Verehrung der Dichtung, »die wir (wie Goethe 1806 schreibt) seit Jahren Volkslieder zu nennen pflegen, ob sie gleich eigentlich weder vom Volk, noch für's Volk gedichtet sind, sondern weil sie so etwas Stämmiges und Tüchtiges in sich haben«. In seiner euphorischen Rezension der von Arnim und Brentano herausgegebenen und bearbeiteten Sammlung *Des Knaben Wunderhorn* empfiehlt Goethe: »Von Rechtswegen sollte dieses Büchlein in jedem Hause, wo frische Menschen wohnen, unterm Spiegel, oder wo sonst Gesang- und Kochbücher zu liegen pflegen, zu finden seyn«; ausdrücklich weist er kleinkarierte, philologische Kritik an diesen »romantisierten« vermeintlichen Volksliedern zurück und bittet die Herausgeber um Fortsetzungsbände, die denn auch nicht lange auf sich warten lassen. Hier scheint die Annäherung der beiden Generationen geglückt, und es kommt ja nicht von ungefähr, daß die Germanistik in der Begriffsbildung »klassisch-romantische Stimmungslyrik« die gelungene Synthese im Bereich der lyrischen Gattung längst sanktioniert und kanonisiert hat.

Im Briefwechsel ist die Aufbruchsstimmung, die schon die Jenaer Romantik der Jahrhundertwende mit ihren legendären Begegnungen der Schlegel-Paare mit dem Meister im »Paradies« und den Treffen am Löbdergraben in Jena erfaßt hatte, noch intensiv zu spüren. Begeistert berichtet Arnim seinem Freund von der Sympathie Goethes für das Wunderhorn-Projekt, als er ihn 1805 mit druckfrischen Exemplaren des ersten Bandes im Gepäck in Weimar besuchte und mit ihm gemeinsam nach Jena reiste: »Er hat mich auf alle Tage eingeladen zum Mittagessen, fast über jedes Lied gesprochen«, berichtet er Brentano. »Es war mir dabey als wenn eine schöne Königin mit ihren Fingern durch meine Mähne striche und mir den Hals klatschte.« Als Brentanos Schwester Bettine, die sich unter dem Einfluß des Bruders Clemens als Naturkind Mignon stilisierte, Kontakte in Weimar geknüpft hatte, scheint der Durchbruch erreicht und eine intensive Freundschaft und Zusammenarbeit der jungen romantischen Dichter mit dem großen, nun »verjüngten« Dichter begründet. Im Juli 1807 berichtet Brentano dem Freund: »Göthens Gespräche mit Bettinen sind ein Schatz für uns Freunde, er war wie ein Kind, er gestand ihr, daß er mürrisch und kalt oft sei, daß er sie ewig um sich wünsche, daß er dann nie alt geworden, daß er nie einen Jüngling so schnell geliebt wie dich ... Sie hat ihn gezankt, gestärkt, und gebessert und verjüngt, in drei Stunden; und alles ist so in ihm, wie wir es uns gedacht.«

Bei den Arbeiten zum zweiten und dritten Band der berühmten Wunderhorn-Sammlung, die mit einem Kinderlieder-Anhang 1808 abschließt, sind sich die beiden Bearbeiter, die »Restaurationen und Ipsefacten« bedenkenlos gemischt hatten, nicht immer einig. Arnim beklagt sich, daß Brentano Texte zurückhält, und ahnt nicht, daß sein Freund anderen Fassungen den Vorzug gibt oder selbst starke Veränderungen vorgenommen hat, die er nicht vorzeitig aufdecken will. Brentano dagegen befürchtet, daß sein Freund im dichterischen Feuer den Eigencharakter der einzelnen Lieder verwischt: »du dichtest, und wenn du in Zug kömmst, kannst du nicht glauben, wie angst und bang mir wurde, denn in einem poetischen Fieber von 1808, nahmst du hintereinander alle Saecula vor, und gabst ihnen oft wieder willen und ohne Noth von deiner Hypocrene [Hippokrene]«. Sehr deutlich wird bei solchen Zitaten, daß die beiden keine exakte Wiedergabe der überlieferten Texte anstreben – wie sie heutigen wissenschaftlich-editorischen Maßstäben beim Umgang mit alten Texten entspräche –, sondern bewußt »weiter- und umdichten«, daß sie »romantisieren« und modernisieren, um dem zeitgenössischen Publikum les- und sangbare, verständliche und ästhetisch abgerundete Texte zu bieten – in der Hoffnung, eine stände- und länderübergreifende Singschule der Nation zu schaffen. Dabei behalten sie stets einige Elemente der Quellentexte bei oder fügen sogar altertümliche und volkstümliche Elemente hinzu, um den Eindruck des Alten, lediglich »Restaurierten« zu erwecken.

Es ist eine künstliche, aber zugleich kunstvolle Patina, die diese Lieder überzieht. Wenn Heinrich Heine ausgerechnet im Lied »Zu Straßburg auf der Schanz«, in das die Bearbeiter jenen (bereits von Goethe bemerkten) »sentimentalen Sehnsuchtsklang« der Romantik erst einführten, den »Herzschlag des deutschen Volkes« spürt, wenn Germanisten des 20. Jahrhunderts gerade das artistisch zusammengefügte, mit einer Zusatzstrophe Brentanos abgerundete und dergestalt »romantisierte« Gedicht »Laß rauschen, Lieb, laß rauschen« als typisches Volkslied interpretieren, so wird deutlich, wie erfolgreich die beiden mit ihren Text-Manipulationen waren. Die raffinierte Mischung aus Alt und Neu, die charakteristisch ist für eine Reihe von vielfach nachgesungenen und weiterverarbeiteten Wunderhorn-Liedern, wird zum Muster für die gesamte deutsche Lyrik des 19. Jahrhunderts. Es ist der Wunderhorn-Ton, den Uhland und Heine, Eichendorff und Freiligrath aufnehmen und den wir bis heute als typisch für das deutsche Volkslied empfinden. Klassik und Romantik haben im sangbaren Stimmungslied und den balladesken »Romanzen« neue Formen entwickelt, die eine Zeitlang sogar als Verwirklichung des »Lyrischen« schlechthin verstanden wurden. So wie die Märchen der Brüder Grimm heute trotz aller wissenschaftlichen Belege über italienische und französische Quellen und Gewährsleute als typisch deutsch gelten, so sind die Wunderhorn-Bearbeitungen von Arnim und Brentano als deutsche Volkslieder in das Bewußtsein der Deutschen eingegangen.

Das Wunderhorn-Projekt verdrängt im Briefwechsel von Arnim und Brentano andere Projekte. So planen die beiden unter dem Titel *Lieder der Liederbrüder* eine Sammlung eigener Texte, die sie »fest und innig« »ineinander verweben« wollen: »du bist mein literarischer Mund«, schreibt Arnim, und Brentano spricht von der »liebsten Idee, diese Lieder ... an einen romantischen Faden gereiht erscheinen zu laßen«. Er hat die Vorstellung, »das Ganze in einen Sing Decameron ... durch leichte Umrisse zu verbinden«. Das Projekt kam nicht zustande, doch verraten die aufeinander bezogenen, in die Briefe eingefügten Gedichte und die Diskussion der Pläne, was sich die beiden als »freudige Umarmung unsrer Jugend« vorstellten: »im Eingang schreiben wir uns die Lieder einander zu, und wehren uns bescheiden, und umarmen uns«, »in den Gegenseitigen Zuschriften können wir uns artig lieben, flattiren, rezensiren und persifliren«, schreibt Brentano. Die meisten der Gedichttexte, die im Hinblick auf die geplante Sammlung aus den Briefen »herauswachsen«, wurden später in anderem Kontext publiziert. Einiges erschien in der von beiden herausgegebenen Programmzeitschrift der Heidelberger Zeit, der *Zeitung für Einsiedler* 1808, manches blieb jahrelang in der Schublade und fand erst in postumen Editionen den Weg in die Öffentlichkeit. Die jüngste Publikation von Arnims Lyrik im Deutschen Klassiker Verlag und das publizierte Lyrik-Register (beides verdienstvolle Arbeiten von Ulfert Ricklefs) belegen, daß es sich bei den Briefgedichten oft um erste Fassungen handelt, die Arnim vielfach weiterverarbeitete. Im Brief improvisiert und experimentiert er, erprobt er Mischformen von Vers und Prosa, um so neue Sprachstrukturen zu entwickeln, die »Natur« in sich tragen, die der Sprache nicht als fremde, künstliche Maße übergestülpt werden, sondern aus der »natürlichen« Prosasprache unter dem unmittelbaren Einfluß von Natur-Erlebnissen herauswachsen. »Ich habe es hier ganz gefühlt«, schreibt er aus Wien 1803, »welch ein freundschaftliges Sylbenmaß in aller Natur ist mit mannigfaltigen Reimen durchflochten«, und beobachtet: »meine Worte wurden Verse ... Meine Neigung zu Silbenmaaß und Reim vermehrt sich, ich habe schon ganze Reihen wenn ich nur die Silbenmaaße erfahren könnte, sie gehören alle dem Zufalle, die Sonette ausgenommen«. So entsteht jenes »bewußtlose Fortrollen mancherlei Gedanken, was wir schreiben nennen«, wie Arnim selbst sein Vorgehen beschreibt, dessen Verwandtschaft mit dem »automatischen«, halb- oder unbewußten Schöpfungsprozeß den Surrealisten unseres Jahrhunderts nicht verborgen blieb. Es sind Mischformen von Vers und Prosa, die sich auf diese Weise ohne Kenntnis von metrischen Regeln und Schemata herausbilden. Versgrenzen werden oft im Brieftext gar nicht markiert, so daß sich rhythmische Strukturen und Reimverbindungen auch beim Lesen wie von selbst zu entwickeln scheinen. Bilder, Ideen und Verse »sprudeln« bei Arnim aus einem nur halb kontrollierten Bereich traumartiger Zustände, die von den zeitgenössischen Vertretern der romantischen Naturphilosophie und Medizin als »Nachtseite der Naturwissenschaften« und gelegentlich schon als »Unbewußtes« bezeichnet werden. Dabei setzt Arnim konsequent die frühromantischen (zum Teil aus dem Geniekult des Sturm und Drang übernommenen) Vorstellungen von schöpferischer Spontanität und radikaler »Subjektivität« um. »Romantische Ironie«, die jedem Heroismus abschwört und das mythische Material bedenkenlos zerstört und neu kombiniert und das in der Frühromantik geforderte phantastische Chaos freisetzt, kommt hinzu. So haftet der integrierten Dichtung Arnims etwas Provisorisches, Vorläufiges an, und der von ihm für einen Briefzyklus gewählte Titel »Polterabend der Mythen« trifft wesentliche Charakteristika dieser Brieflyrik.

Brentano dagegen ist der vergleichsweise kühle Artist, der die Kunst als höchsten Wert ansieht und nur perfekte, klangschöne Sprachkunstwerke in die Briefe einbettet. Seine Gedichte – wie das berühmte *Der Spinnerin Nachtlied* (»Es sang vor langen Jahren«) und »O Mutter halte dein Kindlein warm«, die zu den Meisterwerken der deutschen Romantik zählen, – sind bereits im Briefkontext bis ins letzte durchgestaltet. Es sind ausgefeilte Klanggebilde, die dem – ebenfalls frühromantischen – Ideal perfekter Sprachmusik entsprechen und trotz schlichter Syntax und Metrik komplexe Artistik entfalten. Vom simplen Volksliedton entfernen sich diese Texte ebenso wie die scheinbar spontanen Verse Arnims. Angesichts der Gegensätzlichkeit der lyrischen Ästhetik der beiden Freunde wäre die geplante gemeinsame Publikation der »Liederbrüder« ein spannungsreiches Gebilde geworden, in dem die Freunde ihre je eigene Art lyrischen Dichtens in fruchtbarer Auseinandersetzung zu bewähren hätten. Vielleicht ist es diese konträre Position, die – neben den politischen Ereignissen und persönlich-biographischen Faktoren – dazu führt, daß dieses Projekt nicht zustande kommt. Denn die politischen Differenzen, die aufbrechen, als Arnim erwägt, mit dem preußischen Prinzen Louis Ferdinand ins Feld zu ziehen, als er den Plan einer patriotischen Zeitung entwirft, werden rasch überwunden: »der Kerl, der hinter dir steht«, schreibt Brentano 1806 seinem Freund, »steht hinter manchem Soldaten, aber nicht oft hinter dem Dichter ..., Göthens Dasein ..., ist es nicht herrlicher, größer, ewiger, ich möchte sagen tapferer, als jenes des herrlichsten Siegers, und ist denn die Lage unsers Vaterlandes so schrecklich, da es des Tods seiner Götter bedarf, um es zu erlösen, es ist etwas entsezliches, in einer Zeit, wo nur die Idee siegt, mit den Waffen in der Hand zu sterben ... rette doch dein Vaterland, steige auf dein Flügelroß, und mache eine Bresche in Göthens Litterairgeschichte.« Arnim kann seinen Freund beruhigen: »Soldat fürchtest du daß ich werden möchte, es wäre freilig das einfachste, aber wahrscheinlich auch das nutzloseste bey meiner Unkenntniß und Ungewohnheit in tausend nothwendigen Dingen, aber ... laut und vernehmlich will ich reden und will kein Blat vors Maul nehmen und mag das Wort wie leerer Wind tausendmal gesprochen worden seyn, ich will es doch thun, mitfreuen, mitleiden, mitfallen, aufmuntern und trommeln, während andere fechten ... Ein guter Rat ist auch eine That«. So kann Brentano, der mit keinem Wort auf Arnims beigefügten Aufruf zu einer Zeitung reagiert und auch die Verteilung von Kriegsliedern durch Arnim nicht kommentiert, aufatmen, und er schlägt vor, »gegenseitig alles Politische [zu] vermeiden in unsern Briefen ... Ach daß es Friede wär! daß ich dich sehe an dem alten Wunderkasten stehen und ins Wunderhorn stoßen«.

Arnim beherzigt die Mahnung des Freundes, weiterhin gemeinsam »der unsichtbaren Kirche der Kunst« zu dienen, und sammelt und dichtet fast ununterbrochen für die gemeinsamen Projekte. Das Bindeglied ihrer Ästhetik ist für uns heute klarer zu erkennen als für die Zeitgenossen. Es ist die Wendung gegen das Klassische, gegen die etablierten, vom Vorbild der griechisch-römischen Antike geprägten Denkmodelle und Formen, auch gegen den »musealen« Umgang mit der Antike. »Wenn du vor den Antiken stehst, und den Gemälden und in der Bibliothek«, schreibt Brentano bereits 1802, »so ärgere dich um Gottes willen, daß sie Anstalten für die Kunst sind, und faße den Entschluß lieber tausenden den Sinn zu geben, als eine Anticke ausgraben zu laßen, die Goldne Zeit wohnt dicht am Herzen der Erde, und wenn das Kind anfängt aufrecht zu gehen, wird es schon ein Infanterist, wie das Steckenpferd schon der Schritt zur Kavallerie ist, wo die Kunst sich dem Marmor gesellte, war keine Poesie mehr im Fleisch.« Wenn Arnim und Brentano dennoch mythisches Material »ausgraben«, so zerstören sie es und deuten es ganz subjektiv und spielerisch auf die eigene Freundschaft um. Ihr Umgang mit der griechischen und römischen Antike ist völlig anders als der Goethes in seiner von Winckelmanns Vorstellung der Antike geprägten *Iphigenie*. Wenn Arnim und Brentano die harmonische Abrundung der Kunstwerke verwerfen, indem sie ihre Phantasie in Arabesken frei wuchern lassen, so erfüllen sie nicht nur frühromantische Postulate, sondern gebärden sich wie Dichter des 20. Jahrhunderts. Die Moderne kündigt sich an, und selbst dort, wo die perfekte

Form noch einen harmonischen Zusammenhang aller Dinge fast gewaltsam produziert, wird die radikale Isolation des Individuums spürbar. Einsamkeit und Verzweiflung breiten sich aus; in der Freundschaft, in gegenseitiger Stützung und Ergänzung ist einzig Hoffnung, die jedoch im Laufe des Lebens immer mehr erlischt. Nur der Freund kann ihn von seinem Nihilismus befreien, kann ihn »entnichtsen«, wie Brentano bereits 1802 formuliert, er kann »mich frei und unabhängig machen ... von meinem fürchterlichsten Feinde, der mich langsam tödet, von mir selbst, und innerlicher Verzweiflung«. Die Romantik ist nicht so, wie der heutige umgangssprachliche Gebrauch des Wortes »romantisch« suggeriert. Der »Polterabend der Mythen« zerstört die Hoffnungen auf eine harmonische, von Dichtern und Philosophen neu entworfene Welteinheit endgültig und läßt die von Friedrich Schlegel erhoffte »neue Mythologie« zur Ersatzreligion des Artisten werden, die in einem Polterabend altes Material zerschlägt und in privaten Ersatzmythen zusammenflickt.

Ricklefs hat versucht, dieses Neue und Besondere in Arnims Lyrik mit den Begriffen Surrealismus, Symbolismus und Esoterik zu umschreiben und betont die Affinität dieser Dichtung zum Bereich von Traum und Unbewußtem. Bei Brentano sind es mehr die Radikalität, mit der der »Homo poeta« am Primat der Kunst und des Künstlers festhält, und seine »modern« anmutenden Bild- und Verskombinatorik sowie eine überall durchschimmernde Liebessehnsucht, die stets mit Verzweiflung und Vereinsamung gepaart ist, die eine Verbindung zur Moderne herstellen, wie sie Hans Magnus Enzensberger und Karl Heinz Bohrer festgestellt haben. Ein Heraustreten aus den Konventionen von Kunst und Gesellschaft der Zeit ist für Arnim und Brentano selbstverständlich und führt zu ganz verschiedenen ästhetischen Vorstellungen, die in der Frühromantik eine gemeinsame Quelle haben und mit dem heute durch umgangssprachliche Verwendung verwässerten Begriff »romantisch« kaum zureichend beschrieben werden.

Wie weit sich die junge Generation bereits kurz nach der Wende zum 19. Jahrhundert von der geordneten, oft philiströs anmutenden Welt der etablierten Klassiker abhebt, wird in zeitgenössischen Beschreibungen ihres Ambiente deutlich. Joseph von Eichendorff sieht Arnim und Brentano als »fahrende Sänger«, deren wichtigster Besitz die Laute ist. Wilhelm Grimm beschreibt die genialische Unordnung der beiden im Jahre 1809 detailliert: Brentano »richtete sich … die Stube so ein, daß das eine Fenster vollends zugehängt wurde, daß nur eine Scheibe offen blieb, darnach stellte er die Commode mitten in die Stube, ein paar Kasten darum, welche als Tisch und Stuhl dienen mußten, denn den einzigen Stuhl, der sich darin befand, hatte er zerbrochen und festgebunden, um bequem sitzen zu können, und so waren alle Geräthschaften zur Dichtung vorhanden. … Freilich beim Arnim wars am schlimmsten und so arg, daß Brentano, der doch eine gute Unordnung verträgt, es nicht mehr aushalten konnte und drei Tage lang an der Ordnung der Bibliothek arbeitete. Allein Arnim klagte nun über die entstandene Unordnung, und wie er nichts mehr finden könne. Die Commode war mit Röcken, Wäsche, Büchern pyramidenförmig aufgehäuft, alle Schubladen waren herausgezogen, in den Ecken waren Gewehre aller Art aufgepflanzt, die zwei vorhandenen Stühle waren besetzt mit Büchern, Briefschaften, Hausgeräth, z. B. Gläsern, Messern, wozwischen rothe Tücher als Friedensfahnen heraushingen und Ruhe unter dem verschiednen Zeug hielten. Der einzige Tisch war auf dieselbe Art versorgt. Arnim sitzt nie und schreibt an einem Pult, auf einem Brett, auf dem nichts liegen konnte, aber hier schreibt er mitten in dieser Unordnung die herrlichsten und göttlichsten Dinge«.

Die Destruktion der konventionellen, der philiströs-bürgerlichen Ordnung geht einher mit neuen Schöpfungen, es entsteht eine Poetik der »Tollheit«, des vermeintlichen Wahn-Sinns, die äußerst modern wirkt. Dabei sind sich die beiden der Gefahren einer lediglich destruierenden, chaotischen, sinnleeren Kunst durchaus bewußt. Angesichts einiger Werke von Jean Paul und Joseph Görres stellt Arnim fest, »warum auch Jean Pauls meiste Arbeiten verfehlt sind, es fehlt darin an dem poetischen Ernste ohne welchen auch der schönste Muthwille zum Erfrieren langweilig wird, diesen Mangel an eigentlichem grossen Sinne kann kein Witz ersetzen«.

Während der Zeit des Briefwechsels erscheinen Proben der neuen Dichtkunst auch als Veröffentlichungen; bei Arnim sind es Romane neuen Typs, die jeweils Gedichte und Gedichtzyklen integrieren, wie dies die frühromantische Poetik mit ihrer Forderung nach einer Verschmelzung der Gattungen verlangte: 1802 *Hollin's Liebeleben*, 1804 *Ariel's Offenbarungen*, 1810 der Eheroman *Dolores*. Brentano dagegen war publikationsscheu; nach den in rascher Folge erschienenen Jenaer Veröffentlichungen und dem *Wunderhorn* der Heidelberger Phase gibt es kaum Lyrik-Publikationen von ihm, und die Brieftexte sind oft bis heute (neben dem *Godwi*) die beste Quelle für seine genialische Lyrik. An seinen großen Projekten, den *Romanzen vom Rosenkranz* und den »italienischen Kindermärchen« (nach Basile), die er mit einem Rheinmärchenzyklus verschmelzen wollte, arbeitete er sein Leben lang, ohne sie abschließen zu können. »Meine Pläne sind alle sehr gut, aber ich bin meinen Plänen nicht gewachsen«, bekennt er Arnim schon 1803. So sind es nur einige Lesedramen und Erzählungen, die während des Briefwechsels eine breite Öffentlichkeit erreichen.

Die Auseinandersetzung mit den Klassikern und die Diskussion ästhetischer Probleme machen nur einen kleinen Teil des Briefwechsels aus. Es ist die intensive emotionale Beziehung der beiden, deren Entwicklung aus dem Briefwechsel deutlich wird. Nur kurz waren die Phasen des Kennenlernens, der gemeinsamen Rheinreise, des Miteinanderlebens in Heidelberg und Berlin sowie gelegentlicher Besuche. Die Freundschaft entfaltet sich im Medium des Briefes. Was heute von jungen Leuten kaum noch nachzuvollziehen ist, entsprach seinerzeit dem Trend, einem Kult, der sich bereits im 18. Jahrhundert entwickelt hatte und unter dem Einfluß der frühromantischen Ideen zu neuer Blüte kam. Der gefühlvoll-überschwengliche Ton, der emotionale Ausbrüche und Liebeserklärungen auch unter Gleichgeschlechtlichen beiderlei Geschlechts nicht scheut – ja durchaus homoerotische Nuancen entwickeln kann, die keinem Tabu unterlagen –, erinnert an Briefe, wie sie Klopstock und Heinse, Lenz und der junge Goethe in den sechziger und siebziger Jahren des 18. Jahrhunderts geschrieben hatten. Die Forderung eines Friedrich Schlegel, alle Lebensbereiche zu »poetisieren«, fördert diese Tendenz, die Freundschafts- und Liebesbriefe phantasievoll und spontan zu gestalten wie Kunstwerke. Auch die Idee des Jenaer Kreises, eine »neue Liebe« als »Religion« und allumfassende, universelle Kraft zu begreifen und zu leben, fasziniert die romantische Generation. Die Existenz bürgerlicher »Philister«, die stets auf dem Weg vom Butter- zum Käsemarkt unterwegs sind (wie Brentano es in seiner bereits in Jena konzipierten Philistersatire höhnisch formulierte), scheint ihnen zu eng, zu sehr von ökonomischen und ideologischen Zwängen beherrscht. Sie wollen neue Formen des Zusammenlebens erproben und stellen ihre Freundschaft unter diese Ideen der Frühromantik, die kurz vor der Jahrhundertwende vom Schlegel-Tieck-Kreis entwickelt wurden.

Clemens Brentano hatte als Student in Jena Feuer gefangen. Nach gescheiterten Versuchen, in der Ex- und Importfirma seiner Brüder in Frankfurt oder bei Geschäftsfreunden eine kaufmännische Lehre zu absolvieren, und nach dem Abbruch des Studiums der Bergwissenschaften und Volkswirtschaft in Bonn und Halle war er 1798 nach Jena gekommen, um Medizin zu studieren. Auch dieser Plan scheiterte, und statt in Vorlesungen zu gehen, pflegte er intensive Kontakte zu den Brüdern Schlegel, zu Dorothea und Caroline und zum »König der Romantiker«, wie Ludwig Tieck genannt wurde. Zur Verwunderung dieses Kreises setzte Brentano die aphoristische Poetik Friedrich Schlegels rasch und brillant um (nach Meinung einiger Freunde in übertriebener Form) und publizierte in rascher Folge Proben dieser neuen Dichtkunst, wie er sie verstand: den zweibändigen Roman *Godwi oder Das steinerne Bild der Mutter* (1801), die dramatische Satire *Gustav Wasa* (nach und gegen August von Kotzebue; 1800) und das Erzählfragment *Der Sänger* (1801). Bereits diese Werke des abtrünnigen Medizinstudenten enthalten geniale Lyrik, die bis heute zu den schönsten der romantischen Schule gehört, darunter die erste Loreleydichtung (»Zu Bacharach am Rheine«), die zur Keimzelle eines Kunstmythos des 19. Jahrhunderts werden sollte.

Es gelang Brentano, den Kommilitonen Achim von Arnim bei einem Gastsemester in Göttingen für die neue Kunst und ihre Verwirklichung in einem »romantisierten« Leben zu begeistern. Medium dafür ist der Briefwechsel, ein Gedankenaustausch, der – ganz den romantischen Theorien entsprechend – nicht nur literarische Themen behandelt und zahlreiche Freundschaftsgedichte enthält, sondern selbst zum Kunstwerk, zum Dokument einer gelebten Kunst gerät.

Es ist das Verdienst von Holger Schwinn, in seiner Dissertation von 1997 die Entwicklung dieser Freundschaft in ihren einzelnen Phasen systematisch untersucht zu haben: »Die erste dieser Phasen umfaßt die Jahre 1801 bis 1804, Arnims Reisejahre. Sie steht (mit der Zäsur der gemeinsamen Rheinfahrt im Juni 1802, die als Teil der Bildungsreise Arnims, als ›Schlüsselerlebnis‹ und wichtiges Symbol der Freundschaft dem Briefwechsel neue Impulse verliehen hat) ganz im Zeichen des Entwurfs und der Konstitution des Dichterbundes«. »Eine neue Phase der Freundschaft und des Briefeschreibens ... umfaßt die in den Jahren 1805 bis 1809 geschriebenen Briefe ... Sie wurde von der ... Produktion herzbrüderlicher Werke in den Jahren 1805, 1807 und 1808 geprägt. ... Der Gedanken-, Ideen- und Informationsaustausch über gemeinsame Literaturpläne, über Privates und Zeitgeschichtliches ... wurde in diesen Jahren fortgesetzt. Der Stil der Briefe ist prosaischer, ihr Inhalt politischer als in den Jahren zuvor ... Die dritte Phase der Freundschaft und Korrespondenz umfaßt mehrere vergebliche Versuche der Festigung des zerfallenden Bundes in den Jahren 1811 bis 1816 ... Die Briefe dieser Phase sind – im Vergleich zu den stark stilisierten der ersten Phase – in der Regel prosaisch und nüchtern geschrieben ... Aus der Zeit nach 1816 sind nur vereinzelte (rund zehn), wohl alle nach 1818 geschriebene, zum Teil nur schwer datierbare Briefe beziehungsweise Briefexzerpte überliefert, die von formeller Freundschaft und gegenseitiger Entfremdung zeugen.« Ob daraus der Schluß gezogen werden darf, daß diese Entfremdung unauflösbar war, steht dahin. Denn schließlich ist es der Tod Arnims (1831), der eine Wiederannäherung, wie sie beim Verhältnis Clemens – Bettine ansatzweise erkennbar wird, unmöglich macht. Brentano hat sich nach 1831 noch einmal stark gewandelt. Nach der Phase missionarischen Eifers für die katholische Bewegung, die auch in zwei schier endlosen Bekehrungsbriefen an Arnim ihren Niederschlag findet, wendet er sich in der Münchener Spätzeit einer neuen Liebeslyrik zu. Die Begegnung mit der Malerin Emilie Linder führt dazu, daß er im abgeschirmten »privaten« Bereich seine Fixierung auf religiöse Erbauungsliteratur wieder vergißt. Auch die Spätfassung des *Märchens von Hinkel, Gockel und Gackeleia* zeugt von dieser neuerlichen Wendung. In diesem Kontext wäre eine Wiederbelebung des Freundschaftsbundes auch mit Arnim durchaus vorstellbar gewesen.

Die Probleme des alltäglichen Lebens mit all seinen psychologischen Spannungen, die gerade in der Phase von Studium, Partnersuche und Familiengründung besonders bedrohlich erscheinen, werden im Briefwechsel nicht ausgespart, sondern bestimmen ihn über weite Strecken. Was sich heute in endlosen Telefongesprächen neben der reinen Informationsübermittlung vollzieht: Aussprache und Auseinandersetzung, Werbung und Zurückweisung, Hoffnung und Selbstzweifel artikulieren sich am Anfang des 19. Jahrhunderts in Briefen. In der Beziehung zur Schwester Bettine, die Brentano (mit Erfolg) dem Einflußbereich des kommerziellen Frankfurter Elternhauses zu entziehen suchte, und in der Freundschaft zu Arnim, den Brentano von seinen naturwissenschaftlichen Studien in den Bereich der Poesie hinüberzog, wird das antibürgerliche, antiphiliströse Leben für die Kunst erprobt, wobei das wirkliche Zusammenleben in den Briefen diskutiert und antizipiert wird. Denn Arnim tritt kurz nach der Göttinger Begegnung im November 1801 seine »Kavalierstour« an, die ihn nach Österreich, in die Schweiz, nach Italien, Frankreich, Holland, England und Schottland führt. Erst 1804 kehrt er endgültig nach Deutschland zurück. Die gemeinsam mit dem Bruder Carl Otto (genannt Pitt) unternommene Bildungsreise teilt sich in einen ersten – südlichen – und einen zweiten – nördlichen – Abschnitt. Das Herz- und Mittelstück ist die Rheinreise mit Clemens, die von Mainz über Rüdesheim und Bingen nach Koblenz führt. Die Erlebnisse dieser gemeinsamen Zeit im Sommer 1802 und die Erinnerung an den Abschied in Koblenz beschwören die beiden in ihren Briefen immer wieder. Insbesondere die »fliegende Brücke« in Koblenz – eine am Seil geführte Personenfähre – wird zur Ikone der schmerzvollen Trennung, die beide kaum verwinden konnten.

Danach durchlebt Clemens Brentano eine fast ununterbrochene Kette von existentiellen Krisen und sucht bei seinem Freund immer wieder Halt. Die Ehe mit der sieben Jahre älteren Schriftstellerin Sophie Mereau erfüllt nicht die Träume einer poetischen Existenz zu zweit, und Brentano sehnt sich nach Arnim, wenn er bei ihr ist, und nach Sophie, wenn er bei Arnim ist. Sophie, deren Ausstrahlung auch Arnim fasziniert, stirbt 1806 nach zwei verlorenen Kindern bei der Geburt des dritten. Arnim lebt zu diesem Zeitpunkt im fernen Königsberg und ist durch den Krieg Preußens mit Napoleon von seinem Freund in Heidelberg vollkommen abgeschnitten. Fast gleichzeitig mit der Nachricht vom tragischen Ende Sophies und ihres Kindes erreicht ihn der makaber anmutende Bericht eines Reisenden, Clemens Brentano und seine Frau ließen aus Kassel grüßen. Es war die 16jährige Auguste Bußmann, die sich Brentano – wie er behauptet – öffentlich an den Hals geworfen und nach der Verführung auch eine Entführung inszeniert habe. Kaum trifft Arnim bei seinem Freund ein, wird er auch schon in die Verhandlungen über die Auflösung der kurzen, turbulenten Ehe einbezogen, die mit dem Vormund des jungen Mädchens, Moritz von Bethmann, in Frankfurt geführt werden. Brentano flieht vor seiner zweiten Ehefrau in die Einsiedelei eines Insektenforschers (in Stallwang bei Landshut), nachdem sie – wie er in seinen Briefen ausführlich schildert – Selbstmordversuche fingiert und inszeniert hatte. Daß diese junge Auguste Bußmann – die später im Verlauf einer weiteren Ehe freiwillig aus dem Leben schied – in gewissem Sinne die romantischen Ideen konsequenter umsetzte als ihr wortgewaltiger Partner Brentano, verdeutlicht die von Hans Magnus Enzensberger veröffentlichte Materialsammlung *Requiem auf eine romantische Frau*, die mittlerweile zur Grundlage einer Verfilmung durch Dagmar Knöpfel wurde.

Für Arnim war das Verhältnis nur schwer zu durchschauen, da die phantasievoll romantisierenden Darstellungen der Ereignisse in den Briefen von Clemens und Bettine seine Hauptquelle waren. (Sie blieben es bis heute, da die Brentano-Familie im 20. Jahrhundert die wichtigsten Dokumente zur zweiten Ehe vernichtete.) Arnim, der all dies mit seinem Freund »durchstehen« muß und selber Zweifel an seiner Zukunft und Berufung zum Dichter hat, gewinnt derweil die Zuneigung von Bettine, Brentanos Lieblingsschwester und Briefpartnerin des *Frühlingskranzes*. Obwohl er in Berlin gemeinsam mit seinem Freund in einer Wohnung lebt, verheimlicht er – aus Angst vor Clemens' Tendenz zu Satire und Klatsch – die Verlobung und bevorstehende Hochzeit. So erfährt Brentano auch nichts von jenem seltsamen Werbebrief, in dem Arnim erläutert hatte, daß er eine Mutter für seine zukünftigen Kinder brauche, da seine Erbschaft wegen einer Fideikomißregelung erst von seinen Kindern voll in Anspruch genommen werden

Philipp Otto Runge, *Wir Drei*, Zeichnung 7. Febr. 1805.

könne. Bettine antwortet auf diese geradezu aufklärerisch begründete Werbung ähnlich pragmatisch, und nach der langen Phase der Freundschaft zu dritt wird am 11. März 1811 in Berlin die Ehe des märkischen Edelmannes Ludwig Achim von Arnim mit der Frankfurter Bürgerstochter Ludovica Elisabetha Brentano geschlossen, ohne daß der Freund und Bruder Clemens davon etwas erfuhr.

Brentanos Reaktion auf diese Verbindung ist sicher auch von Eifersucht geprägt, denn zunächst hatte er Arnim geschrieben: er und seine Schwester Bettine seien »die Dualität, die mich construirt«, nun fühlt er sich vor die Tür gesetzt wie ein »Exilirter« und reagiert gereizt, als man sich an drittem Ort wieder begegnet. Auch bei Arnim löst diese Begegnung Irritationen aus. Er versucht seine Verheimlichung der Eheplanung zu rechtfertigen. Tatsächlich kommt es nach einer Phase der Verstimmung zu einer Wiederannäherung der Freunde, und beide entwickeln erneut Pläne zu gemeinsamen literarischen Projekten. Ein fiktiver Briefwechsel zwischen einem Theaterdirektor und einem genialischen Dichter wird konzipiert, in dem die Probleme des zeitgenössischen Theaters satirisch dargestellt werden sollen. Drei Briefe dieses Gemeinschaftsprojekts erscheinen 1818 in der Zeitschrift *Wünschelruthe*, wobei Arnim den fiktiven Theaterdirektor sprechen läßt, während Brentano den einzigen Gegenbrief des Poeten Düsterhaupt formuliert.

Als Brentano jedoch den Versuch unternimmt, die alte Trias nun auch als Lebensgemeinschaft wiederzubeleben, da er sich schon immer wie ein Januskopf Arnim und Bettine zugleich zugewandt habe – als er im Dezember 1811 inständig darum bittet, bei dem jungen Paar einziehen zu dürfen – da lehnt Arnim dieses freundlich, aber bestimmt ab. Sein Antwortbrief ist nicht ohne Komik, denn er verpackt seine Kritik an vergangenen Entgleisungen des Freundes in freundliche Einladungen zum Besuch und empfiehlt Brentano: »Mensch, was soll mit Deinen ewigen Liebeleien aus dir werden, ich sehe keinen andern Rath, du must dich entweder kastrieren lassen, oder eine schöne reiche liebevolle, geistreiche Frau heirathen, die statt deiner die Schwanzsterne besieht, damit du ruhig schlafen kannst. ...

du möchtest bald einen Ueberdruß an der Art Lebenseinförmigkeit empfinden, die mein Glück ausmacht.... Was sprichst du von heraustreiben aus unsrer Nähe, du bist uns willkommen, so oft du uns besuchst... wenn du in der Hitze die Reisen nach dem Hallischen Thore und zu der Nichtjungfer gemacht hattest, so warst du nicht sonderlich aufgelegt zum Besuchen, das war natürlich; daß du ein paarmal meine Frau Deiner Laune aufgeopfert, ihr angedeutet, sie könne sich mit jener Geliebten gar nicht messen, das war eine Art Fühllosigkeit, die wir dir gern überhört haben, sie kam nicht von deinem Genius, sondern von deinem Dämon, der dich damals besetzt hielt... ich sehe nicht ein, was in der Welt das vieljährige zwischen uns bestandene Bündniß stören könnte ... sey versichert, wenn ich ein Zimmer irgendwo frei hätte, daß ich es Dir gern einräumte, daß ich dich immer als meinen vertraulichsten Freund gern sehen werde, daß aber von dem allen weder die Zufriedenheit, noch die Reinheit Deines Lebens abhängig ist, sondern von etwas, was kein Mensch dem andern seyn kann.«

So gehen die Freunde, die nun verschwägert sind, getrennte Wege und wechseln nur sporadisch Briefe. Die Eheleute bleiben nicht auf Dauer in Berlin, denn Arnim muß sich mehr und mehr der Verwaltung seiner überschuldeten Güter und der Erziehung der Kinder widmen, und weder Brentano noch Bettine gelingt es später, ihn auf Dauer aus dem Wiepersdorfer Ländchen Bärwalde und dem Dasein als verantwortungsbewußter Landedelmann in die preußische Metropole zu locken.

Auch Brentano hält es jedoch in Berlin auf Dauer nicht aus. Nach einem Zwischenspiel auf dem Gut der Brentanos (in Bukowan) – mit Intermezzi im benachbarten Prag – begibt er sich zunächst nach Wien, wo er sich als Theaterdichter (in der Nachfolge Körners) und Theaterrezensent zu etablieren sucht. Der Mißerfolg der einzigen umfangreichen Theaterproduktion *Valeria oder Vaterlist* – einer Bearbeitung des *Ponce de Leon* aus früher Zeit – löst die Rückkehr nach Berlin aus. Seinen Freund Arnim hatte er zunächst begeistert von den Perspektiven im Wiener Theaterleben berichtet und ihn aufgefordert, alles für die Bühne geeignete zu übermitteln, um es unter den scheinbar günstigen Umständen eines gesellschaftlichen Aufbruchs zum Widerstand gegen Napoleon einzubringen. Keines von Arnims dramatischen Werken wurde jedoch in Wien aufgeführt, und auch die Kontakte zu Beethoven führten nicht dazu, daß Brentano dort heimisch wurde. Ein weiterer Versuch, das artistische Vermögen gesellschaftlich zu bewähren und als notwendiges Glied der Gesellschaft anerkannt zu werden, war gründlich gescheitert. Die Enttäuschung darüber löst erneut eine Krise aus, die wohl schärfste in seinem Leben, die von der Brentano-Rezeption lange Jahre als »Wende« in seinem Leben verstanden wurde. In Berlin gerät er – gemeinsam mit seinem Bruder Christian – in den Sog einer religiösen »Erweckungsbewegung«, und 1818 zieht es ihn in die westfälische Kleinstadt Dülmen, wo er sechs Jahre lang die Visionen der stigmatisierten Anna Katharina Emmerick aufzeichnet. Sein Plan ist es, diese »Gesichte«, die er mit Lesungen aus mystischen und apokryphen religiösen Quellen auslöst und aus der ehemaligen Augustinernonne, die kaum eines hochdeutschen Satzes fähig war, geradezu »herauspreßt«, zu einem großen Weltepos (mit den Teilen *Marienleben*, *Lehrjahre Jesu* und *Bitteres Leiden*) zu verarbeiten. Nach dem Tode der Nonne im Jahre 1824 widmete er sich jahrelang der Überarbeitung dieser Emmerick-Papiere und brachte das Werk tatsächlich zum Abschluß. Als Schriftsteller religiöser Erbauungsliteratur (die anonym erschien) machte er so eine späte Karriere, denn neben einer Geschichte der *Barmherzigen Schwestern*, die bereits 1831 erschien, wurde die Leidensgeschichte Christi von 1833 bis zum Tode Brentanos sechsmal aufgelegt, ein Erfolg, der den Werken der Frühzeit versagt blieb. Im Kreise der romantischen Dichter – bei Eichendorff und Heine – galt Brentano damals als verschollen oder tot. Im übertragenen Sinne war er dies auch, denn in der Entwicklung der deutschen Literatur spielte er keine Rolle mehr, da er sich ganz der »katholischen Propaganda« (so Heine in der *Romantischen Schule*) verschrieben hatte.

Vorausgegangen war die tiefste Krise in seinem Leben, die eine Rückbesinnung auf den katholischen Glauben auslöste. 1817 legte Brentano in Berlin eine Generalbeichte ab und distanzierte sich von seiner frühen Dichtung, der »heidnische[n] Faselei aus meinen Studentenjahren«, wie er einmal über einem Gedichtentwurf notiert. 1819 läßt er die Schätze seiner Bibliothek versteigern, bei deren Erwerb er einst mit Arnim gewetteifert hatte. Seine *Romanzen* erklärt er zu »Toilettensünden seiner Jugend«, die Märchen hält er für »hingesudelt«.

Von den Briefen, die Brentano in den Jahren 1817 bis zum Tode Arnims im Jahre 1831 schrieb, sind nur wenige überliefert. Die einzigen erhaltenen umfangreicheren Episteln von 1820 und 1824 zeigen Brentanos missionarischen Eifer der Dülmener Jahre. Die Reaktionen Arnims auf derartige religiöse Bekenntnisse lassen sich nur schwer erschließen, denn seine Gegenbriefe sind nicht erhalten, und die wenigen knappen, kaum leserlichen Exzerpte, die Arnim von seinen abgeschickten Briefen in die Sudelbücher eintrug, lassen nicht *mehr* erkennen, als daß er sich mit den neuen Lebensformen und -zielen des Freundes ernsthaft auseinandersetzte. Damit scheint er sich von Bettine abzusetzen, die sich 1824 ihrem Mann gegenüber sehr spöttisch über die neue Religiosität des Bruders äußerte: »Clemente, der in Winkel wohnt, ... scheint mir wirklich sehr bedauernswürdig, kein Mensch mag ihn leiden in der Familie ... Mit Prophezeiung und Vorauswissen giebt er sich auch ab, aber nicht eher, als biß man es ihm gesagt hat, dann behauptet er, es längst gewußt zu haben, kein Mensch glaubt ihm ein Wort, obschon er immer seine Seligkeit zum Pfande setzt, daß es wahr sei ... Er möchte gar zu gern seine mühsam zusammengebrachten Beschreibungen des Lebens Christi p.p. vortragen; ich habe mich gehütet, ihm den geringsten Lust dazu zu bezeigen ... Er hat einen ganzen Kasten voll blutiger Lappen [mit Abdrücken der Stigmata der Emmerick], die durchaus keine Wunderkraft an sich haben ... wenn er einen vorzeigt [läuft alles] davon und ekelt sich vor ihm ... Er ist unruhig und schwankend in allem, was er tun soll, die Lüge fliegt ihm immer vor der Wahrheit aus dem Munde ...«.

Daß Brentano in seiner Münchener Zeit aus seinem religiösen Fanatismus wieder herausfindet, daß er in der Freundschaft mit einer Malerin wieder zur Liebeslyrik zurückkehrt und Elemente der Kontinuität sein Lebenswerk durchziehen, haben die Forschungsarbeiten von Wolfgang Frühwald und Bernhard Gajek überzeugend dargestellt. Arnim war es jedoch nicht vergönnt, diese neuerliche Veränderung im Dichten, Leben und Lieben des Freundes zu erleben, die auch Bettine nur aus weiter Distanz wahrnahm. Arnim starb 1831 an einem Gehirnschlag, noch bevor Brentano 1833 in München die Bekanntschaft von Emilie Linder machte.

Eine Wiederbelebung der frühromantisch-jugendlichen Freundschaft wäre allerdings trotz dieser neuerlichen Wendung Brentanos kaum zu erwarten gewesen, zumal auch seine Kontakte zu Bettine vorsichtig und sporadisch blieben und er ihrer Goethe-Publikation (*Goethes Briefwechsel mit einem Kinde*), die ganz den Geist der Frühzeit atmet, zunächst sehr skeptisch gegenüberstand. In seinem Denken blieb er dem katholisch-konservativen Görres-Kreis verpflichtet. Den alten Ton der Wunderhorn-Zeit konnte er in seinen Versen an die neue Geliebte nicht wiedererwekken, aber der Sinn für die Ziele der Gemeinschaftsarbeit mit dem Freunde war offenbar wieder gewachsen; nach kurzem Zögern erlaubte er Bettine eine Neuauflage des »Wunderhorn« im Rahmen ihrer Arnim-Ausgabe. So wäre die Vorstellung eines »Altersbriefwechsels« der Freunde gar nicht einmal abwegig. Denn der Schluß des vorliegenden Briefwechsels markiert keine grundsätzliche Entfremdung, sondern ist rein zufällig. Das allmähliche Erlöschen der Korrespondenz hat mehr mit dem Verlust von zahlreichen Briefzeugnissen in den zwanziger Jahren und dem plötzlichen Tod Arnims zu tun als mit Sprachlosigkeit oder Verfeindung. Alle Anzeichen deuten darauf hin, daß die intensive menschliche Beziehung der beiden Freunde alle Krisen überdauerte, daß eine Art Treue die Gefährdungen durch Eifersucht, durch die gänzlich verschiedenen Lebensumstände und durch die Spannungen, die Brentanos Missionseifer auslöste, überdauerte.

So kann der Briefwechsel gerade wegen der emotionalen Schwankungen und Spannungen als Zeugnis einer vorbildlichen Freundschaft gelten. Die Ausschließlichkeit und der utopische Charakter dieses Bundes klingen schon in der zweiten und dritten Phase der Freundschaftsbeziehung ab, Abgeklärtheit und fragwürdige Reife eines »klassischen« Briefwechsels erreicht er nie, aber auch nicht dessen »glatte« und geschäftsmäßige Kühle und Formelhaftigkeit. Was Brentano 1806 schreibt, bleibt über alle Phasen der Distanzierung und Reifung wirksam: »sieh, es hat dir ja noch immer Segen auf deiner Treue zu mir gelegen, ich kenne dein Herz, nie eine Minute habe ich an dir gezweifelt, und wenn alle Pläne scheitern, so kann nie wanken, waß deine unschuldige Tugend planlos in mir entworfen, diese grose Liebe zu dir.«

1801

1 *Regensburg den 8 Dec 1801*

Ich habe gestern den zweyten Theil Deines Godwy erhalten, und alle frohe Erinnerungen aus ihm haben mich heute traurig gemacht. Gleich im Anfange die Dedikation – Du lasest sie mir im Garten vor in unserm Studierzimmer mit der doppelten Aussicht, während der Regen gegen die Fenster schlug – jezt hat sich der Regen in Schnee umgewandelt, die grünen Kirschbäume in Besenreis, die Winde haben uns nach allen Weltgegenden auseinander geblasen und doch wünschte ich noch bey Dir und in Göttingen zu seyn. Mir war dort alles in der Beschränktheit weit und geräumig, jezt bin ich beengt in der Weite, ich möchte zum Leben sagen wie der alte Marquis Fumelle zu einer alten Dame: einst war meine groß und ihre klein, jezt ist ihre groß und meine klein, wir haben eigentlich nie zusammengepasst. (Es versteht sich, daß von Liebe die Rede.)

Lieb war es mir, daß Du meine Schützenrede nicht hast abdrucken lassen, das Buch ist zu ernsthaft dafür geworden, aber warum fehlt die Elegie auf Winkelmann? Ihr kommt mir vor, wie die beyden seligen Herren Romulus und Remus; W. ist Romulus, er hat sich eine Stadt projectirt, wo er bequemlich wohnen kann und deswegen zuerst die

Abzugsgraben umhergezogen, aber statt weiter zu bauen steht er immer noch als Schildwache bey der Markscheide; Du bist Remus und findest, daß der Graben Deinen Spielplatz beschränkt und springst hinüber, wo er Dich dann nun freilich nicht todtschlägt aber doch Deinen Springenthusiasmus lähmt. Ihr könntet ewig die besten Freunde bleiben, wenn jeder von euch *sein* Leben fortlebte, wenn er nicht Achtung gebe wo Du überspringst, noch Du überspringst wo er Achtung giebt.

Doch über das viele Springen habe ich Dir Gelegenheit gegeben eine ganze Seite zu überspringen.

Heyer, den ich in Dresden gesprochen, hat mir leider versichert, daß Du dein Lustspiel nicht beendigt, ich hoffe auf Deine Besserung nachdem Du von der unpoetischen Leine zum tönenden Rhein versetzt bist, Du must wachsen wie eine Rebe und wie euer rheinisches Getreide, auf einem Stengel zehn Aehren tragen.

Bey Tieck bin ich während der drey Wochen in Dresden fast täglig gewesen. Er hat die Geschichte des Keiser Octavianus als Lustspiel bearbeitet und beschäftigt sich jezt mit dem dritten Theile des Sternbald. Welche herrlige Gedichte von ihm besonders die Romanze in dem Musenalmanach.

Ich habe ein Lustspiel angefangen betitelt Porcius Proculanius Porcellaniunoulus [?], worin alle Personen vom Teufel besessen sind und indem man glaubt, alles sey einer frohen Auflösung nahe hört der Teufelsbann auf, der Sinn aller ist plötzlich geändert und der Vorhang fällt in der allergrösten Verwirrung aller.

Auch allerley gereimte Sachen laufen mir aus der Feder, die man gewissermassen und gleichsam Gedichte nennen könnte, ich würde sogar Dir einige davon mittheilen, wenn ich mir nicht den Platz zu einer Dir wichtigern Nachricht aufsparen wollte:

»Die Priesterin des höchsten Liebesopfers ist in Siebenbürgen, hier ist eine gute Freundin von ihr, die ihre Verhältnisse zu Dir und die späteren Schicksale derselben ziemlig genau kennst. Willst Du mehr darüber wissen so melde Dein Anliegen an Deinen Freund Achim Arnim unter der Aufschrift zu Regensburg, abzugeben im Hause des Preussischen Gesandten Herrn G. von Görz«

1802

2 *Marburg den 11 Jenner 1802*

Lieber, Guter Arnim!

Der Tag, den ich deinen Herz und Seelerquikenden Brief erhalte, ist eigends von Gott für dich eingerichtet, den ich habe heute Morgen noch mit Entzükken die Rede auf meinen Tod gelesen, sie ist für mich allein und drum nicht gedrukt: Weiter endige ich so eben einen Brief an Tiek, zwar einen traurigen. Ich habe Tiek zum Theaterdirektor in Frankfurt machen helfen wollen, er hat sich auf mein Anrathen gemeldet, Göthe sollte ihn empfehlen, aber sein Brief ist in Frankfurt, und Göthes Empfehlung wohl in Göthe unterschlagen worden, so entgeht unserer Kunst, und Tiek ein so nöthiges Emporkommen, ach! ich wollte unter ihm dienen, und bin nun wieder außer Dienst. Ich hab ihm so eben das rükgängige geschrieben, aber zugleich den Vorschlag gemacht, mit mir und andern, die sich finden müßen, ein neues selbstständiges wahres Comisches Theater zu errichten, ich weiß nicht, ob er in die Idee eingeht, dazu gehörte nun eine Stadt, und noch Gesellen, hast du nicht etwa Bekanntschaft, oder Schmolles mit einer Stadt, nicht die des *Romulus*, gehe auch du in meine Idee ein, und schreibe, und operire für diese Idee mit mir, Gott, Gott, wie entzükt es mich, daß du meiner gedenkst, wahrlich Arnim, ich habe täglich in diesen kranken Tagen ohne Lieb und Treu, mit Lieb und Treu an dich und meine Gesundheit wie betend gedacht, aber daß du mir schreiben würdest, habe ich fast nicht verdient, als um meine Liebe zu dir. Mit Winkelmann bin ich entzweit über sein Lügenhaftes Temperament von Göttingen weggegangen, er ist mir aber nachgelaufen bis Göttingen, alles waß ich prophezeite traf ein, er hat keinen Freund, als mich und dich, von Jena komme ich so eben, wo ich unter andern allgemeine Verachtung Winkelmans unter seinen sogenannten Freunden antraff, man hält ihn dort aus Anlage zum Halten, für einen Windbeutel, selbst Friedrich Schlegel. Ich habe ihm das gemeldet, er es erkannt, und sich wieder mit neuer Freundschaft zu mir gewandt, und ich liebe seine Möglichkeit wie sehr! In Jena ist mir es seltsam ergangen, mit Friedrich stehe ich jezt sehr steif, mit Veit mehr noch, diese Leute halten sich fürs höchste Liebestribunal, und haben mir wie ich jezt weiß meine Liebe mit der Mereau zu Grunde gerichtet, Friedrich liebte die Mereau selbst. Mit Ritter bin ich, biß Gotha gereißt, und sprach viel von dir, Ritter – lieber Arnim ist der größte Mensch unsrer Zeit, und Schelling steht lächerlich gefährlich wie auch Göthe. – . Doch ihr entzückenden Erinrungen, o du höchstes Opfer der Liebe! Bist du es holder freundlicher Genius Achim? der mir den alten Gottes Dienst zündet, o schreibe, waß weißt du, wie, wann, wo ist dieses liebe Weßen, geschwind, geschwind!

Mein Stück ist Göthe eingesandt und wird nächstens beurtheilt werden, Nahmen, *Last es euch gefallen*, die zwei lezten Akte sind die Besten. ich bitte dich schreibe über das Liebesopfer, und die Quelle woher, thu es lieber Achim. Die Post geht nächstens mehr

Clemens Brentano

Marburg bei Herrn v. Savigny

3 *Regensburg den 21 Januar 1802.*

Es thut mir wehe, daß ich Deine Erwartung gespannt habe; aber es war nicht um darauf zu spielen, sondern weil ich selbst getäuscht war. Nicht von der edlen Priesterin, sondern von einem Mädchen, deren Geburtsname Schmit, aus Sachsen, nachher Frau eines österreichischen Offiziers der bey Feucht erschossen worden, von Dir aus dem Elende gerettet, von Savigny mit ihren Aeltern versöhnt und einige Zeit von ihm auf dem Diedenschen Gute Stillerberg in die Kost gegeben, gab mir eine M. Gern, Gesellschafterin bey der Frau von Diede, damals als ich Dir schrieb, einige Nachricht. Du wirst bemerken, daß manche Umstände beyder Geschichten mit einander übereinstimmten, es war in einer grösseren Gesellschaft, mit diplomatischer Vorsichtigkeit versteckte ich mein Interesse, erwähnte nur daß ich Dich kennte, daß ich etwas davon gehört hätte. Erst gestern wuste ich sie unbemerkt darauf zu führen, ich fand mich leider getäuscht – aber ich freute mich einen neuen braven Streich von Dir und Savigny zu hören. Von dieser Eulalie kann ich Dir nun erzählen, daß sie ihre eigne Erfahrungen jezt auf andre zugute machen und Erzieherin werden will, daß sie sehr sentimental schreibt, aber plötzlich meint, daß ihr niemand im Wege gestanden als zwey alte Tanten, von denen die eine Gottlob abgefahren, die andre hoffentlich bald nachfolgen werde.

·/.

Dein Vorschlag wegen des neuen komischen Theaters gefällt mir, wenn ich von mir abhinge wie Du, ich retirirte mich dahin von der ernsthaften Langweiligkeit der Welt, aber es müste in Botanybey seyn. Tieck's Unglück geht mir zu Herzen, wenn ich gleich gefürchtet hätte, daß der Umgang mit gewöhnligen Schauspielern und die Mässigung in der Verbesserung des Theaterwesens ihm nicht behagt haben würde. Ich wünschte daß er zu euch nach Marburg zöge um poetische Vorlesungen zu halten, zu denen es doch auch endlich einmal Zeit wäre, nachdem man die Poesie lange genug zu Einleitungen über die Pandeckten, die Chemie und zur Nutzanwendung der Materia medica gebraucht hat. Wir hatten hier einen ähnligen Krieg über die Theaterdirection wie die Frankfurter mit ihrem Raubvogel, Elias Gumpertz gewesener Trödel und Schacher-Jude, war seit einigen Jahren Theaterunternehmer allhier, aus den alten Lumpen seines Kramladens hatte sich in schneller Metamorphose Kleidung und Decorationen entwickelt, kein Stück war ihm zu schwer und keines zu leicht, er war ein recht eigentliger Schöngeist. Der Himmel der einmal den Juden jenen alten Fluch aufs Haupt gesetzt hatte, daß sie keinen Mittelpunkt der Kunst, kein Jerusalem, kein Schauspielhauß oder Salomonischen Tempel wieder errichten sollen, bediente sich dazu des Dir wohlbekannten Weimarschen Hofzentauers, der unter der versteckten Absicht einer Friedensdeputation hieher gekommen war. Ihm hatte der Himmel keinen Sinn für das echt Komische verliehen, darum war er geschickt dazu, durch allerley mißverstandene Worte, durch guten Geschmack, Bildung Kunstsinn das ernste Diplomatische Chor zu einer Unterschrift gegen den Juden zu veranlassen. Vergebens suchte der österreichische Gesandte von Fahnenberg, seit Keiser Joseph ein Beschützer der Juden, eine Gegenunterschrift zusammenzubringen, ein Kuß meiner Nachbarin [–] der M Holzhausen [–] einer jungen Dilettantin zum neuen Theater entwafnete ihn – Elias Gumpertz muß fort – Herr von Dönnies übernimmt das Theater. Ich hatte mehr von dem Seckendorf erwartet als ich gefunden, warum muß man doch überhaupt immer etwas erwarten?

·/.

Du sagst Ritter hätte von mir gesprochen – sicher nicht viel Gutes, wenigstens nach seinem literarischen Benehmen geschlossen. Er streitet mit mir in Gilberts Annalen auf langen Bogen bloß um mir einen Unsinn sagen zu lassen, woran ich nie gedacht habe.

Mir wird Winkelmann seit einiger Zeit räthselhaft, ich habe eigentlich nie praktische Menschenkenntniß gehabt, schreib mir doch, ob er freundschaftlich gegen mich gesinnt war. Es ist eine verdammte Folge von dem unseligen Leben auf Reisen, daß ich alles Zutrauen verliere. Schreib bald hieher, es wird mir alles nachgeschickt. Dein Freund

Achim Arnim.

4 *[Marburg, Anfang bis Mitte Februar 1802]*

Deine Briefe, lieber Arnim, wenn du wüßtest, wie glüklich sie mich machen, du seztest sie auf das schnelle Intreße an einem Liebesopfer, und ohne der eiligen zurechtweißung daß wir uns irrten, aus welcher ich so gerne dein reines freundliches Herz ersehen, fort, giebt es doch überal närrische Theater Juden, und gelehrte Zentauren, die du eben so munter und intressant schilderst, als irgend etwas, daß mich betrifft, warlich es ist mir nur um dich zu thun, um deine Worte, deine Briefe sind mir ein goldner Eierstock der mir in einem unfruchtbaren Uterus der Welt unvermuthet aufschießt, ich hätte nicht gedacht, daß ich dich intreßirte, daß du mir gut wärst, so waß finde ich selten, und so von selbst hast du es gethan, du Goldjunge. Schreibe mir daher so oft du kannst, alle Privatnarrheit, alle Privatbosheit, den eigenthümlichen Fluch und Seegen laße an mich aus, auf Erden sei dir kein treuer Herz als ich, und Savigny, der dich schon liebt, wie ich. – Ich habe heute keine Zeit dir mehr zu schreiben, als, deine Zweifel an Winkelmann sind Beweiße, daß er auf dich ein wenig zu viel hat Beschlag legen wollen, und daß du nicht die einzig mögliche Ansicht von ihm hast, er ist ein vortreflicher Mensch in sich, und für manchen, der etwas weniges bedarf ein herrlicher Reiz, wer aber weiß, waß er selbst braucht, und bescheiden ist, den kann Winkelmann nur irremachen – Er will immer lieben und erziehen zugleich und aufrichtig sein, und geheime Zweke haben, und die Wahrheit sagen, indem er sagt, daß er meistens lüge, ich bin wieder sehr Freund mit ihm, weil ich auf sein Wort nach Jena gieng, und dort nichts fand, als daß alle Leute, die er liebte, Verräther an ihm sind, eigentlich hat er keinen Freund, als mich und ich bleibe es ihm ewig, und auch du sollst ihn lieben, er wird ein ganzer Kerl werden, wenn erst alle ihn für einen Lumpenhund halten, die Arme, die er lügenhaft, aber ohnbewust nach seiner Umgebung Liebend ausstrekt, sind nichts als die hölzernen Klözze die die Form unterstüzzen, in die das Leben glühendes Erz giest, alles das wird zusammenschmeißen, wenn der Kerl zum Vorschein kömmt, und unser Vertrauen ruhe bis dahin auf dem Künstler. Wenn du noch in Regensburg bist, so schicke mir doch gleich die Adreße einiger tüchtiger Antiquaren, alter Bücherhändler, weil ich mit solchen Leuten viel zu thun haben muß, auch sage ihnen sie könnten mit mir und Savigny ohne Risico handlen aber billig.

Etwas waß dir nicht entgehen soll, weil es mein theuerstes ist und das einzige, wo ich alles tauge, und wo mich alle Kritick vortreflich und schäzzbar finden soll ist – meine Schwester *Betine*, du kennst sie, wird täglich lieber mich liebender, tiefer, freudiger, und Himlischer –

Es fiel ein Himmelsthaue
Auf eine Jungfrau fein
Als Kind in dieser Fraue
Trat in die Welt Gott ein –
O Gott mein lieb! o Gott mein lieb!
Wie kömst du so freundlich, o Gott mein lieb!

Adieu du lieber dein
Clemens –

5 *Wien den 6 [und 7.] März 1802*
abgegangen den 15 März.

Du wirst meinen langen Brief aus Regensburg erhalten haben, von Dir habe ich keine Antwort, aber ich habe doch Nachricht von Dir durch Heyer.

Du wirst indessen schon auf die gedruckte Einlage hingesehen und den Brief bey Seite gelegt und ganz verwundert den Mund zusammengezogen haben, wie Hamburgische Betteley auf Kosten des Keisers und auf seinen ausgedrückten Befehl erscheinen könne. Das Räthsel ist leicht zu lösen. Voigt ist hier zu seinem Vergnügen; Interesse für sich und für die Sache hat durch Sonnenfels und einige andre den Keiser auf Deinen Lieblingsgegenstand geführt. Du wirst das Buch nicht ohne gleiches Interesse lesen, das Resultat die Abschaffung der Armenhäuser wird Dir mißfallen. Diese Schrift ist der officielle Vorläufer einer ähnligen Anstalt für das Oesterreichische: Die Wiener sind boshaft genug, weil er einen Sturm auf ihre christlige Milde machen will, ihn den Bettelvoigt zu nennen.

Ich habe in einem Rausch abwechselnder Freuden gelebt, Wien hat viel Schönes und viele Freude, ich habe es in allen Ständen kennen gelernt, was wirst Du aber sagen, daß ich weder Pater Frank noch Johannes Müller gesehen. Das sind

Fastenspeisen, sie sind auch gut, nur zu ihrer Zeit. Sie gehören recht eigentlich beyde zusammen, Frank läst nichts zum Hintern hinaus und Müller steckt etwas hinein. Wie schreklich verderbt sind hier die unteren Klassen der Stadtbewohner, wie reich an Geist und Frohsinn die Landbewohner. Paradiesische Tage lebte ich mit Heyer auf dem Kahlenberge, da tönte alles von dem Gesange der Mädchen, auf der Orgel der Klosterkirche Haydn's Schöpfung, aussen pfif der Wind, innen klangen die Pokäle. Ich wollte von dort an Dich schreiben, aber meine Worte wurden Verse und stellten sich maschinenmässig wie alte Soldaten zu Gedichten zusammen. Meine Neigung zu Silbenmaaß und Reim vermehrt sich, ich habe schon ganze Reihen wenn ich nur die Namen der Silbenmaaße erfahren könnte, sie gehören alle dem Zufalle, die Sonette ausgenommen. Doch ich sage nichts vor der Beendigung von dem grossen Stücke, woran ich arbeite:

den 7 März

Ich habe Johannes Müller gesprochen und mit ihm die Bibliothek besucht, eine reiche Sammlung für die Kunst. Er war sehr freundschaftlich, wunderbar höflich – doch Du must wissen, daß der Dichter Haber oder Gries nicht der einzige in seiner Art ist. Ich habe Manuscripte von Jordanus Bruno gefunden, die ich benutzen werde.

Achim Arnim.

Ich bleibe ungefähr noch vier Wochen hier. Schreibe bald und schick Deine Briefe an Heyer oder an mich am Graben n 1171 vier Stiegen hoch, späterhin nach Regensburg.

6 *Kahlenberg bey Wien den 17 April 1802*

Luther nennt seine Wartburg die Vögelburg, so lebe auch ich hier unter den erwachenden Gesängen der Vögel. Wien und alle seine aus strömenden Vorstädte liegen unter mir, und die Donau hinab in allen ihren Waldkrümmen ziehen dunkle Nebelwolken, wie Berge des Himmels, Hagel und Sonnenschein liebäugeln mit einander und ich trinke beyde im wallenden Schatten der Flockenknospen. Ich habe es hier ganz gefühlt welch ein freundschaftliges Sylbenmaaß in aller Natur ist mit mannigfaltigen Reimen durchflochten, die nothwendigen Pole aller Sprache erkannte ich, ohne die sie eben so nothwendig sich in das unendlich Unbestimmte verlaufen muß. Ich habe hier viel gedichtet und ein Trauerspiel schreckt mich oft mit seinem Lebenswahnsinn auf aus dem Schlafe, wenn nur nicht alle Gedanken in der Sprache untergingen! Es ist mir jezt ernster geworden mit der Poesie, ich habe ihren Zauberklang gehört, aus ihrem Becher getrunken, und ich tanze nun wie es das unendlige Schicksal will, gut oder schlecht, meinen Reihen herunter. Ich schämte mich vor Dir, weil du ein strenger Richter, ich habe es Dir daher noch nicht geschrieben, daß ich schon im vorigen Sommer gleich nach meiner Abreise von Göttingen in der Landeinsamkeit und im Trennungsschmerz einen Roman geschrieben habe. Er kommt bey Dietrich heraus, der Druck hat sich ich weiß nicht warum, verzögert, er ist erst jezt fertig worden, der Findling heisst: Hollin's Liebeleben. Wenn Du ihn siehst, so schreib mir doch etwas davon. Doch genug von ihm, ich will dich auf meinem Berg einführen. Vier Frauen von poetischem Gemüthe machen den ersten Theil meiner Gesellschaft aus. Dann kommt ein alter Mann, der kindisch geworden, denn so muß sich jedes ruhig glückliges Leben schliessen. Er liebt die Vögel und lässt sie doch verhungern, stirbt einer dann rupft er ihm die Federn aus und wirft ihn den andern vor, hacken dann die lebenden Vögel auf ihn mit ihren Schnäbeln, dann weint er und will zum Abendmahl gehen. Dann wohnt hier, was man nennt in philosophischer Ruhe, der als Feldherr und Schriftsteller bekannte Prinz de Ligne, ein rüstiger alter Mann, der mehr Länder gesehen als ich Städte, und allen den Kahlenberg vorzieht. Dann sehe ich einen Schulmeister der nach dem Robinson seine Buben unterrichtet und mir aus Haydn's Schöpfung auf der Orgel der alten Klosterkirche vorspielt. Dann fehlt mir heute Heyer, mit dem ich hier sehr frohe Tage gelebt, Spinnen und Eydechsen gefangen und Endreime gemacht habe, auch Kriege gespielt, wenn viele Mediciner bey uns waren, den Berg mit Feldlagern nächtlich erleuchtet u. s. w., u. s. w., u. s. w. Zum Schluß muß ich dir noch eine hiesige lustige Produktion von mir mittheilen, wenn du die verbalia auf io in der Grammatick ansiehest so findest du auch pollutio, wenn du hier in der Gemäldegallerie in das sechste Zimmer kommst, so findest du ein wunderschönes Bild von Corregio, Io wie Jupiter sie in der Gestalt einer Wolke umarmt, ein Hirsch neben ihr will trinken:

Io von Corregio

Muß Liebe sich in Traumgestalt verhüllen,
Wenn Schranken süsse Gegenliebe trennen,
Wird innern Feuers Gluth nur heller brennen;
Sie muß in Luft des Busens Triebe stillen.

* * *

Sie wird erwacht des Hirsches Glühdurst kennen,
Wenn ihn, gejagt nach junger Jäger Willen,
Das Wasser flieht, indem er ihn will stillen;
Sie wird Verrath des Traumes Bilder nennen.

* * *

Die Thräne wird das öde Lager netzen,
Wie an dem Berg die Tropfen glänzen,
Wenn Wolken ihn die Nacht umarmten.

* *

O! Io! daß umsonst wir nach dir letzen,
Dein Bild umsonst mit Rosen kränzen,
Die Lüfte kalt sich unsrer nicht erbarmten,

* *

Die Lippen nicht von unserm Kuß erwarmten,
Und harmlos in der eignen Lust verarmten.

Winkelmann meint es wirklich ehrlich mit mir; was mir sehr leid thut, er ist mit Kestner völlig entzweyt. Wenn Du mir schreibst, so schick deine Briefe bis zum 10 May nach *Wien* abzugeben beym Preuß: Ges: Grafen *Keller*, späterhin nach *Berlin* abzugeben bey der Frau Baronin von *Labes* am Brandenburger Thore

Achim Arnim

7 *München den 12 Feb: [und 4. Mai 1802]*

Der Frühling naht schon dem gesegneten südlichen Deutschlande, alles ist mit weissen Blüthen bedeckt und die Pommeranzenerndte läst sich für dieses Jahr gut an; die Bäume stehn wie die Löffel im Reis, so quillt das ganze Land von Frucht. Meine Fenster sind geöffnet während ich schreibe und ich freue mich dieser Kühlung meines freundschaf[t]lichen Gefühls gegen dich; wie bin ich zufrieden die protestantische Religion und das nördliche Deutschland und das Bier verlassen zu haben, da sässe ich jezt am Ofen und hier schweife ich unter den Palmen umher. Denke dir hier ist die Gewohnheit Florpelze zu tragen und Spitzenmützen als Winterkleidung, die Landleute kommen in Schlafröcken von Brokat zu Markte, die Mädchen in dem bekannten Kattun von Feigenblättern, den sie selbst verfertigen. Den Aermern wird jezt Eis ausgetheilt, weil die Keller der Reichen für den Winter schon wohl versehen. Es macht mir sehr viel Mühe mit dir in Prose zu reden, wahrscheinlich werde ich gleich wieder singen müssen, der Wein ist meiner nordischen Natur zu stark, ich taumle wie eine Mänade, mir wird heilig

Nocheinmal willst du mich mit deinen Strahlen grüssen,
Du goldnes Kind, der Auferstehung Bothe,
Der aus dem langen Schlaf erweckt das Todte,
Es rauscht die milde Luft, die Bäche wollen fliessen
Von euch kommt alles her ihr blauen Frühlingslüfte,
Unsichtbar Wesen, wie der Geister Weben,
Läst du die Kräfte wieder sich erheben,
Es springt die Knospe auf, die Farb, der Sang und Düfte.

*

Ach so erschöpfend bist du daß ich ganz versinke,
Und bin ein Kind und werd mit dir zum Kinde,
Ich spiel mit jedem Blat, gleichwie die Winde,
Und in der Blumen stillem Meer ganz mat ertrinke.

Ich kann dir für heute nicht mehr singen, eine Erkältung liegt mir in dem Kopf, du kennst deine sorglose Freundin, die manche Nacht in der Betrachtung der Sterne im Graben liegen blieb, wo sie sich wie im Grabe dachte, wie liebreich hast du mir dann am Morgen die Schuhe ausgegossen.

Komm süsse Freundin, du bist die beste Frühlingsgabe, ich habe eine unendliche Sehnsucht. – Anmerkung der Herausgeber. Wir können nicht umhin das Uebertriebene in dieser Ansicht des südlichen Deutschlandes zu tadeln, wenn wir gleich das Talent der geehrten Verfasserin anerkennen und ihre ferneren Beyträge erbitten so viel wir wissen hat in der Mitte Februars viel Schnee noch in München gelegen wie hier, dies scheint die Ursach der Täuschung gewesen zu seyn, als wären in der Gegend blühende Orangenbäume, welche sich dort nur in Treibhäusern finden[.] Es ist uns bey dem gegenwärtigen leeren Streite zwischen dem nördlichen und südlichen Deutschlande eine genaue Thermometer und Barometerbeobachtung, zugleich ein Register über die Pulsschläge der angesehensten Bewohner eingeschickt worden, die wir allmählig unsern Lesern mittheilen werden, ingleichen ein Wettstreit vom Wasser und vom Weine, der sich mit folgender Strophe endet: Das Wasser sprach noch:

Hättest du mich nicht erkannt,
Du wärst sogleich an der Sonn verbrannt!
Sie wollten noch länger da streiten,
Da mischte der Gastwirth die beyden.

Das wird wohl das beste seyn, denn im Grunde weiß kein Mensch recht, wo das südliche Deutschland anfängt und wo das nördliche aufhört. [...]

8 *[Marburg, bald nach dem 4. Mai 1802]*

Heute habe ich deinen Maivollen Brief vom 4ten seinerselbst aus München bekommen.

Gestern sehnte ich mich unendlich nach dir und Betinen, ich habe außer euch keine Sehnsucht mehr, ihr seid die Dualität, die mich konstruirt, und kennt euch nicht. Wie ich mit poetischer Gewalthätigkeit, meine Sehnsucht nach euch in den Jubelnden Mai übersezzte, der vor meinem Fenster im Thale sich tummelt, und die Berge wie trozzige Festungen aus Füllhörnern beschießt, da der Winter die Schule geschloßen hat, wie ich euch so in meine Nähe dichten wollte, und dem Bilde meiner lieben göttlichen Betine, das mich nicht verläßt, bittend in die Augen sah, die mir nichts versagen, erhielt ich einen Brief von ihr, des Menschen Geist kann so nicht schreiben, das ist Gott, der so spricht – Alles das sollst du wißen, und das Mädchen soll dich küssen, und will dich küßen, wenn du nach Frankfurt kömmst. – Laß mich nur hintoben in diesem Briefe, und wenn dir undeutlich hoch und tief, und zu unendlich, um es in Worte zu bringen, dabei wird, so werfe dieß deiner liebevollen Begierde nach mir als Futter hin, damit sie wachse, denn warlich ich renne dich über den Haufen Arnim, wenn du nicht recht Wiederstand thust mit Freude mich zu sehen. – In Betinens Brief steht unter andern folgendes – Clemens! Weist du wer der Mond ist, er ist der Wiederschein unsrer Lieb, und die Sterne sind Wiederschein der übrigen Lieb auf Erden, aber die Sterne so nah dem Mond lieber, was ist diese Liebe, die mir so nahe geht, unsre Lieb aber ist außerkohren, und groß und herrlich vor allen andern, die Erde aber ist ein großes Bett, und der Himmel eine grose freudenreiche Decke aller Seeligkeit, Clemens, Was sehnst du dich nach mir, wir schlafen in einem Bette – Ach! Arnim, Arnim, wie gütig ist Gott, der dir meinen Reichthum, seinen Reichthum, dieses Ebenbild seiner selbst zeigen will, wie gütig ist Gott, daß ich dir mit der Anschauung und Freundschaft dieses Engels danken und lohnen können werde, für dein reines schaumendes Jugendseeliges Herz, das auch in meinen Händen freudig erbraußte, ich habe ohne Waßer, und Trähnen und ohne Geselle dürstend, traurend und Einsam an Felsen in heisen Steppen gestanden, und hatte mich ergeben, und reichte die Welke Hand nach einem Tannenzweig, mir selbst eine immergrüne, Schattenlose, stechende Krone aufzudrükken, und konnte ihn nicht erringen, so war ich geängstet in eigner Qual, und nicht begieriger zur Freudigern Freude, der Kunst, die der Noth Kind nicht sein soll, aber gütig oft dem Kinderlosen Greise Noth, weiß macht, sie sei sein Kind. Wie ich so stritt nach dem Dornen Lorbeer, thaute der Abend nieder, Und Purpur schlug sein Bett auf, und buhlte mit der Sonnengluth, biß sie sich in kühlender Lust lößte, in diesem Abendrothe ist mir Betine geworden, nur dieses Engels

Liebe konnte mir das Gift aus der Wunde saugen, die mir die schöne Hexe in Jena biß. Aber auch im Felsen hörte ich kühles Leben rieseln, und freute mich der Nähe des Elements, ohne Anspruch es zu besizzen, ich habe dich schon herzlich in Göttingen geliebt Arnim, wahrhaftig ich habe nie Freundschaft von dir begehrt, habe auch nie gewünscht, du mögest dieses oder jenes sein oder thun, weil dieses oder jenes mir lieb und nüzz sei, und ich fühlte wie die Quelle den Durst suchte, der Felß erbebte um mich, und ich betete still Lebenerwartend, auch das ist die *Verkündigung*, doch habe ich dich nicht gerufen, freudig tanzendes Kristal, und als es stille in Felsen ward, und du nicht kamst, war ich nicht traurig, ich war nicht traurig, da du von Göttingen giengst – so hat mir Gott gelohnt für meine Tapferkeit, die Tapferkeit des Kernes in der Erde, der wohl den Stamm zu tragen wagt, und doch das eigne Leben nur besorgt, schon ist die Sonnengluth bekämpft, die ewge Liebe hat den kühlen befruchtenden Mantel mit Nächtlicher Feier über mich geworfen, ich brauche keinen Menschen mehr, und frei mag ich des freien mich erfreuen, da kehrt der junge Tag zurük, ich grüne selbst, und blühe, mich mir gesellend, da brichst du aus dem Felsen zu mir her, du Freudenstrahl, du klingend Wasser, und erlabst mich, von selbst bist du mir gut, so geht es dann mit rechten Dingen zu. Ich kann dich nicht verlieren, so lange ich lebe, denn du lebest nur, o du gesunder, freue dich, freue dich, du sollst meine Schwester sehen, die mein Leben ist, du sollst sie sehen, für die ich ein Schild bin, die grünt und blüht, wo meine Narben sind, so ist meine Seele, ich habe sie zu ihr gerettet, schon früh, der Leib hat viel gelitten, besonders viel von *allzu edlen Herren.* Winkelmann wird in einigen Tagen hier auf einen Monat sein, ich freue mich nicht auf ihn, obschon er talentloß genug ist, mich nicht mehr als sich zu belügen, ich denke viel Spaß mit ihm zu haben, da nun sich unsre Ansicht ganz getrennt hat. Ich kann dir unendlich viel erzählen von Schl[egel,] Kozebues Hund, dem lieben Ritter, der mir viel schreibt, und kann dich lieben, und dich glüklich machen, wenn ich dir, weil ich dir, wo ich dir, wie ich dir Sie zeigen und werde, ach ach im Mai und im Achim, und in ihr, und in mir wollen wir uns wiedersehen, ich laufe nach Frankfurt, wenn du aber den 1 Juni nicht da bist, so sterbe ich und Betine vor Begierde, und da geh hübsch mit zur Leiche, und weine um deine Seeligkeit, denn die freßen wir dir im Himmel zur Strafe zum Voraus weg.

Dein Clemens

Wenn gleich die ganze Freude dieses Briefes ein gewagtes Stük ist, da der Himmel weiß, ob sie dich Vaganten Jüngling antreffen wird, da du in deiner gereimten Begeistrung keinen Reim auf deine Adreße finden mögtest, so schikke ich ihn doch in alle Welt oder im engern Sinn an deine erste Adreße nach Regensspurg. Du bist vielleicht leichtfertig genug, zu glauben ich hatte deinen schönen Brief von Wien nicht erhalten, in dem du eine polution idealisirt, und so realisirt hast, schäme dich, kein Wort über diesen Brief, der mir so viel Freude machte, in den Reimen deines Vorigen verlohren zu haben, er ist erst Acht Tage in meinen Händen, sieben Tage in meinen Augen, und 6 Tage in meinem Herzen, ich war dran dir am 5ften Tag zu antworten, da sehnte ich mich am Vierten nach dir erhielt am dritten Betinens Brief, schrieb ihr am zweiten, und heute am jüngsten Tag bist du neuerdings erschienen mein Jesus, ich lege dir mein Glaubensbekenntniß ab, Hoffe nach dem ersten Juni, und liebe dich.

Dein Clemens

9 *Frankfurt*

Wir hatten uns verrechnet, es waren statt 33 fl nur 22½ die du mir schuldig, Dein Bruder hat die Berechnung. – Du *must* bald von Coblenz zurück. –

Zürch den 9 July 1802.

Die Erinnerung an unsre Rheinreise ist mir eine kräftige Riechbüchse, wenn es in der Gegenwart stinkt. Nun stinkt es zwar eigentlich nicht, vielmehr schwelge ich in dem Dufte der Alpenkräuter, aber ich bin hier mit meinem einsamen Gemüthe doch nie so froh wie damals. Mein Zweifelprophet ist angefangen in mir und ausser mir, er heist, wenn er nicht noch umgetauft wird: *Ariel Wunderkind's Offenbahrungen* Ich habe viel Lieder dazu gedichtet sein Ammenlied schliesst sich:

»Er sucht schon lang' am Wasserfall
Den eignen Grabmahls Stein;
Er hatte schon lange besonnen gesonnen am Bronnen,
Er hatte noch nie was gewonnen ersonnen am Bronnen
Er hatte Gedanken begonnen zersponnen am Bronnen
Die Wasser sind bang' in der Sonne zerronnen im Bronnen
Er weint und sucht allein, er gräbt sein Grab allein.«

Dann kommen ein Paar Lieder, die ich mir oft zum Trost vor*singe* (wie mein Singen mir Trost schaffen kann wirst du vielleicht nicht begreifen, da dir die heilge 4 noch nicht deutlich geworden.) Es ist das Lied einer Nachtigall die mit den Kleinen verhungert, weil ihr Männlein gefangen und sie beständig die Kleinen wärmen muß und nicht nach Futter ausfliegen kann, ein Paar Verse zur Probe, es hat Durchgänge mit vier gleichen Reimen.

»Vergessen ist die frohe Weis,
Mein Lieber ist schon lange fern,
Im Hause hör' ich seine Weis
Er klagt zu uns, er käm so gern«

* * *

So Tage bis zum Abendstern,
Ich klage daß nichts laben kann,
So Nächte bis zum Morgenstern
Statt Wärme wehn uns Sorgen an.

* * *

Ach hätt' ich nie geliebet
Ach hätt' ich nie gebrütet!
Schwebend im Frühlingszug,
Lebend im Jugendflug,
Kreisend in Himmelblau
Tauchend in Wellenblau,
Rauschend durch Frühlingsgrün
Könnt' ich zum Abend ziehn,
Spielend im Abendschein,

Ruhend im Sternenschein
Weckt' ich das Morgenrot;
Weh mir der Mutternoth
Weh uns der Hungernoth,
Trost nur im nahen Tod,
Küsse uns süsser Tod.
Ach hätt' ich nie geliebet,
Ach hätt' ich nie gebrütet!

·/.

Du wirst wissen daß du dich über meinen Vogelmord aufgehalten, ich habe ihn hier wieder verwandelt, er kommt als Doppelgedicht vor, ich will dir die erste und die letzte Strophe mittheilen.

Flieg hinauf, flieg hinab
Vöglein in dem Bauer,
Stosse dir die Flüglein ab
Sey recht auf der Lauer.
Kleine Gitter halten dich
Grosse Mauern halten mich.

***

3 Zwischenlieder.

Frey hinaus, frey hinab
Vöglein aus dem Bauer.
Meine Liebe ward dein Grab
Aus ist deine Trauer:
Traurig klagtest du und ich
Einsam klag ich nun um dich.

Der einsame Knabe hat ihn befreyen wollen und schlägt ihn aus Ungeschicktheit mit dem Bauer todt. Die schöne Melodie von dem alten Liede: dort drüben auf jenen Bergen da liegt ein gülden Hauß, hat mir keine Ruhe gelassen, ich habe ein Lied darauf gedichtet, welches die beyden Winde des Waldstädter Sees singen, der Anfang und die Schlußstrophe heist:

Dort drüben auf hohen Bergen
Da ruht ein dunkles Hauß*

* Gesslers Schloß am Waldstädter See

Bewachet von fremden Zwergen
Die lassen nichts hinaus
Die Lüfte sind zu stille
Die Wasser sind zu glat
Es herrscht ein ernster Wille
Die Brüder sind zu mat.
Die Brüder sind eingeschlossen
Im festen dunklen Hauß;
Die Blumen schon all' erschlossen
Gehn ohne Kühlung aus
Der Zwerge Demantkette
Bricht ihren jungen Muth
Sie rufen alle: Rette!
Und wecken unsre Wuth.

***

6 Doppelstrophen zwischen.

Wer schenket dem Tell die Kräfte
Wer giebt ihm solchen Muth?
Es schützen ihn Engel-Kräfte.
Die ihn beschützt beym Huth.
Schon ist er nah am Ufer
Jezt springt [er] aus den Kahn
Und stösst ihn dann vom Ufer
Zurück zur Todesbahn.
Die Sklaven bald untergehen
Gelobt sey Wilhelm Tell,
Tirannen durch sie bestehen
Die Freyheit nur durch Tell.
Dann werden frey die Brüder
Die Brüder im dunklen Hauß
Dann schallen frohe Lieder,
Dies Liedchen ist nun aus.

— — —

Ich denke es soll dir in meinem Ariel Spas machen, die Novelle vom Ritter St Georg mit der *Schelle* zu lesen, wie er mit seinem Knappen, der nachher zum *Ritter* geschlagen wird, aus zieht das ungeheure Allthier, den Lindwurm zu erstechen, in dem sie nach ihrer Meinung selbst wohnen und worin die Welten nur Blutkugeln sind, sie streiten also gegen ihr eignes Fleisch durch Arschprügel in allen Elementen, kommen zurück und zeigen ungeheure Beulen und Pflaster und ausgestochene Zähne zum Beweise, wie sie den Drachen besiegt haben und da es dem Prediger Jenisch zu weit liegt, um hinzu reisen bis zur entfernten Seele und den Cadaver selbst anzuschauen, so trägt er diesen Sieg in das heilige Buch der *Universalhistorischen Entwickelung des Menschengeschlechts als eines fortrollenden Klumpens* ein und sie werden an den Himmel unter die Heiligen versetzt.

Schreib mir doch was deine Objektivität, der Unhold, von der Novelle hält, sie kommt mir in diesem Augenblick, wo ich sie erfunden, so närrisch vor, daß ich nur damit eine andre vergleichen kann, wo *Steffen* (ens, ein Ding das da ist, nach Langens Grammatik) und jener Knappe einander unter dem Siegel der grösten Verschwiegenheit als Entdeckung mit Datum und Stunde mittheilen:

Der Knappe Daß es eigentlich mit dem Drachenmorde seines Herrn nicht viel auf sich habe; wenn man ihn bezahlen wolle, so könnte er ihn leicht öffentlich zuschanden machen; daß sie überhaupt die Welt zum besten hätten, daß ihnen aber dabey sehr hungrig zumuth wäre.

Steffen Er hätte das eigentlich längst schon gemerkt, auch hätte er es vielleicht ihm schon früher mitgetheilt, aber er wäre jezt gar zu sehr in Noth mit seiner Menge von Entdeckungen, die er noch gar nicht verstände die so gar fein und spitzig wären daß er sie gar nicht fassen könne auch hätten sie den einen Fehler, daß er gar nicht wisse, ob sie wahr oder unwahr wären, gahr oder roh, Empryonen oder Riesen.

Knappe. So gehe es ihm auch und er habe einen recht harten Stuhlgang, auch habe er noch das Uebel, wenn er etwas recht Dickes von sich gegeben als *neu* [–] mit starkem Aufwand an Papier [–], so wäre es gewöhnlich dem andern schon dem Geruche nach sehr bekannt und darum müsse er es dann selbst widerlegen, oder so verwickeln und verdrehen daß den Leuten das Bekannte in der unbekannten Umwickelung unbekannt scheine.

Schreib mir doch recht bald unter der Beyfügung an den *Banquier Louis Frederic Schmid à Bern*, ich gehe jezt in die kleinen Cantone, der Regen hält mich nur zurück; schreib mir RECHT BALD, ich bin sehr einsam.

Die Einsamkeit hat mir einen grossen Lebensplan angewiesen den ich auf dem Frankfurter Mark[t]schiffe schon ahndete, der mir aber jezt erst recht deutlich geworden, ich theile ihn dir unter dem dreyfachen Siegel der Verschwiegenheit mit, weil ich vor der Zeit nicht lächerlich werden will.

Der Rheinfall
nach Ludwig Heß

Alles geschieht in der Welt der Poesie wegen, die Geschichte ist der allgemeinste Ausdruck dafür, das Schicksal führt das grosse Schauspiel auf, für den poetischen Genuß alles Sparen des Kaufmanns, für den Sonntag arbeitet der Handwerker, der Schüler für die Spielstunden nur wenige und das sind die Poeten werden genug begünstigt daß ihnen die Arbeit ein Spiel wird und die müssen für die übrige Menschheit arbeiten, daß sie den Zweck ihres Lebens nicht verfehlen, daß sie nach der Arbeit einen poetischen Genuß finden nicht Langeweile mit Langeweile einkaufen. Wer sich daher Poet nennt in diesem weitesten Sinne der zeigt keinen Stolz sondern die höchste Tugend an, er will dienen nachdem er geherrscht hat, er will nun arbeiten, er will das Spiel einem Zwecke unterordnen, er ist ein wahrer Märtirer und Eremit er betet und kasteiet sich für andre, damit sie das *Leben* haben, er ist der demüthige Petrus, der die Himmelsschlüssel hat und an der Thür sitzt um andre hineinzulassen und andern den Weg zu weisen, aber selbst nicht eintrit. Dieses freywillige Cölibat, diese freye Entfernung vom Himmelreiche erfordert die Aufopferung des Regulus, der aus dem Schooße der Liebe zu den wilden Feinden seiner Ruhe zurückkehrt – aber es sey unser diese That, ich fühle dazu den Muth und du wirst ihn auch haben. Dichtkunst und Musick sind die beyden allgemeinsten, genau auf einander gepfropften Reiser des Poetischen Baumes, er trägt hier in der Dichtkunst rothe Rosen mit vielen Rosenkönigen, in der Musick weisse Rosen. Unsre Arbeit sey diese Rosen zu erziehen, Kotzebuischen Mehlthau und Lafontainischen Honigthau von ihnen abzuhalten, ebenso sorgfältig die kalte Schlegelsche Kritikluft und den warmen brennenden Samumwind aus Böhme's Morgenröthe. Die Sprache der Worte, die Sprache der Noten stärker und wohlgefälliger zu machen um dem Dichter und dem Musiker die innere Sprache der Natur verständliger und hörbarer zu machen, dies ist klar als erster Standpunkt unsrer Bemühung anzusehen. Also eine Sprache und eine Singschule der Poesie. So wie Tieck den umgekehrten Weg einschlug die sogenannte gebildete Welt zu bilden, indem er die echte allgemeine Poesie aller Völker und aller Stände die Volksbücher, ihnen näher rückte; so wollen wir die in jenen höheren Ständen verlornen Töne der Poesie dem Volke zuführen, Göthe soll ihnen so lieb wie der Keiser Octavianus werden, mit einem Worte der erste Punkt unsrer Wirksamkeit ist die Anlage einer Druckerey für das Volk in einen Lande wo der Nachdruck erlaubt ist und das Papier wohlfeil, Keiser und Könige müssen uns Privilegia geben. Die einfachsten Melodien von Schulz, Reichardt Mozart u.a. werden durch eine neuerfundene Notenbezeichnung mit den Liedern unter das Volk gebracht, allmälig bekömmt es Sinn und Stimme für höhere wunderbare Melodien[.] Dies zu erreichen wird von dem Gewinnst der Druckerey eine Schule für Bänkelsänger angelegt, man errichtet Sängerherbergen in den Städten und verbindet und lehrt ihnen die Schauspielkunst. Es werden neue bessere musikalische einfache Instrumente eingeführt. Wichtiger ist die Bearbeitung der deutschen Sprache für den

Gesang in einer damit enge verbundnen Schule der Dichtkunst, die wenn es möglich in dem Schlosse Laufen beym Rheinfall eingerichtet wird. Hier wird die allgemeine deutsche Sprache erfunden, die jeder Deutsche versteht und bald von allen Völkern der Erde angenommen wird, statt des ch wird ein h gesetzt, kein s und z kommt an das Ende eines Wortes u.s.w. und bis zu dem Augenblicke werden die Schriften in die verschiedenen Dialekte umgesetzt. Ich sehe schon manche fünf schöne neue Lieder, gedruckt in diesem Jahre aus unsrer Druckerey kommen! Dies giebt den Deutschen einen Ton und eine enge Verbindung, jeder Streit zwischen ihren Fürsten muß sich selbst verzehren, weil der Deutsche gegen seine Brüder nicht zu Felde zieht, die Ausländer ihrer Unterstützung gegen sie beraubt müssen ihnen verbündet, Deutschland der Blitzableiter der Welt werden.

Grüß Deine Schwestern herzlich von mir, Deine Bettine habe ich nur dreymal sehen können und daran war Deine Abwesenheit schuld, aber einen frohen Abend habe ich in ihrem Garten gelebt. Ich habe einmal in einer traurigen Stunde Dein ganzes Hauß aus der Verbindung von Feuer und Magnetismus construirt und Dich auch, Bettine ist die höhere Vereinigung von beyden. Wollte ich Dir diese Construction mittheilen, Du würdest Dich überzeugen, daß Du sehr unrecht hast mit Deiner Schwester Kunigunde entzweyt zu seyn. *Die Brüder und Deine Schwägerin grüsse vielmals*, Dein

Achim Arnim

10 *[Marburg, Anfang bis Mitte August 1802]*

Deinen sehr liebenswürdigen subjektiven Brief, habe ich also nach meinem lezten erhalten, dieser Brief, der bei seiner Größe und Unschenirtheit freilich nach meiner Kritik etwas unsinniger sein müßte, verdankt seinen eigentlichen Wehrt, der herrlichen kräftigen Expansion deiner Liebe in ihm, welches überhaupt dein Vorzug sein mag und der deiner Poesie. Ich schreibe ungern Briefe, aber dir schreibe ich gern, und vielleicht nicht ohne ein pedagogisches Intreße, mit einer großen Freude liebe ich dich durch und durch, und habe so gar keinen Hinterhalt in dir möglich gefunden, daß ich in dir recht ungestört alle meine Gedanken über dich und mich und die andern denken mag. Lieber Achim du thust deinen Versen zu wenig Innhalt, Winkelmann thut seinen zu viel Inhalt, und ich thue zu wenig Inhalt in meine Verse. Mit dir zu reden, ohne mit dir zu sein, ist eben so wunderlich als deine Verse in deiner Abwesenheit zu lesen, begreifst du deine Subjectivitaet, du bist äußerst Liebenswürdig, weil deine Wille nur Muthwille ist, dein Leben aber der Muth und der Wille Gottes. *Du* sprichst dich nie aus, das ganze Leben um dich spricht dich aus, deine Versen sprechen sich nie aus, wer sollte sie nun aussprechen? Das Ganze Leben um sie – aber dazu müsten sie objectiver sein, sie sind aber keine unmittelbare Gedichte, sondern du dich unaussprechender bist ihr Mittel und so muß man dich kennen um sie zu lieben. Nach meiner Ueberzeugung ist jedes Gedicht nur historisches Bruchstück einer höhern Natureinheit, das Genie nichts als die Bürgerkarte aus jener höheren Geschichte, und der Künstler der Prophetische Historicker jener Einheit, der Kriticker aber ihr Gesezzgeber, so weiter die Form des Gedichts nichts als richtiges Kostüm, oder Anachronismus, die totale Unform aber verhält sich wie Kannengieserei zum Historischen Stil. Der Künstler aber der zugleich Genie ist findet ebenso wieder für das Kostüm eine höhere Natureinheit, und ohne Anachronismus gelangt er so zum höchsten Kostüm, der freien Form an sich, der Musick, Rithmus durch den Gedanken, alle seine Rythmen werden die eigentlichen Urmelodien seiner Gedichte sein, und nicht blos Volksmelodien jener Höheren Natureinheits Geschichte.

Wunderbar ist es und ein glükliches Zeichen, daß unwilkührlich durch alle deine Gedichte ein Luftzug von Ironie geht, und dein Genius sich selbst zwingt, ein Hinterthürchen aufzulaßen, wo das Gute oder schlechte sich vor dem Rechte des stärkeren hinaus retiren könne. Ein Hauptfehler deiner Lieder ist das Gegentheil von andrer Leute Unglück, du magst vor reimen oft nicht zu Gedanken kommen, andere können ihre Gedanken nicht reimen. Alles dieses alles sei

Gesagt in Hinsicht auf Adolph und Gunda, und Mathissoniana. Das Lied vom Tell gefällt mir. Das Nachtigallied ist biß auf die etwas harten Anfangsreime *Weiß* sehr rührend, waß du vom Vogelmorde schriebst ist auch lieb und gleicht der Form und Innhalt nach einer schönen tiefsinnigen Bettlerinn. – In diesem Augenblick kömmt Winkelmann von Göttingen Kurier geritten, aber er reitet meinen Brief nicht um, in seiner einen Tasche stecken eine Menge Gedichte für den Göttinger Musenallmanach, den nunmehr die Mereau herausgeben wird, in seiner andren Tasche steckt von Schelling, Bruno ein Gespräch über das göttliche und natürliche Prinzip der Dinge, das sich mit der Prophezeiung endet, das Osiris und Apis bald herausgelaßen werden, Wink sagt er werde ihn erst in drei Jahren Wiederlegen können, ich sage, daß ich es ohngelesen wiederhinlegen werde, und daß Fichte sich ärgern wird, seinen Gabriel nicht in die Schule geschickt zu haben, in der Apis des *Abc* lernte. Ich bitte dich Arnim gewöhne dein Herz recht an mich, und werde mir nicht ungetreu, wir wollen dann einstens Sekretair bei einander werden. Bei deinem grosen Plan ist die Handzeichnung des Terrains der Rheinfall recht nöthig, ich höre sein Rauschen durchs Ganze, und er übertäubt das Luftige darinn, erfreulich ist es mir das ich Savigny einen ganz ähnlichen Plan schon längst entworfen. Ueberhaubt stellt ein gütiger Genius oft Vertraute Sternbilder über uns Beide. *Erstens. Ariel* habe ich gleich das Mädchen genannt, Benedicktchen Korbach. sie ist die Geliebte meines herzlichen Freundes Laßaux und meine Herzensfreundin. *Zweitens.* Acht Tage nach deiner Abreise bekam ich morgens Betinens Brief, daß sie dich liebe, im Augenblick Als ich auf einer einsamen Insel der Lahn zwischen hohen Bergen im dichten Gebüsch einem Mädchen, daß dir durch und durch im Weßen und Gesicht gleicht den Nahmen, Arnim gab, die auch ihre Briefe so an mich unterschreibt. so liebt Betine und ich den Arnim. Betine aber sagt sie liebe dich nicht mehr, weil Gundel so breit und eitel von dir zu erzählen weiß, sie habe sich sogar gerühmt, du habest sehr raisonable mit ihr über mich gesprochen. Du magst vielleicht Betinen nicht verstanden haben, und in der Gundel dich zu wenig schenirt, ich habe Jahrelange Beweiße für die gutherzige Plattheit, Lügenhaftigkeit, Koquetterie und Histerie der Lezten, die erste ist der einzig reine Adamit, den ich kenne. Ich bin 5 baare Wochen in Koblenz gewesen und habe unter andern viele seltne alte Bücher und einige Manusskripte spottwohlfeil gekauft in ein paar Monaten werde ich wieder dort sein für den ganzen Winter, da kannst du mich desto leichter von Pariß erreichen. Meine Liebe dort existirt unter sehr schwierigen Umständen, ein Unschuldig Kind von Vater und Tante eingesperrt. Aber ich kann nicht mehr lieben, und strebe daher nach Schwierigkeiten, die Ganze Liebschaft ist meine Geliebte, und ich will der Liebschaft nur die Jungfrauschaft rauben, je mühsamer, je enger, je mehr Freude. Ich will nicht, daß du in den Ariel die bittre Novelle sezzest, die durch Subjectivitaet fast bittrer gelesen wird als scharf trifft. Du sollst den Ariel rein halten wie mein Ariel ist. Dem Wiegenliede nehmen die zu dichten Reime auf *Onnen* das schaukelnde Opium, die Wiege wird das Kind aufwecken sie stößt zu sehr, sonst liegt für mich zu viel Schmerz in seiner richtig gewählten Betäubtheit. Sammle viel Volkssagen und Lieder und alte Bücher in der Schweiz, auf das Dichten an Ort und Stelle halte ich weniger, als auf das erfinden, und gedichtete Lesen an Ort und Stelle, der Anblick sei Erfindung und Prophetische Kritick des künftigen Lieds, das Erinnerung, oder Wiedersehen sei. –

Ich hätte eigentlich mit dir reisen sollen, es reißt sich gut mit uns, und ich liebe wenige Menschen so wie dich, ich kann die Idee nicht ertragen einstens ohne dich zu leben, meine schwehrmütige Sorgsamkeit wird sich mit deiner leichtsinnigen Sorgenlosigkeit kristalisiren, und so dein Werk erscheinen, in Ruhigem freien Leben. Warum bin ich nun dein Bruder nicht? ach dann wäre Betine meine Schwester nicht, und der Zweifel zerriß sie, sie wüßte nicht, ob sie sich der Lust oder der Schwehrmuth hingeben sollte, dir oder mir. Es wird mir nie Wieder so wohl werden als im Kahne von Asmannshausen, und zu Nothgottes, und im Kreuzbach, der liebe Volz grüßt dich herzlich. Ich bitte dich herzlich schreibe mir über Betinen, wunderbar, ihr poetisches Stammlen an dich in dem Briefe ist das erste rithmische Produkt von ihr. – Selbst das Uebel erblüht in dem Garten der Bildung zu wunderschönen Blumen, du hattest mir keine Adreße gelaßen, ich schrieb mit groser Bescheidenheit darum an deine Tante, und deine Kusine hat mir so schön so liebevoll geantwortet, wie ich nie einen Brief erhielt, waß muß daß für ein gütiges feines Gemüth sein. Meine Nächsten Briefe eher ich dich in Pariß weiß, laufen alle durch ihre Lieben Hände, und wäre es nur um sie immer grüßen zu können. Schreibe mir bald, gleich wieder, meine einzige lebende Sprache die ich kann, ist mit dem alten und meinem neuen Arnim. Denke lieber wie ich deiner denke, mein Mädchen heist Arnim, denke, lieb Mädchen, wie ich deiner denke Mein Freund heist Arnim, denke Betine, wie ich deiner denke Mein Mädchen und mein Freund heist Arnim, denket alle wie ich eurer gedenke, ich heiße

Clemens.

11

[Bern, Mitte August 1802]

Lieber Clemens!

Ich lese Bettinens Brief und lese ihn wieder, und zum erstenmal weiß ich nicht was ich Dir schreiben soll, da mir sonst gewöhnlich die Feder mit dem Kopfe davonlief. – Ich habe oft so recht fest und tief in einen Wassersturz geblickt und ich glaubte mich zu begreifen, ich weiß wahrlich nichts von mir, ob ich Wasser, oder Dunst, oder Eis oder ein Stück des glühenden Regenbogens bin, aber ich glaube daß ich wechselnd eins nach dem andern werde. Wenn ich ein Buch lese, so stehen die handelnden Wesen ganz klar vor mir ich wollte in jedem Augenblicke dem Verfasser sagen dies oder jenes hast Du falsch gehört das kann der nicht gesagt haben, will ich nun einmal in pragmatischer Hinsicht mich selbst fragen: Ist keiner da wie ich? so drängen und stossen sich die Bösewichtern mit den edlen Seelen, in jedem erkenne ich mich, ich muß endlich verzweiflungsvoll daran zweifeln, mich selbst zu finden, ich muß mich darin ergeben, daß ich nicht mehr lebe, daß ich wie ein Traum über die Menschen hinlaufe, worin die Gegenwart mit ihrer zweyten Natur erscheint. Lieber Clemens, wer in der Welt kann einen Traum fest machen und wenn er noch so froh war, so stört ihn der Wecker der nächsten Uhr und der unruhigen Umtrieb der Menschen, wer wollte sein Leben daran setzen? Machten je die goldnen Berge des Abendroths einen in der Welt reich und die Schäflein welche in Winternacht über den kalten Himmel treiben liessen sie ihre Wolle je dem Frierenden fallen? – Es ist mir jezt sehr rührend, worüber ich damals oft lachte, die ewige Predigt woran einer meiner Lehrer arbeitete: Was war ich? Was bin ich? Was werde ich? Ja wer das beantworten kann der muß sich in der Welt sehen lassen, es muß sich die Menschheit an ihn wie an ihren Kernkristall anlegen, jede Fluth und jede Ebbe muß auf hören. – Lieber ich habe einmal solchen Kern gekannt, aber ich weiß nicht ob er gewachsen ist zum Baume, ob er schattet und blüht, die Zeit ist verlaufen und manche Wolke verregnet, weist du nicht daß die Trauben am Rheine uns damals blühten, als wir dort umherschweiften, die jezt schon zur reifenden Frucht schwellen und bald dürr sind. Und nun siehe Bettinen dagegen mit ihrer Klarheit durch sich selbst, sie kennt jede wechselnde Empfindung in sich und ihr Nachdenken ist ein Sinnen über sich, sie kann ewig nur durch sich froh werden und traurig, die ganze Richtung unsrer Kräfte treibt entgegengesetzt, ihre Nähe ergreift mit einer Trauer darüber, daß jeder Augenblick uns weiter entfernt, und daß ich nicht umkehren kann zu ihrer Ruhe. Der Mensch ist nicht wie ein Schiffsmann der von einem Ufer zum andern hinüber und zurück rudert und dabey über die schwimmenden Wasserspinnen spottet die lange vorstreben und vom nächsten Windstoß zurück in ihre Bucht getrieben werden: Es ist etwas Unwandelbares in seinem Lauf, nur sind die Lichtperioden wechselnd. Und diese Hoffnungen auf neues Licht strahlt noch unstäter zwischen mein Leben. Was suchen die Schmetterlinge und alle die schwebenden schwingenden Punkte in der Luft, sie kosten und ziehen doch weiter und die Hoffnung hebt sie bis ihre Zeit vergangen. Bettinen muß dabey die Zeit nicht vergehen, dafür müssen wir beyde sorgen die wir ihr gut sind, darum müssen wir froh seyn daß Bettine mich nicht liebt, aber ich muß jubeln daß sie mir gut ist, denn siehe ich bin die Zeit die wenigen recht ist, wenn sie ist, und von manchem zurückgewünscht wird, wenn sie vergangen. Das höhere Gemüth unterscheidet sich vom niederen daß eben das Höchste von diesem ihm das Niederste wird; es hat jenes in sich aber noch mehr, was andern Mädchen schon hohe Liebe wäre ist für Bettinen Freundschaft, ihre Liebe aber muß etwas werden, wovon kein andres Mädchen etwas ahndet. Ich war ein freundliger Ruf in ihre Einsamkeit, in einer Einsamkeit wo Du sie leider alle verachten gelehrt hast, und ich kam an Deiner Hand. Der Frühling ist ein Unding und doch lieben wir ihn wie einen Freund weil ihn die kleinen Veilchen und hohen Rosen herbey führen, es ist das einzige Gute an mir wie am Frühling, daß wir keinen mit unsrer Kälte oder Hitze belästigen, der Wesen Mannigfalt kann sich frey entfalten. Das nannte Bettine meine Höflichkeit, sie glaubte nie einen höfligeren Menschen gesehen zu haben, Du wirst Dich erinnern, das machte sie wohl, sie wurde freyer aber lieber, jede Pflanze braucht einen festen Boden und den giebt ihr der Frühling nicht Sie hat das einen Augenblick gefühlt, es war der einzige wo wir uns gekannt haben. Sie begleitete mich auf den Fußweg nach Frankfurt, die gebognen Apfelbäume beschatteten uns und die untersinkende Sonne blickte neben den Baumstämmen zu uns ihn [lies: hin], wir liefen zwischen den Kornfeldern um die Wette die schwankend mit uns zogen, sie verwickelte sich in ihrem Kleide und fiel, ich war zu sehr im Laufe, um ihren Fall aufzuhalten, das schmerzte mich ich war im letzten Augenblicke dadurch weniger zurückhaltend als sonst, ich küste sie zum Abschiede, sie aber schien kalt und sie sagt es in ihrem Briefe. Lieber du müstest Bettinen nicht kennen, wenn sie liebte, wäre sie hier nicht kalt geblieben; und du must mich nicht kennen, daß alle Elemente mich von Frankfurt hätten wegbringen können, wenn ich nach meiner ganzen Wesenheit liebte. –

Ich hatte dies mit voller Besonnenheit geschrieben, als ich Deinen zweyten Brief erhielt, ich glaube ich habe das alles zu ernsthaft genommen, wie das gewöhnlich mit mir der Fall ist. Ich möchte jezt mit deinem freundligen Liede singen

Lieb' und Leid im leichten Leben
Sich erheben abwärts schweben,

Alles will das Herz umfangen
Nur verlangen, nie erlangen.

Und dann einen Vers aus einem grösseren Gedichte hinzufügen, wovon ich Dir vielleicht bald mehr schreibe.

Linde Kindheit schmelze nie in Thränen,
Sehnen drücke nie des Jünglings Sinn,
Hin zum Manne reifen ist Gewinn
In dem Manne Thatkraft stetlich [?] rinn'
Hoch ziehet des Greises tiefahndendes Sehnen
Zur Bläue getragen von singenden Schwänen.

Wäre diese innere Trägheit und die äussere Hitze nicht, die wie ein Paar Dioptern einander aufsuchen und finden, ich könnte Dir manches Schöne von der Reise schreiben, ich bin beynahe vier Wochen zu Fuß herumgewandert von Zürch

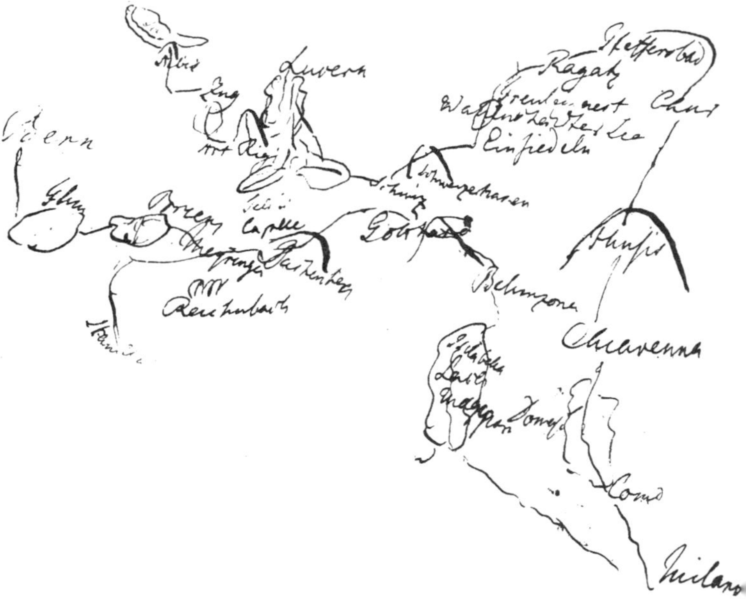

Ich habe mancherley gedichtet auf dem Wege, eine Romanze worin sehr viel Handlung genannt Scherz mit Liebe, ein Gedicht über den Reichenbach, das ganz eigenthümlich

wunderbar von den Wolken ausgeht und sich mit der Pflanzenfaser zusammenspinnt, ein lächerliches Lied genannt der müde Schneider, eine närrisch empfindsame Idylle Die Nelken von Isola bella ein Zwiesprach zwischen einem Mädlchen und einem Fremden, in einer Art von gereimten Hexameter, ein schauerliges Schweizerlied Geister-Kiltgang (du weist der Kiltgang ist das Fenstern der Liebhaber bey ihren Mädchen), ein Lied zu dem Lehrgedichte, überschrieben *Dichterweihe* höre den Schluß:

Wer die Todten auferweckt,
Wer durch Schmerz die Kranken heilet
Hat das Feuer angesteckt,
Höher flammt es, wenn mans theilet.

***

Und das Eis auf allen Höhn
Und das Eis in allem Norden,
Wo das Feuer ward gesehn
Ist zur Lust geschmolzen worden.

***

Und die Wachen sind verbannt
Von den Bergen klingen Feste,
Dumpfe Wälder sind verbrannt
Alle sind des Himmels Gäste.

– – –

Die Blutschuld ist fortgesetzt und noch einige andre Sachen, die Geschichte mit Ritter war reiner Spas, mein St. Georg wird viel ernsthafter Ritter soll darin vorkommen aber auf eine bessere Art, er soll dem Georg die Schläuche Wein austrinken, darum nennt ihn der einen ledernen Empiriker. Ich will immer anfangen an Dich zu schreiben und ich habe schon viel geschrieben ohne dir etwas gesagt zu haben. Ich habe zwey merkwürdige Bücher hier zuerst gelesen; den Woldemar und den William Lovell, Fried: Schlegels Kritik gegen jenen soviel ich mich davon erinnere ist grundfalsch aber die Geschwätzigkeit, die Gelehrsamkeit, und die einförmige Armuth des Buchs ist mir unangenehm gewesen, der Lovell überragt ihn unendlich, wenn man gleich das Honorar überall durchblicken sieht: aber welche Fülle an

Neuheit und Poesie welch eine himmlische Saat auf dem dürren alten Richardsonschen Felde. Dagegen gestehe ich Dir, daß ich den Heinrich von O[f]terdingen nach seinem ganzen Wesen recht mittelmässig ja elend finde wenn gleich manches Einzelne schön ist, ist wohl eine Novelle darin die so schön wäre wie die Dutzende im Lovell, das dummgelehrte Bauerngeschwätz allenthalben das Mährchen endlich mit seiner Langweiligkeit, wenn man es nicht errathen und mit seiner Unbedeutenheit, wenn man es weiß. – . Bald scheide ich von dem lieben Deutschlande und die Bücher werden mir fehlen und hier sind die Buchhandlungen schlecht: Sey so gut mir die vorzüglichste Sammlung der Minnesänger zu kaufen ich meine nicht sowohl der grösseren als der kleineren Stücke also wenn ich nicht irre, nicht die Millersche oder auch die, ich will sie nicht bearbeiten, aber ihre Sprache ist mir sehr wichtig, du sollst Deine Auslage mit umgehender Post haben. Du wirst für Wolz [?] aus Göttingen ein Exemplar des Hollin erhalten. Er hat mir schon eine Verfasserfreude gemacht, er hat in Regensburg mehreren Vergnügen gemacht. Grüß Winkelmann vielmals und gieb ihm dies Brieflein, ich hoffe er soll mir doch endlich einmal schreiben. Schreibe an mich recht bald nach Geneve, recommendé à Monsieur Jurine chirurgien. – Was Deine Schwester Gundel von raisonnablen Gesprächen gesagt hat begreife ich nicht ganz, sie hat nie etwas anders gegen dich geäussert, als daß du ihr sonst grosse Hoffnungen auf Deine Liebe gemacht die Du nicht erfülltest. – Grüsse Deine Schwester Bettine oder grüsse sie vielmehr nicht, mein ganzer Brief redet von ihr und da weist du besser daß ich an sie fleissig gedacht und das sage ihr.

Achim Arnim

12

Marburg, den 6ten 7ber 1802.

Lieber Arnim!

Wo freut man sich deiner? ach wenn ich bei dir wäre, so wollte ich recht glüklich sein. Ich muß mich wiederholen, wenn ich dir sagen soll, wie lieb ich dich habe, aber außer der Mereau und der Betine habe ich wohl nie mehr an einen Menschen gedacht als an dich, und ein Brief von dir macht mich immer glüklich, wie von einem Liebchen. Wenn ich denke, daß du in Pariß seist so erschrecke ich fast, daß mein armer Brief auf der pariser Post ankommen soll, aber freue dich über ihn, wenn gleich nichts in ihm enthalten ist, als daß ich mich herzlich nach dir sehne, und nicht weiß wie ich es ausdrükken soll. Ich weiß nicht waß es ist, daß ich immer so heftig liebe, und so auf Gnade und Ungnade, mich hingeben muß, ob ich gleich ewig mistraue. So zweifle ich auch täglich mehr an meinem poetischen Talent, und wenn ich in die Zukunft denke, werde ich traurig, wenn ich aber an dich denke, kömmt eine freundliche Wehmuth über mich herab, wie die eines Staarblinden, der rings Nacht sieht in seiner Kammer, aber wenn er sich gegen das Feuer wendet, einen matten Schimmer sieht. Es liegt Wehmuth drinne, es ist Erinnerung an das Licht, und Sehnsucht nach dem Licht, und mitten durch zwingt und ängstet, der Unglauben. – Der Kräftige wendet seine Kraft unmittelbar auf die Welt an, der schwächere wendet sie mittelbar auf sie an, aber Gott weiß waß ich für einer bin, ich habe nur den Lusten nach Jemand, dem ich alles thue, waß ich ihm an den Augen absehe, es war immer die Begierde in mir einem vortreflicheren zu dienen, als mir, und ich mögte lieber der Lichterbuzzer Apollos, als die oberste Gottheit der Lappländer sein. – Wenn ich deinen lezten Brief, deinen lieben großen herzlichen Brief lese, so rührt mich dein Plan für eine große poetische Thätigkeit immer besonders, aber die Ironie darin schmerzt mich, und wenn ich denke, daß du wieder den ganzen Plan vergessen haben kannst, so werde ich gar traurig, denn dann kannst du mich einstens auch vergeßen. Dann ist wohl die Jugend mit aller ihrer Liebe, aller ihrer Freundschaft etwas anders als der lose luftige Plan der Schöpfung zu einem ganzen Menschen Leben, und so vieles waß sie innig glaubt, waß ihr durch das Herz zu wachsen scheint, ist nur Anklang, Anstoß gewesen, denn das Herz der Jugend ist groß, und mehr als in der Brust, aber die Liebe Welt bricht mit Schmerzen an ihm herab, und es ist dann nur ein Menschen Herz. So wirst du mir dann verzeihen, wenn ich nach deinem Plane hinblikke, wie nach vielem, waß mir einst das Herz ergriffen hat, und wovon nur die Narben noch schmerzen. Wird dich nicht der Staat, und der Stand gefangen nehmen, werden dich nicht Toden Finger deiner Ahnen festhalten, wird dir deine Familie, der es wie aller Familie wohl im Ganzen gleichgültig ist, nicht so freundschaftlich die Hand drükken, daß du dich in den Sessel von jeher sezzest, etwa so poetisch bist, als es geschmackvoll ist, so würkend, als man absehen kann, und so freundschaftlich, als es artig ist. O wärst du ein Narr, o könntest du ein Narr sein, wenn es so kommen sollte, dann wäre doch ein Anstoß von Ewigkeit her hinter dir. –. Lieber Arnim verzeihe meine unfreundlichen Prophezeiungen, und erblike meine Liebe darin, denn wenn ich nicht fühlte, wie ich einen grosen Theil meines verlohrnen Muthes in dem Gedanken, mit dir gemeinsam in einer schönen Absicht zu würken, wieder erbauen könnte, so würde ich nicht so ängstlich vermuthen. Getäuschte Hoffnungen sind bitter, besonders für mich, der ich mich nie Stückweiß wage, sondern immer Alles dransezzen muß. Wenn du einen tüchtigen und festen Plan für poetische Thätigkeit in dir entwiklen, und befestigen könntest, so wäre mir geholfen, ich würde dann etwas thun können, indem ich dir hülfe, weil ich dich liebe. Sei versichert, ich weiß mich zu mäsigen, und will mich gern entschließen, nie wieder etwas zu schreiben, um nichts schlechtes zu schreiben, wenn ich die dringenden Kräfte in mir besser und wirksamer zu einem empirischen Zwecke für die Beförderung des Vortreflichen anwenden kann. Auf Ruhm habe ich längst Verzicht gethan, seit ich etwas mehr mit der Geschichte der Poesie bekannt bin. Wer vor dem Echo singt, der hat Ruhm, Wer liebt, bedarf keines Ruhms, Liebchens Auge ist ein Spiegel, in dem man sich mit Lust betrachtet, ob man sich gleich weniger Reizzend drinne erscheint, Demuth, ist der schönste Stolz. Ich habe viel gelitten, und wenig gethan, denn es hat mich noch niemand geliebt, wenn du es recht könntest, so wollte ich mich zu dir gesellen, und wir wollten dann mit Leben und Vermögen zeigen, daß es uns ernst war mit der Poesie, nicht mit unserm geringen Talent, nein mit ihr selbst, wir wollten ihr einen Rok geben, und eine Hütte, und ein Schwert, und ein Weib, bei Gott sie würde die Städte bezwingen. Wenn du vor den Antiken stehst, und den Gemälden, und in der

Bibliotheck, so ärgere dich um Gottes willen, daß sie Anstalten für die Kunst sind, und faße den Entschluß lieber tausenden den Sinn zu geben, als eine Anticke ausgraben zu laßen, die Goldne Zeit wohnt dicht am Herzen der Erde, und wenn das Kind anfängt aufrecht zu gehen, wird es schon ein Infanterist, wie das Steckenpferd schon der Schritt zur Kavallerie ist, wo die Kunst sich dem Marmor gesellte, war keine Poesie mehr im Fleisch. – . Es läßt sich nicht leicht vergeßen Arnim, aber Verdrängen kann das Grösere und blendende wohl das geringe, laß mich nicht aus deinem Herzen fallen, ich bin zerbrechlich, du findest leicht Zerstreuung, aber ich bin dir getreu, und könnte neben dir wachen, wie ein Diener. – Ich schreibe jezt an einem Buch, der alte Ritter und die seinigen, es sind einfache fromme Geschichten an einander gereiht, ich schreibe nicht mehr leicht, und ohne Freude, weil ich keine Liebe mehr habe. – Nach diesem Buche, wenn mich Gott gesund läßt, und nur das Leben nicht versagt, und du mein Freund bleibst, so schreibe ich den Fortunatus mit seinem Wünschhütlein, den will ich dir zuschreiben lieber, und unter dem Fortunatus denke ich auch keinen Menschen als dich, auf das Buch freue ich mich, denn ich liebe dich und den Fortunatus. Ich habe eine schöne alte Ausgabe von ihm in Quart. Schreibe mir wieder etwas von deinen Arbeiten, und schicke mir einige von deinen Gedichten. Ich habe dir nichts zu schikken, denn ich kann jezt wenig dichten. Weil ich aber weiß, daß in der Ferne auch der kleinste Ton der Liebe wohlthut, so schreibe ich dir hier ein kleines Lied her, es ist das erste in meinem Ritter und die Seinigen.

1.

Es sang vor langen Jahren,
Wohl auch die Nachtigall,
Das war wohl süßer Schall
Da wir zusammen waren

2.

Ich sing' und kann nicht weinen
Und spinne so allein,
Den Faden klar und rein
So lang der Mond wird scheinen

3.
Da wir zusammen waren
Sang süß die Nachtigall
Nun mahnet mich ihr Schall
Daß du von mir gefahren

4.
So oft der Mond mag scheinen,
Gedenck ich dein allein,
Mein Herz ist klar und rein,
Gott wolle uns vereinen

5.
Seit du von mir gefahren
Singt stets die Nachtigall
Ich denk bei ihrem Schall
Wie wir zusammen waren

6.
Gott wolle uns vereinen,
Hier spinn ich so allein,
Der Mond scheint klar und rein,
Ich sing' und mögte weinen.

Ich habe dir zwei Briefe nach Bern geschickt an deinen Banquier, in dem ersten war einer von Betinen, hast du sie erhalten. Dieser Brief geht durch die Hände deiner lieben Cousine in Regenspurg, da ich deine Adreße noch nicht wuste, bat ich sie um deine Adresse, und sie hat mir einen der freundlichsten und zierlichsten Briefe geschrieben, die ein Weib wohl in solchen Fällen schreiben kann. Die Ferien gehe ich mit Savigny und Winkelmann nach Koblenz. Lezterer ist jezt in Wirzburg. Robinson und Christian sind hier seit 4 Wochen, und gehen den Winter nach Jena. – Lebe wohl, und vergiß mich nicht.

Clemens Brentano

13 *Marburg, 8te 7bre 1802.*

Gestern habe ich einen Brief für dich an deine Cousine geschickt. Heute erhalte ich deinen liebevollen Brief, der mich sehr gerührt hat. Lieber Arnim, wenn mich die Mereau umarmte, mußte ich heftig weinen, denn ich ahndete wohl sie werde mich von sich stossen, und doch schloß ich meine Arme so heftig um sie, in jenen Zeiten ist meine Eigenthümlichkeit gewaltsam zerstört worden, und alle mögliche Bewegungen meiner Seele sind in jener Zeit auf ewig bestimmt, ich kann nur dann wieder aufleben, wenn ich alle diese Bewegungen um ein neues Leben herumlege, das mich nicht wieder von sich stößt, das ich ungestört und in der Nähe lieben darf, das zu mir herabsieht, wie zu einem ewigen Kind, und zu dem ich hinaufsehe, wie zu einem ewigen Vater. Ich habe auf Erden keinen Menschen gekannt, der mir das sein könnte außer dich, hier ist keine Untersuchung erlaubt, und du selbst kannst mir alles sagen, ich würde dir glauben, nur in einem sind unsre Rechte ungleich, du kannst mir nie beweißen, daß ich dich nicht ewig lieben muß, zertretten kannst du mich, die Mereau konnte mich betrügen, Gott kann den Menschen vergiften, aber er kann die Liebe nicht bezwingen. Du kannst hier nicht bescheiden sein, es wäre Morden, wenn die Luft nicht mehr zu Lunge strömen wollte, mit der Entschuldigung, es sei unmöglich, daß sie der Lunge so nüzlich sei, genug es ist deine Wesenheit. Lieber Arnim, Gott gebe dir einen einzigen Moment, in dem du fühlst, daß kein Mann dich lieben kann, wie ich, in dem du fühlst, daß du mein ganzes Leben wieder erbauen kannst, mich frei und unabhängig machen kannst, von meinem fürchterlichsten Feinde, der mich langsam tödet, von mir selbst, und innerlicher Verzweiflung. Ich bin fest überzeugt, daß ich nichts kann, als lieben, daß meine Seele nicht in mir wohnt, und nicht in der Natur, sondern ihn einzelnen Menschen. Wer mich zu mir selbst weißt tödet mich, ich habe geliebt, und dem geliebten geglaubt, und da haben sie mir gesagt, warum gehst du nie in dein eignes Herz, und bildest deine eigne Seele aus, du hast eine recht hübsche Seele, das habe ich dann geglaubt, und bin traurig zurückgegangen in mich, aber ich konnte nichts thun, als die Stühle zurechtstellen, damit sie mich besuchen sollten, ich habe immer geglaubt, das wäre die Ausbildung, aber sie sind nicht gekommen, und wenn ich mich ans Fenster sezzte und auf meiner Laute sang, um sie an mich zu erinnern, und sie herbei zu locken, so haben sie mir herüber gerufen, sehen sie es geht, sie machen sicher einmahl ein artiges Hauß in der Stadt, das hat mir immer innerlich das Herz zerschnitten, dann machte ich die Fenster zu, und weinte, da meinten sie ich aplizire mich, und wenn ich in einsamer Traurigkeit an die Fenster hauchte, daß sie anliefen, und mit den Fingern die Nahmen meiner Geliebten hinein mahlte, standen sie unten und sprachen, jezt verarbeitet er das Leben zur Poesie, jezt ist er auf guten Wegen. lieber Arnim, o sei keiner von denen, o laß mich wieder ausziehen, laß mich zu dir, und dich im Leben begleiten, Ich will dich erheitern, wenn du traurig bist, und wenn dich die Nothwendigkeit gefangen nimmt, daß du die Jugend mußt fallen laßen, so will ich sie zu mir nehmen, und sie dir in ernsten Stunden wieder vorführen, daß sie dich erfreue. Glaube nicht, daß dies eine Stimmung sei, ich habe keine Stimmung mehr, seit ich keine Bestimmung habe. Lange schon trage ich den Gedanken in mir, mich einem Menschen ganz hinzugeben, dessen Thätigkeit meinen frommen Wünschen entspräche, ich habe biß jezt niemand gefunden, dem ich dienen könnte, als dir. Der Mereau habe ich immer ihre Gedichte abgeschrieben, und die Briefe zugesiegelt, ich habe in meinem Leben nichts gethan, wobei mir es so wohl war, und sie hat mir es nicht zu danken brauchen. Seit jener Zeit habe ich nichts Nüzliches mehr gethan, aber ich fühle wieder einen großen Drang zu dienen, und weiß keine Seele auf Erden, als dich. O Mache einen festen Kontrakt mit mir, auf den ich dich vor Gott verklagen kann, wenn du ihn brichst, mache den Vertrag, mir nichts zu geben, als stille Vertrauligkeit, Wahrheit, und Schonung, ich will dafür deinen Zwecken, deinen Freuden, und Arbeiten, alle meine Kräfte, der Seele und des Lebens widmen, ich will in deinem Leben leben. Kannst du das so recht begreifen, ich glaube wohl nicht, aber ich begreife es. Waß du von Betinens Liebe sagst, begreife ich auch wohl besser als du. Betine liebt dich auch wie ich, sie könnte auch alles das, aber sie ist eine Jungfrau, und die Natur stellt sie in ein doppeltes Verhältniß mit dir, du hast sie nicht verstanden, oder magst sie nicht verstehen, und dann ist die Art, wie du von dir und ihr sprichst, freilich sehr zart. Du wirst mich auch nicht verstehen, aber das sollst du nicht können, so lang ich lebe, ich will dir meine Liebe recht unter die Naße reiben, in einem Jahre bin ich ganz mein eigner Herr und dann bist du nicht mehr sicher vor mir, dann bin ich nicht mehr sicher vor dir, ich komme zu dir, wo du bist, und trage deine Briefe zu deinen Mädchen, und schreibe deine Verße ab, und mache Melodien, auf deine Lieder, und schicke sie Betinen zum Singen, die wird sie traurig singen in ihrem Kämmerlein. Wenn ich deinen Brief über sie nun zum 3tenmahl gelesen habe so fällt mir doch ein Fähndrich ein, dem du mit Hauptmanns Kharakter den Abschied giebst, einen seelig sprechen, der dazu sterben muß. Ich bin in den lezten Tagen sehr erschrocken, da ich von Koblenz kam und sie sah, war sie sehr geschämig gegen mich wegen der Liebe zu dir, du kannst wohl begreifen, daß ich sie von dieser Liebe zu heilen suchte, und dazu giebt es kein Mittel als Nekerei, sie weinte im Anfang, dann aber hörte sie ruhig zu, und gestand mir endlich, wenn sie alle die andern erzählen höre, waß du alles mit Ihnen gesprochen habest, und daß sie von dir so vieles erzählen könnten, so mache Sie das traurig, und sie liebe dich dann nicht mehr so. Lieber Arnim, dieses Mädchen ist sehr unglüklich, sie ist sehr geistreich, und weiß es nicht, sie ist durch und durch mishandelt von ihrer Familie, und erträgt es mit stiller Verzehrung ihrer selbst, mich liebt sie, weil ich ihr alles bin, da ich ihr allein nahe bin. Von der Zerrüttung in mir weiß sie nichts, und schreklich zernichtend ist es mir, wenn ich neben ihr stehe, und sehe, wie sie auf mich selbst hinbaut, und ich fühle, daß sie auf keinen Felsen ihre Kirche baut, wunderst du dich noch, daß ich mit Aengstlicher Mühe alle ihre Zweige in ihr eignes Herz zurück biege. Meine Liebe zu ihr ist selbst nicht ächt, ich stehe mit Scheu neben ihr, weil sie mir nichts zeigt, als ein schöneres Bild meiner selbst, ich kann sie nicht mehr begreifen, da ich ihr nicht aus ihrer Gefangenschaft helfen darf. Wenn ich bei ihr bin, weiß ich ihr nichts zu sagen, und unsre gegenseitige Stummheit ängstigt uns, ich fürchte, sie wird nicht lange leben, so ohne Liebe und ohne Freude, ich bitte darum deine Hochachtung für sie zurükzuziehen, man kann an Surogaten sterben.

Waß du über die Objektivität sagst, ist recht feurig und jugendlich gesprochen, und darum wahr und objektiv, ich wünsche auch alle Objektivität zum Teufel, waß soll man sich schinden und quälen, und zuviel Subjectivitaet ist immer mehr als zu wenig Objectivitaet. Eine Minute meines Lebens verfluche ich es ist, die an der fliegenden Brüke zu Coblenz, als ich dich verließ, ach ich wäre sicher mit dir in die Schweiz und nach Mayland gegangen, waren wir nicht recht glüklich am Rhein, Sei nicht stolz auf deine Alpen, wenn du dies ließt, ich war nie so glüklich als mit dir im kleinen Nachen, o wäre ich doch nicht von dir gegangen! Jeder Ort kommt mir vor, wie eine Festung, in der ich frei spazieren darf, wenn du nicht da bist. Dein Gedicht der flinke schüzze gefällt mir unendlich wohl es ist, als stände es an einem alten Thurm unter einem Historischen Schweizerbild. Der 3 Hammer ausser einigen Zeilen ist auch schön, so auch das End des Lehrgedichts. Es rührt mich in deinen Gedichten besonders die reizende Ungeschlachtheit, aus der eine kräftige Zukunft hervorblickt, lieber Arnim bleibe mein Freund! Heute bin ich 24 Jahr alt geworden, in meinem Herzen ist viel Schwehrmuth und Liebe, sei mir gut. Schöner konnte mich nichts beschenken, als dein Brief, o schreibe mir bald wieder. – Winkelmann ist in Würzburg, und schrieb Savigni von seiner Rührung vor allerlei, und vielen Büchern die er schreiben will, seine Phisiologie, die dir und Ritter mit dem Ausdruck *zurückgegeben* dedizirt ist, hast du wohl lange, dabei behaubtet er, daß keine Zeile von euch drinn stehe. Winkelmann ist, wenn er hier bei Savigny ist, sehr liebenswürdig, und bescheiden und hoffärtig bis zum toll werden. Seine Gedichte gefallen wenig oder keinem Menschen, wegen der unendlich gebildeten Einförmigkeit in Ihnen. Ein Zug in ihm ist mir sehr kränkend geworden, als ich mit der gewöhnlichen Herzensfreude von dir sprach, und mit dem Geize des Armen deine Freundlichkeit gegen mich erzählte um an einem Abend so meinem armen Herzen einen Succurs gegen seine grosen freundschaftlichen Heldengedichte zu geben, und da ich ihn zum Zeugen alle der Güte und Freude, die man aus dir schöpfen mag, aufrief, sprach er, er habe dich in Göttingen wenig gekannt, und als du fort warst, dich erst lieben lernen, und in Göttingen koquettirte er doch so mit seiner Liebe zu dir gegen mich, daß ich mich dir gar nicht recht zu nähern wagte, biß endlich der Schmerz die Schwellen überschritt, und über dich du hohes Ufer sich die Fluth ergoß, ich habe dich lieben lernen, da ich dir wie ein Bänkelsänger, meine eigen Geschichten absang, da hast du wohl gemerkt, das es meine Geschichte war, und mich liebgewonnen, Lies doch noch einmahl die Briefe die ich dir schrieb, als du nach Frankfurt kamst, da wirst du gewiß glauben, daß ich dich treu liebe. Weiter ängstigt mich an Winkelmann, wie er gar nicht begreifen kann, warum Kästner ihn so gränzenlos haßt, waß freilich arg ist, aber wie ist er ihm auch so verächtlich in den lezten Tagen begegnet, ich begreife es gar gut, wie ein Mensch von so empirischer Anschauung wie Kästner, ihn so haßt, ich habe auch Winkelmann so mit Kästner umgehen sehen, daß er ihn wohl haßen muß. Sonst entwikelt sich in Winkelmann eine große Polyhistorie, ein unendliches exzerpiren, ein schönes Intreße an allem, und doch wird sein allgemeines Talent zum Disputiren und sprechen. Mit Dietrich steht er sehr vertraut, von ihr spricht er mit einer hofärtigen Mystick, doch erinnre ich mich von ihm gehört zu haben, sie liebe dich. Er und Savigny haben Diedrich bewogen, die durch Verlagmangel Unterbrochne Herausgabe von Huttens schriften durch Wagenseil fortzusezzen. Hoier ist so viel ich weiß Professor in Braunschweig, Kestner wird den Herbst reißen, wie er mir schrieb. Winkelmann hat dem Willmans Erzählungen in die Ruhestunden gegeben, eine in seinen Allmanach, in den Wilmans noch ein Kupfer zu Godwi stechen ließ. Auch hat Winkelmann dem Eberlein herzlich bombastische *Hülsenische* Beschreibungen zu schlechten Harzkupfern druken laßen. Von Sophie Bernhardi ist ein Band Mährchen und Traumbilder von ungeheurer Bildung der Verse, große Imitation, und entsezlicher Langerweile erschienen. Der Alarkos ist wirklich das schlechteste, waß ich kenne, und eigentlich gründlich komisch, mit solcher Künstlichkeit schlecht zu sein. – Dalton ist noch immer in Frankfurt, und zieht mit Buch an den Rhein. – Ritter hat mir keine Zeile mehr geschrieben, er ist auch hoffärtig. Wenn ich dir mehr schreiben sollte, müßte ich wieder von meiner Liebe zu dir anfangen, und das weißt du schon. Doch wegen den Minnesängern. Die Einzige Sammlung, die dir taugen kann, ist die Mannessische

Lieder Sammlung, obschon wir viele Wörter ohne Glosar nicht verstanden Werden, so ist doch eine Unendliche Reinheit, und Tiefe in der Sprache, und ich glaube, daß sie dich grade dich sehr ergreifen wird. Diese Samlung aber ist sehr selten in Teutschland, in der Schweiz aber bei Orell, Füsli und Geßner zu Zürich, in Quart gedruckt, du wirst sie daher von dort leichter haben, sie kostet 2 rtl. und heist Samlung von Minnesängern aus dem schwäbischen Zeitpunckt CXL. Dichter enthaltend durch Rüdger Maneßen.

Schreibe mir doch noch einmahl ehe du die Schweiz verläßt, und besonders ob du auch begreifen kannst, daß ich dich so liebe, und daß es meine einzige Bestimmung ist, mit dir zu leben.

Es gieng verirrt im Walde
Ein Königstöchterlein
laut weint sie, daß es schallte
Tief in den Wald hinein.

2
An meiner Krone blinken,
Schmaragd und auch Rubin,
Um einmal nur zu trinken,
Gäb' ich sie gerne hin.

3
Da schwebt zu ihrem Haupte
Ein edler Falke bald,
Der ihr die Krone raubte
Und tiefer flog zum Wald.

4
Sie folgt ihm, hoch in Lüften
Trägt er die Krone hell
Biß wo in dunklen Klüften
Erbraußt ein kühler Quell.

5

O Falke Luftgeselle
Nimm hin die Krone mein,
So kühl als diese Quelle
Mag keine Krone sein.

6

Es braußt so wonnig unten
Tief in der Felsen Schoos,
Von Schatten still umwunden,
Ruht sie auf weichen Moos,

Die Loken aufgewunden
Die zarten Glieder bloß,
Erkühlt sie sich da unten
Tief in der Felsen Schooß.

Sie ließ sich an den Zweigen
hinab ins kühle Bad,
Bald will sie rükwärts steigen
Doch zeiget sich kein Pfad,

Sie streckt wohl nach den Zweigen
Mit Macht die Arme hin,
Doch keiner will sich neigen,
Zur Königstochter hin.

Wer kann heraus mich heben,
Weint da die holde Magd,
Gern wollte ich ihm geben,
Mein Ringlein von Schmaragd,

Wie sie die Hände Ringet
Das schöne Ringelein
ihr von dem Finger springet,
tief in den Quell hinein

Sie sucht und findt in Klippen
Ein Horn von Gold so rein,
Und sezzt es an die Lippen,
Es schalt zum Wald hinein.

Die Felsen laut erklingen
Und laut von Stein zu Stein
Die Muntern Töne springen
Ums Königs Töchterlein.

Die Zweige sich auch neigen
Der edle Falke wiegt,
Sich Fröhlich auf den Zweigen
Die er hinunter biegt.

Dann hört sie Worte schallen
Wer bläßt auf meinen Horn,
Das gestern mir gefallen
Hinab zum Felsenborn.

Wer hütet mich vor Schande,
Weint laut das Töchterlein,
Wer giebt mir die Gewande,
Wer schüzzt die Ehre mein,

Mich liebte einst ein Knabe
Der Züchten wohl verstand,
O daß ich ihn nicht habe,
Er gab' mir mein Gewand.

Die Augen zu gebunden,
Der Knabe vor ihr stand
Der Knabe ist gefunden
Er reicht ihr das Gewand.

Verlohren ist die Krone,
Und auch das Fingerlein,

Ohn Ringlein und ohn Krone,
Muß sie das Kleinod sein.

Da ruhte der Geselle
Wohl bald in ihrem Schooß,
Im Herzen wards ihm helle
eh noch die Binde loß.

In ihr Gewand geschwinde
hüllt sich das holde Kind,
Dann lößt sie ihn [die] Binde,
läßt nicht die Liebe blind.

Da schallt es in den Buchen
Da hallt es am Gestein,
Der König kommt zu suchen,
Das Königstöchterlein.

Nun rege deine Hände,
Spricht da das Töchterlein,
Wenn uns der König fände
Müß't es gestorben sein.

Der Falke nahm die Krone,
Der Quell das Fingerlein,
Der Jaeger nimmt zum Lohne
Das Königstöchterlein.

Es nahm der Jagdgeselle
sein Horn und sein Geschoß
Und trug die Jungfrau schnelle
Zum hohe[n] Felsenschloß.

Auf Felsen hoch ich wohne,
Der Falke und die Braut
Am Thurme hängt die Krone
Sein Nest hineingebaut.

---

14 *Wellenblinkerburg bey Genf den 14 [und Genf den 23.] Sept: [1802]*

Ich habe noch keinen Brief von Dir und doch ist der meine schon über einen Monat auf der Reise zu Dir – ich komme mir vor wie der Schwimmer, der mit der einen Hand immer fortrudert und weiter hinein und fort vom Ufer und die andre Hand herausstreckt seinen Freunden am Ufer zu winken so ziehe auch ich immer weiter fort von Dir und beschäftige mich mit Dir immer mehr. Oft bin ich so närrisch mich umzusehen ob Du nicht bald in dem Seehaven neben mir einlaufen würdest. Heut ist Schiessen nicht weit von mir und da fällt mir der Schützenplatz ein bey Göttingen – es fällt manches ein in der Welt, aber noch mehr fällt ab, ich meine die Blätter. Der Hygrometer steht heute auf 75°, gestern stand er auf 95°, morgen steht er vielleicht wieder so und so wieder – immer und nimmer, das passt genau auf einander, nur ist das nimmer um einen Buchstaben länger und das ist schade. Man wird zuweilen angeführt. Gestern Abend lag ich in meinem Bett – man hört hier gar nicht was in der Stadt vorgeht – der Mond schien recht helle durch meine zerschnittene Fensterladen, auf einmal wird es finster – ich hatte doch vorher schon gesehen, daß keine andre als Flatterwolken am Himmel – dabey fing es in meinem Bette an zu laufen, rechts, links, ich meine die Wanzen und Flöhen, alles läuft zum Fenster – lauft sage ich, wenn ihr nicht bleiben wollt, ich wünschte ihr könntet meiner so gut entbehren als ich eurer (– man ist ihnen aber das Kostgeld schuldig, Madam Bonaparte braucht Spitzen, das ist aber so eine Sache für sich –) – da legte ich mich auf die Seite, daß mein Gesicht gerade im Gegentheile zu den Fenstern lag – jedem das Seine, dem Vollmond der Vollmond. – Heute erzählen mir alle Menschen von einer Mondsfinsterniß – Was, sage ich heftig, das können sie gar nicht wissen, sie sollen das gar nicht wissen, sie brauchen mich auch gar nicht darüber so groß anzusehen, ganz und gar nicht. – Am Ende merkte ich, daß doch wirklich eine gewesen, ich hatte aber den Aerger weg, Du sollst es aber wissen, in meinem Trauerspiele kommt eine Sonnenfinsterniß vor und ich meinte die Leute wollten sagen, damals wäre nur eine Mondfinsterniß möglich gewesen. Aber mein Engel, das bitt ich mir sehr zu Gnaden aus, es ist doch möglich gewesen, ich setze eine Laus gegen zehntausend Zahlen von Lalande. Unter uns gesagt, mein Schatz, mit dem Französischen will es noch nicht recht fort, darum muß ich literarische Streitigkeiten vermeiden, wozu ich jezt freilich als Zeitungsschreiber leicht kommen kann. Hast du noch nichts vom *Scharrenden Hahn* oder von St. Preux [?] tintografischen Briefen an Julie vor seinem Abtrit (fol. vor seinem Tode) gehört, was spricht die Welt, ich meine die beyden Schlegel was sprechen die davon, du must es ihnen gelegentlich so unter der Hand (sub rosa) stechen, eine Hand wäscht die andre, Rom ist nicht in einem Tage erbaut, eine Schwalbe macht noch keinen Sommer, das nächste Stück würde besonders auf ihre Kunst in Vorreden zur Kunst, aufmerksam machen. Hier hast du ein Tageblat zur Probe abgeschrieben:

In Aberlischer Manier von Eberlein

Heute früh wurden zwey weißrothe Mädly auf dem See gesehen sie küssten sich und sahen in die Ferne Eya! wo ist das Land der verflogenen Küsse, und ist noch ein leerer Platz im Kahne, so hat sich der Wellenblinkerbürger entschlossen mit seiner Bürgerschaft hinzuziehen. Den Abend sahn wir mit Hülfe einer gewöhnligen Brille alle die Küsse am Himmel brennen unzählig – es muß weit seyn und mit der ordinären Post kommt man wohl schwerlich hin. – So fern, fern – das klemmte mir die Brust ein ich sprang auf und zum Hause hinaus – rechts sassen geputzte Weiber also links die Strasse hinunter. Ich war noch nie hier ausgegangen alles neu für mich, ich glaubte ganz frey zu seyn nach einer Seite, aber ich war von Bergen eingeklemmt, die Menschen drängten sich vor mir vorüber [–] und die öffentlich [?] schneller [–], weil ich so rasch und wild vorbey flog und der Vollmond blieb meinem Auge treu, so weit er nicht von den Wolken der Berge gedeckt war und die letzte Abendwolke mit ihrem Kranze von Bronze, ein künstlich geschnitzter Garten sah mich gräßlich todt an, mein Weg endete sich schmal am See bey einem verschlossnen Thor. Mein Mondschatten schreckte mich und jeder fast mardernde Schall [–] die schwarzen Kühe sehen aus wie wüthende Stiere und die Strassenkleffer schrien toll [–], ich ging gerührt fort die Jugend sah mir alt aus wo ich vorbey kam, das Alte jung, um Rousseau's Denkmahl war weder Alt noch Jung, alles eine schreckliche Einöde wie ers wünschte

Ich kam hinauf auf die Treille ach von allen Gluthen am Himmel war nur noch ein Stern und das war nicht mein Stern, jeder Lump hatte sein Mädchen an sich bey der Hand, und ich allein war allein. Und doch wie sanft hätte ich mich an sie legen wollen, wie ein seidener Luftzug, ein Spiegel jedem Hauche ihrer Empfindung, ein Fliegenwedel alles des lieben Eigensinnes. Ach die Liebe ist der Irrwisch, der nur den Fliehenden folgt und den Beschwörenden flieht. Wie ist mein Leben so tonlos während ich hundert Melodieen in Lieder bringe, ein elender französischer Gassenhauer rührte mich auf der Strasse an wie ein fremder Gast, nirgend höre ich Musick – auch wenn die Saiten Deiner Zitter gesprungen sind, manche einfache Melodie bebt immer noch durch die Luft – aber ich will auch wahrhaftig Guitarre lernen.

1.

Ich möchte gerne klagen
Wie alle Sinne glühen,
Ich weiß es nicht zu sagen,
Die Töne alle fliehen

2

Zerrissen sind die Saiten
Auf meiner treuen Laute

Kein Wort will sich bereiten
Das dieses anvertraute

3
Gedanken sind Gestalten
Ich möchte sie euch mahlen,
Doch weh', es wird nicht halten,
Wer kann mit Thränen mahlen.

4
Auch führt ich nie den Pinsel
Ihr würdet nichts verstehen
Verstehet mein Gewinsel
Und last mich hier nicht stehen

5
Wildfremd ist meine Sprache,
Versteht ihr auch nicht Blicke? –
Ihr fühlt nur, wenn ich lache,
Und gebt nur das zurücke!

So bin ich nun unter den Franzosen und die Franzosen sind wahrscheinlich eben so zu mir, da mach ich mir allerley Einbildungen und es kann keine Geschichte mir in die Gedanken kommen so wird sie mir bald glaublich gewiß dann und gereimt z. B.

Das sterbende Fräulein

1
Wenn ich gestorben bin
Legt mich aufs Schifflein hin,
Leget auch Feuer ein
Daß ich verbrenn' im Schein

2
Lasset das Schifflein frey,
Leget dies Blätlein bey:
»Ritter die Liebe dein
War nicht auf Erden mein

3
Wer hier gemeinet sey
Fühl sich getroffen bey,

Alles mein Dienen treu
Macht nicht mein Leben neu

4
Wo nun das Schifflein steht
Der mit zu Grabe geht;
Hüte dich Ritterlein,
Daß du nicht werdest Stein.

5
Hart war dein kalter Sinn
Für ihn ich storben bin;
Nimm bald den Nachtmalwein,
Daß du kannst sterben rein

6
Weicht dir dies Lied den Sinn
Wisse du Flockenkinn:
Brennen kann Feuer nicht,
Lesest sonst dieses nicht.«

Das ist nun von der traurigen Sorte dann wird es wieder lustig in mir z B. in der Romanze von dem

Sänger Eunom

~~~~~ Und es springt mit hellem Ton die Grille
Von dem Baume der ihm schattet,
Hat zum Lied die Stimme schön gegattet,
Aller Spott schweigt plötzlich stille.

* * *

Die zersprungen Saite ist ersetzet
Wunderbar ergreifen ihn die Geister,
Zu den Göttern zieht er, reifer
Zu den Göttern hat er sie versetzet

* * *

Denn wer Künste rein empfindet,
Hat den Himmel sich erliebet,
Wer mit reinem Sinn die Künste übet,
Hat als Gott den Weg dazu verkündet.
~~~~~

Oder noch lustiger gar eine närrsche Melcdie zu einem ernsthaften Liede, als nach der Weise Mihi est propositum in taberna mori

Liebesspiegel

1
Brüder mit dem Flockenbart
Hütet euch vor Liebe,
Nur die Augen recht bewahrt
Und des Traums Gebilde.

2
Wenn die Sonne heftig sticht,
Droht ein nah Gewitter,
Ziehe die Liebespfeile dicht,
Wird dir Untreu nahen.

3
Lustig lief mir jede Zeit
Unter tollen Streichen,
Und mir schien die Reise weit
Zu den finstern Nächten.

4
Einsam schaue ich jezt hin
Nach dem Mond in Wolken,
Nach dem Hause steht mein Sinn
An dem Rand des Sees

5
Und die Wolken kommen ziehn,
Hüllen zeigen Häuser,
Doch aus meiner Seele fliehn,
Immer leere Wünsche.

6
Und der Mond selbst täuschet mich,
Brennt in ihrem Fenster
Und ich denk, sie locket dich
Zu der Schwimmer-Reise.

7
Schwesterchen du trauerst jezt,
Daß du mir im Schooße

Mich mit Sina's Lieb ergetzt
Ihre Briefe lasest.

8
Ihre Briefe waren süß,
Süsser war ihr Küssen,
Als ich sie zuerst verließ
An dem Sonntagmorgen

9
Früher war sie damals dort,
Als sie mich beschieden,
Und es glühte ihr der Ort,
Auf den rothen Wangen.

10
Und des Altars denke ich
Wo ich dicht verstecket
Und sie festgelehnt an mich,
Küsste Rosenkränze.

11
Und der Nacht wo ich zu spät
Zu der Freundinn kommen,
Zwischen beyden wachen thät
Mag ich nicht gedenken.

12
Sina warum wolltest du
Auch der Heyrath Fesseln,
Liebe schliest den Leichtsinn zu,
Wozu andre Schlösser?

13
Frey wie Vögel in der Luft,
Wie der Fisch im Wasser,
Wie die Bien auf Blumenduft
Konnten wir hier schweben.

14
Doch du wolltest Hahn und Nest,
In dem Stall beym Hause,
Liessest fliehn den leichten West
Mit gestohlnen Blicken

15
Und dein Haushahn tauget nicht,
Er wacht nur für andre,
Meine Treu ist nur Gedicht,
Ich wach schon für andre.

16
Doch im innern Busen sticht
Noch dein Pfeil der Liebe,
Und ich suche, finde nicht
Unsrer Liebe Liebe.

Dann wirft sich meine Wenigkeit wieder in die eigentlige Lustigkeit, hör einmal das Abentheuer.

Der Traum

1
Einsam harrt' ich in der Kammer
Ungedult in allen Adern,
Bis zum Ruf vom Glockenhammer,
Mit dem Schläfer wollt' ich hadern.

2
Schlag auf Schlag erklingt die zwölfe,
Meine Leiter senket sich,
Daß mir nur kein andrer helfe,
Einsam bleib ich gern für mich.

3
Herz wie schlägst du hin zur Liebe
Du zersprengst die heisse Brust
Wärme fliegend wie die Triebe
Füllt mit wachem Traumes Lust.

4
Einsam sind die stillen Gassen,
Einsam rauscht der helle Fluß,
Einsam werd ich dich umfassen
Wo kein Schimmer stört den Kuß.

5
Durch des Kirschbaums schwanke Aeste
Steig ich bald zu dir hinan,
Deine Arme Liebesäste
Ziehen sorgsam mich hinan.

Diesmal wird aber der Mosjö angeführt, er verirrt sich nun höre weiter hin als er das bemerkt:

13
Und ich laufe tobe fluche
Alles mehrt die innre Gluth,
Ach vergebens wo ich suche
Trocken wird der Stimme Wuth

14
Und ich fechte in die Lüfte,
Schlage auf die kalte Wand,
Schmerzen sind mir wie die Gifte,
In des Arztes kluger Hand

15
Denn sie ziehen ab mein Wüthen
Von dem Retter, von dem Mond,
Der auf seinen Lustgebiethen,
Lächelnd, ruhig freundlich thront.

16.
Göttlich ist es hier im Sumpfe
Göttlich ist der Frösche Reich,
Kühlung bis zum halben Rumpfe
Dem gefangnen Waldgott gleich.

17.
Und die Kühlung zieht die Lüste,
Tiefer sinkt die heisse Brust,
Und sie fühlt nicht Liebesbrüste
Und es hebt nicht süsse Lust.

18.
Da erweckte mich mein Mädchen,
Fragte sorgsam nach dem Traum

»Was ein banger Ruf beym Mädchen?«
Und ihr Kuß verscheucht den Traum.

Das wäre nun gut, aber dann heist es wieder nach der bekannten Melodie aus dem matrimonio poeto

---

Abendstille öffnet Thüren
Lieb der Liebe zuzuführen
Doch kein Schimmer
Lockt den Schwimmer
Strahlt dem Armen
Von dem warmen Hauch der Lust.
Stillt das Pochen meiner Brust.
Sterne ziehen
Lieder fliehen
Und ich weine
Hier alleine
Bis des Thaues stille Thräne[n]
Mit mir fühlt ein tiefes Sehne[n]

Wunderlieb und süsse Träume
Ohne euch wär ich alleine,
Wie alleine
Selbst beym Weine. –

Mein Trauerspiel Herrmann und seine Kinder, ist bis zum Abschreiben fertig das Stück davon was ich dir unter dem Titel Blutschuld vorlas, ist durchaus umgewälzt, das Ganze ist bey weiten das Beste was ich geschrieben und ein ewig wechselndes Liederspiel. Ob das Stück nur mich rührt? Ich denke es vielleicht dir erst zu schicken, ehe es unter der Presse seufzt, für mich hat es noch manche geheime Rührung. Ich habe nehmlich ein ausserordentliges Gedächtniß von allem was ich irgendwo in Briefen z. B geschrieben, es war mir von früher Jugend an die angenehmste Beschäftigung mir so etwas zurückzurufen, ich lebte das mehr als einmal, nachher wechselte alles zu sehr, diese Fähigkeit reichte nicht hin und dadurch verlor ich manches, endlich hatte ich den glückligen Einfall, mir die bedeutendsten Stellen aus meinen Briefen abzuschreiben, sie rufen mir leicht das Uebrige zurück, so sitze ich eben hier und sehe meinen ganzen Briefwechsel mit Dir durch, meine Einsamkeit belebt sich, bald bin [ich] bey dir, bald in Regensburg, bald in Wien. Und nun sitze ich und sehe ob nicht einzelne Verse aus dem Trauerspiele mit Aeusserungen meiner Briefe sich zusammenfügen lassen, ich sehe daß ich manches in ihrem Namen geschrieben und das macht mir Freude wie die Entdeckung eines neuen Welttheils in mir. Und Deine Kritik selbst freut wenn ich ihr gleich nicht immer beystimmen kann, in Chur sah ich ein Schauspielhauß von Liebhabern, da stand drüber der Tadel ehrt oft mehr als das Lob, sie spielten aber so schlecht, daß sie über Lob und Tadel weit erhaben waren

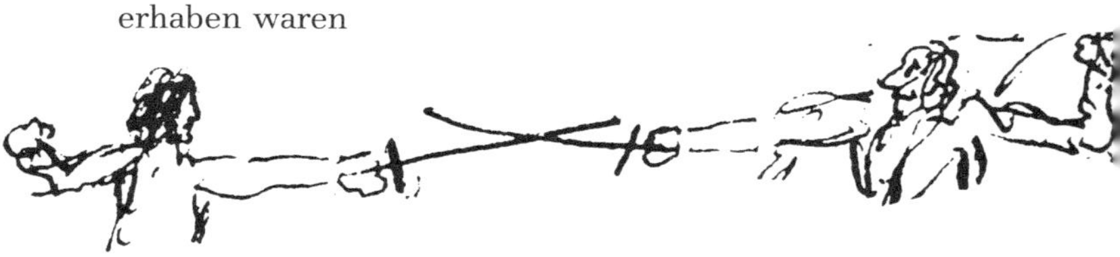

Genf den 23 Sept

Ich wollte Dir hier den Prolog meines Trauerspiels herschreiben, aber ich erhalte eben durch meine Tante deinen vorletzten Brief und da habe ich etwas Besseres zu schreiben. Mein Plan ist mir ernst, aber die Zeit soll ihn reifen, eine Frühgeburt ist nur Mißgeburt, die Lacedämonier werfen schwache Kinder ebenso vom Felsen wie verwachsene. Der Töpfer macht erst die Form, ehe er den Thon anrührt. Du klagst noch daß du nicht dichten kannst, während du mir zwey ausgezeichnet gute Gedichte schickest; was soll *ich* denn sagen? Dadurch wird Deine Bescheidenheit unbescheiden, hingegen meine Unbescheidenheit dir alle kleinen Stücke, wie sie aus der Feder kommen, abzuschreiben, sehr bescheiden. — Ich denke mir dein alter Ritter wird sehr gut, ich glaube daß Du Dein Talent beym rechten Zipfel gefasst hast — wie viel mehr wollte ich schreiben, wenn wir uns gegenseitig unsre Dichtungen vorlesen könnten! – Mein Papier ist aus und doch ist das auf Deinen herrligen Brief noch keine Antwort

A. Arnim

Schreibe bald damit ich noch hier Deine Briefe bekomme. Immer noch a M Jurine chirurgien à Geneve

15 *Genf den 22 Sept. 1802.*

Lieber Clemens!

Ich dachte gestern: nun willst Du doch Deinen Brief abschicken, aber den Mittag kannst Du noch erwarten, so dachte ich und wenn ich so denke, dann ereignet sich immer etwas, und am Mittag hatte ich Deinen Brief. Er war mir wie ein Füllhorn, woraus die Blumen hinrollen wenn man es kaum berührt, ich kuckte hin und wieder und behielt ihn mir vor als Nachtisch auf der Delphinenburg. Lieber das Schiff war eben fertig, woran sie schon seit ich hier gearbeitet, sie liessen es von Stapel und erhoben die Mastbäume mit den bunten flimmernden Kronen. So war auch Dein Brief eine Krone meinem Haupte und in den Strahlen tanzte das Leben auf und ab. Aber das Schiff soll auslaufen aus dem Hafen nach fernen Landen, fest sind die Bretter gefügt und die Masten fangen die Winde, nicht lange wollen wir blos tanzen darunter und musiciren, sondern ausfahren. Kein andrer Vertrag als die Befugniß, keine andre Strafe als das Scheitern, ein Quälen in Sorgen für etwas, das nicht da ist, wenn es mit Sorgen nur bewehrt wird, eine Feyerlichkeit für eine Feyer des Lebens, das wollen wir andern überlassen die es nöthig haben, wer täglich zum Tische des Herren geht braucht nicht zum Abendmahl zu kommen und wer in dem unendligen Meere der Gnade schwimmt braucht keine Taufe, denn wäre der Teufel nicht ausgetrieben nie hätte ihn das selige Meer eingeschluckt. – Die Leute gehen umher auf dem Schiffe und die Mastbaume bewegen sich gegen mein Fenster, die Kronen darauf flimmern, unwillkührlich singe ich

Auf Wolken hoch ich wohne
Die Freundschaft meine Braut,
Am Mastbaum hängt die Krone
Dein Herz hineingebaut.

Das wird Dir nicht aberwitzig klingen, wenn Du hier sässest wie ich am grünen Hoffnungstisch; nur ein Schatten zieht darüber hin, es ist Bettine, von der Du so rührend sprichst. Und doch glaube ich Du irrst Dich, wie das allen Dichtern ihres Lebens geht, die sich eben so darüber als Künstler hinstellen wollen, wie über ihr inneres Leben voll Dichtungen; das Schicksal herrscht aber in jener Welt ebenso, wie in dieser das Genie, darum täuschen sie sich alle Augenblicke. So habe ich Savigny erst kennen und ehren lernen aus einigen seiner Briefe an Deine Schwester Kundel, die sie mir zeigte, oder die ich ihr vielmehr wegnahm, Du erzähltest mir oft von ihm und ich sagte Dir, daß ich ihn mir gar nicht denken könnte, deine Godwi, Annonciata, Maria, Violette stehen wie lebend vor mir; siehe so glaube ich auch, daß Du das Sehnen Deiner Schwester verkennst, – es steigt zur Kunst und nur in dieser Thätigkeit wird sie Ruhe finden. Aber welche Art der Darstellung und des Schaffens? Das wirst Du besser wissen, ich glaube aber in Worten als Gesang; Musick Zeichnen. Richte die unruhige Ruhe ihrer Kräfte zu einer bestimmten Thätigkeit, setze ihr kein andres Ziel als Dir Vergnügen zu machen, die eigenthümlige Richtung ihrer Kräfte wird sich dadurch bald zeigen wie man die Abweichung der Magnetnadel an der Entfernung von der Mittagslinie sieht, die man ihr gezogen. Kritisire ihre Arbeiten nicht, wenn Du auch Fehler bemerkest [–] es sey denn in dem was blos mechanisch ist [–] die Sprache wie jedes andre Werkzeug der Kunst wird zu viel gemißbraucht im Leben als daß man gleich den Gebrauch rein auffassen könnte, um Kritik benutzen zu können wird sie bald reif werden und dann wende den Tadel mehr gegen das Einzelne als gegen das Allgemeine [–] den guten Rath mehr auf das Allgemeine als auf das Einzelne, denn dieses ist immer nur Produkt von jenem. – Ich hätte nicht gedacht daß ich heute noch in den Lehrton fallen würde, Du siehst wenigstens daraus, daß meine Hochachtung gegen Deine Schwester wahr ist und darum sey auch wahr gegen mich was Du über den Vorschlag meinst.

Dein Achim Arnim

16 *[Frankfurt, 8. Oktober 1802]*

Wie traurig machte mich der Anfang deines Briefs, der mir sagte, daß du meine zwei Briefe noch nicht habest, und ich war erst am Ende recht überglüklich, wie ich es nur noch durch dich werden kann, da ich hörte daß du meine Briefe hast, an denen mir mehr als an vorhergehenden lag, denn ich hatte in Ihnen recht meine Zuflucht zu dir genommen, und doch ist es schön, daß du vorn schriebst, und hinten erst Antwort hattest. Es geht dir also, wie mir, du schreibst mir gern, ohne Veranlaßung, du hast mich herzlich lieb, o wärest du an mich gebunden, ich gäbe dir die Freiheit, damit ich, wenn auch du mich verließest, nichts verlöre, als die Zeit, Menschen verlieren ist mir um so gefährlicher, als ich keine mehr erwerben mag. – In dieser Minute kömt Winkelm von Bamberg hier zurück an – ich führe ihn in den Schwan, Meierotto kömmt mir auf der Gaße entgegen – ich stopfe ihn in der Kundel ihr Kabinett – Betine fällt mir um den Hals, ich lese ihr deinen Brief vor, sie ist sehr lustig, will die lezte Seite, die Kunstlehre deines Briefs abschreiben nur immer statt Betine Arnim sezzen und dir sagen, sie habe große Hochachtung vor dir, sie kommt gleich wieder herein, und schreibt dir. Gestern ist mir ein Mädchen ungetreu geworden, ich hatte ihm den Nahmen neue Arnim gegeben, sie ist hier von Koblenz, ich habe den ganzen Sommer an ihr geliebt, es war Frühlingsliebe, im Winter sollte es nicht sein, das Ding hat mir sehr weh gethan. Ich habe es nicht erwartet, und bin heute um eine Narbe reicher, aber auch geharnischter, noch Tausend nein alle Weiber, und Männer, dann wird ein ganzer Harnisch draus, und du bleibst die tödliche Stelle, aber leider am Herzen. In der Trauer des Verlustes habe ich folgendes Herbstlied geschrieben. Ich sah das Mädchen zuerst in einem Thal auf einer Insel in der Lahn, in ihrem Garten und da ich weg gieng füllte sie mir die Zitter mit Rosenblättern, ich war gegen wenig Menschen reiner und wahrer, aber die Poeten gehen bei der bürgerlichen Natur zu Grund. Hier her gehört noch ein kleiner Aerger, ich habe für sicher gehört, Tiek und Schlegel hätten irgend mich in einem Pasquill lächerlich gemacht, so gar ein schriftliches Zirkulair mit ihrer Unterschrift gegen mich laufen lassen, wenn es wahr ist, thut mir es von Tieck weh; dem ich alles gutes aufgeboten habe, waß ich besizze. Nimm dir es ad Notam, ich ziehe mich ganz zurück zu dir, mir und Betinen, mit Winkelmann stehe ich so, daß er den Leuten sagt, er habe mich unsanft berühren müßen, so nennt der Mensch, der um nicht lügen zu müßen, sich lieber immer täuscht, unsre Trennung, in der ich ihn eigentlich nicht mag, die Sanftheit seiner Berührung ist mir immer schlecht, in seinen Unsanften ist er doch Leidenschaftlich und daher wahr. Genug hievon. Mir brennt der Kopf, Betine geht heute Abend weg, morgen mehr.

Wir alle lieben dich herzlich hier, wir sprechen täglich von dir mit allgemeiner Freude, und ich schweige dann still, wenn ich alle zu deinem Lobe in die Hizze getrieben habe, da ziehe ich mich in mein Herz zurück, und laße die andern Holz tragen zu der Flamme, die ewig in mir für dich brennt, Betine hängt sich dann an mich, und triumfirt mit mir, wir haben dich fest unsrer Liebe einverleibt, du bist die ewige Freude in unserm Ernst, du liebes lebendiges Salz, o schüzze uns vor Schwermuth. Wenn ich noch mehr Briefe von dir haben werde, so laße ich sie mir einbinden, und mache sie zu meiner Reisebibliotheck, und schreibe ein Register, und einen melancholischen Verliebten Komentar über sie. Wunderbar erfreulich ist mir dein groses Vertrauen zur Kunst, und deine Sorglosigkeit in den Feierlichkeiten mit denen du sie verehrst, so sehe ich daß es dir ernst und wohl dabei ist. Meine Kritick gefällt dir nicht immer, da hast du ganz meinen Geschmack, meine Kritick ist auch recht schlecht, wie alles, waß man eben so gern thut als nicht thut. Ich will dir aber sagen, warum und wo ich gern kritisire, ich kritisire, um mir thun zu können, was ich andern thue, um gerecht und streng gegen mich zu werden, und so meine Eitelkeit und Demuth in Stolz und Bescheidenheit zu verwandlen, ich kritisire da, wo ich weiß, daß der Dichter die Menschen achtet, und seinen Richter ebenso gern in den Herzen der Leser, als in seinen Werkstattsstatuten finden mag, und das ist bei dir der Fall, du liebst die Menschen, und bist nicht schnöd, wie die andern. Sind deine Verse leicht und lüderlich, und die Welt würde darum auch dein Talent leicht und lüderlich nehmen, oder kennt sie dich persönlich, sie blos als einen Apendix des gesitteten Muthwills deiner Erscheinung ansehen, waß ich schon oft bemerkte, besonders bei Savigny und Winkelmann, so muß dies beides wenn es zu dir zurückschallt, dich kränken, drum bin ich gern gerecht gegen dich, und trenne beides, ich verstehe dich beßer, als die andern, weil ich dich mehr liebe, du klagst mir, daß man den Ernst in dir nicht verstehe, und dein Lachen immer für dich nehme, das ist nicht so mit mir, wie könnte ich sonst von den meisten Menschen, die ich liebte, angeführt, alles waß ich auf der Farobanck der Freundschaft noch gerettet habe, und sogar die zerknickten Karten, das Negative meines Vertrauens zu dir hinbringen, mit der Idee, du seist ein Gott, der aus Nichts die Welt erschaffen kann, und mein Schazz sie betragen sich auch wirklich so gegen mich in ihrem Umgang als könnten sie mich entnichtsen. Da fällt mir eben ein Simbol für Winkelmann ein, es ist ein Scherz der Kinder gegen die Eltern hier zu Land, die oft den Weinachten zu sehr auf die lange Bank schieben *»Er giebt einem ein goldnes Nichtschen und ein silbernes Warte ein Weilchen« oder eine silberne Perücke und goldne Läuße drinn.* Hier folgt mein Herbstlied.

Die grünen Blätter sind gefallen,
Die Schwalben fortgezogen sind,
Da will zu seiner Heimath wallen
Ein armes Elternloses Kind.

Als Führer auf der weiten Reise,
Fliegt vor ihm her ein Schmetterling,
Ihr Bündelchen trägt selbst die Waise
Ir Hab und Gut ist gar gering.

Und wie sie durch die Wälder gingen,
Der Schmetterling zum Kinde spricht,

Um meinen Lohn ist noch zu dingen,
Den kleinen Freund vergeße nicht.

Ich werde nicht mehr lange leben,
Und möchte mich noch einmahl freun,
Zur Heimath will ich mit dir schweben
Doch gieb mir erst ein Blümelein.

Das Kind sprach: Keines ist zu sehen,
Doch ist in meinem Vaterland
Ein schöner Garten[,] darin stehen,
Der süßen Blumen allerhand.

Ein Engel gehet in dem Garten,
Der giebt dir sicher doppelt Lohn,
O wolle biß zur Heimath warten,
Ich irre, wenn du mir entflohn.

Der Engel, der den Lohn dir zahle,
Ist meine Mutter, ich sein Kind,
Er wohnt in einem stillen Thale,
O Laß uns eilen, fort, geschwind.

Der Führer hebt die bunten Schwingen,
Der kleine Wandrer folgt ihm schnell,
Er spricht, »hörst du die Vöglein singen,
Im Garten singen sie so hell,

Ich athme schon die Blumen düfte,
O lieber Führer eile schnell,«
»Ich fühle nur die kühlen Lüfte,
sprach da der bunte Reisgesell.

Kannst du nicht bald den Lohn mir geben?
Die kühlen Lüfte thun mir weh,
Ich werde nicht mehr lange leben,
Ich sterb' eh' ich den Garten seh'.«

So nehme alles, was ich habe
Sprach weinend da das arme Kind,
Vom jenem Engel alle Gabe,
Die welken Rosenblätter sind.

———

Der Führer starb, und in den Rosen,
Weiht ihm das Kind ein frommes Grab
Schon hört es nah des Stromes Tosen,
Und steiget zu dem Thal hinab.

———

So freudig an der Heimath Schwellen
Ruft es, »o Mutter höre mich
O führ mich zu dir durch die Wellen,
Zum süßen Garten führe mich.

———

Mein bunter Führer ist gestorben,
Da Freude floh und Sonnenschein,
Zum Lohn' hat er ein Grab erworben,
Wohl in den welken Rosen dein.«

———

Die Mutter höret nicht sein Klagen,
Da ward dem Kinde Muth verliehn,
Die Wellen es hinüber tragen,
Es eilet zu dem Garten hin.

———

Die Blumen all die Kelche neigen
Und gießen still die Liebe aus,
Die Mutter will sich nirgend zeigen
Im Garten nicht, und nicht im Haus.

———

»O Vaterland im Frühlingsscheine!
O Jugend liebste Mutter mein!
Dein Kind die Liebe ist alleine,
O wollet nicht verloren sein!«

———

Da sprach ein Vöglein von dem Baume,
»Gott grüß' dich, bist du wieder hier,
Es denkt mir dunkel wie im Traume,
Du trugst einst treue Lieb' zu mir.

———

Im Maie, da du hier geboren,
Da lernte ich ein Lied von dir,
Ist Mai und Jugend auch verloren,
Dein süßes Lied, das bleibet mir.«

———

Da fing das Vöglein an zu singen,
»Der Frühling blüht, der Sommer glüht,
Die Liebesblumen süß entspringen,
Der Zweig ist müd, die Frucht ihn zieht,

———

Die Liebe kehrt zur Heimath wieder,
Zur Fremde sie getrieben ward,
Es sinkt der Herbst zur Erde nieder,
Die Lieb erstarrt im Winter hart.«

———

Und wie das Vöglein freundlich singet,
Wie hier das Kind im Frühling sang,
Der Winter wohl zur Wahrheit bringet,
Des Kinds prophetischen Gesang.

———

Es starb das Kind wohl bei den Rosen,
Wo es der Frühlingsschein erzog,
Die Mutter hat es hart verstoßen,
Das Vöglein zu ihm niederflog.

———

Und dekte es mit welken Blüthen,
Aus alter treuer Liebe zu,
Dem Vöglein woll' es Gott vergüten,
Es sang dem Kinde in die Ruh'.

———

O Vaterland im Frühlingsscheine!
O Jugend harte Mutter sein!
Dein Kind die Liebe ich beweine,
Sein einzger Freund – ein Vögelein!

———

Winkelmann ziert sich so eben zu mir in die Stube herein, er ist im ganzen Haußе so verlegen, wie ein Kandidat in einem Pfarrhauße. Er hat kein Geld, das weiß ich, und doch will er nicht bei uns eßen und schlafen, er liegt im Römschen

Kaiser, und ist bei uns recht ängstlich, da ich ihm deinen Brief mit Freuden anbiete zu lesen, sagt er, das sei ein hart Stück, und an deinem Talent zur Poesie zweifle er total nach deinem Roman, das glaube ich nun nicht, wie das Meiste, aber mich schmerzt es, mich, da ich solche Rechte auf dein Herz habe. Sieh so geht es dir bei diesen Hunden mit deiner Poesie, die es gut meint und wie ein Kind lieb und toll, und tief sein kann, denn die Thorheiten der Kinder sind ja keine Thorheiten. O wer nur so unschuldig sein könnte, für jedes Sonnett wird dem Teufel eine Seele verschrieben, und jeder Hexameter kostet dem Winkelmann eine Lüge. – . Wie er sich zu dir verhält, so machte er es mir, und das Wisch[ch]en das er dir hier beilegt, auch das ist mir fatal. Ich bin überhaubt traurig über den Menschen, er hat mir mit seiner Maske alle Freude verdorben und daß er deinen Brief nicht lesen mogte, o hohl ihn der Teufel.

Mein Leben ist so leer hier, ich könnte dir sonst auch auf deine Briefe antworten. Aber dir immer von dir zu sprechen, geht nicht, wenn du gleich das bist, waß mir meistens begegnet. Mein Genfersee ist in der lezten Zeit der Mistpudel auf der Burg gewesen, der etwas, waß du nicht auf der Burg genoßen hast, ist. Da ich lezt ankam, waren die drei Schwesterchen von Offenbach in voller Genialität draußen, und den ganzen Tag saß Toni mit ihnen hundert schritte rechts von der Burg in der Aepfelallee, bei einem äußerst genialischen Aepfelhüter der dort von Stroh sich einen Sommerpalast aufgeschlagen hatte und neben diesem einen sehr geräumigen Herd mit Bäncken rings, und einen Zaun mit Guirlanden von Pfaffenköpfchen, und Hagebutten, dieser Mann war voll kleiner – (Läuße? ei Gott behüte,) voll kleiner Künste, Lieder und Sprüchelchen, und in seinem ganzen Hauswesen zierlich, originell, und äußerst erfindsam, ich habe bei wenig Menschen so viel poetschen Unschuldssinn gefunden, so viel Sitte und Artigkeit, nie war der Bauer mit dem Besuche Tonis und der Schwestern verlegen, er saß unter ihnen, und ließ sich von Betinen Pfannkuchen backen, und erzählte seine Abendtheuer, er ist katholisch und from, voll einfältiger Erinnerungen, fährt jährlich mit großen Flözzen nach Holland, worauf er der Künstler, Poet, Fischer und alles ist, waß man nicht aus dem System eines Handwerks mit auf das Floz packen kann. Er hütet im Herbst, dann die Aepfel und hat eine Menge der kleinen Volksbücher, die er alle doppelt hat, um wie er sagt sie Freunden zu leihen. Als die Schwestern ihm sagten sie müsten nun wieder nach Of[f]enbach, sagte er, ich werde ein Rosenfarbnes Band über den Weg spannen, das einen Zauber in sich hat, daß kein Pferd den Wagen vorüber ziehen kann. Der Mann hat damals gefehlt, du hättest sicher bei ihm in der Hütte geschlafen, er ist durch und durch eine poetische Natur. Ich mache deine Aberlische Manier nach, um dir den Aepfelpallast zu schildern, doch wer kann sie in ihrer Göttlichen Undeutlichkeit, und in ihrer Arnimschen Sorgenlosigkeit erreichen. Sieh.

Wie verflucht objektiv, es sieht gewiß alles aus wie ich es nicht gedacht habe. – Alles ist jezt von der Burg. – Schicke mir doch dein Trauerspiel ich will es mit Savigny lesen, und dir meine und seine Meinung sagen. Laße es nicht ohne deinen Nahmen drucken, zu deinen reinen lustigen Wesen gehört das, ich schreibe auch nie wieder etwas ohne mich zu nennen. Ich bitte dich schicke es mir bald nach Marburg. Auch nehme ich, wenn es möglich ist gern Korrecktur und Alles. Ich will dir ausführlich meine und Savignys Meinung drüber schreiben. Dein Lied von dem Fräulein auf dem Schiflein verstehe ich nicht ganz. Schreibe mir bald hierher. Die Post geht so eben ab. Ich muß schließen und ist dieser Brief nicht voll, so ist mein Herz doch voll, o Lieber bleibe mir treu, du begehrst nichts von mir, als Liebe, ich kann auch nichts anders. Gott weiß auch ob es waß anders giebt. – In Willmanns Taschenbuch stehen Unterhaltungen von Winkelmann, man sollte denken Lafontaine habe sie geschrieben. Willmanns sagt es selbst, und freut sich drum.

Der Oktavianus ist noch nicht da. Soll ich dir ihn schicken und wohin. Ueber Ofterdingen denke ich wie du, alle Figuren sind drin mit Fischschwänzen, Alles Fleisch ist Lachs drinn, ich empfinde einen seltsamen phisischen Ekel es zu lesen, mit Savigny bin ich fast uneins darum geworden. Man weiß nicht mehr wo man dran ist mit alle dem Zeug. – . Kristian ist jetzt mit Robinson in Jena. Robinson übersezt Göthe und Tiek ins englische, Christian studirt Medizin. Khristian ist mir sehr lieb geworden, er ist durch Savigny vortreflich gewendet, und ich erwarte unendlich viel von seiner Liebe. Betine ist recht gut freund mit der kleinen Löwenstirn geworden, die dich freundlich grüßt. – . Bald, bald lieber Junge fahre ich am Rhein hin, wo du mit mir warst, da fahr ich hin allein, und denke an dich, dich sehe ich überall wieder. Und spreche mit dem guten Folz in Bingen von dir, und erkundige mich nach den langen Würmern, und dem kleinen Mädchen dem Charteschen, das den Schinken trug, lieber Arnim die Liebe knüpft sich an alles ihr Gedächtniß an, das zackichte Weinblatt auf dem Weg nach Ostein, und die Biegungen der Berge sind mir gleich große Kerbhölzer an denen ich deiner Gedenken werde, und wiederhohlen, waß ich damahls, vor und hinter dir auf dem Spazier Weg für dich betete. Ich bin ernster, und treuer geworden, ich fühle mein Herz zieht sich um die wenigen zusammen, die genug sind. – . Laß auch diese wenigen Zeilen Genug sein, schreibe bald hierher an mich in Frankfurt den 8 Obr.

Clemens

Auf dem Zettelchen Betinens ist eine kleine Jungfern Hezze zu sehen, doch hat Gundel angefangen, die Bets Worte nicht verstand, du hattest in deinem Briefe gesagt ich sizze an einem grünen Hofnungstisch, Betinens Schatten schwebt drüber hin, darauf spielen Bets Worte wohl an. – ich gehe wohl bald nach Koblenz, doch nur auf Tage. Winkelm geht einen Tag nach mir, er hat eben nicht geglaubt mich hier zu treffen, und vorher ausgesprengt gehabt, er gehe in gewißen Geschäften an den Rhein, die ich nicht wißen dürfte. – Wenn ich wüste, wie ich zu dir gelangen könnte, und daß ich nicht zu viel Geld brauchte, ich reißte zu dir.

17 *Genf den 18 Nov 1802*

Lieber Clemens!

Ich ging heute in der breiten Strasse unsrer Genfstadt und sah in eins von den kleinen Häusern (die in der Mitte stehen wie Kinder die mit dem Regimente in die Stadt einmarschiren, doch die hast du nicht gesehen wenn du in keiner ukermärkischen Stadt gewesen), da saß ein armer Frisierbursche und schmierte mit seinen Thränen fremde Haare zu einer Kladde zusammen. Meine Haare waren eben lang geworden beym Trauerspiele und ich fragte ihn: ob er verstehe sie abzuschneiden? Er sagte sehr erfreut über den kleinen Gewinnst ein doppeltes Ja! und schnitt munter auf meinen Kopf los. Ich dachte an die Schweizerangelegenheiten die jezt mein ganzes Innere beschäftigen, er muste mich zweymal anstossen bis ich zum Spiegel trat und – o Schrecken – mein Haupt fast kahl geschoren fand. – Himmelhund – schrie ich im ersten Zorn, dann sagte ich dem Burschen leise: Schneide mir noch diesen vorstehenden Zopf Haare ab, damit alles gleich kahl wird. Und gab ihm mein Geld und ging geschoren fort.

Aber bin ich auch kahl noch, wie die Vögel, wenn sie vor der Zeit ausfliegen, so fühle ich doch innere lebende Kraft, ich werde wachsen und gedeihen und schönere dichtere Locken werden meine Stirne bald beschatten. – Vom Haarbeschneiden beym wachsenden Monde wachsen die Haare. – Das ist meine Meinung von der Kritick überhaupt. Ich wünschte nicht, daß Du dieses auf Winkelmann's Urtheil anwendest, es war nicht so gemeint und ich meine das wirklich nicht von ihm, er glaubt weder noch zweifelt er an meinem poetischen Talente, er weiß eigentlig gar nichts davon, daß er es dir abgestritten davon ist sicher nur die Ursach, weil du dich dafür verwendet, du warst Serlo und er die Aurelia seine Schwester im Wilhelm Meister, ihr hattet euch vorher gestritten, ihr mustet euch weiter streiten. Ausserdem glaube ich jezt er hat nicht ganz unrecht, was mir an meinem Roman gefiel, und ich könnte ihn zuweilen abgöttisch verehren, das ist nur für *mich* darin, es war eine Unvorsichtigkeit ihn so drucken zu lassen, der Stoff war gut und ich habe damals gerade daraus weggelassen was andre rühren könnte 1) Marien's Tagebuch und 2 die Voraus Beurtheilungen des alten Schulrektors über Odoardo und Hollin, ferner 3) die Blätter aus dem Stammbuche eines alten Burschen, 4, das Lied der drey rasenden Sänger, um alle mein poetisches Talent darauf zu verwenden in eine erdichtete Geschichte allerley wahre Scenen einzuflechten. An dem Roman habe ich Talent verschwendet wie ein Weber, der künstlich ein changent Taft aus verschiedenem Aufzuge und Einschlage gemacht, aber es so hinlegt, daß es nur von einer Seite, also nur in einer Farbe gesehen werden kann. Das ist mein Urtheil über meinen Roman, über mein Trauerspiel wage ich nicht zu urtheilen, denn es ist der Punkt worauf ich jezt stehe, es ist also das erste Jahrkind, denn so lange ist es jezt, wo ich zuerst meine Faulheit und meine Furchtsamkeit überwind eine ideelle Aussicht darzustellen, die von Jugend auf mein Gemüth beschäftigt haben in so einer seligen Unbestimmtheit, während ich mich überzeugt glaubte: Kein Heil ausser der Wissenschaft! Ich las meinen Roman einigen gutmüthigen Landfräuleins vor, die weinten dabey und ich glaubte, es sey mir alles gelungen. Dazu kam noch daß mich der Werther verführte die erzählende Form gegen eine ganz brieflige zu vertauschen, nach meiner ersten Meinung sollte es eine Art von Trauerspiel werden, mit Erzählung und Briefen durchschnitten. Für *mich* werde ich nie etwas Besseres schreiben, für *andre* nie etwas Schlechteres. Daß Winkelmann mir damals schrieb »Dein Roman hat mich gefreut und ich zweifle fürs erste so etwas zu machen, womit ich dir vergelten könnte, was mir die Phantasie des Gefesselten ist« (S 87), daß er mir ein andermal schrieb »Du bist ernst? O mein Freund du scheinst mir ein neuer Herkules am Scheidewege – hier die Heiterkeit mit der Poesie und dort der Ernst mit der Politick. Kannst du wählen? Bleibe heiter.«, das hat mich aufgemuntert und mir viel genützt, daß er mich jezt verachtet, kann mir nicht mehr schaden. Der Zweifel gattet sich gern mit meiner Faulheit und er führt mich ein Paar Tage in den Irrgarten der Gesellschaften; aber sitze ich dann wieder in der Stille meiner Einsamkeit vor dem Papiere, so entfaltet sich mir eine bessere Welt, kein Wort will mir gnügen sie darzustellen, sie senkt sich herab vom Wirbel des Hauptes nach der Feder und hier steht sie plötzlich still wie ein Kristall der nicht über die Fläche seiner Auflösung heraustrit, da fühle ich daß wenn ich erst die Mutterlauge von mir gegossen, daß auch ein Kristall wird bleiben, fest und dauernd. – Was der ist, beurtheile nicht aus meinem Roman, auch nicht aus meinem Trauerspiele, sondern aus meinem Heldengedicht über die Schweiz, die mir in dieser Zeit Thränen Gebete und schlaflose Nächte gekostet hat. Ich war einmal fest entschlossen meinen Arm ihr anzubiethen und deswegen schon bis Lausanne, mein Leben ist ihr doch geweiht und ich will singen, bis alle Saiten meiner Leyer springen. So will ich. Ariels Offenbahrungen sollen dir auch gefallen. – Laß dich Schlegels Pasquille nicht anfechten, Tieck ist sicher nicht dabey und du must bey jedem Streite mit ihnen siegen, das beste Pasquill auf den Veitstanz nach Paris ist ihre gleichzeitige Ankunft mit der Mediceischen Venus aus Palermo, du wirst davon gehört haben. Wenn man nicht mehr die literärischen Zeitungen liest kommt einem das polemische Leben der Schlegel echt komisch vor, es soll daraus eine der besten Episoden im Ariel werden[.] Man sagt jezt Menschenhaß und Reue sey nicht von Kotzebue sondern von Novalis und zwar ein vorangeschickter zweyter Theil des Heinrich von Ofterdingen, die Personen wirst du alle wiedererkennen Mathilde ist Madam Müller, der junge Heinrich wird der Unbekannte u. s. w. Wenn es nicht wahr ist, so bleibt es unter uns. Das Verhältniß

a	:	b	=	c	:	d
Agnes von Lilien	:	Wilhelm Meister	=	H v Ofterdingen	:	Franz Sternbald

ist völlig klar, wird also H v O[f]terdingen mit Wilhelm Meister multiplicirt und mit Agnes von Lilien dividirt, so ist er erst gleich Sternbald.

$$\frac{b \cdot c}{a} = d$$

Ein verflucht kleiner Divisor und ein grosser Multiplikator! Es wird im Grund mehr[?] Doch sind selbst mathematische Sätze jezt angefochten, Du weist doch worüber sich jezt Fichte und Schelling streiten, jener sagt Ich = Alles, dieser

Alles = Ich, mathematisch ist das einerley, Schelling aber der sich auf seine Produktionskraft etwas einbildet sagt, er stehe dabey auf dem Standpunkte der Produktion, Fichte auf dem Standpunkte der Reflexion; Fichte soll schon ein ältliger Mann seyn, man kann ihm das wohl glauben. Das beyläufig. Du kannst mir glauben, daß wenn ich von Dir spreche, daß ich es ernsthaft meine. Nur Dir ist es gelungen im Godwi einen jungen werdenden Dichter darzustellen, unter dieser Ansicht ist es mir eins der vollendetsten Dichtungen die ich kenne, nur scheint es mir daß es eben so wenig gut war, daß du ihn sterben liessest, wie bey Winkelmanns Nachricht von den Lebensumständen, daß er noch einen Dritten setzt, der jenen sterben läst und wiederum selbst stirbt. Aus der zerbrochenen Laute bey einer Ohnmacht des Dichters hätte eine frohe Nachricht steigen müssen, wodurch er genesen und sich mit der spanischen Bibliothek und der Tochter des Kaufmanns vermählt hätte. Diderot kann sehr gut seine Religieuse am Schlusse für einen blossen Spas, für eine erdichtete Person erklären, aber eine ernsthafte oft hinreissende Dichtung dafür erklären, wie die Nachrichten von den Lebensumständen am Schlusse des Godwi thun, heist den Eindruck absichtlich vernichten, denn der Dichter in Godwi und der Godwi selbst hatten sich offenbar mehr Interesse erworben, als ihr Dichter durch ein Paar Briefschnitzel sich hinterher erwerben konnte. – Nur daraus erkläre ich es mir, daß eben jene Tante, an die du meine Briefe sendest, und der ich in Geschmackssachen fast unbedingt traue mir versicherte, der erste Theil des Godwi habe sie weit mehr befriedigt als der letzte, ungeachtet sie mir gestand, daß der zweyte weit reicher an einzelnen schönen Gedichten und Novellen sey. Schreibe mir was Du davon meinst, vielleicht meinst du meine gekränkte Eitelkeit wolle sich dadurch an Winkelmanns Arbeit rächen. Nein, Lieber, ich halte diesen Bogen von Winkelmann für so genialisch und witzig als es irgend seyn konnte, aber es sollte nur nicht *da* stehen, auch kannte er damals wahrscheinlich nichts weiter von dem Gange des zweyten Theils, als einige Lieder und die Streifen, die du zuweilen erzähltest, mich hat wenigstens der Gang des Ganzen sehr überrascht in Regensburg, erfreut und der Schluß geärgert. Der

Dichter muste leben und muste am Ende erklären, daß der erste Theil des Godwi zum Theil nur eine Dichtung und gleichsam seine Lehrjahre seyen, mit einem Worte es muste der herrlige Plan den du in der Vorrede des zweyten Theils ausdrückst, bis zum Schlusse ausgeführt werden. Es ist eine goldne Stelle im Wilhelm Meister, sie sagt ungefähr, jeder der seine volle Kraft anstrengt nach einem hohen Ziele erregt unsere Theilnahme, mißglückt er so ist unsere Theilnahme fort, wir wenden unsre Augen weg, so von dem Dichter dort, der bey dem Anfange seiner Laufbahn stirbt. Es ist etwas Religiöses in dieser Stimmung; ein besiegter Held giebt kein hohes Heldengedicht, denn Gott war nicht mit ihm, auch wenn ihn ein blosser Zufall besiegt hat. – Der Schluß von dem allen ist, daß Novalis im Ofterdingen vergebens nach einem Ziele gestrebt hat, was du im Godwi erreichtest: jenen solltest du eine Gänseleberpastete nennen, woran man sich leicht den Magen verdirbt, deinen nenne ich eine ordentlige Tafel wo man Wein und Braten und auch Gänseleberpastete haben kann. Wenn du ein Buch angekündigt siehst »Das Heldenlied von Herrmann und seinen Kindern und Heymar's Dichterschule Herausgegeben von L. A. Arnim« so denke an mich, vielleicht überschicke ich es dir vorher, wenn dir nichts daran gefällt, so muß dir die erste Scene doch lieb seyn ich will es Dieterich schicken nur weiß ich nicht ob Winkelmann die Correctur übernimmt, ich bin mir bewust daß in den sechstausend Versen kein einziger Fuß falsch ist und es sollte mir leid thun wenn die falschen hinein spazierten, ich schrieb ihm nämlich in dem letzten Briefe durch dich, daß mir seine Verbesserungen an der Vorrede und seine Auslassungen Verschlechterungen des Romans schienen den die Druckfehler so schon genug drückten. Du bist zu entfernt dazu, auch kannst Du Deine Zeit besser brauchen, das hält mich auch bey Winkelmann ab, der mit seinem Lesen jezt schon genug alte Irrthümer corrigiren muß. – Hast du Dir nicht das Buch geben lassen »Don Diego Godewi oder pudelnärrische Aventuren eines Herrn Ohnesorge Leipzig« ist das etwa Schlegels Pasquill, ich habe den Titel in einem Catalog gelesen und er war mir gleich anrüchig. In Paris wohne ich wahrscheinlich mit Friedrich Schlegel in einem Hause bey einer Madam Polier, die Pension hält, ich will ihn in Deinem Namen ausschimpfen, Esel bohren, ich will ihm sagen, er sey ein cazzo senza pensieri und die Veitin sey nicht einmal ein Schicksel, sondern Anbeterin des Dalai Lama Schlegel, die seinen Koth küsste u. s. w. Wenn ich an Schlegel denke fallen mir immer Uebersetzungen ein. Ich habe in Stuttgard den Tasso von Gries fast ganz gelesen, laß Dir, ich bitte Dich, den dritten Theil geben, Du wirst Dich freuen wie angenehm er sich lesen läst, er mag manches verloren haben, aber die Heiligkeit nicht. Vielleicht daß die Religion erst dann dem Künstler gehört, wenn sie aufhört Religion zu seyn, aber doch geglaubt wird. Der Adler bewegt sich noch ziemlich munter trotz der Papiertute. Wenn wir nur alle Dichter so übersetzt hätten, das Sprachenlernen verdirbt unsre meisten Dichter. Ueberhaupt scheint es mir eine Quelle vieler Irrthümer zu seyn, wenn der Künstler über seine Mitkünstler urtheilt. Was der Künstler an fremden Kunstwerken schätzt ist darum nicht das Beste, er schätzt nur je nachdem sein Gemüth mehr zum Erweitern oder zum Verengern organisirt (welche der beyden Herzkammern er zeigt) entweder das was ihm gemeinschaftlich ist mit jenem oder was ihm fehlt, und durch diese nothwendige Beziehung die er hat auf seine eigene Production wird sein Urtheil nothwendig einseitig. Bey den Kindern ist das ebenso, eine Mutter kann von den Ihren getrennt einen Knaben liebgewinnen, der eigentlich ein rechter Talglümmel, weil er gerade so groß ist wie ihr Kind. Weil Du vielleicht dem Gries (vulgo Haber genannt) im Uebersetzen der Sprachschönheiten überlegen, wird Dir vielleicht die ganze Uebersetzung nicht gefallen – sie ist deswegen doch gut. Du hast ihn nun einmal als eine lächerlige Person gestempelt und willst ihn nicht laufen lassen als unter dem Stempel, ihr habt mich als *Edelmann* in euren Rathe gestempelt und das soll ich nun bleiben. Was soll das bedeuten? Frägst Du? Lies einmal im Wilhelm Meister, den ich durch Zufall hier gefunden, das 3te Kapitel des dritten Theils, Wilhelms Brief an Werner und Du hast Savignys und Winkelmanns Urtheil über mich, was Du in Deinen beyden letzten Briefen mir angiebst, ich soll Poet scheinen um Gelegenheitsgedichte zu Geburtstagen zu machen, ich soll nach allerley Kenntnissen streben um damit gesellschaftlich zu figuriren, mit einem Worte, sie haben beschlossen, ich sey ein gelehrter und künstliger Possenreisser und meinen es sey meine Pflicht, mich dem gemäß zu betragen. Das alte Lustspiel mit den vorausbestimmten Characteren Mascarilo u. s. w. war doch auch gut, auch ist es sehr witzig von den Psychologen die Temperamente folgendergestalt zu construiren stark und schnell cholerisch, stark und langsam sanguinisch u. s. w. aber die Menschenhaut ist ein zähes Leder, daß eher alle Messern und Scheren stumpf macht, ehe sie sich so bestimmt zuschneiden läst – Ich mag herzlich wenig seyn, wenn ich auch im Herzen viel trage, aber ich bin doch das nicht was ich jenen scheine, wenn ich gleich nichts andres scheinen will, als ich bin.

Nun dächt' ich, lieber Herr Baron,
Wir liessens beyde wie wir sind.
Sie blieben des Herrn Vater Sohn,
Und ich blieb meiner Mutter Kind.
Wir leben ohne Neid und Haß,
Begehren nicht des andern Titel,
Sie keinen Platz auf dem Parnaß,
Und keinen ich in dem Kapitel.

Wilh: Meister II B 9 Kap.

Aber ich antworte darauf aus der Offenbahrung Johannis »Und ich sah einen Engel in der Sonnen stehen, der schriee mit grosser Stimme und sprach zu allen Vögeln, die mitten durch den Himmel flogen: Kommet und versammelt euch zu dem grossen Abendmahle Gottes, denn ich kenne euren Glauben und eure Liebe.«

Winkelmann würde nun freylich von meiner Liebe zur Poesie sagen was er immer von Deiner Liebe zur Mereau sagte, du hättest sie nie geliebt, weil du sie besitzen wolltest, aber wenn auch aller Schmerz nur im Tode gesund wird, so wird das Herz doch nur im Leben gesund. – Ich bin hier neulich durch eine französische Uebersetzung des armen Landpredigers von Lafontaine recht überrascht worden, wie schön sind die ersteren Kapitel, die Liebe des kleinen Mädchens, die den Großvater zum Vertrauten macht – der Geist des Volksgeschmakes ist doch nicht immer ohne Grund und ist erst das ganze Volk durch unsre Dichterzunft zu Zuhörern gemacht, dann kann es nicht fehlen seinen allgemeinen Geist zu entdecken, denn freilich schallt jezt die Stimme der Gouvernanten und Hofmeister zu laut. Ich ärgre mich jezt, daß ich so viel über Winkelmann böses geschrieben habe, ich glaube mehr als drey Bogen voll, ich bin ihm im Grunde doch gut und ich glaube er meint es mit allem Guten auch gut, wenn er gleich allzu hastig zu bösen ungeheuren Reitzmitteln seine Zuflucht nimmt, wodurch er die Kranken überreitzt.

Ich lebe hier sehr angenehm und ich komme mir vor mit meinem Leben wie eine geschickte Strickerin, die alle Maschen gleich nimmt, das Knauel mag groß oder klein seyn, so reihen sich die Tage an einander. Eine Frau von Krüdener und ihre Tochter sehe ich täglich, sie sind meine hiesigen Kunstfreunde, sie schreibt sehr gut französisch und arbeitet an einem Roman Valerie, der gut wird, sie ist sehr heilig, hält viel auf äussere Religion, ist sehr romantisch durch den grösten Theil von Europa gereist. Ich habe durch sie den alten Necker und seine Tochter die Frau von Stael kennen gelernt, man stösst mit seinen Urtheilen über Kunst jeden Augenblick bey den Franzosen an, aber sie sind gutmüthig und nehmen es nicht übel. Die Stael giebt einen Roman in vier Bänden heraus »Delphine«, sie ist unendlich lebhaft, wir haben uns beynahe vier Stunden herumgestritten, und sie interessirt mich. Der alte Necker sitzt in stiller Trauer dabey, er verlor allmählig seine Frau, deren Talente und Schönheit ganz Paris beschäftigten, sein Ansehen und den grösseren Theil seines Vermögens, weil er jezt gegen Bonaparte geschrieben, wird er aller Journalisten Spott Kinderspott! Gnadegott! Darüber läst sich nun manches Trübsinnige denken, man sieht da hinein wie in das Faß der Danaiden.

Ich möchte der Krüdener so gern Deinen Roman zeigen, aber die verdammte Bettscene verhindert mich immer daran und nichts kann mich mehr ärgern, als wenn man etwas recht mit Freude darbiethet, und die Leute wollen es nicht mit Lust und Lob anerkennen, ich denke ihn noch in einzelnen Stücken ihr vorzutragen.

Du glaubst nicht wie viel Freude mir deine Briefe machen, wir erwarteten nothwendig einen Brief mit Wechseln und statt dessen kam Dein Brief und wie froh war ich. Du hättest meinen Brief nicht Deinen Schwestern zeigen sollen, weist Du, daß du mich höllisch lächerlig gemacht hast mit meinem Kunstplane auf Deine Schwester, bey Deiner Schwester? Ich bin so schamroth geworden, daß ich ihnen nichts wieder schreiben kann als ein Liedchen, lies es erst du kannst es als Antwort auf Dein wunderschönes Herbstlied nehmen, schicke es dann Deinen Schwestern, es kommt im Trauerspiele vor, wie Du denn da auch die Bedeutung von dem Liedchen des sterbenden Fräuleins finden wirst, was du nicht verstandest und von manchem andern. Das Manuscript ist fort nach Göttingen, ich bin gewiß daß Winkelmann recht darüber schimpfen wird, sage mir doch, was er schreibt. – Dein Plan zu mir zu kommen hat mich sehr gerührt, ach Lieber ich ziehe bald fort von hier, ich gehe über Lyon Marseille Nizza Genua hieher zurück und dann nach Paris. Aber kann ich Dich selbst auch nicht sehen, so schreibe mir doch bald, unter derselben adr a M. Jurine, chirurgien, denn ich komme hieher zurück.

Achim Arnim.

18

Düsseldorf auf Weinachten [1802].

Lieber Arnim

Dein voller gesunder Brief ist zu deinem treuen guten Clemens hier ins Düßeldorf gekommen, wo ihm, wie überall im Leben nichts fehlt als du, damit es ihm wohl sei. Meine Begierde bei dir zu sein ist einmahl so groß wie das andere, und deine Briefe fristen ihr das Leben. Sieh lieber Arnim, ich habe dich so ganz lieb, und bin so unkritisch in meiner Liebe, daß es mir ordentlich leid thut, wenn du in deinen Briefen irgend eine Idee mit einer andern verwechselt zu haben scheinst, ich laße dann immer deinen vorigen Glauben wie einen Geliebten Freund von mir scheiden, und nehme den neuen mit neuer Liebe auf. Selbst deine Fehler könnte ich lieben, hättest du vielleicht welche, oder ließ mich die Liebe sie sehen; Sieh, du magst dich nun anstellen, wie du willst, so bleibe ich an dir hängen, und lieber will ich mir die Augen blenden, als dich häslich sehen, lieber alle Kritick verfluchen, als dich je tadlen. Eines macht mich traurig, auf einen Punkt mehrerer meiner Briefe hast du vielleicht aus Bescheidenheit nicht geantwortet, o laß es Bescheidenheit gewesen sein, nicht Kälte, nicht Unglauben, nicht Unlust! es ist mein Plan, mich einstens zu dir zu gesellen, wie dein Diener, und dein Freund, und dein Geselle, der das deinige wie das seinige, das Seinige aber nur das deinige nennt, ich will um deine Nähe, um den Verkehr mit dir, die Welt und den Verkehr mit ihr verkaufen, ich habe es nun mit dem Meisten versucht, nirgends konnte mir die unmittelbare Berührung mit dem Äußern wohlthun, seitdem die Mereau mir der falsche geliebte Mittler geworden war, und nichts mehr thut mir wohl, auf nichts kann ich meinen Rest von Muth und Kraft mehr retten, als auf dich, warum hast du nie darauf geantwortet, und glaubst du nicht daran, so scheine die Antwort darauf vergeßen zu haben, ich will es glauben, nie aber versage mir das Alles mit kahlen Worten, oder gefiederten Sentenzen, sonst thut es nicht gut. Etwas macht mich manchmal irre in dir, es ist dein zu großes Intreße an meinem Talent, lieber Arnim, ich liebe dich nach deiner ganzen Weßenheit, und die ist dein Talent, bei mir aber ist es nicht so, ich bin mehr als mein Talent, das fühle ich, denn ich achte nur darum mein Talent nicht, weil es nie meinem innren Drange hinreichen wird, der äußere Gottesdienst entspricht dem Gotte, der in mir herrscht, nicht mehr, und wer mich in meinem Talente lieben kann, der muß sich zu mir verhalten, wie sich ein frommes bigottfrommes katholisches Mädchen bewustlos zum Gotte verhält. sie reflecktirt die innre Heiligkeit ihres Herzens an der Hostie, und glaubt zu beten, zu lieben, wenn sie doch nur blos lebt, Sie ist göttlich und glaubt Gott zu ehren, in dem sie göttlich anschaut. Ist es nicht so mit dir, liebst du mich nicht so. da du so viel über den Godwi sprechen kannst, der nur Wasser und Mehl ist, o dann ist kein Gedicht von mir mehr ein Gedicht, das waß aus dir zu ihnen hinsieht ist mein Gedicht, und du bist mein Wesen selbst, in dem du dich meines Wesens vor deiner Hostie bewust wirst – Sieh so schon könnte ich dir beweisen, daß ich kein Dichter bin, sondern nur ein Mittler, der aus dem Vater und dem Geiste ausgeht, ich kann nicht schaffen, nur heilen und mich opfern kann ich. So laß dann mein Leben gern edlen Schmerzen geweiht sein, ich fühle, daß ich schön erliegen werde, und bin ich kein Dichter, wie wenige, so werde ich doch ein Objekt der Kunst sein, wie wenige, den Mann muß ich lieben, der mich einmahl dichten wird, ich liebe dich so, daß ich glaube du wirst es thun, thun müßen – Sei getrost, du wirst es können, und du wirst nirgends so blos nur das deinige doch allein Allermenschen Gedicht gedichtet haben, drum liebe mich selbsten, und nicht mein Talent, denn dann ist das Werk vollbracht –. Ich kann nicht sagen, lieber Arnim, daß ich keinen Muth zu dichten hätte, ich fliehe nicht im Streite, aber ich stehe stille, lausche auf die Harmonien des Schwerdgeklirrs, freue mich an dem vordringenden jugendlichen Wahn der Reuter, und freue mich an meiner Betrachtung meiner Kälte mitten im Getümmel, reißt mich die Schaar minutenlange mit, so nehme ich die Geberden eines streitenden an, dringe wohl vor, wo die gröste Gefahr, und sinne wieder, ohne zu schlagen, fallen die kühnen neben mir, so falle auch ich, werden wir geschlagen, so werde auch ich geschlagen, siegen wir, ach so siegt nur der Feldherr – denn eine Schlacht ist es, und die Soldaten leiden keine Ausnahmen, weil sie nur geregelt, nicht die Regel sind, aber auch den Feldherrn beneide ich nicht, ihn trägt der Sieg, er nicht den Sieg, aber nach der Fahne blicke ich mit Wehmuth, mit heiliger stiller Tapferkeit der Ruhe, denn Sie hat mich zum Krieger gemacht, es wehen die Farben meiner Geliebten in bunten Bändern von ihr, da sie sich von mir wendete, da ich arm ward, wollte ich mich ans Leben fesseln, um ihr ewig getreu zu sein, ich befestigte ein Bußenschleife, von ihr an des Streits Panier, so bin ich zum Panier gefesselt, so zur Schlacht, doch ist es ihre Farbe nur, die ich erblicke Und freudig selbst seh ich die Roserothen Wunden fließen, die selbst den Tod mit ihrer Farbe freudig grüßen. So ist mein Leben, so scheine ich ein Dichter geworden zu sein, und bin nur ein Objeckt der Poesie, da ich in der Zeit ewig lebe, und alles Endliche statt es zu genießen, in unendliche Begierde in mir verwandelt habe. Du hast in dem Du die Zeichnung eines jungen Dichters im Godwi gegen den Novalis retten willst, dir allein das

Urtheil gegen Schiller gesprochen, du hast im Hollin einen Mortimer gedichtet, in dem du einen liebenden sich in Mortimers kaltem Leichnam ermorden läst, so hast du Schillern besiegt, mein junger Dichter spricht sich selbst das Urtheil, mir, denn ich sterbe in ihm, und Winkelmanns Nachrede ist all mein Lorbeer, der Papierne Kranz um das Schinkenbein. – . Das alles ist, nicht Muthlosigkeit, sonst hätte ich den Muth nicht, vieles nicht zu achten, waß rühmlich da steht, waß in der Vollendung schlecht ist, und doch durch die Vollendung mir zu groß – Im Godwi steht mein Schicksal laut geschrieben, auch ich finde vieles drinn, des sich der Gröste kaum zu schämen brauchte, aber ich finde auch drinn, daß das ganze Buch keine Achtung für sich selbst hat, und das ist eine feine List, wer schweigt, wer sich bespöttelt, wo andre ihn bewundern, der deckt die Blöße und den Mangel mit wizzigen Falten, und lügt die Lükke zu, drum ist auch nur das Nakte wirklich schön. – . Göthe hat mir mein Intriguenstück zurükgeschickt, mit den Worten, es habe sich durch seinen guten Humor, und seine angenehmen Lieder vor allen ausgezeichnet, er danke mir für die Unterhaltung die es ihm gewährt. – ich werde es nun druken laßen – doch noch eins, ich schreibe dir die ganze Zeit, und du weist nicht woher – ich bin in diesem Augenblicke noch in Düsseldorf, wo ich schon 6 Wochen bin, ins Theater gehe, die Gallerie anguke, und mich wie überall nicht sehr vergnüge, du bist es immer nach dem mein Herz sich sehnt, wie wir auf dem Ostein waren, da war das Leben schön, ach wirst du wohl in Genua, Marseille, an mich gedacht haben. Auffallend ist es mir, daß du der einzige Mensch bist, der mir bis jezt so viel und innig mit einem so ungemessenen Erguß schreibt, und zwar während er mitten in Zerstreuungen lebt, das ist mir der Beweiß der Wahrheit deiner Liebe, dieses überfließende in ihr, doch fürchte ich beinah lieber Arnim, wenn du mit Schlegel in eine Wohnung geräthst, so wirst ihn auch liebgewinnen er wird dich auslachen, wenn du von mir sprichst, und du wirst bei ihm so über Ritter triumfiren, daß du mich leicht vergessen wirst, das wäre sehr traurig für mich nimm dich daher zusammen lieber Arnim, vergiß mich nicht in Pariß, nicht bei Friedrich Schlegel, der Mann hat mir auch die Mereau untergraben, und ich kenne seine unendlich honette Niederträchtigkeit, entgehe ihr. Eigentlich weiß ich nicht, waß ich hier treibe, im Anfang hielt mich die hiesige Schauspielertruppe fest, ich dachte mein Intriguenstück zu contrahiren und aufzuführen, ich war unter allen diesen Marianen und Philinen zu Hauß wie Meister, aber obschon eine als Schauspielerinn einzig liebenswürdige Lüders mich durch ihre große Aehnlichkeit in der Figur mit der Mereau intereßirt, so ist und bleibt sie doch ein unendlich gemeines niedrig schmuzziges Geschöpf, das in der Nähe tödlich ist, der Direktor ein verlaufner miserabler junger Mensch gab mir gleich anfangs für immer ein Freibillet, und um nichts diesem Menschen zu danken zu haben, schrieb ich ihm in vier Tagen eine kleine Oper. ect. – Mit dem Kupferstecher Heß einem guten Mann, und mit dem dem Rufe nach großen Galleriedirecktor Langer bin ich bekannt, aber die Leute sind im ganzen ohne Geistesfreiheit, und sehr geneigt einen für einen Abentheurer zu halten, ich werde daher nächstens fliehen – Gestern ward Maria Stuart recht artig hier aufgeführt, fiel aber vor dem Puplikum als langweilig durch, die Zuschauer bedienten sich des Ausdruks, der Dichter laße ihnen ihre 30 Stüber sauer werden, dies erinnerte mich an einen Postillon, der mich vor kurzem fuhr, und sein kostspieliges Tabakrauchen mit dem Ausdruke entschuldigte, Kann ich meinen Stüber mehr quälen, kann ich ihn durch ein enger Loch treiben? –. Platt, sehr platt ist die Welt, und Künstlich muß der Hammer sein, der sie zum Relief schlägt, o Arnim ich wollte ich wäre bei dir, nun werde ich wieder zu Savigny fliehen, ins tode, stumme, ernste Heiligthum, auch er ist mir drükkend einfach. Friedrich Schlegel hat an Fromann geschrieben, zwischen den Franzosen und Deutschen sei kein Unterschied als daß jene mehr durch die Nase sprechen und öfter Monsieur sagten, er hat seinen Landsleuten in Paris ein Collegium über die Fortschritte der deutschen Litteratur angeschlagen, – Ritter ist mit einem gewißen Möller, der die Abhandlung über die Ovalform geschrieben, wie ich höre nach Regensburg. Schellings Collegia sollen seit der lezten Zeit ihrer Undeutlichen Barbarei wegen wenig besucht sein. – . *Schreibe mir bald wieder nach Marburg*, ich bin heute sehr betrübt, ich habe hier wieder das Leben mit neuer Liebe umfangen wollen, aber alles ekelt mich mit seinem Unverstande an. Rafaels Johannes in der Wüste, der ruhige klare, nakte, liebreich sinnende in der Wüste, o könnte ich ihm im Leben gleichen, dem nur Savigny gleicht. Jezt, jezt in dieser Minute mögte ich aufsizzen auf Fausts Mantel und hinfliegen zu dir, damit du mich anlächeltest, damit ich glüklich wäre, zu allem bin ich gezwungen, zu dichten bin ich gezwungen, damit ich nicht das Leben in seiner schlechtsten Gestalt sehe, alles Studium ist Brodstudium, um Seelenbrod, Leibesbrod – thun wir alles. – Doch ich will mich ermannen und fliehen – will mich ermannen, und aufhören dir zu klagen, doch klage ich beinah, wenn ich dir sage ich liebe dich und habe dich nicht, und sehe dich nicht lebe wohl.

Wie auch Walte der Arm des Menschen, so faßt er das Eigne,
Ihm nur tödet der Tod, Leben lebet nur Ihm
Sieh so sizzet der Zimmrer im grünenden Wipfel der Eiche
Rühmlich erklingt ihm der Hain, unter dem Schlage der Axt,
Und es fallen die Splitter, das nennt er die Arbeit befördern,
Biß auch der Zweig, der ihn trug, stürzt mit dem Splittrer hinab.
Ferner sei es kein Schimpf mehr ein Splitterrichter zu heißen
Fällt das Vollendete Werck selbst doch dem Splittergericht.

Nein! so in Unmuth geschloßen, soll mein Brief dich nicht in der Fremde treffen, ich bin drei Stunden in dem leeren Feld um Düßeldorf herum gelaufen, ist es von außen nicht besser so steht es doch im Innren wieder ziemlich. Eins waß mich auch betrübt, ist das Betine die jezt von Offenbach weg in Frankfurt wohnt, mir seit 2 Monden keine Zeile geschrieben hat. Warum das weiß ich nicht, aber bei Gott ich verdiene eher, daß meiner Freunde Hand lahm wird, und sie mir nicht schreiben können, als eine solche Nachläßigkeit. –. Wenn du Göthes Lustspiel bei Eröfnung des Lauchstädter Neuen Theathers noch nicht gelesen, es heist, *waß wir bringen* so hast du etwas durchaus originelles, leichtes, Anmuthiges und tiefes nicht gelesen. Dein Schönes Lied das du meinen Schwestern geschickt hast, hat mich sehr erfreut, ich habe deinen Brief über Marburg erhalten, Savigny dem ich in seiner Wißenschaftlichen Einsamkeit gern jede Freude gönne hat deinen Brief, wie alle meine Briefe, ehe er mir sie sendet gelesen, und ist entzükt über ihn, er liebt dich von Herzen über dein Lied schreibt er »das Lied ist nicht allein wie alle Vorige neu und originell, sondern auch vollkommen und rund« Solch Lob soll dich freuen, denn es kömmt von dem Verstande, und dem Herz. Ich selbst habe in der lezten Zeit nichts gedichtet. Will dir aber doch eine Romanze hier her machen, die mir einfällt, wie sie wird weiß ich nicht, denn ich habe sie noch nicht gemacht, gebe acht, wie sie lauten wird, vermuthlich schlecht, denn ich habe gar keinen Lusten.

1

Aus Köllen war ein Edelknecht,
Um Botschaft ausgegangen
Den Vater hielt ihm Engelbrecht
Der Bischoff hart gefangen.

2

Er gieng gen Arle manchen Tag
Er gieng in schwehren Sorgen,
Sein Liebchen ihm im Sinne Lag,
Der hätt' er es verborgen,

3

Ganz traurig er am Brunnen lag,
In Busch und grünen Hekken,
Da hört er schallen Hufesschlag,
Und gieng sich zu verstecken.

4

Er sah da einen frohen Mann
Sein Roß zur Quelle lenken,
Ein andrer ritt betrübt heran,
Sein Pferd am Born zu tränken.

Betrübter Mann! der frohe sprach
Gott woll dir Trost verleihen!
O froher Mann! der andre sprach
waß mag dich so erfreuen!

Herr Gottschalk, sprach der frohe Mann
Geht frei aus seinen Banden,
Durch ein Mirakel er entrann
Mit allen den Verbannten.

———

Er hatte eine kleine Maus
Im Kerker zahm erzogen,
Die gieng da freundlich ein und aus,
Und war ihm gar gewogen.

———

Doch einst sein kleiner Freund entlief,
Und wollte nicht mehr kehren,
Herr Gottschalk ihr gar traurig rief
Das Mauslein wollt nicht hören.

———

Das schmerzte den getreuen Mann,
Sein Maußlein wolt er haben,
Mit seinen Freunden er begann,
Nach ihrem Freund zu graben.

———

Und in der Erde eingescharrt
Fand Meißel er und Feilen,
Womit er ihre Bande hart,
Gar leichtlich konnt zertheilen.

———

Der andre sprach, mein Schwesterlein
Es liegt gar schwer gefangen,
Und selbst das treue Mauslein dein
Könnt' nicht zu ihr gelangen.

———

Des Schloßes Dach ist Himmelblau,
Die Mauren grüne Wellen,
Die Graben rings sind Flur und Au,
Die Fenster Fluß und Quellen.

———

Der süße Knecht die Liebe brach
in ihres Herzens Kammer,
Ihm stürzten die Gesellen nach,
Der Schmerz und böser Jammer

Die Liebe bließ das Lämpchen aus
Die Schmerzen sie bezwangen,
Und legten sie ins kühle Hauß
wohl auf den Tod gefangen.

Am Fels so wild der Reihn zerschellt,
Wo böß die Schiffe stranden,
Dort ewig Sie gefangen hält,
Der Schlund in kühlen Banden.

Ein Freund des Bischoffs sie belog,
Herr Hermann sei erschlagen,
Der insgeheim aus Köllen zog
Den Vater zu erfragen.

Dann zaumten sie [die] Roße auf
Und rüsten sich zu scheiden
Und gaben sich den Handschlag drauf
Den Bischoff zu bestreiten.

Und da sie aus dem Walde schon,
Trat wieder zu der Quelle
Hermann des treuen Gottschalks Sohn
Der traurige Geselle.

Er schrie hinab zum Wasserschloß,
Wo bös die Schiffe stranden,
Wer macht mein Lieb von Fesslen los,
Wer lößet ihr die Banden,

Lebwohl lebwohl herr Vater mein,
Leb frei in großen Ehren,
Ich hab verlorn das Mäuslein klein,
Das thut mich gar beschwehren,

Lebwohl Lebwohl, o Kerker mein
Das Mäuslein ist verloren,
Mein Schwerd muß meine Feile sein,
Da thät er sich durch bohren

Und stürzt hinab ins kühle Hauß,
wo Liebchen liegt gefangen,
O Liebchen breit die Arme aus
Ihn treulich zu umfangen.

Und läg' gefangen im kühlen Hauß
Die mich so hart betrogen,
Sie hätte, eh dies Liedchen aus
Mich auch hinab gezogen –

lebe wohl, bleibe treu, schreibe nach Marburg.

1803

19 *Lyon den 12 [und Paris, den 26.] Jan 1803*

Lieber Clemens!

Woran erinnerst Du mich, an ein festes dauerndes Leben, wo wir uns gegenseitig an den Quellen des Leben einschenken und zutrinken? O Lieber laß mich nicht klagen, Du hast mich nie gehört im Schmerz, die Quellen könnten vertrocknen und die Thränen all dazu, ich lebe die eilenden Augenblicke und kehre ich zurück von meiner Reise, so weiß ich keinen Stein, wo ich mein Haupt lege ich fühle mich fremd in meiner Heimath, ich werde vielleicht zu diesem oder jenem Geschäfte scharf beredet werden, aber ich bin zu starr um mich zu fügen; [–] zu biegsam um jemand zu verletzen [–] ich kenne mein Land ich weiß daß mir in allem dem, wo ich wirken könnte die Flügel gelähmt sind, erst gehe heist es da dann fliege und wer kann beydes thun? ich könnte gewaltige Plane machen, wenn nicht alle Plane gewaltig weit von der Ausführung wären. O der Gewalten, ein Loth Quecksilber kann den stärksten Deich in einem Jahre durchbohren und gieb dem Archimedes einen festen Punkt ausser der Erde und er hebt sie weit hinaus über die Bahnen der Nachbarwelten. Ich kenne den festen

Punkt, es ist die Freyheit, oder nenne es das heilige Grab, Rom oder Ruhm, wer den Hebel anzusetzen weiß stürzt alles um, aber er begräbt sich unter den Trümmern und zieht alles mit sich hinab. So steht das Festeste der Welt und ich sollte Dein Hoffen auf eine Unsicherheit in dieser Unsicherheit stellen, der Du an alles fest und auf ewig hängst, den man eben deswegen unbeständig nennt, weil Du den Wechsel der andern um und neben Dir siehst und jeden in seiner Urgestalt dir erhalten willst[.] Absichtlich habe ich nicht auf Deinen Plan geantwortet, die Möglichkeit ist süß, die Wirklichkeit ist fern wenigstens ungewiß. Du hast mich eine grosse Weisheit gelehrt »man muß dichten um nicht das Leben in seiner schlechtesten Gestalt zu sehen« ich habe das gefühlt bey dem tonlosen Gewühl worin ich mich seit zwey Monaten herumtreibe, o so laß uns auch dichten wie wir einst zusammenleben, aber laß uns kein Schloß darauf bauen. Es ist wunderbar, ich kann mir die meisten Menschen in meiner Vorstellung zurückrufen aber Dich nicht, das zeigt offenbar daß wir täglich zusammenleben müssen, nun denke Dir wir wohnen Avignon gegenüber an dem Ufer der Rhone am Berge im gewesenen Kloster, keiner verfolgte uns denn keiner verstände unsre Sprache, wie Petrark sängen wir unsre Liebe und keiner verstände uns, aber unsre Schüler sendeten wir aus und sie kämen ins Vaterland wie Propheten. Ein alter Franzose erzählt mir, wenn er jezt eine Prise Taback nehme und niese, so mache ihm das eben so viel Freude als sonst der Augenblick der Durchdringung beym Mädchen, so ist auch jezt mein Plan mir auch jezt die Erinnerung an unsern Aufenthalt am Rhein Ich nenne jezt den Ostein O Wehstein, jezt wo ich nicht mehr dort bin. O Weh ich muß noch einmal zurückdenken an einen traurigen Augenblick meiner Reise ich saß in einem kleinen Orte zwischen Marseille und Avignon am Ofen und sah so ins Feuer, wie man denn so sieht nach dem Besseren ohne es in sich aufnehmen zu können, mit *innigem* Sehnen, da stand im Feuer ein Mägdlein mit Blumen und hielt eine Fahne, und darauf stand deutsch geschrieben Frühling aber keiner verstand sie als ich. O Lieber, daß du mich verstehest höre, sie war aus Eisen auf eine Platte gegossen und das Feuer spielte in den Falten ihres Kleides, und sie grüste jeden und nur ich verstand, denn sie war geraubt aus ihrem Vaterlande und in die Hölle versetzet. So bin auch ich und von Dir fort, ich bin plat und einfältig und werde gut fertig mit den Leuten, wenn sie mich auch nicht verstehen, und ich mich ihnen auch nicht eröff[n]e. Sage nicht daß die Menschen dem Johannes gleichen sollen, der hatte eine ewige reine Quelle neben sich, aus der er mit der Fülle tauchte und zechte, sein Stock war ein ahndendes Kreuz mit einer Fahne umwunden, aber hier sind alle Quellen vertrocknet oder unrein, das Kreuz ist als Brennholz verbrannt und die Fahnen sie biethen den Frühling und keiner sieht ihn. Es giebt hier nur eine Poesie und das ist die Zerstörung, lies Atala von Chateaubriand und Delphine von Frau von Stael, die beyden bedeutendsten Werke, die in neuerer Zeit hier erschienen, es ist als wenn man einen Schornsteinfeger zur Psyche legt, wenn sie erwacht! Sie muß ihm die Oehllampe um die Ohren schlagen. Hör ein Sonnet über solch einen Schornsteinfeger

Leonce

Er suchet sie, die milde Nacht verborgen
Und über Fluthen schwankt sein Schicksals Nachen,
Wie Drachen öffnen schäumend sie den Rachen,
Doch kämpft er muthig bis zum neuen Morgen.

*

Delphine willst du denn für ihn erwachen,
Der von der Ehre will die Liebe borgen?
Die reiche Liebe lacht so armer Sorgen,
Die Myrthe lehrt dem Lorbeer Kränze machen

*

Delphine winket, dass die Welle sinke,
Sie zeigt dem Kahn die Bahn mit Liebesgluthen
Und küsst sein Bild im Wiederschein der Fluthen.

*

Er kennt sich nicht; – er wähnt ein Fremdling trinke
Des Mundes Lust; – und Wuth wird sein Verlangen:
Er tödtet sie, und stirbt von ihr umfangen.

Wenn Du das Ganze verstehen willst, must du die Delphine gelesen haben, und dich erinnern, daß die Delphinen auf gute Fahrt deuten. Du wirst in der Vorrede viel Lobsprüche der deutschen Literatur lesen und das habe ich ihr zum Theil ausgepresst. Es ist ein wunderbares Weib die Verfasserin und ihr Werk ausgezeichnet, die Gesellschaft ist mit unendliger Kunst poetisch gemacht, die Charactere neu und scharf gezeichnet. Denke dir einmal die Zeit wo man die Romane göttlich verehrte z.B. den vom Herkules und jezt wo jeder elende Skribler über die Stael herfällt, weil sie nicht der Regierung schmeichelt und einige neue Redeformen einführt, die man im Deutschen nicht bemerken würde. Wenn man Hecksel schneidet, so wird alles Stroh gleich lang in seiner Lade, so hat es die Revoluzion mit den Franzosen gemacht, von der einen Seite gleich starr, von der andern Seite gleich plat sind alle Halme geworden. Oder denke dir ein Bier was offen im Glase gestanden, oder von dem der Pfropfen aufgeflogen, so schal so leer ist alles nach dem Hauptknall und Aufbrausen geworden, von allem Grossen, was sich damals im Innern regte was ist übrig geblieben, statt einer Ehle ein Mètre, und mit welcher Ehle man sie messen mag, sie bleiben immer gleich kurz und winzig und die Biebel sagt: Kein Mensch kann sich ein Haarbreit zulegen. Ein Spruch womit ich oft einen kleinen Hofmeister ärgerte, der sich mit mir sonst herumkugelte. Der wunderbarste Einfall der Franzosen ist, sich den Griechen zu vergleichen, ich möchte etwas recht bittres sagen, aber das Papier würde es übel nehmen

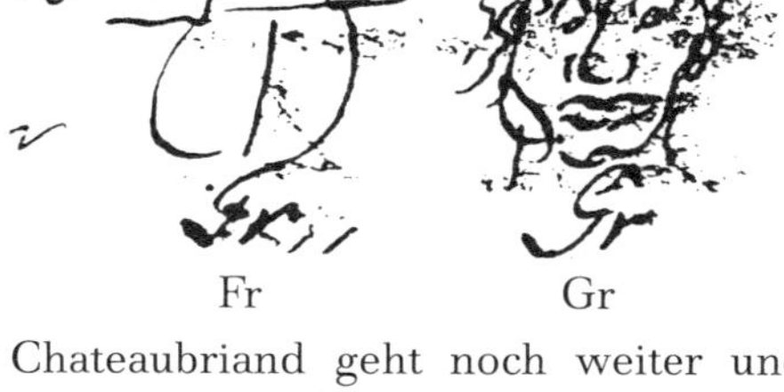

Fr Gr

sieh das Bildniß.

Chateaubriand geht noch weiter und vergleicht sie den Atheniensern Monsieur Corneille wird dann Aeschylus Monsieur Racine ist Sophocles u. s. w. Doch beyläufig gesagt, durchblättre das Genie du christianisme und lies die

Atala von Chateaubriand, es ist das Gegenstück zur Delphine und die Erweckungsstimme der Religionspartey in Frankreich gewesen, die, ungeachtet sie es sehr ehrlich meint, viel atheistischer scheint als alle seine Gegnerstimmen. In der Atala ist *er ganz*, und ich glaube nicht, daß er künftig etwas anders schreiben kann, was nicht mehr oder minder Wiederholung von jenem ist, er hat seine [g]anze Trauer ausgeschüttet und die Summe [al]ler Trauer ist der Tod, wie die [S]umme aller Freuden, das Leben: [s]o ist *Dein* Talent nicht, es ist lebend und [d]ie Trauer ist nur der dunkle Grund, [au]s dem die hellen Farben noch heller hervorblicken. Du sagst ich soll nicht Dein Talent sondern Dich lieben, ich antworte beydes zusammen, zu der Insel Pantataria kam Sancho nicht ohne Brücke, eine Kugel läst sich nicht anfassen, besonders wenn sie heiß ist, auch gestehe ich, daß ich nie unterscheiden kann ob meine Seele, mein respectives Ich in den Fingern, in den Füssen im Kopfe oder im Herzen sitzt, wer eins davon nimmt würde das ganze verstümmeln und der Puls in alle[n] allen Gliedern, dieser Wiederha[ll] des Herzens oder vielmehr das Z[ucken] jedes Gliedes, er zeigt wie alle[s] nur im Ganzen sich individu[alisirt] was wir dann gutmüthig ge[nug] auch verschieden nominalis[iren.] »Aus ihren Thaten sollst du sie erkennen« spricht ni fallor, Paulus, darum will ich dir meinen Rapport abstatten über meine Arbeiten. Erste Definit: *Ich bin faul gewesen.* Ein neues Trauerspiel ist nach allen Scenen entworfen, wenn es geräth, wird es blitzen ein Karfunkelstein. Ein Paar Scenen sind fertig. Ein episches Gedicht eines rückkehrenden Schäfers aus Preussen habe ich angefangen, einen Meersturm habe ich nach eigner Erfahrung beschrieben, bey meiner Ueberfahrt von Genua nach Nizza. Fünf St[rophen] auf die ich stolz bin, sie sind alle zum Theil und doch geschichtlich merkw[ürdig,] die Verse sind leicht und fromm, du wür[dest] mich darin vielleicht nicht erkenn[en.] Noch einen grossen Plan habe ich aus[geheckt] unter den Stössen des Postwage[ns,] ein Werk über das Französische Krieg[swesen] und ein andres über die Aendrung der wissenschaftligen Anstalten in Preussen, das erste ist ungefähr so ein Plan wie Winkelmanns Ausgabe der ältesten griechischen Dichter, das letzte liegt mir am Herzen, aber ich fürchte daß es fruchtlos seyn wird. Auch will ich den *falschen Waldemar* in unsrer Geschichte und den Krieg gegen die Edlen Gänse von Putlitz einmal als Trauerspiele bearbeiten – so Gott will und der Teufel es nicht hintertreibt. Laß unser Auge von so ernsthaften Dingen fortwenden, [un]d hör dagegen, folgendes kleine *Hochzeitlied* [n]ach der trefligen Melodie mihi est propositum

1

[Gl]ücklich ist der brave Mann
[Der] ein Weib gefunden,
[Das] kein andrer leiden kann
[Sie] sind fest verbunden.

2.

[Ohne] Argwohn bleibt sein Herz
[Ihm] allein die Blume
[Und] es weicht so Schmerz als Scherz
[Von dem] Heiligthume

3

Du nur kennest ihren Werth,
Andern scheint sie häßlich,
Kocht sie gut auf deinem Herd
Ist das leicht vergeßlich.

4

Ruh und Arbeit ist das Glück
Liebe stört euch nimmer
Und es quält bey ihrem Blick,
Seinen Schlaf kein Schimmer

5

Gute Nacht du edles Paar
Schlafe fest und lange,
Eifersucht krümmt euch kein Haar
Seyd dafür nicht bange

6

Weil es die Gewohnheit ist
Hast du dann auch Kinder,
Kinder, wie du selber bist,
Häßlich auch nicht minder.

Und da ich nun einmal bey Gelegenheitsgedichten bin, so nimm noch dieses . . .

Paris den 26ten Jan 1803

noch dieses auf meinen Geburtstag, der zweyundzwanzigste meines Lebens, wenn ich mich nicht irre. O wäre ich doch bey dir um ihn zu feyern, dann sollte es Verse regnen aber hier friert mich, ich wohne wie ein Hund in einem Zimmer, das wegen des Rauchs nicht geheitzt werden kann und so ist eigentlich das ganze Leben, flammt man auf so wird man vom Rauche erstickt, den ewig die drüberrückende Luft auf uns niedertreibt, statt daß er wie Weihrauchduft emporwallen sollte. Die Langeweile ist das einzige Glück in der Welt, darüber liesse sich ein Buch schreiben, denn sonst bemerkt man die kurze Weile, ich meine daß die Zeit von einem Geburtstage zum andern wie ein Perpendikelschlag vergangen. Und daran bist du haupt und herzmitschuldig, wenn Du es nicht warst, so waren es doch deine Briefe, bey denen ich den Giftbecher der Zeit eilig wie den Aßmanshäuser hinuntertrank,

»Die Zeiten steigen nieder,
Die Jahre steigen an,
Ich sehe dich einst wieder,
Sey freudig sey ein Mann

*

Die Jahre sind die Sprossen,
Die Leiter steigt zur Höh,
Wer seine Welt genossen
Fühlt nicht des Sterbens Weh

(Die Leiter ist gebrochen)

Mir ist die Bahn gebrochen,
Durch Deiner Mutter Schuld,
Und bin ich einst gerochen
Fühlt ich auch Himmels Huld«

*

Er sprachs zu seinem Sohne
Und Agamemnon starb,

Ermordet bey dem Throne
Den nun der Sohn erwarb.

*

Nun wollt Orestes rächen
Der Mutter tiefe Schuld,
Ihr Blut floß roth in Bächen,
Ihn floh des Himmels Huld

*

Von Furien geplaget,
Der Heimath Boden glüht,
Zum Lethe hingejaget
Das Vaterland er flieht.

*

Doch Pylades erscheinet
Und führet seinen Freund,
Und weinet, wenn er weinet,
Und schützt ihn vor dem Feind

[*]

Und bis zum Scythenlande
Führt ihn des Freundes Hand,
In dem Babarenlande
Fasst ihn der Schwester Hand.

*

Die Schwester ihm erscheinet
Und deutet aus den Schluß,
Was das Orakel meinet:
Sein Leben wird Genuß!

*

In Ruhe sieht er erscheinen
Des eignen Heerdes Rauch,
Der Augen trübes Weinen
Verschwindet auch wie Rauch.

*

Die Mereau war die Mutter
Verstrickt in tiefer Schuld:
Doch Amor nennt sie Mutter,
Du warst in ihrer Huld

*

Doch hast du ihn gerächet
Der durch den Pfeil einst starb;
Doch hat sie sich gerächet
Im Tod sie Lieb erwarb.

[*]

Und dieser Liebe Flammen
Zerrissen deine Brust,
Die Schwester heilt zusammen,
Was dir zerriß die Lust.

*

Und wer dich hat geführet
Zu deiner Schwester hin
Bin *ich!* Die Freundschaft führet
Den wilden Dichtersinn.

*

Und sind auch schlecht die Reime
So ist doch gut der Sinn
O wären wir am Rheine
Da wär mehr Reimgewinn

Und es ist mein ernstliger Vorsatz, dich mit Deiner Schwester wieder auszusöhnen, wie aber diese Verse zu dem Plane gekommen sind begreife ich selbst nicht, im Anfange wuste ich nicht wie sie sich endigen würden. Nimm nicht alles so schwer auf in der Welt, es muß Dich sonst niederdrücken, schreibt sie nicht, so denke daß du ihr auch wahrscheinlich nicht geschrieben, als du mit der Mereau gut Freund. Noch eins! Agamemnon dort ist Winkelmann, er ist ganz durchschossen von ihrem Pfeil, so durchschossen, daß er mir nicht einmal antworten kann, ob mein Manuscript angekommen oder ob es der Teufel unterweges geholt, hat er nicht an Savigny geschrieben? Schreib mir bald, ich wohne im Hotel du Grand Vauban rue de la loi no: 882 aber besser ist es, du schickst den Brief an Madame Gautier rue de la Jussiene no. 20.

Ich soll Dir wohl etwas von Paris schreiben, und doch kommt mir das närrisch vor, ich habe ein inneres Verhältniß zu Dir und kein äusseres. Der Tanz ist schön schön schön –

aber er könnte doch schöner seyn – mein Ariel lernt täglich, aber er schreibt nicht, nur ein Paar Verse höre von ihm auf die Gardel und auf Vestris

1 Gardel

Du Schlangenleib,
Du süsses Weib,
Heb auf dein Füßlein wunderhold,
und gieb der Lust den Minnesold.

2

Dein Fingerlein
Droht nur zum Schein;
Denn anders spricht der Augen Blick,
Er schmilzt, er ruft den Augenblick.

1 Vestris

Magneten starren fest nach Norden
Quecksilber läuft von Ort zu Ort,
Schnell läuft des Witzes helles Wort,
Die Wahrheit ist zur Dauer worden

2.

So schnell, so leicht, so fest zur Dauer
Durchfliegst du Luft, des Glückes Ball
Doch dauerst du wie schöner Schall
So stehst du fester in des Nachhalls Lauer.

Das letzte bezieht sich auf seinen berühmten aplomb, worin er alle Menschlichkeit besiegt, und wie ein Gott seinen irdischen Körper durch eine überweltlige Kraft aus der höchsten Bewegung im Augenblick zur wunderbarsten Ruhe bringt. Er ist aus einer Italiänerfamilie und war vor einer Zeit sehr krank, alle von seiner Familie verzweifelten, denn er erhält sie [–] seine Verehrer warteten im Vorzimmer [–], auf einmal bemerkt die Schwester eine Bewegung unter seinem Hemde und ruft durch das Vorzimmer im ganzen Hause jubilirend laut, weil sie es für ein Zeichen der Genesung hielt: Il mio fratello banda, banda[.] Alberthal und Meierotto sind hier, auch Reichardt, Schlegel werde ich erst morgen hören, die Weiber sollen die Diarhöe von seinen Vorlesungen bekommen und sich der Tintfässer bedienen, ich habe ihn noch nicht gesehen. Wie kannst Du glauben, daß ich ihm etwas über Dich glauben werde, ich bin eine Auflösung die alles annimt, wenn es eben hineingethan wird, aber das Falsche nach einiger Zeit absetzt.

Schreibe mir bald, denn ich bin einsam.

Der Bienenkorb, das Palais royal.
Viele Winkel viele Zellen
Duften herrlich honigvoll!
Doch es giebt hier jeder Zoll:
Jeden tragen Meeres Wellen!

Und so tragen auch die Bienen
Jedem Räuber Honig ein
Selbst die Königin ist sein,
Wie den andern die erschienen

Ewig Dein Achim Arnim

N. S. Ich danke Dir für dein rührendes Lied. ich glaube du solltest ein Paar Verse noch zufügen, beym ersten Lesen ist das Verhältniß des Knappen zu den Erzählenden nicht deutlich.

N. S. Ich habe viele wunderschöne Bücher in Italien gekauft – aber noch nicht darin gelesen.

20 *[Marburg, um den 6. Februar 1803]*

Kein Mensch kann Briefe schreiben, als du, kein Mensch kann mich lieben, als du, nirgends auf Erden ist mir Wohl geworden, als bei dir, lieber Arnim ich habe heute Nacht lebhaft von dir geträumt, ich war bei dir in Pariß, du saßt auf einem Stuhle und hattest lederne Hosen an, die waren dir zu eng, da machte ich dir die Knöpfe zu an den Knien, und mir bluteten die Finger, ich hatte kein Geld, wagte dich nicht zu fragen, wo du zu Mittag essen würdest, und war so neidisch auf deinen Bedienten, der hatte zu essen, und war viel mit dir, doch hieltest du mich höher, dafür gieng ich allein durch einige Straßen von Pariß, in denen viel Graß war, und sezzte mich traurig in das Graß, und weinte, zog deinen Brief heraus und wollte ihn beantworten, aber der Wind bließ in die Blätter und ich lief in entsezzlicher Angst nach, am Wege stand die Mereau, sie wollte mich mit offnen Armen aufhalten, aber ich rannte sie über den Haufen, und lief biß an den Rhein, bei Bingen fand ich mich wieder, und dich auch, du fuhrst auf einem kleinen Nachen, und ich saß bei dir, und wir tranken Aßmanshaußer, ich sagte dir, ach Gott, sieh einmahl den Umriß des Felsens, der gleicht der Mereau, und da gukte sie oben am Mausethurm heraus, ich sprang ins Waßer, um hinüber zu schwimmen, und du sprangst nach, aber ich muß gewiß ersoffen sein, denn du standst am Maußthurm, und hattest einen langen Zettel dessen Ende ins Wasser fiel und ich stand neben dir und wollte dich umarmen, und konnte nicht, je heftiger ich mich aber bemühte, je emsicher schriebst du, und da ich mit höchster Gewalt zu dir strebte, da traten dir die Thränen in die Augen, und du schriebst nieder, waß ich vergessen habe aber es war ein langes Lied, wie deine Lieder. Wie aber das lied ins Wasser fiel ward es mir deutlich und doch stand ich auf dem Lande, es war ein Lied, da stand drinn, daß du mich liebtest, und daß ich ertrunken sei, das machte mich so traurig, daß ich sehr weinte, welches mich im Wasser viel Mühe kostete, da wachte ich in der Angst auf und sezze mich gleich hin und schreibe dir es, lieber Achim, das war ein Traum, aber das mir jezt das Herz so pocht, daß ich dich liebe, wie den Lieben Gott, daß ich ohne dich nicht leben werde, das ist kein Traum, Wenn ich deine Briefe lese, und wiederlese, und die hohe Lust recht betrachte, die sie mir im Herzen erregen, so kann ich es immer nicht fassen, wie du mich nur so lieben kannst, und weiß nicht wie ich es anstellen soll, es zu verdienen. (Aber unter uns gesagt, ich liebe dich noch mehr, als du mich.) Ob dir wohl meine Briefe auch solche Freude machen mögen? wenn du mir gleich schreibst, sie machten dich alt, sie vertrieben dir die Zeit so schnell, so glaube ich doch, du sagst es aus Schonung. Aber sei versichert Arnim ich schreibe auch nichts so vollen Herzens, als diese Briefe an dich, selbst an Betinen schreibe ich nicht so ruhig, und seelig, und an Klytemnestra kann ich gar nicht mehr freudig schreiben, in deinem Liede an mich hat mich der Vers besonders bewegt,

Und Pylades erscheinet
Und führet seinen Freund
Und weinet wenn er weinet ect,

die Verse fließen dir so voll und glühend, so einfältig prächtig, und wenn ich deiner gedenke, so wie ich dich kenne und wie ich deine Arbeiten entstehen und wachsen sehe, wie ich mit allem dem so vertraut bin, und doch wieder eine heilige Ehrfurcht davor habe, dann fühle ich, daß ich dich liebe. Wenn ich das Weßen deiner Poesie betrachte, und meine Empfindung für dich du Wesen aller Poesie, so ist es mir, als wärst du meine Geliebte, dein Gesicht wäre noch verhüllt, aber ich zöge die Nadeln aus deinen aufgewikelten Lokken, und da Fließen die goldnen Gehänge nieder, aber ich kenne dich schon, und bald wird die Welt dein Angesicht auch erkennen, wirst du mich dann noch lieben? Arnim! es ist mein wahrer heiliger Ernst, ich will dein schlichter Diener werden, du glaubst mir nicht, von mir hat die Welt wenig mehr zu e[r]warten, seit ich Klitemnestren erschlug, o laß mich dich lieben, o weine wenn ich weine. Wenn ich dir so nach Pariß schreibe in die große mächtige Stadt in der die vielen Sachen sind, so erschreke ich beinah, als träte ich mit einer einfachen Bitte in die großen Irrgänge eines Pallastes. Es muß recht einsam in Pariß sein für einen armen liebenden, Gott, welche Gelegenheit ist dort, einen zu vergessen. Ich habe doch recht geträumt. In Jena war es noch lange kein Paris und Klytemnestra hat mich doch so oft vergessen, und du solltest in Pariß aushalten? Verzeihe meinen Zweifel; aber ist Es nicht der Preiß deiner Liebe zu mir? mich wieder mit dem Glauben auszusöhnen, und wirst du mich nicht wieder stehen lassen, wenn ich an das Leben vertraue – dein Diener will ich werden, dein Schreiber oder Schuhpuzzer, es ist alles eins, nur will ich dir nahe sein, dich sehen, und mich freuen, wenn du glüklich bist. Der Teufel ist der Erfinder aller delikaten Verhältniße, es ist schrecklich heutzutage zu Gast zu essen, und ein Weib zu lieben, die nicht nach neun Monaten gebährt, ist eine Sünde, Lohn sollst du mir geben für meine Liebe, und wenn ich Kaiser wäre, müßten alle Liebende, die sich nicht heurateten einander bezahlen, mein Respekt für den Freudenmädchen wird daher täglich größer, ja so groß, daß ich Sie bei der Schlechtichkeit der Welt beinahe für ohnmöglich halte. – Wie man eigentlich auf solche Briefe antworten soll, weiß ich nicht, ich glaube aber man muß sie wie eine volle Musick nehmen, die den Zustand des andern ausdrükt, und dann sich selbst auch erklingen lassen, das Unausgeführteste, waß einen am wenigsten in des andern Brief befriedigt, muß man zum Thema nehmen, und so wird endlich ein Briefwechsel das Leben zweier ächten Freunde. So will ich denn auch das zum Thema machen, waß mich hauptsächlich berührte, und nicht befriedigte; es ist der Punkt von unserm Zusammenleben; warum schraubst du diese Bedingung zu meinem Glüke so ängstlich hinauf, da du mir so einfach versichern kannst, waß du mir so künstlich zweifelhaft machen willst. Wirst du jemals in irgend einem Joche leben, das dich zwingt ein Einsiedler zu werden, wirst du je ohne die Hülfe irgend eines Menschen existiren, der König wird dich wahrlich nicht zum Contrebandier kreiren, welche keinen Bedienten haben dürfen; du träumst dich oft mit mir auf irgend eine alte Burg, warum träumst du uns immer so hoch, ich glaube es ist leichter, mir ist es wenigstens leichter, mich als deinen Attaché, deinen Intriguant, deinen Briefträger zu denken, denn ich werde eher dein Geselle sein können, wenn ich dir diene, als wenn du mich in der Poesie zum Compagnon nimmst. Warum willst du mir nicht gönnen, waß du einstens vielleicht einem Schlingel gönnst, warum soll ich in Pariß im Graße sizzen und hungern, während dir dein Diener in den Gasthof folgt. Sieh, lieber Arnim, bedenke es recht wohl, wie wären wir beide jezt schon so glüklich, wenn du deinen Johann zu Hauß gelassen hättest, und dein Klemens wäre auf dem Bokke deines Reisewagens gesessen, Gott gebe du mögest, daß einsehen, und es möge dir leid sein, daß ich nicht bei dir bin, und dein Bedienter bei allen Teuflen ist, und wenn du das in Zukunft nicht begreifen willst, so bist du meiner Liebe wahrlich nicht wehrt, und hast überhaubt das Innerste meines Weßens nie begriffen. Du weißt keinen Stein, auf den du dein Haupt legen wirst, warum soll ich dieser Stein nicht sein? Die verdrießlichen Geschäfte, zu denen man dich bereden wird, laß sie die

Ironie des Lebens werden, und wir selbst wollen heimlich das Unsre thun. Wir sammlen uns eine himmlische Bibliotheck aus allen Ländern, das ächte poetische zusammen, alle Volksbücher, und Lieder, unsre alten guten Romane und Gedichte laßen wir wieder drukken, wir stellen uns an die Spizze eines Theaters, das wir aus dem Grunde selbst erschaffen, wir leben und wirken und lieben uns. Zu diesem meinem Plane – hier unterbricht mich eine schmerzliche Empfindung, habe ich es nicht gesagt, da ich deinen ersten Schweizerbrief laß, der die feurigsten poetischen Plane enthielt: ach diese Inseln sind zu glänzend, und zu freudig, die er aus dem Meere hervorsteigen läßt, sie werden alle wieder untergehen; lieber Arnim verschweige deine Träume vor mir, wenn du nicht an sie glauben kannst, denn ich armer glaube nur an Träume. – Zu diesem meinem Plane gehört folgende. Um die Poesie des Volkes wieder hervorzurufen, gehört eine öffentliche geheime Verbindung, welche ganz den Charakter des Gekkenordens des Adolf von Cleve im Vierzehnten Jahrhundert hat, und die durch dich und mich soll gestiftet werden, ihr Zweck muß die Beförderung aller lieblichen göttlichen Thorheit, die Befreiung des im Zeitalter gebundenen Komischen, die öffentliche Würdigung der poetischen Empfindung im Menschen überhaupt, der Krieg gegen alle jezt wieder so sehr einreißende philosophische Pedanterei ect sein, diese Gesellschaft könnte ihrem Weßen nach nur die Gebildesten der Nation fassen, da sich nur wenige finden würden, die eine durchaus komische Eidesformel mit heiligem Ernste schwören dürften, wir können es, um nun nicht durch geringe Anzahl unwirksam zu werden, so müßte er allerdings verschiedene Grade haben, die nur ein hinführen zu dem höchsten wären, er müßte sich in künstlicher Vermummung auf Universitäten aufhalten. wo er freiliche sich nicht als Gekkenorden zeigen dürfte, sondern ironisch in der Gestalt des höchsten Ernstes, weil die Studenten das komische selbst sind, die Herausgabe eines Wochenblatts unter dem Titel der fliegende Komikós wäre damit verbunden, um die Welt zu amüsiren, und innerlich viele poetische Zwekke. – . Als höchstes unbekanntes Oberhaubt bist du mir einzig Ideal ect. – . Merkwürdigkeiten meines Lebens sind: Ein kleiner etwas fader Brief der Mereau ohne Veranlassung, in dem sie mich auffordert ehrlich und ohne Wizz mich gegen Sie zu erklären, Meine Antwort hierauf aus vollem wahren Herzen ohne Schonung für mich und sie, wie ein geistreicher dritter, Alles mit den scharfsinnigsten Nuanzen ausgeführt, ihre Geschichte in dreierlei Gestalten, voll Muthwill, wahr biß zur Zote, Erklärung meines großen Lusten, sie zu beschlafen, Trauer über ihr Alter, und ihre unendlich schlechten Verse, überhaubt der freiste, kühnste, und glücklichste Brief, den ich je geschrieben, und der längste, er schloß in einigen brünstigen Handwerksburschen liedern. Ich behandle bei meinem völligen Unglauben an Sie die ganze Sache, wie einer der seine lezten Groschen in Opium versäuft, aber o die Kazzenleben der Liebe, ich sterbe nich; Stelle dir vor, die Mereau antwortet zum erstenmal auf diesen Brief, gesteht die Wahrheit meiner meisten Vorwürfe ein, plözlich wird sie durchschimmernd ironisch, dann wieder freundlich, und in dem ganzen Brief, liegt eine geschämige Einladung wieder anzuknüpfen; doch traue ich der Sache nicht und halte das Ganze für Coque et de Ris für einen alten Hahn im Reiß. Bei Allen dem wende ich mich wieder künstlich zu ihr, und da die ganze Sache kann ich nun wie alle mein Glück ruhig treiben, ich will sehen, wer den andren überlistet, mit Füssen soll sie mich nicht wieder treten, denn sie ist seit ich dich kenne, keine Bedingung meines Glükes mehr, und konnte mir vielleicht nur noch ein Amusement werden. Mein Nächster Brief wird eine Mausefalle sein, in dem sie selbst der Speck ist, und die Egoistinn gefangen wird. Du sollst bald Nachricht davon haben – Mein Lustspiel wird jezt bei Diedrich gedrukt, stelle dir vor mit deinem Buche zu gleich. Daß dein Manusskript angekommen ist, weiß ich durch Winkelmann, dem es nicht gefällt. Ich weiß nicht, ob es dir bekannt ist, daß Winkelmann im lezten Stüke von Schellings Journal schmählich wegen seiner Physiologie mishandelt ist. Das *zurückgegeben* an dich und Ritter, nennt er das Zurükgeben des Balsam Fieberfraß durch Sancho, die Würde des Stils nennt er einen Affen mit einer Perücke, kurz es ist schändlich, Winkelmann will in seiner Antwort, das Motto brauchen *jeder ist heilig, dem eine Furie beiwohnt*, (Caroline Schlegel). ect. Zeitungsneuigkeiten schreibe ich dir noch folgende, Kozebue ist vom deinem König aus freiem Antrieb zum Mitglied der berliner Akademie, und zum Canonicus in Halberstadt geworden, und in der neusten Frankfurter Journal steht eine Anecktode von Bonaparte, um die ich ihn zum erstenmahl beneide, stelle dir vor die zwei Barons von Arnim sind ihm von Luchesini vorgestellt worden, ach wenn ich nur Bonaparte geweßen wäre, waß hätte ich mit dir angefangen, ich hätte dich arretiren laßen, hätte dir eine Menge herrliche poetische Manuskripte aufgepakt und hätte dich nach Marburg zu einem gewißen Brentano geschickt. Die Nachricht, daß du bei Bonaparte warst, hat mich recht gerührt. Soviel ich weiß ist der blinde Herzog von Ahremberg jezt in Pariß, wenn du erfährst, daß er noch da ist, so gehe doch zu ihm, ich habe ihm schon viel von dir erzählt, er liebt mich sehr, und ist ein wunderbar liebenswürdiger Mann. Ich habe dem Winkelmann geschrieben, mir von deinem Manuskripte immer die Aushängebogen zu schicken, er will es thun, da schreibe ich dann immer drüber, oder schicke dir auch, wenn es deine Antwort auf diesen Brief zugiebt, das ganze Bogen weiß. Das mio fratello bando ist eine herrliches Gegenstück für, *ob er auch das Organ* ect. Wenn ich so meine Briefe mit deinen vergleiche, so fühle ich wie unter den deinen die Räder des Wagens rollen, und wie sich viele schöne Blüthen verschiedener Länder in sie abstreifen, ach da mögte ich auch reisen, um die eiserne Frühlingsjungfrau im Feuer zu sehen, und sie dir zu schildern, aber ich stehe still und greife in mein Herz und gebe dir hin, waß ich finde, aber da finde ich immer nichts, als dich, und dich kann ich nicht hergeben, um dir wohl zu thun, müste ich dich in mich verwandlen, und dir deine Briefe schicken. Ich habe in der lezten Zeit keine Zeile gedichtet, weil ich keinen Trieb dazu hatte, aber so voller Pläne bin ich, wie niemahls, wenngleich vermuthlich keiner ausgeführt wird. Eine große Freude könntest du mir machen, wenn du dich in Paris erkundigtest, ob die Franzosen ähnliche Volksromane, und ebenso alterthümlich und wohlfeil haben, wie wir, und wenn du dich besonders nach einem le Roman de *Jean de Paris* genant zu Troyes et Rouen gedrukt dans ce quon nomme la Bibliotheque bleu, ich laß einen Auszug davon, der bei seiner Fadheit mich entzükte. Diese Bibliotheque bleue ist erstens eine Samlung eines Mons[ieur] de Castillon, aber ist es nicht auch ein allgemeiner Nahme für Volksbücher, und könntest du sie mir verschaffen, erkundige dich doch etwas nach diesem Zweige der Litterature, und schreibe mir darüber, auch ob keine Anstalten zu Herausgabe alter Gedichte gemacht werden, Ob in Paris kein Libraire Espagnole ist; Wenn du mir eine frühere unverfälschte Ausgabe des *Jean de Paris* verschaffen könntest, du würdest mich sehr freuen, ich kenne nichts naiveres und intriganteres. Troyes et Rouen scheinen überhaubt das französische Cölln, und Nürnberg zu sein. Ich hoffe du wirst dir in dieser Hinsicht überhaubt Litterair notizzen verschaffen. In der Bibliotheque bleue de Castillon steht der Roman de Jehan de Paris, doch weiß ich nicht, ob verfälscht. Eine große Freude würdest du mir und dem Savigny machen, wenn du uns die Adresse von Parißer Antiquaren, das heist alter Bücher Händler verschafftest, und Ihnen, oder Ihm sogleich eine Rubrique der Fächer in denen wir sammlen übergäbst, damit, wenn sie selbst keine gedrukte Verzeichniße haben sollten, sie uns einen schriftlichen Auszug mit Preißen machen könnten, den Savigny intressirt besonders, Jurisprudence Romaine, – premieres editions des Digestes et des Codes – und mich vieilles Editions des Romans, etc Poesies du Quatorzieme, Quinzieme et treizieme Siecle. Du müstest dem Antiquar gleich diese Anzeige nebst unsrer Adresse geben, wie auch uns die Adresse des Antiquars. – . Ueberhaubt wäre uns eine Notiz über das Buchhändlerwesen in Paris sehr lieb. Verzeihe mir lieber daß ich dich so gebrauche. – Betine ist jezt ganz von Offenbach weg, bei uns zu Hauß. – . Von Tiek hört man gar nichts in der Litteratur, der Oktavian ist noch nicht da, der zweite Band vom Novalis ist ein erschreklich Buch, der Offterdingen ist nicht vollendet, so geht in einen Melusinenschwanz über alle Personen des Märchens und des Romans werden dieselben, und das Ganze wird eine ekelhafte Verkauung, Tiek schreibt auf eine sehr langweilige Art, wie der Roman sich habe endigen sollen, und dann folgt der Abdruk aller Novalisschen zurükgelassenen Papiere, in denen das Merkwürdigste sein Urtheil über Göthe ist, den er gegen die

Mode dieser Herrn herunter sezzt, und erklärt, daß seine Arbeiten sich zum Kunstwerke verhielten, wie Wedge Wood Gefäße, und daß er der Verständlichkeit, Brauchbarkeit, und kleinlichen Polirung die Kühnheit aufgeopfert habe, je etwas wahrhaft gigantisches Großes zu unternehmen, das der Poetischen Begeisterung würdig sei. Doch ist seine Verlassenschaft an Fragmenten sehr merkwürdig, es ist als sehe man in ein vom Schweine Metzger geschlachtetes und am Laden ausgespanntes, Universum und bei jedem Gedärm eine Nummer, und über alles ein Register. Es ist ein aengstliches Buch! – !

Könntest du mir nicht schreiben, ob du noch lange in Pariß bleibst, ob und wann und wie du zurükkehrst, ob ich vielleicht auf acht Tage zu dir kommen könnte, ob ich dann in deiner Stube schlafen könnte, ob du über Frankfurt zurükkehrst, ob du den Frühling zurükkehrst, ob du mir schreiben wirst, wann du zurükkehrst, ob wir dann vielleicht wieder auf dem Ohstein zusammen sein könnten? – Bist du schon weit im Ariel, und willst du mir nicht die schönen Romanzen schicken, waß sind das für schöne Bücher aus Italien. Ach wenn ich nur bei dir wäre, ist es dann gar nicht möglich, daß du deinen Bedienten fort jagst, und mich annimmst. Stelle dir vor erst im nächsten September werde ich Majorenn und kann über das Meinige disponiren, warum nicht im Vorigen, dann wäre ich bei dir. Dein Gedicht auf den Vestris ist schön, und das Panorama deiner Reise auch besonders der Grenadier ist sehr ausdruksvoll – Sieh wenn ich bei dir wäre, so wollte ich immer deine Gedichte abschreiben, und sie mir nach Marburg schicken, das thut dein Bedienter nicht. Ein Gedanke macht mich sehr betrübt, es ist der, daß ich auch reisen will, ach und dann sind wir wieder von einander, ich glaube nicht, daß ich reisen werde, wenn du zurük kömmst, ich werde nicht aus Deutschland können. Weist du noch wie du auf der fliegenden Brükke standst, bei Coblenz und fortfuhrst. es war einer der schlechtesten Streiche meines Lebens, ich sehe nie wieder eine fliegende Brükke ohne Schrekken, und es soll nicht mehr geschehen, ich will mich nie wieder von dir trennen. Glaube nicht lieber Arnim ich hätte deinen Brief lange liegen lassen, ich habe ihn erst drei Tage, schreibe mir auch bald wieder, ich habe warlich keine Freude als deine Briefe, mein Ofen raucht auch, und es ist auch kalt bei mir. Eines fällt mir ein, da ich den Anfang deines Briefs nochmahls lese, nähmlich, wie du traurig werden kannst bei dem Gedanken an die Zukunft, ich habe schon den Eindruck dieser Stelle deines Briefs einmahl am Rhein gehabt, das einzigemahl, daß ich traurig bei dir war. Es war da wir mit einander in den Thurm bei Rüdesheim gestiegen waren, da stelltest du dich an das einzige Fenster in dem Thurm, und sahst den Rhein sehr ernsthaft hinauf, ich aber stand im dunklen Thurm, und spielte Guitarre, sehr einsam fühlte ich mich, und es war mir, als wärst du hundert Meilen von mir, als wir wieder von dem Thurme stiegen, fühlte ich recht wie ich hinter dir in Allem zurük bleiben würde, ich kletterte so langsam herab und du sprangst so geschwind. Im Thurme, wie du dem Fenster hinaus sahst, war es mir ganz und gar, wie einigemahl bei der Mereau die gukte auch so ernsthaft zum Fenster hinaus, und ich saß da, wie ein armer Sünder. Aber es ist nicht wahr, wir werden uns nicht trennen du wirst mein bleiben, wenn ich auch kein Dichter werde, du hast mich ja so ganz begriffen, und wozu solltest du das, als um mich zu lieben, und mir treu zu bleiben. Ich wollte dir noch ein Lied machen und hierhersezzen aber es wird zu spät, ich will den ersten Vers hier hersezzen, sezze im Nächsten Brief, einige folgende dran, und dann will ich wieder fort fahren, vielleicht wird es ein Heldengedicht.

Es sezten zwei Vertraute
Zum Rhein den Wanderstab,
Der braune trug die Laute
das Lied der blonde gab,

Lebe wohl Arnim, gedenke meiner, gedenke, daß ich mit diesen Worten das Liebste theuerste meines Lebens benenne, daß sich meine ganze Seele bewegt, wenn ich dir sage, du lieber, lieber, lieber Arnim

Vergiß mich nicht. Dein Clemens

21 *Paris den 17 Feb [1. und 7. März 1803]*

Lieber Clemens!

Paris liegt auf meiner ganzen geistigen Thätigkeit wie Streusand auf einem Rechenbuche, es verwischt sich nichts aber es kommt auch nichts dazu, ja man kann daran sehen, ob Mäuse hinüber gelaufen, ich träume ewig dasselbe. Diese langweilige trockene Einerleiheit droht mich rasend zu machen, wie die Menschen in den Strassen, so treibt der Strom der Gedanken neben mir vorbey, keiner will sich mir, keinem mag ich mich hingeben. Lieber, wenn ich bey dir wäre, ich fühle es, daß mir wohl werden kann. Hier ist nichts als Kripe, Huren und Restaurateurs, alles saugt an einem wie Blutigel, es ist als wenn man sich im Meere badete und die Hayfische beissen einem die Beine ab. Das verfluchte Trauerspiel erst, das mit seinen gezerrten Worten, mit dem künstligen Pumpwerke rührender Töne das Herz wie Ruinen einer zerstörten Menschheit angreifen, das ewige Bild dieser Krüppelhaftigkeit im Lustspiel das halte ein gesunder Sinn aus mit Kuhleder beschlagen. Macbeth mordet den Schlaf – das fühle ich hier mit ganzem Gemüthe, alles ist mir wie ein Nachhall dieses Rufs. Kunst und Natur, beyde schlachten ewig diesen Schlaf, der mit dichtem Gefieder hier alles bedeckt. Ich kenne manchen talentvollen Mahler, aber ihre Kunst ist hier wie gelähmt, Reichardt komponirt wenig. O sicher giebt es in der Welt eine geistige Stickluft, wo sich die über Länder lagert, ja – da erstickt der Geist. Und das Auge ist geblendet in der Strahlenbrechung und ahndet nicht seinen Feind, der Geist stirbt wie einer, dem man ein Kohlenbecken in das Schlafzimmer gestellt, er ist zufrieden, wenn er seine Pein in einem Gleichnisse dargestellt. Es ist gewiß, das Salz welches dem menschligen Fleische zu seiner Erhaltung mitgegeben, ist zu geringe, der Brandwein zu feuerlos, den die Erde mit den Sonnenstrahlen einsaugt, um ihre Masse zu erwärmen, die wir mühsam hinschleppen. Der geistige Hebelarm vermag nichts gegen die Thierheit, sie wirft ihn ewig über. Und wäre es noch die gesunde Thierheit der Thiere, o dann hörten auf alle Klagen; jedes Ganze ist vollkommen und jedes Vollkommene ist es nur in sich, aber nun sehe dich um, die

Welt ist ein Lazaret von Müdigkeit, der Mensch will nie was er kann und kann selten, was er will, liegt er so hat er nicht die Kraft aufzustehen, und ist er aufgestanden, so kann er nicht wieder zur Ruhe kommen, denn er hat sich der Unruhe hingegeben. Fülle und Leere des Gemüths, was sind sie als Frohsinn und Trauer, und so nährt sich das Bewustseyn ewig von seinem eignen selbst, von seiner Zerstörung und wenn der Winter aus und der Frühling sich verzögert, so muß es Noth leiden, wie die Schafe und Rinder und andre Haußthiere

Frühlingsbefreyen
Singender
Schlingender
Lebender Reihen,
Wolkenmänaden,
In glühenden Lüften,
Schwäne, sie baden
Mit glänzenden Hüften
So weiß und so rein
Im spiegelnden Mayn
Und bist du gezogen
Sie näher zu schauen
Dann sind sie geflogen,
Sie nimmer dir trauen,
Die Schritte so leicht,
Die Augen so feucht.
Die Blonden mit sinkenden Blicken
Die Braunen lächelnd Entzücken
Und O und Ach!
Wie still und wie wach;
Die Himmel sie steigen zum Himmel
Sie fliehen der Küsse Gewimmel

den 1 März

Die Freude über Deinen Brief hat mir eine schlaflose Nacht gemacht, wie eine Frau, wenn man mit ihr schlafen soll; du schreibst mir poetische Träume und sie flüstert in träumender Poesie. Wie die Lichtflammen sich vor meinem Auge in der Nacht bewegten, alles Blut zog sich nach dem Kopfe und meine Füsse waren kalt und die Hoffnungen ja die stiegen alle nach dem Kopfe so warm, als wenn jeden Augenblick Geister dem Boden entsteigen sollten um sie ins Leben hineinzureissen – O du poetischer Diener, Du zweyter Jacques le Fataliste, die Stiefeln, die Du mir putztest müsten im Tempel der Poesie aufgehangen werden und ich ginge indessen barfuß, und am Ende müste ich Deine Liebesbriefe bestellen, und Du gebest mir zum Dank verwelkte Rosenblätter!

den 7 März

Ich bin wirklich krank geworden, seit acht Tagen führt mein Bauch eine schlechte Wirthschaft, er giebt mehr aus als er einnimmt, dafür muß meine Feder an Flüssigkeiten sparen, auch schreibe ich nicht gern an Dich, wenn ich nicht mit Lust schreibe. Und doch nagt mich der Vorwurf, daß ich Dich durch einen Brief vielleicht hieher verpflanzen könnte, wenn Du mir keine leere Hoffnung gemacht? Ich messe seit der Zeit täglich mein Zimmer aus, ob nicht eine Bette noch Raum hat, das scheint aber unmöglich, ich habe zwar noch eine Art von Kammer, wo vielleicht ein Bette stehen könnte, aber dann könnte durchaus die Thüre nicht geöffnet werden, dein Bette würde eine Art freyer Fuhrt werden und bist Du auch aus Frankfurt, so möchte Dir dies doch nicht gefallen. Endlich existirt noch ein Vorzimmer, das mir mit meinem Bruder gemeinschaftlich, es kann aber nicht geheitzt werden, es ist Durchgang für alle die uns besuchen, das bliebe Dir freilich, aber ich möchte es Dir nicht anbiethen, wenn Du besonders längere Zeit hier bliebest. – Ich habe noch einmal die Kammer gemessen, es ist aber unmöglich ein Bette zu stellen, das Vorzimmer wäre der einzige Ort, für wenige Tage wäre es immer brauchbar, besonders da der übele Umstand hinzukommt, daß man Zimmer auf nicht kürzere Zeit als einen Monat miethen kann, in dem besten Theile der Stadt kostet solch ein ziemlich mittelmässiges Zimmer 2½ Carolin, das Mittagsessen must Du täglich auf 5 Liv rechnen, die Komödie 3 Liv 10 S. Frühstück 15 Sous, danach must Du Dich mit Deinem Gelde richten, im Durchschnitte alles in allem auf 2 Laubthaler den Tag. Ein Monat würde Dir mit Hin und Zurückreise etwa 25 Carolin kosten, (die *Nationaldiligencen* sind sehr gut nur sorge dafür einen Eckplatz zu bekommen) ich bleibe noch, wenn das dem Himmel so recht ist, 2½ Monat hier, Du kämest her zum Anfange des Frühlings, es ist die erste ökonomische Rechnung die ich mache zu einer poetischen Oekonomie, mache sie wahr, so wird es den übrigen Plänen nicht fehlen, in jenem Zimmer bist Du stets der Erwünschte, meinem Herzen stets der Ersehnte. Einen Monat wirst Du hier wie ein Gott verleben in seinem Tempel, besonders wenn Du gesund, aber hole der Teufel die Gripe und den Durchfall. Ich muß Dir doch ein Wort von meinen Deutschen Bekannten erzählen. Zuerst von Fried: Schlegel. Denke Dir ich bin der festen Meinung, daß er eine grundgute Seele wäre, wenn er nicht in seinem Beutel den Grund sehen könnte, das giebt ihm wahrscheinlich zuweilen Neid, Prätension ein, er denkt flectere si nequeo superos, Acheronte movebo. Ich habe ihn und seine Frau sehr bescheiden gefunden; er ist steif und das mag ihr wohl lieb seyn und er spielte mit ihr wie Bullenbeisser mit kleinen Hunden; er liest sehr langweilig eine Geschichte der neueren Philosophie und Poesie, und macht die Deutlichkeit noch deutlich, er hat ungefähr 25 Zuhörer und einen sehr unaufmerksamen und der bin ich, ein Schüler der seine Vorlesung weil sie des Sonntags ist, wie einen Kirchgang behandelt; er giebt Sonntags einen literarischen Thee, bey dem ich gestern die Bekanntschaft eines Freundes von Ritter, eines gewissen Irstedt [lies: Oersted] und die traurige Erfahrung machte, daß die Physick seit ich nichts mehr darüber gelesen, also ungefähr seit 18 Monaten nicht um ein Haarbreit vorgerückt, daß Ritter noch immer an seinem Wasser Weltsystem auf einem halben Bogen manipulirt, Schelling noch immer ungewiß ist, ob er nicht eine Grenadierkompagnie von Planeten einführen soll, die Leute sich immer noch abarbeiten, ob nicht in allerley schlechten Büchern alles das angedeutet sey, was die späteren Zeiten entdeckt zu haben sich anmassen und ungeachtet dieser Ideenliberalität wie die beyden Mütter vor Salomo um das Eigenthum einer Idee streiten. O, daran sollt ihr die wahre Mutter erkennen, die ihres Kindes auch im fremden Besitze schont und nicht abschlachten läst. O der Ansichten, die so einsichtlos in das Unsichtbare weder sichten was da ist, noch richten, sondern ureigenthümlich einen Backofen neben einem Hochofen aufrichten: Kannst Du diesen Stein in Brod verwandeln, sagte der Teufel zu unserm Herrn, dann will ich dich anbeten und so wird es ewig ein Backofen von Stein bleiben, aber er wird kein Brod backen, denn keiner denkt daß man bey einem Hochofen Brod backt. Und darum müssen alle Gelehrten verhungern, ungeachtet ihr Hochofen das Eisen zu allen Brodmessern liefert. Man kann freilich auch Brod ohne Messer essen, aber es glaubt keiner mehr daran, jeder braucht doch etwas die Kunst und Wissenschaft, aber den Künstler und den Gelehrten braucht er nicht. Das ist eine traurige Demonstration wirst du sagen, aber ich bin auch gar nicht lustig, denn der Hochofen geht in meinem Bauche auf und zu, die Blasebälge der Brust treiben zu viel Luft und ihre Haut ist zu kurz, mit einem Wort der Boden reist, der Guß fliest vor seiner Reife aus dem Sprunge heraus und – ich habe mir etwas in die Hosen geschissen. Du meinst wohl, das sey wahr, Gott behüte, das ist durchaus allegorisch, es bezeichnet einen Gelehrten, der täglich ein System eingeschmolzen und dem nun, ehe er mit der neuen Gestaltung fertig werden kann der musculus extensor seiner Ideen platzt, so daß die ganze chaotische Brühe, der Alkahest seiner Ideen über das Papier läuft. Und ist das nicht die traurige Erfahrung unsrer Zeit, dieses Zerstören vor der Geburt, dieses Herabsetzen der Vergangenheit. So macht es nicht die Natur, sie zeugt und bildet, aber die alte Form zerbricht sie erst wenn die neue ganz ausgebrannt: Ja die Alten in ihren Tempeln zerschlugen nicht ihre alten unförmligen Götterbilder, aber sie stellten die schöneren daneben und die Kunst geht wie die Schlangen, sie zieht sich in sich zurück um einen weiten Sprung zu thun[.] Dein Verhältniß zur Mereau verstehe ich nicht, ich gestehe es, ihr habt euch gegenseitig so potenziert daß ich nicht recht weiß, ob Deine Liebe realistisch oder idealistisch ist. Wer Dich nicht kennte, würde Dir geradezu sagen, Du liebst sie nicht mehr als eine Romanenperson, oder als einen Gelenkmann den man allerley närrische Sprünge machen läst, und in so fern sie blos Kokette wäre [–] Coq-Kette, die alle Hähne an einer schweren Kette dienstbar führen will [–] hättet ihr in scheinbarem Streite den ersten nucleus des

Geckenordens geschaffen, wo das Komische sehr ernsthaft geschehe.

Du hast die geheimste Seite meines Herzens berühret, die geheimen Verbindungen, das muß mit meiner reindeutschen Natur wie ein Muttermahl angeerbt seyn, denn es war von meiner frühesten Jugend ein Lieblingsgedanken, aber wie es mir immer gegangen, keiner meiner Freunde hatte Sinn dafür, nur einmal war ich in einer Gesellschaft der Art, aber ich war der einzige Geck, die übrigen schworen sehr ernsthaft auf Kants Moralphilosophie. Noch einmal muß ich auf die Mereau zurückkommen, sie muß durchaus in der Gesellschaft seyn, niemand ist uns wichtiger zur Verbreitung, Du must sie dazu bereden und geistig mit einem Mitgliede der Gesellschaft vertrauen. Wir sind die *lustige Vehme* oder Vehmenrichter, jeder hat seine Geistesbraut, die aber oft es nicht wissen darf, er trägt ihren Spruch, keiner braucht die des andern zu kennen, doch hat jede ihren symbolischen Namen von irgend einem Sternbilde, so wie wir jeder solch einen Namen annehmen, oder besser noch aus der Alchymie. Die Versammlungen, wenn welche zusammenkommen, werden auf dem Brocken gehalten in der Nacht des ersten Mays, jeder lagert sich bey irgend einer Landstrasse der Kunst, um den Nothleidenden aufzuhelfen, die Theaterkritiken und Recensionsanstalten kommen in unsre Gewalt. – Aber hol mich der Teufel, ich will keine Recensionen schreiben. – Dagegen werden olympische Spiele und Sängerfeste alle zwey Jahre auf Wartburg gefeiert, ich habe ein Lustspiel dieses Namens als Vorläufer geschrieben, es ist Parodie meines Trauerspiels und kommt mit demselben in Göttingen heraus, (Gelegentlich frage doch Winkelmann ob es in Göttingen angekommen und sage ihm, daß er mein lustiges Trauerspiel durchaus nicht ohne dieses ernsthafte Lustspiel ausgeben lassen möchte.) und eine Dichterherberge eingerichtet, wo Verse als Papiergeld angenommen und Speise und Trank dafür gereicht wird, nur indem man dem Volke die Poesie zurückgiebt ist der Umsturz von ganz Europa zu vermeiden, zu dem sich alles bis in den geheimsten Winkeln anschickt. Einer der ersten wichtigsten Gesichtspunkte ist die Concentration aller Künste um diese Expansion möglich zu machen. Mahlerey muß sich offenbar mit der Dichtkunst innig verbinden, das ist der geheime Character der neueren Kultur, auf den einige Romane und die Verbesserungen der Buchdruckerkunst hinweisen. Aber das Mittel? Eine neue Schrift! Jede Sylbe hat ihre Urbedeutung, diese Urbedeutungen umfassen wie Kategorieen das Universum, in ihrer lebenden Verkettung zu und in der ewig wachsenden Sprache stellet sich dieses Universum selbst dar. Jede dieser Ursylben (z. B. ur, or, ar, bedeuten alle ein Aeusserstes, daher Ohr, Arsch, Urvater u. s. w) hat ihre Zeichnung, jedes Wort macht eine Gruppe, jeder Satz eine Gruppe höheher [lies: höherer] Art. So würde unsre jetzige häßlige Druckschrift völlig verbannt, wir kehrten in einem gewissen Sinne zu den Hyeroglyphen zurück, die aber jezt Hyerogliphen höherer Ordnung geworden sind. Die Mahlerey muß hier besonders characteristisch die Völkerrassen betrachten und nachbilden, denn alles geschieht doch nur im Ganzen und jeder einzelne ist nur Repräsentant des Zeitgeistes, der Höchste kann nicht allein in der Welt stehen und wenn der Champagner braust müssen erst ein Paar tausend kleine Blasen steigen um eine grosse zu bilden. Es ist aber in unserm Volke ein allgemeinen Sehnen zum Höheren, aber es geht ihm wie Leuten die stark wachsen, sie sind während der Zeit verdammt schwach und träge. Aber um Gottes willen muß man sie mit keiner schweren Arbeit niederdrücken, sondern mit leichtem Scherz aufmuntern. Alle Perioden des Lebens, des Hoffens und Strebens haben sich verkürzt, keiner fastet mehr dreissig Jahre um im einunddreissigsten zu essen, die Zuversicht und die Sicherheit, der Credit und die Plane alles schränkt sich mehr ein, die Gegenwart wird poetischer und das Leben – und die Poeten sollten unpoetischer werden? Sie sollten sich allerley erbärmlige wissenschaftlige Zwecke, Wasserweltsysteme, Planetengrenadiere, alte Eheweiber, schmierige Bücher aufbürden lassen? Wahrhaftig nicht, denn ihnen ist es leicht die Wissenschaften sämmtlich mit ihrem ganzen Babylonischen Thurmtendenzen von Grund auf neuzuerbauen, hingegen ist die Wissenschaft, wenn sie die Poesie nothzüchtigt wie Männerliebe die nichts hervorbringt und überdies ekelhaft ist. Darum sind mir so willkührlige Unterschiede wie zwischen Hellenick und Romantick lächerlich, die so glat der Wissenschaft abgehen wie Spulwürmer, und doch nur ein falsches Zusammenstellen der Zeitalter sind. Was ist für ein Unterschied zwischen Roland und Herkules, zwischen Jean de Paris und Ulysses? – Doch aufrichtigt gesagt Jean de Paris ist eine der langweiligsten unter den alten Geschichten, ich habe ihn gestern auf der hiesigen Bibliothek gelesen unter dem Titel Le Romant de Jean de Paris, Roy de France. A Paris pour la veuve Jean Bonfons, wo man einige tausend alte Geschichten der Art findet, aber keine bey den Antiquaren, weil sie keiner sucht. Die blaue Bibliothek ist sehr leicht zu bekommen. Ich habe mich auch wegen spanischer Bücher umgethan, durch Schlegel erfuhr ich, daß man bey Le Bure dergleichen fände, ein Calderone war gerade dort für 4 Louis d'or und ein Lopez de Vega für 8, beyde schön gedruckt und gebunden, Schlegel hat für den Calderone nur 2 Louis d'or gegeben durch eine Gelegenheit. Le Bure konnte mir kein Verzeichniß geben, weil er seine Bücher umpackte, doch in einer Woche will er es liefern, die Antiquare haben auch selten Verzeichnisse, doch bin ich gewiß, daß du manches und wohlfeil kaufen würdest. Du hast mir gar nichts vom Gerard de Nevers geschrieben, den ich Dir aus Genf schickte, wie gefällt er dir? Alte deutsche Gedichte giebt es ausser dem grossen Manessischen Codex nicht, aber viele provenzalische, biscayische. – Mache die Reise hieher zur Probe wie dir das Reisen überhaupt bekömmt. – Schreib bald komme bald.

Grand Hotel Vauban rue de la loi n 882.

Achim Arnim

22

[Paris,] den 4 [und 5.] April [1803]

Lieber Clemens!

Du schreibst nicht, Du kömst nicht, jeder Tag täuscht mich mit Hoffnungen, jede Nacht mit Gewährung, ich sehe Dich dann ich spreche Dich! – Doch ich bin fröhlig in diesem Augenblicke, darum laß uns nicht daran denken, ich bin fröhlig und darum schreibe ich Dir.

Der grosse Plan, meine Lebenshoffnung und Luftbild hat sich mir heute um eine Gebürgshöhe näher zur Erde gelassen. Hier wohnt seit eilf Jahren einer meiner Landsleute, der Graf Schlabrendorf der einen grossen Theil seines Vermögens auf eine glücklige Verbesserung der Stereotypenkunst verwendet, ein Mann der wie ein Adler aus der Höhe das kleinste genau erkennt und im Kleinsten wie ein Pflanze das Mitwirken zum Allgemeinen wahrnimmt; ein Mann wie er seyn muß, der sich dem Wirken ganz hingiebt, sich willig im Zeugen vernichtet, im Leuchten verbrennet, ein heilger Mann in dem sich Idealität und Realität durchdringen, ein Fantast und ein schlichter Pracktiker in gleicher hoher Bedeutung und einem Kreise. Er hat mich gern und ich sehe ihn oft; endlich fasste ich Zutrauen ihm von der allgemeinen Volksbücherdruckerey für ganz Deutschland, von [–] schönen Heilgen und Holden, diese mit untergeschobenen Namen die in unserer Geschichte [–] den ziehenden Sängern und Schauspielern zu sprechen, er ergriff alles mit Freude – ich bin überzeugt wenn es zur Ausführung kommt, würde er mehr als wir leisten [–] er kehr[t] vielleicht bald nach Deutschland zurück [–], denn er kennt mehr die Welt, er ist durch eine grosse Schule gegangen. O mein heiliges Vaterland, ich fühle es daß du mich hier noch in der Fremde begeisternd anhauchst, du hebst mich, du treibst, zu dir hin lebe ich, fühle mich leicht wie eine Feder, die Welt dreht sich, aber nur wo der Bernstein liegt, da wird sie elektrisch, da zieht die Feder hin und alle die kleinen Stäubchen hängen sich da an, alles Leichte Spielende verbindet sich und [–] der Kreis der kleinen flüchtigen Feder [–] giebt sich die Hände und wäre auch noch kein Vers in der Welt, der erste müste da erzeugt werden und gebe es auch noch keine rechte Sprache da müste sie erfunden werden, die Töne werden sich da zu einem höheren Gesange verbinden und die Gebenden wie Arme eines unendlig lebenden Polypen herausdrängen, es wird eine Fülle des Schaffens werden, daß keine Kunst mehr allein daß Raum und Zeit sich anfassen und mit einander aufspringen als wenn Pulver unter ihren Sohlen aufflöge, also die Ewigkeit beginnen wird, die einer Schlange gleich mit dem Kopf sich in den Schwanz beisst. Dann entweichen die Harpyen, die an den Wurzelfasern der ewigen Eiche nagen, die ewige Quelle fliest über die Erde, die Himmelsbrücke, Regenbogen genannt ist nicht mehr bewacht, es steigen die guten Götter aus der Zerstörung hinunter, Braga der volltönende, redewogende, tönezeugende, Iduna mit dem goldenen Apfel, alle Gerechten und Guten: Sie finden die goldenen Würfel im Grase, mit dene[n] die Götter sonst nur spielten (jeder liest Göthe's Schriften, jeder singt Haydns Schöpfung), das Korn wächst da ohne Saat und Arbeit (jeder dichtet jeder schafft ohne daß er es weiß), alle trinken den Thau (die Begeisterung), und ehe der Wolf Fenrir die alte Sonne verschlungen (die alte Zeit) hat sie eine schönere Tochter erzeugt mit hellerem Angesichte (die neue Zeit) wo wir gar nichts mehr sind, aber in andern erhöht auferstehen.

den 5 April.

Du hast doch meinen lezten langen Brief erhalten, der Dich hieher bescheidet auf einen Monat, länger würde es Dir nicht gefallen

23

Frankfurt den 30 April [1803].

Lieber Arnim!

Wenn ich irgend etwas besizze, das aus zartem leicht verlezlichen Stoffe gebildet ist, und ich kann vermuthen, daß ich es aus Unvorsichtigkeit beschädigt hätte, so wage ich es lange nicht darnach zu sehen, ich halte mich noch gern im Zweifel hin, so geht es mir mit deinem lezten lieben Brief, dem ich wahrlich nicht vor Augen treten darf, weil ich ihn bis jezt unbeantwortet ließ. Ich erhielt ihn 3 Stunden vor meiner Abreiße nach Wezlar, wo ich acht Tage bei dem Schönsten Wetter dir auf den Bergen Briefe und Lieder in Wolken schrieb, Hast du nichts erhalten, so guke gen Himmel, alles waß dich freut, waß dich liebt, hat den Auftrag von mir. Nun bin ich hier, Arnim, in Paris kann es nicht schlechter sein, ich kam Betinen zu Lieb, die jezt ganz hier im Hauße, oder gar nicht zu Hauß ist, Alle Blumen die du ihr gepflückt hat sie getroknet, sie spricht nur von dir mit mir, wie ich König Friedrich den einzigen mit folgenden

Linien immer zu zeichnen fähig bin so kann sie nicht die Feder probiren, ohne dich mit ähnlichen Linien zu zeichnen, ich kann es nicht so gut wie sie. oder ich liebe dich nicht so sehr, aber gieb Acht, welches das Aehnlichste sein wird, welches von Beiden am mehrsten geschmeichelt ist, ich sage nicht von wem das eine und das andere ist, so mußt du rathen wer dich von uns beiden am mehrsten liebt, du kannst es etwa Schlegeln vorlegen, ob er riecht, wo mehr bestimmtes, oder unbestimmtes liegt. – . Ich kann kaum dran bleiben dir zu schreiben, nicht Arbeit, nicht Vergnügen stört mich, nein es ist eine tiefe innere Betrübniß über die täglich wachsende Trennung in der Familie, alles waß die Gewalt hat thut Gewalt an, und die Unschuld leidet, Betine ist ganz verlaßen, man mishandelt sie schmählich, und Alles das entsteht durch Toni und Gundel. – . Auch vieles Andre thut mir weh, wenn ich zwei meiner Freunde zusammenführe, so vereinigen sie sich, und verlassen mich, Savigny und ich trennen uns täglich mehr im Innern, er nimmt mir Alles ab, und giebt mir Nichts dafür, gar nichts, ach er ist nur gerecht, und nicht liebreich als gegen den Bettler. Betine erhält mich, sie verzehrt sich innerlich, Arnim, wenn du Sie recht begreifen könntest, lieber Arnim, wir sind solcher Engel nicht werth. Die Mereau hat sich zum Ziele gelegt (ach wäre sie mein Ziel noch!) sie hat mir geschrieben, sie wolle mich sehen, und diese Zusammenkunft solle entscheiden, das kömmt mir lustig aber gar nicht belustigend vor, gewiße Arten von Zarter Naturen, die sich eines edlen Ernstes dann und wann zu bedienen fähig sind, und die alle ihre Gemüthsevolutionen schon unzähliche Mahl gemacht haben, gleichen sie nicht schönen Damen, die sich mit wohlriechenden Salben schmieren, und sich dabei scherzend geölten Ringern vergleichen, ohne zu wißen, daß das Oel bei Ihnen schon durchschlägt, und man alles gar gut sehen kann, waß Sie schlechtes im Leibe haben. Sie hat Ort und Zeit dieses Duells noch nicht bestimmt, und auch ich werde mein Wörtchen dazu sagen, Gott gebe, daß sie noch der Mühe werth ist, ihr eine Quarte in den Unterleib zu stossen, dann stelle ich ihr sicher ein Bein, und probire erst den Wein, um

den ich so viel geweint, ehe ich den Weinberg kaufe, ich räche mich wie eine Biene stechend aber den Stachel nehme ich wieder mit.

Zu dir lieber kann ich nicht kommen, und jezt wäre es ja auch schon zu spät, ich wünsche und strebe immer in mir nach herrlichen Sachen, aber das Leben war bis jezt so karg, daß ich wirklich erschreken kann, wenn ich plözlich höre, daß auch ich gewünscht werde. Daß du in deiner Stube gemeßen hast, und keinen Plazz gefunden, ist nicht Schuld daran, Es ist meine Familie, vor deren böser und falscher Zunge ich mich noch einige Monate hüten muß, biß zum September bin ich frei von diesen Krämern, die für alle ihre Mishandlungen noch viel Dank verlangen. Diese Bleikugel von Familie zieht meinen Geist nieder, und mein Muth zu dichten geht verloren, unglüklich bin ich durch Betine an Sie gebunden, die ich noch mehr leiden sehe, als mich. Gundel ist gleich den andern, waß du nicht begreifen wirst, weil sie mit den Männern eine feine Buhlerinn spielt, ich habe gar keinen Zusammenhang mehr mit ihr, denn die andern sind doch wahr, das heist wahrhaftig schlecht, sie aber stellt sich in der Gegenwart jedes Bessern, besser als sie ist, und ist mir eine empörende Lüge. – Betine bewohnt jezt die Stube, in der du mich zum erstenmahl trafst, und Sie dich auch zum erstenmahl gesehn, daß bleibt ihr eine Liebe Erinnerung, und Alles waß sie von dir weiß, ich gebe mir immer alle Mühe sie dazu zu bringen ihre Gedanken aufzuschreiben, das nenne ich dichten, bei poetischen Menschen, aber ihr Leben ist so betrübt und so hart, daß sie sich nicht wagt irgend etwas ihrer eignen geheimen Welt auszusprechen, wenn der Mensch im kalten Winter athmet, so sehen wir das Leben seines Herzens im Hauche, aber die Blume athmet nicht sichtbar im Winter, sie stirbt am Licht, und ihre Wurzel treibt zu den unterirdischen Göttern. – . Von unsern beiderseitigen Arbeiten, die bei Dietrich gedrukt werden sollen, weiß ich so viel als Nichts, Winkelmann steht nicht Rede, Diedrich ist stumm wie ein Fisch u. d. g. Heute Nachmittag, will ich den Meßkatalog ansehen, und dir hierher schreiben, waß Guts neues passirt. Ein kleines Singspiel, das ich in Vier Tagen geschrieben und die Lustigen Musikanten heißt, wird hier bei Körner gedrukt, ich lege keinen Wehrt darauf, es ist Savigny zu lieb gedrukt worden dem es gefiel. Die neusten Produkte in Weimar kennst du Vielleicht noch nicht, es sind. Trauerspiel Schillers. *Die Braut von Messina* (Alarkisch) mit Chören, die gesprochen werden, zwei Brüder, Feinde von Jugend, lieben ihre Schwester, die sie nicht kennen, und alles geht darüber zu Grund. Dann – Eugenia Trauerspiel von Göthe, von dem ich dir eine Ganze Skizze hierher schreibe, aus einem Briefe Wrangls an Savigny.

Ein Trauerspiel aus mehrern Theilen, von welchen der 1ste in Weimar aufgeführt wurde, die andern noch gar nicht in der Arbeit sein sollen. Ganz und gar modern, antik behandelt, doch bis jezt ohne Chöre. Der Gang durchaus Ruhig, ohne alles individuelle Intresse; der Plan sehr groß, die Verwiklung dem Eingange nach, ganz einfach. Biß jezt ist die Liebe darin ohne alle Sentimentalität, Sie ist durch Ehrsucht motivirt. Das Stük heist die natürliche Tochter, die Personen sind: König – Herzog – Graf – Vestungscomandant – Sekretair des Herzogs – Weltgeistliche – Gerichtsperson – Mönch – Eugenie Tochter des Herzogs – ihre Hofmeisterinn – Abtißin – . Wo es spielt ist nicht angegeben, es kann in Jedem monarchischer Königreiche spielen. *1te Scene* Eine anmuthige Waldgegend. Der König und der Herzog, in freundlichem Gespräch begriffen, Treten in Jagdkleidung, oder vielmehr Uniform mit Stern und Band geziert auf. Der Herzog, der überall wo er mit dem König erscheint mehr höflich und schmeichelend als ergeben gehalten ist, erzählt dem K. einiges von seinen häuslichen Angelegenheiten. Man erfährt im ganzen der Unterredung daß der Herzog erst kürzlich Witwer geworden ist, daß seine Verstorbene Gemahlin eine Prinzessin aus königlichem Geblüthe war, daß er einen Sohn hat der ihm durch sein wildes wüstes Leben schon vieles Herzeleid zugefügt hat und dem er nicht so recht zu Trauen scheint. Mit diesen Verhältnissen war der König schon früher bekant, aber izt erfährt er etwas was ihn überrascht nämlich daß der Herzog noch eine Tochter hat. Es ist jene reizende Amazone, die in dem lärmensten Getümmel der Jagd durch ihre Kühnheit schon die Aufmerksamkeit des Königes heute auf sich gezogen hat. Der Vater hat sie bisher entfernt vom Hofe auf seinem LandGute erzogen und ihr durch Gewandheit des Körpers ganz die Bildung des Jünglings ertheilt, diese Bildung scheint auch in ihr Gemüth übergegangen zu seyn, und mit der Mädgenhaften Zartheit die Glücklichste Mischung hervor gebracht zu haben. Ihre Gefühle sind wahr ohne Falsch – ihre Sele ist rein ihr Sinn heiter für alles grosse und wahre empfänglich – keine Verkünstelende Cultur ist zu ihr gedrungen, sie weiß von keiner empfindsamen Weichlichkeit etwas; selbst das Religiöse scheint bey ihr mehr auf Treue und Glauben zu beruhen, als Sache des Herzens oder Ahndung zu seyn. – Ein Bothe erscheint mit der Schreckenspost, daß die kühne Amazone eben bey einer zu gewagten Verfolgung eines Hirsches mit ihrem Pferde vom Felsen gestürzt sey und daß der Arzt sie eben wieder ins Leben zu bringen suche der Vater eilt zu ihr der König bleibt mit dem Grafen zurück um sie zu erwarten. Man erfährt daß der K. und der H. sich erst kürzlich wieder versöhnt haben, nachdem sie Lange sehr gespant mit einander waren. Den K. lernt man als einen sehr gutmüthigen aber schwachen Mann kennen der viel wirken will, aber immer nicht weiß wie er es recht angreifen soll; auch scheint er ängstlich über den Drang des Zeitalters in dem das Hohe fällt und das Niedere steigt. – aus einigen zweideutigen Reden des Grafen geht eine Warnung für den König hervor, nicht zusehr der Freundlichkeit des Herzogs zu Trauen. – Eugenie wird auf einer Tragbare für Todt auf die Bühne getragen, der Arzt um sie beschäftiget. In dem König scheint ihr Anblick eine plötzliche innige Erleuchtung hervor zu bringen, aber der noch zweifelhafte Ausgang, ob sie vieleicht nicht wirklich Tod sey, macht den dämpfenden Gegensatz – der Vater knieet an der seite der Tochter, vergißt die Gegenwart des Königs und alle Umstehende, und ist ganz von der Furcht des Väterlichen verlustes übermannt er beschwört den Arzt jammert über sich und seine Tochter. – Endlich kömmt sie zu sich, erster freudiger Ausbruch des Wiedersehens. Er stellt sie dem Könige vor, der sie als seyne nächste Verwandte begrüßt, und ihr mit mehr Herzlichkeit als Gnade begegnet das Mädgen ist darüber erstaunt, das Verständniß wird ihr erklärt, sie lernt sich im beglückenden Stolze als Fürstin kennen. Der König entfernt sich. Vater und Tochter bleiben aleine zurück. Vortgesezte Unterredung über den Vorfall, und über das veränderte Verhältniß der Tochter, die der Vater nun auf verlangen des Königs ganz bey Hofe einführen will. Das herzliche Benehmen des Königs scheint auf das Mädgen Eindruck gemacht zu haben man sieht aber offenbar daß nicht die Herzlichkeit des Mannes den Eindruck hervor gebracht hat sondern der König, die Majestädt, – der Vater, verräth aber einige Geringschätzung gegen den König. Er könne wohl meint er: ein ganz leidlicher Hausvater seyn, aber zum Könige sey er nicht geschaffen. Auch scheint er ungerne mit der Tochter vom König zu sprechen, er entdeckt ihr daß er es schon früher bey sich beschlossen habe sie bey hofe ein zu führen, wenn auch dieser Vorfall nicht dazu gekommen wäre; er habe daher auch schon alles nöthige zu ihrer glänzenden Erscheinung besorgt wie es für eine Fürstin gezieme und überreiche ihr diesen Schlüssel zu einem Putzschrank der ihren ganzen Staat enthält aber mit der ausdrücklichen Bedingniß den Schlüssel nicht ohne seine Erlaubniß zu gebrauchen sie verspricht dieses und nimt den Schlüssel. – 2ter Act Ein Saal im Hause des Herzogs. Die Hofmeisterin Trit auf mit dem Secretaire sie haben ein Einverständniß mit einander daß sich anfangs blos auf ihre nahe eliche Verbindung zu beziehen scheint, es endeckt sich aber bald daß noch gewiße Bedingungen von Seiten des Secretair da sind, welche das Gemüth der Hofmeisterin zu empören scheinen und mit ihrer Anhänglichkeit an den Secre: einen bedeutenden Kampf veranlassen. Diese Bedingungen betreffen ihren Zögling Eugenie. den liebling ihres Herzens, sie dieses Herrliche Mädgen in der schönsten blüthe ihres Treflichsten Gemüths und Körpers ein schuldloses Opfer der schrecklichsten Hofcabale werden lassen, der Secretaire geht ganz dictatorisch mit der Hofmeisterin zuwerke Eugenie soll und muß nicht bey Hofe erscheinen sie soll Todt für die Welt; so wollen es die Gewaltigen Oberen. Er verlangt von der Hofmeisterin sie soll sie mit List nach einem entfernten Hafen entführen, von wo sie auf eine Insel gebracht werden soll die von aller Welt abgesondert, ein Aufenthalt der Verwiesenen ist die Hofmeisterin wendet alles an den Secre. zu erweichen aber umsonst ja sie darf nicht einmal Eugenie warnen, »so bald dieß geschieht ligt Eugenie Todt zu deinen Füssen« ist die Drohung, es ist keine Rettung nur das Leben und mit diesem Hoffnung auf die Zukunft kann sie erhalten wenn sie darein willigt sie auf die Insel zu entführen. Auch darf sie in kein Kloster, weg soll sie von der bewohnten Erde, so wollen es die Gewaltigen Oberen – –. Die Hofmeisterin willigt endlich ein, Theils aus liebe zu dem Secretaire der eine große Gewalt über sie hat, Theils um ein gröseres Unglück zu vermeiden denn so wird doch wenigstens das leben erhalten und mit ihm einige Hoffnung. – Der Secretaire geht ab. Eugenie Trit auf, voll Freude und frohen Aussichten, ganz mit den Magischen Bildern des grossen Prachtvollen Hoflebens, in das sie nächstens eintreten soll – beschäftiget. – während die Hofmeisterin abgegangen ist zieht Eugenie ihre Brieftasche hervor und schreibt ein Sonet hinein, an den König, – das Sonet ist ganz herrlich. Es begint mit einzelnen verhallenden Acorden, ganz leise, leise, – die immer von Vers zu Vers voller Tönender und Ründer werden, bis endlich in der lezten Strophe alle zu der innigsten vollesten Harmonie zusammen strömen und sich zu einer Göttlichen Melodie herrlich und Anmuthig verschlingen. – Sein Gegenstand ist – die erste Zusammenkunft mit dem Könige, und ihr Stolz ihm dem Geblüthe nach so nahe zu seyn, ihre liebe und ergebenheit zu ihm. – Die H: kömmt, und meldet ihr daß ihr Vater ihr einen zierlich gearbeiteten Putzschrank gesendet habe der ihren ganzen Staat in dem sie bey Hofe erscheinen soll enthalte. Der Schrank wird auf die Bühne getragen; – E: ist sehr begierig ihren Staat zu mustern erinert sich aber an das Verbot ihres Vaters, den Schrank nicht zu öffnen ohne seine Erlaubniß; doch die Neugierde überwiegt, sie öffnet ihn, Sie fühlet sich glücklich im Anschauen der kostbaren Kleidungsstücke und Putzsachen die sich hier ihren Blicken darstellen. Sie kann der Reitzung nicht wiederstehen sich gleich mit einigen dieser Sachen zum Versuch auf zu Putzen, die H: geht ungerne daran ihr hierin behülflich zu seyn, beantwortet alle ihre Freudensbezeigungen, mit unbestimmten, düstern ahndungsvollen, Warnungen. Aber umsonst E. bemerkt die Trauer der H. und ihr Unglücksweisagende Reden nicht; sie ist hier ganz nur daß unbefangene frohe Mädgen daß sich mit kindischer

Freude Schmückt und schon im Geiste ihr künftiges Leben am Hofe und in der nähe des Köniĝes vor Augen sieht, ohne zu Ahnden daß eben hierin der Grund ihres unvermeidlich Unglücks liegt. Auch ein Ordensband liegt unter den Sachen, sie ist endlich auf das Prächtigste mit dem Orden geschmückt die H. versucht nochmals sie durch anrühmung des ländlichen Lebens zu bewegen diesen Schmuck der ihre Blüthe erdrücken wird abzulegen und verzicht auf das Leben in der Grossen Welt zu Thun aber umsonst E. fühlt sich jezt erst als Mädgen und Fürstin – und weiß nichts von dem Schicksal das schon Ernst und furchtbar über ihr ruft. –

3ter Act Zimmer im Hause des Herzogs der Secre und der Weltgeistliche Treten auf ein paar verschmitzte Buben der Weltgeistliche soll dem Herzog die Lüge wahrscheinlich machen, daß Eugenie in der Nähe seiner Pfarrey mit dem Pferde gestürzt und bis zur Unkentlichkeit am Felsen geschmettert sey. Um diesen furchtbaren Anblick dem Vater zu entziehen habe er sie auch schon in geweihte Erde begraben lassen. Der Herzog scheint vom innigsten Schmerz ganz darnieder gebeugt. – Seine Underredung mit dem Secre. und dem Weltgeistlichen ist höchst rührend, sein Schmerz ist allumfassend, die äusserung desselben voll würde und männlicher Kraft. aus einigen Reden des Secre. errathet man daß es mit dem Königreiche nicht recht sicher steht und daß ein Bund da seyn muß der den alten Herzog gerne an seiner Spitze haben mögte. *4ter Act.* Eine Aussicht auf einen Hafen, und Vestung, in einer entlegenen Provinz. Die Hofmeisterin erscheint mit einem Gerichtsrathe im Gespräch über das Traurige Schicksal der E. er will sie befreien oder doch ihr Urtheil mildern, aber die H. überreicht einen Schriftlichen Befehl, – er ließt ihn ist betroffen und Sagt, es ist keine Rettung, an keine Milderung zu denken. – Doch, wenn Eugenie einen bürgerlichen heurathet und in dieser Provinz bleibt; ist sie von der verbannung auf jene wüste Insel befreit. E erscheint der Gerichtsrath wird von ihrem Anblick Tief erschüttert. – Er bezeigt sein Mitleid mahlt ihr die Insel in den häßlichsten farben auf der sie so schmälig und langsam in ihrem herrlichsten Alter dahin sterben soll, endlich erklärt er ihr seine Liebe, Trägt ihr seyne Hand an als die einzige Rettung für sie. – E. ist von seiner Güte gerührt dankt ihm für Alles, aber in seinen Vorschlag kann sie nicht einwilligen, ihre Hand sey nur einem König bestimmt. u. s. w.

5ter Act Die Scene ist dieselbe die Hofmeisterin sucht E. zu überreden den Antrag des Gerichtsrath anzunemen, aber E. hat ihre Hoffnung noch auf den König gesetzt, der sie aus der Verstrickung der schändlichen Cabale retten wird die Hofmeisterin versichert ihr das Gegentheil. – E. geräth auf den Verdacht ob nicht eben dieser Befehl der ihr bis izt alle menschliche Hülfe entzieht vom König selbst sey. Doch diesen Gedanken kann sie nicht ertragen er ist ihr schmerzlicher als ihr gegenwärtiges Unglück selbst. Eine Äbtissin erscheint E. will ein Asyl in ihrem Kloster die Äbtissin ist dazu bereit aber kaum hat sie das Unglückliche papier gesehen so wendet sie sich schaudernt von der verlassnen Eugenie. und geht. – Der Vestungs Commandant erscheint auch den flehet Eugenie um Beystand an er verspricht ihr seine Hülfe, aber die H. reicht ihm das papier, er ließt, und mit einer kalten Verbeugung und Ermahnung zur Gedult verläßt er die arme von allem menschlichen Umgang ausgestoßne E. . – Izt verlangt sie selbst daß papier zu lesen – sie ließt fährt heftig zusammen, es ist ein eigenhändiger Befehl ihres Königs und so weiter. – – –

Ein Mönch erscheint, sie erzählt ihm ihr Unglück und fleht um seinen Rath – Er räth ihr dieses Land so bald als möglich zu verlassen den[n] er weissagt nichts als Noth und Jammer, die sich bald über dieses Land verbreiten werden. u. s. w. – – –

Izt wird sie Ruhiger und beschlißt das Land nicht zu verlassen sondern die Leiden ihres Vater Landes zu Theilen sie will izt das angebotene Rettungsmittel ergreifen, der Gerichtsrath kommt und sie wird seine Gattin aber unter solchen Bedingungen daß sie eigentlich Nonn und nicht Weib wird. (so weit hat Betine geschrieben, weil [ich] andre nothwendige Briefe schreiben mußte) so eben erhalte ich deinen Brief, der mich betrübt, wie ein armer Gefangner Krieger trauert, der Waffen klirren hört, mit seinen Ketten raselt, und flucht und weint, daß das allmächtige Eisen so klingt, und so fesselt, so weine ich, wenn ich an dich denke, und in meine Armuth zurüksinke, die dich kaum zu lieben wagt. Ich schreibe geschwind noch ab, was Wrangl noch von Eugenie geschrieben, dann fahre ich fort an dich zu schreiben, biß zur heutigen Poststunde, morgen schicke ich dir wieder ein Blatt, und so lang ich kann.

»So schließt sich dieser erste Theil des Trauerspiels, der in mir (Wrangl) einen ganz reinen und hohen tragischen Effeckt hervorgebracht hat. Die feinen Seher wollen schon darin ein Gegenstück zum Wilhelm Meister endekt haben, ich halte dafür, daß es eine würdige Critik ist, der neusten Bemühungen Schlegels und Schillers (Braut von Messina) Moderne Süjets, moderne Süjets im modernen Gewande ganz antick bearbeitet auf die Bühne zu bringen. Man sagt die folgenden Theile sollen noch gar nicht in der Arbeit sein. Auch soll es einen französischen Roman Eugenie geben, dem eine Begebenheit der lezten französischen Hofgeschichte zu grunde liegt, ob Göthe seinen Stoff daraus genommen weiß man nicht«. – .

So eben schreibt mir Diedrich, daß er mein Intriguenstück nicht auf die Ostermesse bringen kann, im Cataloge ist es angezeigt, auch Ariels Offenbahrungen von dir, Winkelmann sagte mir früher daß dein Trauerspiel erst nach meinen Sachen gedrukt werde, ob dies nun dein Trauerspiel oder Roman ist, weiß ich nicht, überhaubt hast du mir sovielerlei Titel und Bücher angezeigt, daß ich glaubte, eine ganze Hezze von dir komme bei Diedrich heraus. Hier bei Körner wird ein unbedeutendes kleines Singspiel von mir gedrukt, die Lustigen Musikanten, Savigny liebt es, des wegen wird es gedrukt. Im Meßkatalog steht gleich unter dem Ariel./ von Arnim, die tugendhafte Coquette, oder Gesch. der Gräf. Carolina Busso. bei Baumgärtner./ wer ist dieser Arnim, es muß dich verdrießen, daß vielleicht ein Schlechter deinen Nahmen zweideutig macht. Von Tieck ist gar nichts angezeigt, ob er todt ist? A.W Schlegel 1ter Band Calderons spanisches Theater, Lacrymas, Schauspiel, Ion Tragoedie. – Bei Varrentrapp kommt von Heinse, (ardinghello) der jezt auf dem Tode liegt heraus, Anastasia, ein Roman der das ganze Schachspiel so umfaßt, wie Ardinghello die Malerei, es soll vortreflich werden. – Du gehst nach England lieber, das ist ein Donnerschlag für mich, ach noch viel weiter von mir, deinen Brief vom 12ten April erhielt ich heut den 30sten, den vorigen auch so spät, wird dich dieser noch in Pariß finden. Von künftigen Plänen, von meiner Liebe zu dir, soll ich noch von ihr sprechen, da die kleine Reiße, von hier nach Pariß, schon außer meinen Kräften liegt, meine Brüder haben mich ausgelacht, da ich Geld dazu von ihnen begehrte, und in drei lumpichten Monaten bin ich Majorenn, ihre Schmähungen gegen mich, bei meiner billigen Forderung will ich nicht wiederholen, denn sie schmähen immer mich und die arme Betine zugleich. – . Das einzige waß ich noch versuchen kann, ist den Savigny zu fragen, ob er mir ein Darlehn machen kann, aber auch daran zweifle ich, da er schon viele andre unterstüzzt hat, heut über Acht Tage kann ich nach dem Laufe der Posten erst Antwort von ihm haben, dann dir schreiben, Antwort von dir haben, ob du noch da bist, Arnim, Arnim es wird nicht gehen, es ist mir ja noch nichts geglükt, waß ich mein Glük nennen könnte, meine Sehnsucht nach dir ist so traurig, ich fühle es, wir können uns nicht in Pariß sehen. Es ist schrecklich, wenn ich hierher schreibe, daß ich entsagen kann, aber ruhig freudig entsage ich nicht, ich kann entsagen, aus Gewohnheit nichts zu besizzen, waß ich liebe, aber an allem dem ist Niemand Schuld, als der Lump der Dietrich, der sein Versprechen gebrochen, und ich rechnete, da ich die Idee dich zu sehen in mir rege werden ließ, auf das Honorar. Betine hat geweint, da sie deinen Brief gelesen, und deine Silhouette, die sie ausgeschnitten am Halse trägt, hat sie angesehen, mit diesen Trähnen, sie ist es, die dir deine Liebe zu mir dankt, denn sie wird innig dadurch gerührt, ich erschreke manchmal über deine Anhänglichkeit an mich, wie vermag ich das zu sein, waß du liebst. Wenn ich einen Brief von dir erhalte, so ist es als wäre ich lange in dichten Wolken geflogen und hätte nicht gewust wer mich trägt, denn ich fühle nicht vor Herzensangst ob meine Schultern Flügel sind, aber plözlich ergiest sich der Flug aus dem trüben Gewolke in den klaren blauen Himmelsplan, und ich sehe nieder auf den Spiegel eines klaren Lebens aus dem der Himmel mich anblickt, und sehe, daß du es bist der mich trägt, ich sehe dich über mir, du umarmst mich luftig, und ich fliege in dir frei wie ein Vogel, du lebendige Fessel.

Arnim warum bin ich dein Diener nicht, ich könnte dann bei dir sein, und wenn du Alles erwägst gegen diese meine Begierde, ich sage dir, ohne den Instinckt es ist der meinige, deinen Umgang mit einfacher Arbeit zu verdienen, es wäre mir eine goldne Zeit zu ackern, und zu pflügen und mit den Göttern zu leben, wie ein Schäfer, ich glaube es giebt kein schöneres Verhältniß der Liebe, der Freundschaft, als der Religieuße Dienst, das Aufpuzzen der Kirche, und wer ist glüklicher, als der Schneider, der den Menschen liebt, dem er einen Rock macht. – Du gehst nach England – Arnim, das betrübt mich sehr, bei Gott Arnim, ich bin ein Waise ohne dich, Savigny kann mir nichts sein, wenn mein Haus brennt, o wer stürzt die Treppen herauf, wer trägt die Geliebte mir von dannen, du bist es, lieber treuer Junge, aber Savigny öffnet die Sprizzenkranißen, und regiert ruhig die Feueranstalten, die er so vortreflich für das Wohl des Staates erfunden, so bist du auch in meinen Armen, wenn mein Freund an meinem Herzen liegt, und wenn der Staat Arme erhält so wird Savigny in seinen Armen liegen, und alle die zu ihrer Pflicht verdammt sind. – . Wie du den Schlaberndorf beschreibst, so kann ich ihn lieben, und ehren, die stillen Leute sind doch die Grösten, daß Große ist still und fest, es schallt nicht im Winde, es klingt, wenn man anschlägt. Von Baggesen habe ich keine Idee, seine Lieder können vortreflich sein, wo er humoristisch ist, misfällt er mir, ich liebe die klare Prosa des Zervantes, das Drama Schäksspears, das Lied Göthens täglich mehr. Vieles von Tieks Humor erscheint mir fad seit ich wieder Gozzi, Holberg, und viele ältere Dichter Deutschlands laß, Tiek ist sehr einseitig, und hat unendlich viel benuzt, das Musikalische in ihm ist mir das liebste, ich lese jezt meistens Selbstbiografien aus frühern Jahrhunderten mit vielem Intreße. Wenn du mir den Jean de Paris schicken kannst, oder etwas der Art, es wird mir sehr theuer und wehrt sein, überhaubt wenn du einzelne Bücher hast, die du auf deiner fernern Reise nicht gern mit dir führst, so sende sie mir nach Marburg oder hierher, ich will sie dir bewahren. Ich habe eine Idee, die dir vielleicht auch nicht unangenehm wäre, ich habe viele einzelne ungedrukte Lieder von mir, die alle recht schön sind, du hast auch vielleicht vieles, wenn wir sie zusammen drucken ließen mit unsern beiderseitigen Nahmen, sollte uns das Büchelchen nicht immer ein freudige Umarmung unsrer Jugend sein, ich weiß nicht lieber Junge, ob dir meine Gesellschaft nicht zu schlecht ist, aber ich meinte so in meiner Einfalt, es wäre recht schön, weißt du einen Verleger, vielleicht einen Berliner, es müßte schön gedrukt sein, Diedrich pflegt das nicht zu thun, wenn dir diese Idee gefällt, so schicke mir nach und nach, waß dir dazu dienlich scheint, ich schicke dir dann auch das Meinige, waß du freilich meistens schon kennst, und im Eingang schreiben wir uns die Lieder einander zu, und wehren uns bescheiden, und umarmen uns, wenn du in deinem nächsten Briefe dich darüber erklärst, so können wir uns gleich zuschiken, und uns freundlich einander kritisiren. Ich weiß nicht warum mir alle Musenallmanache wiederstehen, und so eine Sammlung von zwei Freunden würde mir sehr viel Freude machen. Sage deine Meinung, waß du von Titel Verleger und dergleichen hälst, und dann wollen wir machen, daß es Michaelis herauskömt. – .

Schreibe mir bestimmt, an wen ich Briefe adressire, wenn du Pariß verläßt, und vor allem wie du deinen Weg nach Hauß einrichtest, sobald du wieder in Deutschland bist, bist du wieder mein.

– Ich gehe so eben ins Theater, die Unzelmann spielt Gastrollen hier, es ist die erste gute Schauspielerinn, die ich je gesehen, und ihr Spiel rührt mich sehr. Ich gehe seit langer Zeit mit einem ganz wunderlichen Lüsten schwanger ein Trauerspiel zu schreiben, von Plane habe ich beinah noch nichts, ich kann kein Süjet finden, daß mich zum Bearbeiter will, ich muß etwas erfinden, und ich bin kein erfindsamer Freund, es geht mir bei dieser Gelegenheit, wie bei meinen Liebschaften, ich habe in gewissen Zeiten eine Begierde zu lieben, die ins Zerreisende geht, aber kein Mädchen ist aufzutreiben, so auch mit diesem Trauerspiel, Gott gebe gute Ernde, ich bin hier, hier in Frankfurt, alle Tage geht die Post zu dir und mir, 6 Tage läuft sie, schreibe wieder, vergelte mir nicht, schreibe bald, nur wenig, lebe wohl

dein Clemens
Frankfurt

Schreibe mir auch, waß du von Eugenie dem Plane nach denkst, mir liegt etwas sehr ernstes drinn, und waß mich ergözzt ist die Rafaelische Einfachheit der Gruppen, auf das Sonnett, Göthens erstes Sonett, bin ich sehr begierig.

Wenn du mir eine Große Freude machen willst so mache sie mir, mit deinem Bild, Silhouette oder welche Gattung contrafactur, ich will dir auch das Meinige besorgen

24

Paris den 5 May 1803.

Lieber Clemens!

Gestern erhielt ich Deinen Brief wie eine Himmelsbotschaft, nachdem ich drey Stunden in dem Fegefeuer der Gerichtsstuben zugebracht, weil unser Bediente uns bestohlen, wir ihn zur Antwort festgesetzt haben. Wie ein Trunk Wasser kam er in der Wüste nachdem ich einen Monat gedürstet, jeden Abend mit Herzklopfen den Thürsteher nach Briefen gefragt, ich durchdrang ihn erst mit den Augen ohne zu trinken und dann beräuschte ich mich, ich glaubte wie Eugenie an dem Putzschrank meines Lebens zu stehen und kein Verbot hielt mich, ganz herrlich mich auszuschmücken. Du bist Moses, an welchen Felsen dein Stab schlägt, da entspringt eine Quelle – denke darin, daß du schon auf dem Rheinschiffe für einen Juden gehalten wurdest – und so quelle ich zu Dir mit allen meinen wasserreichen Bächen, ich meine mit meinen Gedichten, was Du mit ihnen machen willst ist mir lieb und lieb ist es mir wenn ich auch neben dir stehe wie Möller, Müller Schmidt* neben Göthe (*Meyer nicht zu vergessen in allen seinen Namenvariationen) Ich habe ein Ganzes aus vielen Kleinigkeiten, wo mir die Kleinigkeiten mehr Thränen gekostet als das Ganze, es umfasst alle kleine Lieder, viele hundert an der Zahl, von denen jedes nicht viel bedeutet die aber im Ganzen eine verschlungene Geschichte bilden, sie heist *Funken und Flamme ein Spiel für den Ernst*, Daraus will ich ein gutes gespicktes Mittel- und Rippenstück schneiden zu deinen Musen des Almanachs denn

 und 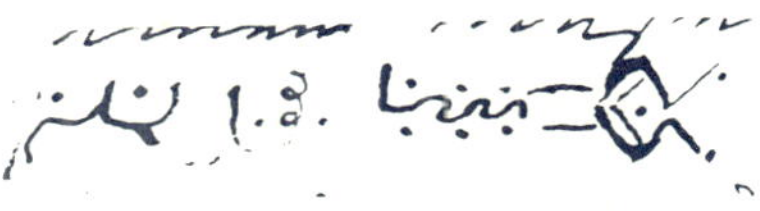

heist Liederbrüder, also hiesse das soviel wie *Lieder der Liederbrüder*, welche Aufschrift mir sehr gefällt, nur ist freilich noch nichts abgeschrieben [–] das kann ich aber hier noch leisten. Ich bleibe bis zum Schlusse dieses Monats bestimmt hier wahrscheinlich werde ich durch Geldangelegenheiten noch länger aufgehalten, kannst Du es also noch möglich machen hieher zu kommen, so kann ich wenigstens vierzehn Tage Dich sehen, nur verlasse darum nichts Angenehmeres, keine Quarte oder Sekunde in den Unterleib.

Freundschaft reichet Druck der Hände
Liebe liebet Bauch an Bauch
Wenn ich dir dies Brieflein sende
Drücke ich die Hand dir auch.

So wie auf der fliegenden Brücke in Koblenz so stehe ich hier mit zerrissenen Reiseschuhen, Du aber in prächtigen seidnen Hosen läst dich von den Syrenen locken

Ach sie singet gar so süsse
Honigsüsse Lieder dir,
Was ich hier dir süß verhiesse
Schiene dir nur saures Bier

Doch nein, ich will Dir und Deinen Gründen trauen, das Geld hält Dich, wie es andre jagt, ich kenne seine Kraft, sie hält uns wie die Katzen, die ersäuft werden, der Stein, den man ihnen an den Fuß bindet, die Majorennität trit endlich wie die Parze mit der Scheere hinzu und befreiet nicht vom Leben sondern vom Tode, vom sinken und ertrinken. Dein Brief war zu herrlich, zu reich, wenn ich doch auch etwas so Schönes abzuschreiben wüste, wie der Plan der Eugenie um der lieben Schreiberin meinen Dank zu sagen, aber mich selbst abzuschreiben wäre allzu unbedeutend. Ist die Eugenie ganz in Versen? Ihr Plan stimmt vielleicht mit unsern Plänen genau zusammen. Merkwürdig ist aber die Aehnlichkeit der Braut von Messina, nachdem was du mir schreibst, mit meinem Trauerspiele, ich vermuthe aber daß sich Verschiedenheiten genug finden werden und zu meinem Nachtheile, Dieterich ist aber auf keinen Fall zu entschuldigen daß er es so unendlich lange zurückhält, da ich es ihm unter der Bedingung gleich zu drucken, übergeben. Wenn du mit Körner zufrieden, so werde ich künftig meine poetischen Körner von ihm sammeln lassen, ich bin auf dein Lustspiel und Singspiel unendlich neugierig, schicke sie mir doch wie den Calderon und Ion und Ariel durch die Diligence ja aber nicht mit der Post. Du must dich nicht wundern über die Menge Titel meiner Werke, das Trauerspiel, das Lustspiel (Sängerfest auf Wartburg) und das Lehrgedicht Heymars Dichterschule stehen sämtlich im ersten Theile des Ariel, der ganz leise wie jedes Bewustseyn auf A.B.C. Schulbänken der Tanzkunst anfängt. In Schlegel's Europa wirst du im dritten Stücke einen langen Dialog aus dem zweyten Theile finden, Schlegel war sehr damit zufrieden, er ist darin noch ganz Tänzer und über die Tanzkunst ist da manches gesagt; ferner habe ich zum zweyten Theile ein Trauerspiel Faust nach allen Haupttheilen geschrieben, es ist das Gymnasium des Tänzers, das Trauerspiel ist durchweg mit gereimten Chören aber nicht im Style der Alten, sondern wie im Liederstyle, der Teufel allein redet wie die griechischen Chöre, ich denke diesen zweyten Theil in England auf dem Lande zu schreiben, wo ich der Sprache wegen drey Monat zubringe, wenn ich nur irgend einige Geistes aufmunterung dazu habe, ich meine Briefe von Dir, denn die machen mich stark alles zu unternehmen. Grüsse doch Deine Schwestern herzlig von mir. – Sieh einmal Du hast hier einen Franzosen zum Versemachen gebracht, der kaum deutsch reden kann, zwar zum Tadel des Godwi, den ich ihm gab, aber blos durch die französisch moralische Ansicht er schliest am Ende mit den Versen

Wenn Du, mein Clemens, hier verstehen willst
Verstehen kannst, daß dich mein Grimm mehr ehret
Mehr liebt, als manches Lob, das lieblich klingt:
So ist dein Buch zwar nicht mein Buch, dein Held
Zwar nicht mein Held, so bist du zwar mein Dichter
Noch nicht, kannst aber einst und wirst es werden.

Wenn Dich die Verse neugierig machen, so schicke ich Dir auch die übrigen, jezt will ich Dir nur meine Vertheidigung des Godwi abschreiben, die ich ihm dagegen sendete.

Godwi an eine keusche Jungfrau

Es schreitet hoch über die Heyde
Ein Nackter mit funkendem Schwerdt;
Der andre im Mantel die Scheide
So führet, wie jener das Schwerdt.
Sein Mantel laut rauschet im Winde
Wie Wolken hell flattern so fern,
Er wickelt, die mächtigste Binde
Ums Schwerdt sich und hält es dann fern.

*

Dann spottet er über den Stolzen
Er neckt mit der Scheide ihn oft,
Und schiesset im Spiele mit Bolzen
Die Vögel, die jener gehofft
Der andre nun spottet beschämet
Und beugt sich und rühmt ihn mit List,
Bis jener sich eitel bequemet, –
Den Beystand des Mantels vergist.

*

Es würden die Blumen ihn warnen,
Doch hängt er an Dornen so fest!
Es sollten die Dornen ihn warnen,
Er Dornen und Mantel verläst!

*

Und kaum ist der Mantel zerrissen,
So sinket der Arme so bloß.
Die Erde sein duftendes Kissen,
Der andre durchsticht ihm den Schooß.

*

Des weint er kläglige Thränen,
Sein spottet der andre mit Lust:
Er kannte nicht ewige Thränen,
Nie dehnte sonst Kampflust die Brust!

———

O *Jungfrau** erkenne die Binde,
Natur gab dir selber den Schutz,

* Jodines Sternbild

Damit sie noch fester mich binde
Die Tage des Kampfes benutz!

*

Du herrschest am Himmel wohl linde,
Doch herrschst du immer da nicht,
Ein Monat vergehet geschwinde,
Ein Jahr nur giebt Kinder dem Licht!

Dies ist meine Antwort auf meine Silhuette [–] Du sollst mein Bildniß gestochen erhalten 12 Exemplare [–], war jene geschmeichelt, so ist es diese auch, doch habe ich sehr wohl die kunstreichere Hand Deiner Schwester erkannt, ich schriebe gern ihr und Dir noch viel mehr, aber immer liegen mir ein Paar Verse im Sinn, die mir neulich in meinem Lieblingsgarten beym Caroussel einfielen, wo Mädchen auf Schwänen Ringe abstachen.

Es jagen die Stunden auf glänzenden Schwänen,
Und stechen die Ringe des Lebens leicht ab
Wir schwimmen im Leben auf schimmernden Kähnen
Sie scheinen ein Sarg in dem düsteren Grab.

*

Meierotto ist vor drey Wochen an dem Nervenfieb[er] gestorben und je näher er dem Tode war, desto [mehr] glaubte er an Besserung [–] er als Mediziner. Was sind die Wissensch[afte]n noch und was ist das Leben noch und was ist der Glaube noch? Das Unglück ist frevelhaft, das Glück aber Laster schafft; so sitzen wir auf der Wippe

Glück

Unglück,

der im Glücke bekommt von dem im Unglücke einen Stoß und dieser wird nicht minder gestossen; der eine leidet am Magen und der andre muß es riechen, der einen gesunden Magen hat; so ist in der Welt alles wechselweis und das mag gut seyn. So wollen auch wir fest und innig unsre Gedichte in einander verweben, du bist mein literarischer Mund, die literarischen Zeitungen können sich das Maul fusselig reden. Du weist doch was Fusseln sind? Sägespäne von Lumpen[.] Schreibe bald ich schreibe auch bald mehr, dies nur in Rücksicht Deiner Reise nach Paris

Achim Arnim

N. S. Danke Savigny daß er mir Nachricht gegeben auf meinen Brief, wo Du bist, weil ich Dich für verloren hielt hatte ich an ihn geschrieben.

25 *[Frankfurt, den 11. Mai 1803]*

Ich lege dir hierbei nur diese Zeilen, damit es dir nicht Leid thut, lauter Gedruktes zu finden, denn das Gedrukte verhält sich doch zum Geschriebenen, wie Jugendlicher Muth zu einer kaiserlichen Proclamation. Lieber Arnim in einer Viertelstunde fährt dies Papier zu dir, zu dir allein, ohne Begierde, die Kunstwerke zu sehn, ohne Hunger, ohne Durst, ohne Ohren für dummes Zeug, ach wäre ich dies schlechte Werk, wäre ich mein Lied, wäre ich ausgesprochen durch mich, könnte ich mich dichten, so wüstest du, nun, waß du weist, daß ich dich liebe, ich schicke dir heut nachmittag mit der Briefpost einige Zeilen.

Clemens

26

[Frankfurt, den 11. Mai 1803]

Lieber Arnim.

Dein Brief konnte mich nicht richtiger treffen, und nicht besser zur rechten Zeit, denn er traf ins Herz, und so eben bin ich im Begrif nach Jena abzureißen, sei zufrieden, nicht die Mereau ist schuld, daß ich nicht hinschreiben kann nach Paris, denn von dieser Melusine habe ich seit ihrer vom Himmel gefallnen Invitation in Spe nichts wieder gehört, ich gehe nur hin um meinen treuen Wrangl, der im Begriffe ist nach Rußland abzureißen, nochmahls zu sehn, und nochmahls alles zu versuchen, um ihm das Bild so zu grundiren, und so zusammen zu winden in vertraulicher Nähe, daß keine Ferne drinne Plazz hat, ich will seinen Plan wieder zurükzukehren, noch wo möglich befestigen, damit ich außer dir den besten Mann meines Herzens nicht verliehre. So segne meinen Weg, du siehst ich reiße in Geschäften für uns, wenn du mir gleich auf diesen Brief antwortest, so schicke ihn nach Jena bei Doctor Fries. Heute Morgen habe ich dir mein Singspiel, und ein Geburtstags Gedicht, daß ich ohnlängst für Claudine Piautaz machte geschickt, so schnell als ich Ariel und das sonstige erhalte schicke ichs. Ich bitte dich Arnim bedenke, bei dem Sings. und Claudia, daß ich ersteres in 4 Tagen, und leztes in 4 Stunden schrieb. Waß du mir von deinen Liedern schicken willst, schicke nach Marburg, ich habe die Idee das Ganze in einen Sing Decameron (besonders die Romanzen) durch leichte Umriße zu verbinden, dir dann vorzulegen, und es drucken zu laßen, ich fühle es wird schön werden, besonders alle Romanzen schicke mir, die undeutlichen Stellen schreibe ich dir dann alle, weil du oft welche hast, und die Romanze keine verträgt. Ich habe einen kleinen Roman in 12 Romanzen halb vollendet, den füge ich auch, du Lieber Lieder Bruder schicke alles nach Marburg, ich bin Vier Wochen dort, und Unser Buch soll so artig und neu werden, daß auch selbst Merkel den Wizz Lieder licher Bruder statt Lieder bruder nicht machen soll, in der Vorrede, deren du eine Machen mußt und ich, oder in den Gegenseitigen Zuschriften können wir uns artig lieben, flattiren, rezensiren und persifliren. Geb acht es wird was, denn ich freue mich herzlich, und ich habe mich doch erst auf wenig gefreut, und ist doch schon für dich manches geworden. Ich schreibe dir geschwind hier ein Lied her daß ich Gestern Abend nach dem Theater gemacht habe, die Unzelmann spielte *Nina* Wahnsinn ect. und will dir erst die Veranlaßung erzählen. Hier auf dem Theater war vor ein Paar Jahren Mariane Jung ein unschuldig treu Kind Tänzerinn, ich liebte sie still weg, der Banquier Willmer nahm sie von der Bühne, und machte sie zu seinem Pflegekind (Maitresse) ich gieng zu Willmer, er vertraute sich mir an, wollte mich zum Mittel gebrauchen, die Jung fester zu binden, ich war ehrlich, die Jung liebte mich, sie weinte oft in meiner Nähe, ich sprach davon mit

Willmer, seine Eifersucht vertrieb mich, wir haben uns noch lieb, so so, da ich abreiße morgen so ließ ich der Jung durch Betine sagen, ich würde nah an ihrer Loge stehn sie soll mich doch freundlich ansehn, ich gieng weg, es werde mir sehr wohl thun, nun sah mich auch das Liebe Kind gar freundlich an, und mir war es fast wie Holm wenn Nina ihn immer ansieht, und ihn doch nicht kennt, und da schrieb ich zu Hauß dies Lied für sie, auf die Melodie da droben auf jenem Berge, die ich sie selbst singen lehrte.

Es stehet im Abendglanze
Ein freies heiliges Haus
Da sehen mit schimmernden Augen
Viel Knaben und Jungfraun heraus,
Dort hab ich mein Liebchen gesehen
Ein freundliches zierliches Kind,
Sie konnte wohl schweben und drehen,
Wie fallende Blüthen im Wind

Und die in dem Hause wohnen
Sind heilig und wissen es nicht
Sie leben mit Kränzen und Kronen
Alltäglich ein neues Gedicht
Sie sind gleich den Göttern und handlen
Wohl täglich in andrer Gestalt,
Mein Liebchen wird auch sich verwandlen

O Liebchen, wo bist du geblieben,
Ich steh vor dem schimmernden Haus,
Und will dich bescheiden nur lieben
O Liebchen o sehe heraus
Ich will dein pflegen und warten,
Im Herzen so treu, als ich kann,
Da seh' ich dich sizzen im Garten
Wohl bei einem reichen Mann.

So kauf' ich mir Rechen und Spaten
Bind' mir ein grün Schürzelein vor

Und poche wohl als ein Gärtner
An des reichen Mannes Thor
Thu auf, Thu auf den Garten,
Ich will dir wohl ohne Sold
Die Blumen all pflegen und Warten
Sie sind ja mein Silber und Gold.

So sei mir o Gärtner Willkommen
Zieh hoch die Blumen mir
Zieh lang sie zu blühenden Ketten
Ich habe ein Vögelchen hier,
Zieh hoch und dicht eine Laube
Zieh mir ein Gitterhaus
Daß keiner mein Vogelchen raube,
Und es nicht fliege aus,

———

Da klingt wohl sanft und süße
Im Garten ein heilig Lied
Die Bäume senden Grüße,
Die Blume lauschend blüht,
Da seh ich mein Liebchen so weinen,
So blicken zu mir herauf,
Die Sonne will nicht mehr scheinen,
Die Blumen sie gehen nicht auf.

———

So hast du dann verlaßen
Der Götter freies Haus
Der Locken Gold muß blassen,
Der Augen licht geht aus
O Liebchen o sei nicht so munter,
Du hast vergeudet dein Loos,
Dein Sternlein, es gieng ja unter
Tief in des Meeres Schoos

———

Ans Meer will ich mich stellen
Betrübt im Abendschein,
Und sehen, wie in die Wellen
Versinkt dein Sternelein,

Und niedersehn und weinen,
Die Trähnen all hinab,
Sie wollen sich ja vereinen
Mit deines Sternes Grab.

———

Dies Lied hab ich ersonnen
Wohl vor dem Zauberhauß,
Das glänzt in der Abendsonnen,
Du blikst nicht mehr heraus
Als Jugend um Liebe must brennen
in irrem Liebeswahn,
Da konnte sie ihn nicht erkennen,
Und blickte so hell ihn doch an.

Guten Abend lieber, ich muß noch einpaken schreibe doch gleich nach Jena. wann dir es möglich schicke mir den Jean de Paris nach Marburg, Savigny bittet drum.

Dein Clemens.

Behälst du deinen Bedienten, willst du mich annehmen, sie die Götter gaben selbst den Wink, überlege, ich meine es ernstlich

27

Paris den 6 Juny [1803]

Lieber Clemens!

Du erhältst meinen lezten Brief aus Paris, mein nächster kommt von London mit Plumpudding, heute ist er mit den göttligen alten Gedichten der Klotilde de Sürville und mit problemas [= preguntas] de amor und Jean de Paris gefüllt, die Du nach Deiner Rückkehr von Jena aufknacken kannst. Heute früh reiste Alberthal von hier nach der Schweiz, wir waren den Mittag und Abend zusammen; – es war doch nicht die Herzlichkeit mehr wie an jenem Abschieds Abend in Göttingen: die Niederträchtigkeit ist zwar eine Schnecke, aber sie läuft doch endlich schneller als der schnelle Hase, der *Muth*, so kommen wir allmählig herunter. Wenn wir die Treppe hinunter sind wundern wir uns noch über die gute Bedienung.

Sind wir nicht froh? Daß Gott erbarm!

So will uns schon die Hölle scheiden
Wenn auch die Welt uns froh vereint;
Wozu die dumme Welt dann weint?
Sie kann doch nimmer Trennung meiden.

Fabiola wird nicht fröhlig enden,
Denn melancholisch ist der Held,
Wenn sie Rinaldo einst gefällt,
Knielt [lies: Kniet] er auf ihren weissen Lenden.

*

Das läst Ramiro sich erzählen
Und ziehet bloß das grosse Schwerdt,
Azelle führet ihm das Schwerdt,
Sie kann sich keinen bessern wählen.

Der Piast will das auch versuchen,
Es läuft sein Mund von Wasser voll,
Er giebt von seinem Leibe Zoll,
Und muß am Ende das verfluchen.

Sie hauen ihn von seinem Leibe,
Ein jeder noch ein Stückchen ab
Er kommt als Torso in das Grab,
Der dicken Thränen Honigscheibe.

Der Pantalon und Truffaldin wills rächen,
Tartaglia gesellt sich bey,
Die Helden werden dadurch scheu,
Sie lassen alle sich erstechen.

So bleiben dann vom Trauerspiele
Drey falsche Masken nur als Rest,
Seid mancher Hieb der tüchtig läst,
Läst endlich nur 'ne rothe Schwiele.

Sie leben nun in süssem Frieden,
Denn Thays ist zur Hülfe da,
Azelle und Fabiola
Zu Frauen durch das Loos entschieden.

*

O süsses heimlich stilles Wesen,
So schaffen Edle Narrenglück,
So war des edlen Piast Blick
Schon dazu vorbestimmt gewesen.

So habe ich Dir Deine lustigen Musikanten in ein Trauerspiel hinübervariirt, was alle Tage in der Welt aufgeführt wird, was die Edlen säen, erndten die Narren, nirgend wird mir das so deutlich als in dieser elenden niederträchtigen Zeit. Ich möcht Dir immer von Deinem Stücke sprechen, aber ich muß immer an die Angelegenheiten mit Hannover denken, am Ende kommt bey allen den politischen Gedanken auch wiederum nichts heraus und so wird wiederum das Edle ein Narrenraub. Deine lustigen Musikanten sind reich und eigenthümlich wie es vielleicht ausser Hayden keinen einzigen Musikanten giebt, lustig sind sie aber, daß sich Gott erbarme nicht, sondern eins der rührend ergreifendsten Stücke die ich kenne. Du hast wohl etwas den Fehler darin, den Du meinen Romanzen vorwirfst, die Geschichte nicht klar genug aus einander zu setzen, mir ist das lieb, weil Du mir lieb bist und Deine Geschichte, Du wirst es aber bey der Aufführung als Hinderniß finden. Und weist Du woher das kommt? Weil Du einen grossen Stof in wenigen Scenen zusammendrängen wolltest, es ist Stoff genug um ein Büchlein zu werden wie Fortunatus, aber da müstest du es nicht auf eine Nacht einschränken, sondern da anfangen, wo Rinaldo zuerst das Bild sieht und aus der Stadt reitet. Soviel ich absehen kann würde es dann in drey oder vier Singspielen, die sich einander folgten, mit wunderbarer Schönheit darstellen, dies lezte bliebe ungeändert, es macht [...] allenfalls könnte es ein ganzes [...] um die Symmetrie mit dem Neujah[r] [...] hervorzubringen, jedes Stück [...] Jahreszeit, im Frühling d[...] Austreiben in alle Welt da j[eder] sein Schild auf die Erde wirft [und] über die Erde flieht, der Schluß [–] der Win[ter] [–] sa[gt] dann unter dem Schilde alles Zw[...] zu neuer Thätigkeit. – Nun will ich [die] Urtheile der andern schreiben. Schlege[l] [fand] die Lieder schön, der Schlegelin gef[iel das] Ganze, aber besonders deine Cla[udia] die sie in einer dir bisher nicht ge[wohnten] Art, ohne deine Eigenthümlichkeit gesch[rieben] meinte. Das bestätigte mir, wie [ich] Dich eigentlich gar nicht kenne, viel[mehr] irgend einen Theil fürs Ganze ne[hme] – Pars pro toto ist aber eine po[etische] Figur und darum halten sie di[ch für eine] poetische Figur und Du must [...] [ihnen] manches verzeihen, was sie eigen[tlich] nicht gegen Dich sondern gegen die[ses] Pars pro toto vorgenommen. [...] schon lange nicht mehr was eine [Schwein]sblase ist; bleibt das höchste Salz [..] Philosophie so wie »Und glauben's ganz allein [...] Macht bald es unser Singen laut, [...] der Poesie ist, Dein Werk [betr]ifft sie beyde, wie das Komische [und das] Ernsthafte sich darin treu die Hand [reiche]n, doch so daß die ernsthaft Hand die andre [nicht] überzieht. – Die französischen Memoiren [wor]aus Göthe den ersten Theil seines [Intri]guenstücks genommen heissen: Memoires [intr]igues de Stéphanie-Louise de Bourbon-[...] Paris an 6. 2 Vol und ist nichts andres [als di]e Geschichte der – Mad: Gàchèt in Laubenheim. [In] Vergleichung mit dem Stücke ist [es] wunderbar, wie künstlich er einen [neu]en Plan in die Entführungsgeschichte [bringt] aber unbegreiflich wäre es warum [...] einen Husaren ausgelassen, wenn [...] einen Plan mit dem König hinderte, [...] [Du] must die Memoiren selbst lesen, [...] bey ihrer Erscheinung in dem [...] Frankreich übersezt erschienen.

– Denke nicht daß ich die Liederbrüderschaft vergessen, ich habe vielmehr recht viel Lieder an Dich geschrieben in einer Schweizernovelle Aloys und Rose, die aus einem Reisetagebuche gezogen und das Reisetagebuch spricht immer mit Dir. Ich hätte Dich sogar genannt, aber da es in ein ziemlich unbedeutendes Journal kömmt in die französischen Miscellen Tübingen Cotta (weil mich die Herausgeberin darum gebeten), so habe ich den Namen dessen, an den die Briefe gerichtet weggelassen, wo *Du* steht, must *Du*, Clemens Brentano lesen. An unserm poetischen Thierkreise habe ich gearbeitet, aber noch nichts abgeschrieben, Wassermann und Steinbock werden doch die reichhaltigsten Zeichen, aus England sollst Du alles sehr bald erhalten, wenn es nicht gekapert wird. Ich mag nicht denken, daß Du in Jena bist, es ist als wenn der Aerger mir auf das Herz pisst!

Was macht Dein Bruder Freytag mit seinem Robinson Crusoe? Weist Du wohl, wo wir im vorigen Jahre um diese Zeit waren? Du wirst mir eingestehen, daß die Welt vom bösen ins schlimme vom schlimmen ins schlechte, vom schlechten ins schlechtere, vom schlechteren ins fatale, vom fatalen in die einzige Seligkeit übergeht. Es ist eine harte Zeit, sie führt eine gewaltige Mörserkeule und stösst die Menschheit klein und die Menschheit ist selbst schon so klein. Die Deutschen sitzen an ihrem Tische wie Odysseus in seinem Hause und lassen sich mit Kuhfüssen ins Gesicht werfen von den fremden Freyern, die an ihrem Tische zechen. Es ist böses Kirschenessen mit den Franzosen, sie werfen die Steine ins Gesicht. Mich schaudert vor dem allgemeinen Abgrund – keiner will sehen daß die Erde am Berge weicht, auf der wir gelagert sind und tanzen, daß die Stücker schon herunterkollern und ins Wasser plumpen, bald wird die ganze Erdkruste nachfallen, dann steht der Felsen nackt und das Nackte ist schön, – so muß die Welt endlich schön werden, weil sie so schlecht wird

Doch wurde Philoctet verbannet
Sein Klagen Griechen selbst entmannet,
Zur stillen Einsamkeit
Der Felseninsel weit.
Cassandern selbst wollt niemand hören,
Selbst in Tragödien-Trauerchören.

Ist es wahr, daß Schillers Chöre in Weimar ausgepfiffen sind? Ich glaube daß die ungereimten für den jezigen Zustand der Musick ungereimt sind und daß die Alten nie Chöre gesprochen haben

———

Wie werde ich hier scheiden können von meinen Marmorbildern und von den lieben farbigen Lappen, die so aus der Wand heraussehen, wie wir als Kinder in die Thüren der Gesellschaftszimmer. Melpomene hat mich gestern erschreckt, sie sah mich gestern so fremde an so böse daß ich sie nicht mehr anbeten wollte. Okeanos aber lächelte, seine Augenbraunen von Weinlaub erhoben sich, ein Lächeln kitzelte über die Lippen hin. Bald woge ich auf deiner Fläche zu deiner Geliebten zu der muthigen Königin der Meere nach Albion.

Wie ist mein Busen so gedrängt, wie die Knospe des Busens dem Mädchen drängt, wie die Zunge sich drängt zur heftigen Rede.

Lebe lichte wenn du kannst in dieser finstern Zeit.

Achim Arnim

28

London den 5 July 1803.
Ueberschreibe Deine Briefe
an unsern Gesandten
den Baron Jacobi-Kloest.

Hau du du

oder laß das hauen lieber bleiben, denn ich bin schon geschlagen genug, weil ich nicht einmal weiß oder fragen kann, wo ich mein Wasser abschlagen soll. Gestern haben sie mich gefragt, ob ich aus Surinam: da habe ich ihnen gesagt, ich sey aus Patagonien Patagonis men. Heilge Schwerenoth mir ist zu muthe wie einer Festung, die man blokirt hält, ich lebe von lauter alten verdorbenen Nahrungsmitteln, ich meine von alten Unterredungen, so will ich Dich denn auch mit alten Reisegeschichten unterhalten, die ich in den lezten Tagen erlebt habe. Wir fuhren aus Paris in Gesellschaft eines amerikanischen Schiffkapitäns der ursprünglich Franzose, grob von Natur wie Bohnenstroh aber durch die Gesellschaften die er besucht, mit närrisch feinen Manieren, eine Salatmischung von Oel und Essig, wo sich doch am Ende beydes scheidet. Ferner eine Frau in angehender Schwangerschaft, die alle Augenblick mal au coeur bekam und mit Köllner Wasser den Wagen besprengte, sich aber dabey viel auf ihre Schwangerschaft einbildete, der ich aber ungeachtet einen Herzstoß gegeben – hätte, wenn die Gelegenheit vorhanden; denn wir waren einander näher gerückt, und sie nannte mich ihren Leibgardisten. Wir wurden von der Diligence gar übel angeführt, sie setzte uns (Du must wissen der Bediente und der Wagen sind gänzlich abgeschafft) in einen Wagen, wo wir durchaus keinen Raum hatten, klein zweyrädrig, gespalten, regeneröffnet, stossend, hartkissig unbelehnet, wir musten der kleinen Frau gar eng auf den Hals rücken, um sie gegen den eindringenden Regen zu schüzen.

Wie mich das Meer erfreute, als ich es in Boulogne wiedersah, du glaubst es nicht, ich hätte mit den kleinen schwarzen Räuberschiffen auslaufen mögen. Das Meer hat doch ein prächtiges Herz, das sich immer so nach dem Monde sehnt und mit ihm kommt und läuft. Es war gerade Ebbe und ich suchte die wunderbaren Pflanzen und Thiere im Sande auf, da gab es eine Pflanze die hat in ihren Adern statt der Säfte Lebensluft, das sind gleichsam die Meerdichter, ferner gab es da ein Kraut, das aussah wie Leckerzucker, wahrscheinlich daß die Meerkinder daran lutschen, ich meine die Kinder ehe sie gezeugt sind, ferner gab es da ein schaligtes Ungeheuer welches sie Krabbe nannten, ein recht krabbliges Ungeheuer mit unzähligen Beinen, das trägt seine ekelhaften Kinder immer in den Armen, bis sie schwimmen können, und läuft es über den Sand, so trägt es sie hoch oben wie Aeneas seinen alten Vater trug oder die Mütter beym Aegyptischen Kindermorde ihre Kinder zeigten. Und die menschligen Kinder, die danach ausgegangen, machten sich ein Vergnügen daraus, sie zu trennen. Aber es waren auch Ungeheuer diese Krabben. Ferner fand ich einige verlorne mathematische Träume in der See, eine Art von Sternen, aber fleischfarbig und lebendig, mit einigen Millionen von Schneckenrüsseln bedekt. Das Holzwerk im Meere bekommt von der schweren Arbeit gegen das Meerwasser eine Art von harter Haut, einen Ueberzug gleichsam wie kleine Muscheln. Die Fischermädchen sollen einen ähnligen Ueberzug in ihrer Mese haben, und zwey Krebsscheren. Soviel von der Natur.

Wir waren schon ganz nahe bey Dover, als uns ein Ungewitter mit einem heftigen Stoß packte. Kurz vorher war ein Boot vom Lande bey uns gewesen, um uns schnell überzusetzen, es hatte aber keiner angenommen[.] Das knackte nun in den Segeln, der Kapitän brüllte wie ein Stier, der Regen klatschte wie zehntausend Peitschen auf die Haut und der Bliz zeigte ein gelbes Vorgebirge mit einer schwarzen Wolke, worauf wir zutrieben. Das that uns doch weiter nichts, als daß wir Abends sehr naß unsern Hammelbraten und Salat essen musten

In England ist eine wunderbare Luft, eine Art von immerwährendem Alpdruck, ein Spiegel, dem ein Flor übergezogen, die Menschheit steckt aber gleichsam in einem Condon von Fett und ehe man den nicht angesezt, wird man zu heftig von allem berührt. Ich bin seit meiner Ankunft in einer immerwährenden Betäubung, die weder ein Spiz noch eine Nüchternheit ist, sondern eine spizige Nüchternheit, ein Stachel im Schuh, der bey jedem Schrit alle alte Wunden aufreist. Ich fuhr gestern die Themse herunter und dachte eigentlich gar nichts weil es der erste schöne Tag war, den ich hier sah; da fielen mir unwillkührlich alle die Melodieen ein, die du am Rheine sangest »Die eine heisset« u. s. w. Ich wollte daß meine Uhr mir nicht in Lyon gestohlen wäre, ich könnte dir sonst sagen zu welcher Stunde es war, vielleicht hast Du damals an mich gedacht. Ich fuhr mit mehreren und eine Engländerin war darunter, mit der ich am liebsten geredet hätte und die mir kein Wort verstand. Sie trauerte mit dem Kleide und hatte freudigen Gleichmuth in ihren gleitenden Augen, worüber die schwarzen Haare hinübersehen, als wenn ein Kind eben aus dem Leibe der Mutter schaut, um geboren zu werden. Ich wuste ihr nichts zu sagen als zwischen jedem Glase Wein Your honnor wie das hier Sitte, dann nickte sie mit dem Kopf und sagte thank you Sir, das wiederholte ich so oft, bis ich barbarisch lustig wurde das heist aber mit voller Besinnung. Ich sprang zum Fenster hinaus und über die Tische und balgte mich und warf ein Paar unter den Tisch, ich bin heute noch ganz wüst davon im Kopf. Ich habe ein Paar Nächte im Vauxhall zugebracht, eine Art von Schüzenplatz, wo aber bloß Kernschüsse gegeben werden, es sieht aus wie ausgekämmter Puder und Pomade aus Feenhaar. Die englischen Dichter stehen da in den dunklen Winklen und sind versteint, und die betrunknen Mädchen betteln dich um ein Glas Begeisterung an, wenn du Punsch trinkest (der sehr gut ist) du kannst da sitzen wie Apollo zwischen neun Musen, die jede ihr Instrument recht geläufig spielen. Ich saß neben einer Mohrin mit zwey ungeheuern Klingebeuteln, sie seufzte als die Sonne aufging, denn nun wollte sie keiner mehr ansehen. Als ich den Morgen zurückkam ging ich in Schakespeares Gallerie und sah Füsslys Hamlet, wie der Geist ihn ernsthaft mit dem Stabe winkt und die Menschen ihn vergebens halten. Das Stück ist wunderbar nicht eben dadurch, was es ist, sondern was es seyn könnte, wie das in der Welt immer der Fall ist, weil etwas nicht seyn könnte, wenn es nichts wäre. So kommt mir hier mein Geist wie ein blosses Biefsteck und meine Erinnerung wie ein ausgebranntes Räucherkerzchen vor, die ins Wasser gefallen, und nur den vorigen Schein angenommen, ich bin in meine Kindheit zurückgekommen, wo eine Erdbeere mein ganzes Herz zücken und rücken konnte und die ganze Natur rings reigen und geigen konnte [–] ich hörte sie nicht. Ich treibe wie Muskatennuß auf dem Nigger herum, wie eine Citronenschale im Punsch und sauge mich voll, ja ich wünsche oft wie die Löwen im Tauer in einem Käfig zu sitzen, denn wo ich hier laufe in der dicken feuchten Luft size, ich finde nicht mein Afrika; mögen in Chelsea Cedern von Libanon und im Museum, Federkleider von Otaheiti seyn, mit diesen Federn kann ich nicht fliegen zu Dir, wo mein Libanon ist und meine Cedern säuseln, und du die Saiten deiner Guitarre sprengst. Ich mag nicht mehr müssig in die Hände sehen, oder in die Luft hauen, oder in Gedanken sprechen, noch in Träumen handeln, ich möchte auf den Knien lieber liegen wie das erste Glied, wenn die andern beyden über mich wegschiessen; ich möchte bey grosser Trägheit viel thun und das ist sicher viel guter Wille, aber der gute Wille ist auch sehr mühsam und darum möchte ich oft lieber schlechten Willen haben. Du wirst mich billig über den Zustand der

Künste hier abhören. Ich habe meine Schuldigkeit nicht verabsäumt, auch darüber die nöthigen Erkundigungen einzuziehen. Die Kunst ist hier eine Art Feuermaschine, sie wird gebraucht Bewegung hervorzubringen, die Bewegung ist aber immer dieselbe, ungefähr wie ein Mensch ungefähr derselbe bleibt, da er sich Doch alle fünf Jahre erneuet. Das Kupferstechen haben sie zu einem gewissen Mechanismus gebracht, das Mahlen auch, besonders Landschaftmahlen, man sollte ihnen den Spruch aus einem Kirchengesange einprägen:

Du starbst auf Golgatha
Halleluja Halleluja
Du stirbst nicht mehr auf Golgatha.

so braucht man jezt nur einige gesehn zu haben um keine weiter zu sehn. Mehr Erfindung ist in den historischen Gemälden, aber durchaus Mangel an Studium sowohl des Einzelnen als auch in der Wahl des ganzen Moments. Gar häufig wollen sie mahlen, was nicht gemalt werden kann. Das Trauerspiel wird immer noch in hoher Vollkommenheit gespielt, sie haben einen ungeheuern Reichthum an Deklamation, besonders wissen sie das scheinbar Komische in Schakespeare ganz tragisch zu behandeln, dahingegen sie beym Ernsthaften viel eher komische Geberden machen. Sind auch die Engländer seit Elisabeth stets gesunken, so hat doch das Trauerspiel noch völlige Popularität behalten, die Gallerieen wissen wovon die Rede ist, was ich nicht weiß, wenn ich es nicht aus dem Gesichterschneiden schliesse. An neueren Stücken ist viel Armuth, auch ist kein Interesse da für lebende Poesie so wenig, wie für lebende Kunst überhaupt, sie schätzen so überaus ihre alte Kronjuwelen, daß sie in Schränken sie verschliessen. Daher ist Langeweile und Zeitungsmanie eine natürlige Folge denn diese Zeitungen sind wiederum die einzige lebende Poesieen der Engländer. Es ist eine schöne Sammlung schottischer Romanzen und Balladen herausgekommen von Scott Minstrelsy of the Scottish Borders III Vol Edinburgh 1803 theils aus Manuscripten theils aus dem Munde der Schottischen Sänger nachgeschrieben, die Nachahmungen von neueren Dichtern bilden den Schluß des dritten Bandes. Ich will daraus ein Englisch lernen, das kein Mensch verstehen soll, damit ich mich an den Engländern räche und ihnen beweise, daß sie eigentlich gar keine Sprache reden.

Du hast doch meinen lezten Brief mit den Büchern bekommen, mit den Preguntas de amor und den poesiees de Clotilde? Ich hatte ihn an Savigny geschickt, weil ich die Dauer Deines Aufenthalts in Jena nicht wuste.

N. S. Gestern Abend sah ich das merkwürdigste Schauspiel, was mir hier in London Vorgekommen. Am Ende von Fleetstreet war ein Wagen gebrochen, aber keiner hatte Schaden genommen, im Nebenhause war Feuer aber man sah nur Rauch und es war bald gelöscht, in dem Gedränge riß sich eine alte Kuh los und trabte gemüthlig unter der Menge herum, heute steht es in allen Zeitungen, es wird in Carikaturen gebracht und Böttiger erzählt es in London und Paris. Wenn Du es liest, so kannst du verächtlig auf den Bauch klopfen und ausrufen: Auch ich habe sehr brave literarische Freunde! Ich habe nicht gewust, woher das Journal den Namen hat, das kommt von den Postwagen zwischen hier und Paris auf deren *Hintertheil* mit grossen Buchstaben steht London & Paris. – Ich habe hier ein Paar deutsche Frauen kennen gelernt, denen dein Singspiel viel Freude gemacht, ich werde es vielleicht mit ihnen hier auf dem Lande aufführen. – Deine Schwester grüsse jedes mal herzlich, wenn ich auch vergesse es dir zu sagen. Du erkenne meine Liebe wie du die Ulme erkennst an dem Ueberflusse ihrer Blätterquästen und die Ruhe an ihrem breiten Schatten und erwidre sie, wie das Korn und die Kornblume sich gegenseitig herauslocken, so laß dir recht schnell einen Brief entlocken an Deinen Freund

Achim Arn[im]

29 *Tooting den 19 August 1803.*
Ad: at Mr: Splitgerber.
Wallbrook, Church-Court. *London*

Du Ferner mir ewig nahe!

Ich habe eine Reihe an Blättern vor mir, alle an Dich, ich habe daran zusammengelesen wie ein armer Gänsehüter die einzelnen ausfallenden Federn und am Ende kommt ein Wind der sie ihm alle ins Feld treibt. Es waren lauter Klagen daß ich von Dir nicht hörte seit einem Vierteljahre, daß alles mich vergisst, aber ich dachte nicht daß der Krieg die Zugbrücken um mir aufgezogen. Ich gehe wohl hundermal auf und nieder in meinem Zimmer und zerquäle mich zu denken, was Du denkest, zu seyn wo Du bist, zu träumen wo Du träumst, o denke und träume nur einen Augenblick von mir, so bin ich bey mir. Denke Dich hieher in eine Kostschule für A.B.C. Schützen wohl vierzig an der Zahl, das Hauß heist Salvador-House, da lebe ich da lerne ich herabsteigen in die Zeit, wo mir die Glocken fröhlig schallten und mein Getrappel über die hohlen Gänge; wie junge Katzen jagten wir da über einander weg aus leerer Freude über das Licht, weil mir die vorigen Zeit blind in dem Mutterhause zugebracht. Wie bist du klingende Münze schnell ausgestreuet, jeder reisst greift danach, es bleibt nur Papier übrig. Nimm es an, es ist ein Solawechsel auf meine Freundschaft. Weiß Gott ich habe mir manchmal eingebildet einem etwas zu seyn, aber da war ich nur wie ein Schwalbennest einem Sommer. So Winkelmann, so ... aber Du kennst sie nicht. Der Regen hat mich überall ausgewaschen, oder Sperlinge haben hineingebaut. So nagt es wie ein Gespenst an meiner Krone und beisst ihre Spizen ab, daß ich stumpf werde, so nagen die Jahre am Fette der Jugend daß endlich der Mensch ein anatomisches Muskelpräparat nur die Arbeit zeigt, die alle Sehnen heraus drängte. Wir hatten in unserm Hause in der Rumpelkammer eine alte künstlige Uhr, wenn die Stunden schlugen waren die heiligen drey Könige gekommen hatten sich dreymal verbeugt, auch stand da Apollo unter den neun Musen und schlug mit dem rechten Fuß den Tackt, ich hatte es nie in Bewegung gesehen, aber die Erzählung davon sezte alle meine Begierde in Bewegung. Ich brach mich endlich über ein Boden durch und fand das zerstäubte Wrack jener Uhr, die Puppen aber kein Räder, kein Leben, da stand ich nun und wuste nicht, ob ich je zurück könnte und was ich für Strafe würde bekommen, so stand ich da und beneidete die kleinen Könige, die so ruhig dastanden ungeachtet sie mich verrathen hatten. Das tröstete mich und ich ging ruhig umher mir einen guten Stock und eine Strippe zur Knalpeitsche zu suchen, auch kam ich unbemerkt aus diesem Allerheiligsten zurück. Du must das auch einmal in Deiner Jugend gefühlt haben, so etwas ganz Ausserordentliges, was man sich bey einem Lord denkt, bey so einem Parlament ich dachte mir sie alle wie Tugendpisser und Dukatenkaker, aber nun gar eine Lädy in ihrem weissen Kleide, die dachte ich müsse so recht eigentlich aufs Feine leben, niemals Blähungen oder Aufstossungen haben, aber was mir mehr werth war als Tugenden Dukaten und Blähungen, sie hatten Pferde, jeder kleine Junge hatte da ein Pferd und mich armen Sünder jagte man herunter, wenn ich nur drey Schritte einen Mistwagen auf den Acker fuhr. Du wirst es mir ohne Eid glauben, daß ich andrer Meinung wurde bald nachher, aber Du glaubst nicht welcher geheimnißvolle Schimmer davon über England ruhte für meinen Geist, wie ich doch einen Engländer mit weiteren Augen ansah, wenn er auch ganz alltäglich. Auch dieser Schimmer ist gesunken seit mich der Wind hiehergeworfen, lauter hölzene Puppen sehe wie dürre Beinmänner im Galgen und in [lies: ich] einsam in meine Brust zurückkehre und nicht weiß wie ich zu dir kehre, nicht einmal weiß ob Du mich hörst. Dein lezter Brief endete so schauerlich

Da konnte sie ihn nicht erkennen
Und blickte so hell ihn doch an,

mir ist es als wenn ich in einem starken englischen Nebel stehe, du aber am heitern Rheine und siehst nach mir hell und klar und kannst mich nicht erkennen.

Ich habe zweymal an Dich geschrieben, bey meiner Abreise aus Paris in Einschluß der preguntas de amor, dann aus London, aber wo magst Du jezt umherschwärmen, vielleicht am süssen Kelche und rufen O mehr O, ich mag Dich nicht feierlich auffordern mir zu schreiben ungeachtet ich es herzlich bedarf, – damit ich nicht in Gefahr komme, daß Du es doch nicht thust. Zwischen dem Wollen und dem Vollbringen fliest der Stix, noch bin ich gewiß daß du schreiben *willst* recht voll und ganz und mir bringen *möchtest* den Brief, es ist ein anderes Band zwischen uns als diese Blätter, das Blat kann der Wind abreissen, daß der Zweig knikt, daß alles Moos vom Aste fällt, daß der Stamm wankt, die Wurzel bleibt fest, so mag eine Welle über die andre sich kräuseln auf der grössern, das weite Meer liegt doch fest in seiner Demantklarheit, denn *nur das Flüssige ist fest* und das ist das Geheimniß aller Liebe in der Welt, das Flüssige bekommt nie Narben wo es durchschnitten und wo ein schweres Lastschif gefahren siehst du kaum ein wenig Schaum in der Spur. –

Hier ist in meinen Gedanken eine Lücke entstanden weil ich die Knaben zwey und zwey an einander gehenkelt vorbeyziehen sah, sie gehen zum Ballschlagen und da fällt mir Voltaires Erzählung aus dem Königreiche Eldorado ein, wie Candide die goldenen Spielsachen mit Demant beladen sorgsam aufgelesen und dem Schulmeister übergeben, der ihn ausgelacht und gefragt: Was er mit solchem Schmuz sollte. So möchte ich jedes Spielzeug in der Welt auflesen, alles daran glänzt mir wie Gold und Edelstein. Es sind ein Paar Ostindier hier mit denen ich mich abgebe, so weit ich sie verstehe, der eine ist Deinem Bruder Christian durchaus ähnlig, ich glaube deswegen, daß ihr alle aus Ostindien stammt aus der Brahmanenkaste, denn ihr habt doch alle etwas Heiliges an euch, du siehst Aphi  das lebende Feuer, die einzige Gestalt der Gottheit und befruchtest  den Blumenkelch der Nimphea wenn Podiciandra  das Bergweib über den Hügel schaut, dein Bruder hingegen so schreibt seine Stirn mit Tirumanna der Gebärmutter aller unendligen Erden. (Schreibe mir doch von ihm, ob er sich auf etwas eingelassen oder noch feindselig gegen die ganze Welt steht) Verwundre Du Dich aber nicht zu sehr über meine Indische Weisheit, es kommt eben verdaut aus der Reisebeschreibung des Fra. Paolino. – Ich zeichne wieder... Du lachst!.. Nein wirklich zeichne, lauter allegorische Stücke, Landschaften aller Art, es ist mir in den Sinn gekommen auf einer Reise nach der Insel Whigt. Da könntest Du lernen was Grün heist, die Eichen schlagen da noch Laub durch die älteste Borke, daneben stehen Cedern Lorbeeren Myrthen alles im schönsten Wuchs kein Winterfrost und keine Dürre stört sie und zwischen den Zweigen siehst du das unendlige Meer mit seinem fliegenden Sommer, ich meine die Schiffe und auf allen Felsenspitzen harrt ein Mädchen ihres Lieben. Und kommt er nicht, so geht sie nach der Abendseite der Insel, die ein Kreise Fels [lies: Kreidefels] mit Feuerstein durchwunden, da wächst kein Gras, da stürmt das Meer in ewiger Zerstörung, da bricht eine Felsspize nach der andern hinein da klagen weisse Vögel ihr ewiges Wehe und die schwarzen Vögel lachen, da rollt der Stein unter ihr da rollen ihre Gedanken mit und der Leuchtthurm hinter ihr brennt wie ein gewaltiges Meteor in den ruhigen Lauf ihres Gestirns, da ging ihr Lieber, da ging die Sonne unter und die Insel ihr Vaterland, da wird sie sinken mit dem durchrissenen Felsen. – Aber hier war noch nicht das Ziel meiner Reisen, mir war es bestimmt mich ganz wieder zu dir hinzudenken, ich küsse dafür den Saum des ewigen Gewandes, das in den Staub der Erde herabhängend manche ähnlige Kreise zieht, so auf Gisellas Thurm, so in Southamptons Abtey; wie ich Dich da suchte zwischen den hundertjährigen Eschen die in den Sälen erwachsen, wie ich glaubte daß Du mir nun bald nachkommen müsstest als ich auf den Thurm stieg. Du kamst nicht, ich stand allein auf den Trümmern, wie in meinem Nest. – Und selbst daß Du kommen möchtest mag ich Dir nicht rathen, es wird einem nicht wohl hier, der Sommer drückt schwer, daß man mit dem Korn verdorren möchte. Und jezt könnte ich in Rom seyn! Könnte sehen die Kolossen von Monte cavallo, Kastor und Pollux *Dich*, denn Du bist mein Pollux wie ich gestern vor der Zinne meines wunderbaren Hauses deutlich eingesehen, und ich bin der sterblige Kastor, mir fielen dabey allerley Verse ein, die ich aus meinem Hirne zusammensuchen will

Kastor an Pollux

1.

Sey unsterblich weil zum Mutterschooße,
Frey ein singend heller Schwan
Führte seines Lichtes Bahn;
Sterblich lag ich doch in selbem Schooße;

2

Fühlte auch Prometheus Himmelfunken
Frühlings überm Herzen ziehn,
Daß mir Stirn und Adern glühn,
Hoch mein Sinn von frohem Muthe trunken.

3

Bist mächtger gleich in Armes Ringen
Bin ich mächtger doch vom Roß.
Auf und sey mein Weltgenoß.
Laß vereint uns durch den Nebel dringen.

4

Laß uns wagen wo die Tapfern zagen.
Wie zum Spiele ohne Lohn;
Nimmer locket uns der Thron,
Durch sein Reich nur wollen frey wir jagen.

5

Wollen siegen für die Argonauten,
Uns macht unsre Freundschaft reich
Wer uns traut, dem sind wir gleich
Jeder trauet, die sich selbst vertrau[t]en

6

So streckt jeder schwache Unterdrückte,
Aus dem Kerker seine Hand zu uns!
Ach du bist es, wir erkenn[en] uns,
Unsre Schwester ists, die schwer Bedrückte.

7

Wollen die gefangne Schwester lösen
Die in jenen Kette[n] liegt:
Furchtsam schon von uns besiegt,
Weicht von ihr die Macht der Bösen

8.

Ziehen nun vereint zur Doppelliebe
Doch im Kampf vereinzelt trifft mich Tod,
Und mein Leben sinket in den Tod,
Wassergleich im Danaiden Siebe

9

Denn schon hebet mich zum neuen Tage,
Deines erzen Willes hohe Kraft,
Wechseltage sie mir schafft.
Einzeln ich auf meinem Roß nun jage.

10

Was kann mir unsterblig Leben geben,
Wenn ich Deinen Stern nicht seh,
Auf der reichen Stirne Höh;
Mit dem Morgenstern möcht ich verschweben.

Wie Du merken wirst hätte Kastor wohl etwas zu sagen was besser gewesen, darum habe ich ein Netz gezogen um dieses Bündel alter Haare, die zu keinem Ringe taugen, auf die Seite zu legen, lies es nicht auf, sondern denke das Papier wäre um so viel kleiner

Ich lag in stillem Brüten
Ich war nicht wohl nicht krank
Da roch ich an den Blüten
Worauf ein Vöglein sang:
Vielleicht kann ich auch singen,
Wenn Blüthen mich umringen?
Da muste schnell ich niesen,
Mit tiefer Innigkeit,
Der Trübsinn war verwiesen
Zerstäubet war mein Leid,
Der Vorhang schnell zerrissen
Mein Herz ein wogend Kissen.
Es wurden klar die Sinne
Und heiter mein Gemüth
Es floß so süsse Minne
Mir all aus einer Blut:
So konnte ich auch singen
Wenn Blüten mich bezwingen!

Das Himmelszelt
Die weite Welt
Ist unser Vogelbauer
Und Gott steht still zur Lauer
Und horcht in Klang
Sein Lobgesang.
Doch picken wir ans Gitter
So zieht er ein Gewitter
Daß unser Stolz
Sey grünes Holz,
Auf grünen grünen Auen
Wir unsre Nester bauen
O Liebes Zeit
Wie weit von Leid
Da können hoch wir singen
Wie wir uns suchend schwingen,
O herbe Zeit
Des Herbstes Leid,
Da können wir nicht singen
Der Hals erstickt in Schlingen.

Du weist nicht warum ich hier abbreche, du meinst das könnte ewig so fortgehen, es ist ein Lied wie: Die Ente schwamm auf einer Pfütze und sah am Rande Gänse gehn, ein Lied was mir gestern sehr lebhaft einfiel als ich zum erstenmal Schillers philosophische Briefe las. Ach Gott Bruder Clemens, wenn wir so erbärmlig wären uns so stufenweise einander aufklären zu wollen wie Schillers Julius und Raphael, nein ich fühle es innig, daß Schiller nie einen Freund hatte.

Aus der Stille erwacht der Laute nächtlige Liebe,
Wenn ein einziges Ohr höret am Fenster den Ton
Doch wenn keines ihm horcht so brausen vom Walde zum Sänger
Schlaf und Träume, es fällt – bricht die Laute am Fels.

Wenn ich Dir zuweilen wechselnd und ungleich in meinen Gesinnungen scheine, schiebe das auf das allgewaltige Schicksal, das wir im Gemüthe Laune nennen, die Lust und Schmerz aus einem Becher trinkt, wenn sie mehr oder weniger nahm. Ich fühle mich derselbe vom Jahre 1785, wo ich als eine meiner frühesten Erinnerungen König Friedrich II im Vorbeyreiten anstaunte; ich halte sogar das Epochenmachen für sehr lasterhaft, weil man dadurch eine Zeit vernichten, also nicht ausbilden, also zur Endlichkeit gewaltsam hinabsteigen will. Wenn Du die eisernen Rollwege der Engländer kennest, so möchte ich diese Epochen des Lebens mit dem Durchstreichen der gewöhnligen Wege vergleichen, wo die Eisenspur verschüttet ist und der eiserne Wag[en] weniger zum Führen geschickt ist als der ge[wöhn]ligste. Aber anders sind die Epochen des Le[bens] die [o]lympischen Spiele des Seyns. Ich sage D[ir, es] wird noch die Zeit kommen, wo Deutschland n[ach] seinen Sängerfesten die Zeit rechnet, wo das Eisen in den Baum wächst das ihn umhauen sollte und ihn schüzt gegen jeden Hieb. Aber die *Kunst* ist wie Bachus furchtsam, sie kennt ihre Macht nicht und fliehet bis zum Meere die Frevler, wollen sie aber umhauen ihre Reben, dann steht sie auf in heiliger Wuth, wo sie gefesselt da springen ihre Ketten, die Masten bewachsen mit Weinlaub und die Schwerdter, Pentheus wird von seinen Blutsgenossen erschlagen, sie geht indessen bis zum fernen Indien ihr Haupt im Ganges zu baden, daß Perlen aus allen ihren Haaren fallen, das *Schönste im Reichsten* in die Hände ihrer Genossen.

·/.

Laß uns warten und achten, dienen und uns erkennen: warten auf Briefe, achten der Zukunft, dienen wo wir nicht herrschen, uns erkennen im Nebel.

Achim Arnim
Volti subito

N. S. Hast Du vielleicht Dein Lustspiel nach Paris mir gesendet, vielleicht meinen Ariel auch? Der Weg ist aber jezt gesperrt, ich habe bis jezt keins von beyden. Eben so ist die Elbe und Weser gesperrt, der einzige Weg ist Lübeck [od]er Emden or Rostock or Stettin, kannst Du es möglig machen, so schick mir beydes. Briefe gehen noch über Hamburg und Tönningen. Erfülle Dein Versprechen mir Dein Bild zu schicken. Deine Schwester wird es gern im Schatten an der

Wa[nd] zeichnen und sch[r]eib auf das Blat in den leeren Schatteraum, [was] Dir Gutes einfäll[t] meinen Schatten will ich mit der nächsten [Mo]rgensonne zu Dir hinüberwerfen.

30 *Weimar[, den 23.] August. 1803.*

Ich habe einen Brief von dir, die Ferne hat sich erbarmt, du hast mich angeredet, ich stehe zitternd und weinend, und kann dich nicht umarmen, ein ganzer Seekrieg liegt zwischen liebenden Herzen, wenn du mich kennst, so wiße, daß [m]ich eine unsägliche Angst ergreift, während ich deinen Brief lese, die schreckliche Nothwendigkeit ich fühle sie vernichtend, die unschuldigsten Freuden muß der Mensch mit kleinen Listen erringen, wo Wind über ihm hinstürzt muß er künstlich Segel ausspannen, wo die Fluht unter ihm sich regt, muß ihm das Holz ein Mittler sein, und in ewiger Zubereitung der Schale und des Trankes stirbt der Durst, das hat der Mensch begriffen, und so ward es, daß die Schale ein kunstvolles Bilderreiches Gefäß, das der Trank ein Dursterwecker ein Arzneimittel gegen die Krankheit des Durstes, die Sättigung wird, und in dem er den Scheintoden erweckt, tödet er den Lebendigen. Ach lieber Arnim schreiben muß ich, daß ich dich umarmen mögte, hier auf das Blatt, muß ich ihn aufspannen, spießen mit der Feder den Schmetterling des bunten, blühenden, schimmernden Worts, die Psyche muß sterben, als wohntest du im Himmel oder der Hölle, und nur der Geist könne dich erlangen. Wunderbar scheint es mir, daß bei dießem Tode, die Scheidung umgekehrt vor sich geht, mir senkt sich die Seele meiner Liebe zu dir ins Herz, das so ein Grab, ein Schazzgrab deines Eigenthums wird, und dir kann ich nur den Leichnam das tode Wort senden, o so reizze dann das Wort, du göttlicher Galvanist, biß es zuckt und Umarmt, dann thut der Leib, waß er soll, dann thut er, wornach ich mich so, sehne dich herzlich umarmen. – . Das Ewige in mir kennst du, denn es ist auch in dir, meine treue Freundschaft zu dir, ich würde weinen, wenn sie ein freies Werk, eine Handlung von uns wäre, nein, ich fühle es mit Freuden, sie ist ein Naturproduckt, ist heilig, wir dürfen vor ihr stehen, wie vor der Natur, vor den Jahrzeiten, vor der Liebe die Liebe ist die Begattung, das Leben ist die Gattung, die Freundschaft ist das Begattete, sieh ich kenne dich, ich ehre, liebe dich, und doch finde ich nur Trost in der Idee, daß unsre Freundschaft nicht unser Werk ist, und nicht der Menschen Werk, denn solche Werke schwancken, und gehen unter, aber ein Muß, ein Schicksal, eine Nothwendigkeit ist unsre Freundschaft, und so sei sie dann die höhere Macht in unserm Leben, so wären wir die glüklichsten Helden, in inniger Vermischung mit ihrem eignen Geschick, kann es uns nicht überleben, kann es uns nicht erschlagen, es fällt mit uns, und wir erdrücken es in unserm Untergang; So wiederhole ich dann, du kennst das Ewige in uns, und ich will dir daher nicht von den Freuden reden, die uns das Leben gab, ich will nur von dem reden, waß ich mein Unglück nenne, von allem waß mir allein zu theil wird, waß ich nicht in dir, aus dir erhalte, von meiner Geschichte, von den Gesichten und Träumen meiner Einsamkeit, von allem, waß aus der Ueberfülle des Füllhorns, daß wir über der Welt schwebend, verschlungenen Arms zum Himmel tragen, auf meiner Seite niederfällt, in meinen stillen Garten dieseits der Ferne, wie du alles waß du jenseits der Ferne von dem deinigen aus dem Getümmel der Wagen, Roße, Tänzer Fechter, Wanderer, mit einiger Lebensgefahr auf rafst mir so freundlich übersendest. – . So höre dann: Siegen will der Mensch, die Jugend zieht hinaus den Feind zu schlagen, um ein fremdes schönes Land zu besizzen, und dann noch oben drein Ruhm, o man schlägt drauf wie eine Windmühle, deren Arme wohl glauben, sie schlügen die Luft, die sie treibt, diese Flügel denen Roß und Reuter ausweicht, glauben wohl sie wären es, und schwindeln so toll herum, als wäre das ein herrlich Thaten reiches Leben, indeß im Herzen das Mehl, oder Oel, bereitet wird, so schlägt der Sieger drauf, und weiß nicht, daß er eine Mühle im Leib hat, wenn er dann endlich müd, geschlagen oder ungeschlagen dasteht, so wendet oft ein Nebel, ein andrer Zufall das Blatt, und waß er gethan zu haben glaubt, ist ihm wohl gar nur geschehen, Stunden nach dem Kampf wird ihm der Kampf zum Sieg, der Sieg zur Beute, Tage darauf wird ihm die Beute zur Pracht, die Pracht zum Triumpf, Wochen darauf wird ihm die Beute zum

Hausrath, er weiß kaum wohin mit den sieben Sachen, und ruht dann endlich alles an seiner Stelle, so wird bald Alles zum Besizz, und man ist drum nicht reicher, als eine Warze den Finger macht, (ach hätten wir Flügel an den Armen, wir würden uns nach Floßfedern sehnen.) Eins nur bleibt dem Sieger nach Monaten, es ist das einzige, und wie selten trifft es ein, die gefangne ist es, die nicht ausgelößt sein will, die sich nicht wieder nach der Freiheit, die den Sieger liebt, die um ihres eignen Vaterlandes, ihrer Eltern, ihres Stammes Verderb sich glüklich preißt, und ihr leztes Gut, so Seel als Leib dem Sieger unterwirft, in ihr sammeln alle die tausend Flammen der Schlacht sich zur stillen Gluth des Herdes, in ihr werden alle die wilden zuckenden Streiche des Kampfes zum treu umschlingenden Arm, alle die tödlichen Pfeile zum Liebesblick, Alle Wuth und Gluth zu Herzens schlag, und ein ewig junges süßes Sinnbild besiegten Sieges kehrt in dem verliebten Kampf der Kuß des Ruhms zurück. Mein Streit ist aus. Sophie M. liebt mich, das heist sie liebt zum erstenmahl, mit einer Heftigkeit, daß wäre sie ein Lokichtes Haupt, ich nicht weiß, ob ihr die Haare zu Berg stehen würden. – Ich kam nach Weimar, wir sahen uns, die Folge unsrer ersten Zusammenkunft war von meiner Seite eine unendliche Verachtung gegen sie, ich war so gewachsen, und sie aus dem Schimmer des Leidens und der Schwermuth heraus ans gemeine Leben getreten mir so gesunken, daß ich mit einer Art von haßendem Wiederwill das Weib betrachtete, das mich in solche Unkosten gesezzt hatte, ihr muste ich natürlich auf diese Art nichts weniger als angenehm sein, aber bald fand sich Alles, nach langem Kampf stehn wir uns nahe, sie liebt mich so, wie ich sie einst geliebt, sie liebt mich so sich selbst vernichtend, daß ich nicht weiß, woher ich alle den Liebreiz aufbringen soll, den sie mir findet, ach Arnim, und auch ich finde mehr göttliches in dieser Sklavinn, als ich einstens in dem göttlichen Bild der Vicktoria fand, so ist der Streit dann aus, ich werde geliebt und bin ruhig, habe kein Ziel mehr als die Kunst, und Freundschaft, beide sind mir mehr, als alle Liebe, alle Bitten des Vater unsers sind mir gewährt, ich habe nichts mehr zu verlangen und werde nun arbeiten, dichten, und dich mitleben. Es ist waß schrekliches Arnim, sich so getäuscht zu haben, auch gar nicht ein Fäserchen von mir hatte sie ehedem gekannt, und ich hielt sie für unendlich mehr als sie ist. Betine, welcher sie von jeher ein schreklicher Gedanke war, ist sehr krank geworden, da ich ihr die Nachricht von unsrer Aussöhnung gab, Cunigunde (welche mit Georg und deßen junger Frau einer schönen Amtmanns Tochter von Bergen 2 Stund von Frankfurt in der Schweiz reißt) schrieb vom Rheinfall an mich gegen die Mereau, Christian, der in Marburg ist, schreibt täglich gravitätische Briefe, meine Familie meine Grosmutter, ist in Allarm, denn wir haben uns vier Wochen *öffentlich* eingebildet, wir würden uns heurathen, das hat nun einen Lärmen hier im Lande gemacht, der bis nach Frankfurt erscholl, wie meine Freunde und Verwandte gegen Sie, so die ihrigen gegen mich mit einer Wuth, einem Fanatismus, und das Lustigste ist beide Partheien kennen ihre Gegner nicht, und so bin ich denn seit 3 Monden das Gespräch der Hiesigen schönen Welt und des Hofs, und jedes Wort, waß ich öffentlich rede wird von den enuiyrten Herzoginnen wiedergekäut. Meine Absicht war anfangs mit Sophien nach Marburg zu ziehen und sie förmlich zu heurathen, doch keinen Ehekontrakt, sondern einen Scheidungskontrakt gegenseitig auszuwechseln, unsre Vermögungs Umstände sollten sich keineswegs vermischen nur unsre Leiber, das ganze sollte ein mit dem Sakrament besiegeltes Piquenique sein. Sophie hatte gleich anfangs nach unsrer Versöhnung mir erklärt, sie wolle mich nie besizzen, sie fühle wohl, daß sie zu alt sei, daß ich frei sein müste, und machte sich anheischig sich zu jeder Art des Lebens mit mir zu entschließen, ich werde sie nie ganz lieben können, der Gedanke an die unglückliche Niederträchtigkeit ihrer vorigen Ehe werde mich, wie sie zerreißen, ich aber war fest entschloßen, sie heurathen, Sie willigte ungern mit Trähnen ein, und so hatten wir diese Idee einige Wochen schwankend lieb, in diesen Wochen nun sind wir unendlich viel klüger geworden, meine Fantasie glaubte wirklich schon in dieser Ehe zu leben, und fühlte sich gebunden und das Leben schwehrfällig, ich äußerte nichts davon, aber neulich in der Nacht saß ich mit ihr auf einer Garten Banck, da tratt der Mondschein und ein Apfelbaum mit in unser Consilium, und Sie erklärte feierlich, sie könne mein Weib nicht werden, sie fühle, wie sie nie den Gedanken ertragen könne mich irgend zu unterdrüken, sie fühle sich unendlich glücklich mir ein Opfer mit ihrem Ruf, ihrem Leben, ihrer Welt zu bringen, so wolle sie Alles an mir büßen, so mich verdienen, und es ist also beschloßen, in einigen Tagen gehe ich nach Marburg zurück, und Sophie wird auch bald ganz dahin ziehen, dort leben, und lieben, und arbeiten, unter meiner und Savignys Aufsicht gute oder bescheidnere Sachen schreiben. Ob ich sie dort dann und wann küßen werde, daran zweifle ich kaum, denn, wenn gleich Kummer und Zeit dieses himlische Wesen der Erde und dem Himmel näher gebracht, so schwebt doch der Geist ihrer Blüthe noch um sein Grab ihre göttlich schönen Lieben, Arnim, dies Weib ist unschuldig und fromm wie kein andres, sie wäre ein Engel wäre sie eine Jungfrau, nun ist sie zur Anmuth geworden, waß man sagt, alt, kann sie nie werden, ihre Liebreizze, ihr Lebensmuth, ihre Herzensgüte sind so unzählig daß sie ewig abblühen wird, nie abgeblüht sein. So werde ich dann alle natürlichen Dinge bald haben, die auch Göthe begehrt hat, und wie will ich dichten. Wenn Sophie einen Jungen kriegt so soll er Achim heißen, ist es ein Mädchen so heist es Betine, der Grund ist gelegt, vielleicht wächst dein Pathe schon unter ihrem Herzen, drum ehre sie und denke mit Liebe an sie. Arnim, waß du von mir im Hollin sagst *»ist das Alles«* – o wie wahr ist es – Kunst, Kunst, du must Alles sein, sonst ist es nichts mit dem Leben. – Genug hiervon. Eines nur befehle ich dir, habe keine Sorge um mich, meine Lage steht wie immer, meine Freiheit wie immer, ich gehöre dir und unsren Hofnungen wie immer, meine liebenswürdige Gesellin geht mich nichts an und dich also auch nicht, Sie gehört nur zu meinen natürlichen Dingen, und ich erringe so Trost rükwärts, das Ganze ist mein *Ende gut alles gut*, ach so hat mein *Erhabenes* denn nun endlich auch ein *romantisches* Dach und Fach, und ich werde in Marburg nicht mehr so erhaben langeweilt sein. – .

Mein hiesiger Aufenthalt war besonders durch die genaue Freundschaft mit dem Bildhauer Tieck der hier wunderschöne Statuen in das Schloß macht verschönt, durch sein

Vertrauen habe ich jezt eine rechte eigentliche Ansicht in das Wesen der Clique. Er hat meine *Büste* für Betinen gemacht, wie ähnlich, und doch nur wie ich aussehen würde, wenn ich das Ziel meiner Kunst erreicht hätte, es ist mir ein Trost für die Möglichkeit, daß ich so aussehen kann, und von nun an will ich keine Gesichter mehr schneiden. Wenn du zurückkehrst, kannst du dir einen Abguß von Tieck bestellen, dann hast du mich, aber vergiß es nicht, ich bin zu Arm dazu, da mir das Modelliren zu viel kostet, es würde mich kränken, wenn du es vergäßest, denn es wird dir unsägliche Freude machen. Weiter – vor Vierzehn Tagen war unser lieber Dichter Ludwig Tiek hier, er hatte mit einem gewißen Herrn von Burgsdorf einem Universitätsfreund und guten maecenirenden Modemann eine Reiße nach den Neckar und den Saalufern gemacht und besuchte hier seinen Bruder. Er ist mein recht guter lieber Freund geworden, ich habe ihn nach Jena begleitet und um mehr mit einander zu plaudern haben wir zusammen geschlafen. Seine Ansichten in Hinsicht der jezzigen Lage der Litteratur sind den meinigen und deinigen gleich, er denckt mit Unwill daran, daß sich die Schlegel parforce seiner bemächtigt hatten, und daß durch ihr verfluchtes Posaunen der stille bescheidne Gang seiner Kunst in einem elenden Gerücht gestört wurde. Bewundernd mußte ich seine edle ruhige Ansicht von Fr. Schl. Treiben anschauen, ach es war ja meine Ansicht, die ich bescheidner ruhiger aussprechen hörte. Er erinnert sich deiner mit viel Liebe, und freut sich innig deines Sinns für sein Talent. Meine neuern Gedichte hat er mit Beifall angehört, und einige haben ihn so erfreut, daß er sie sich abgeschrieben hat, und stelle dir vor Arnim, daß mich aller der Beifall nicht mehr erfreut hat, als wenn ein einfältiges Mädchen sich meine Lieder abgeschrieben hätte, denn die Zeit, daß mich fremdes Urtheil so beschränkt, ist vorüber, ich weiß, waß ich will, waß ich kann, und bin zufrieden damit, doch hat es mich gerührt, zu sehen, wie nach vielem Ringen und Streben mein Urtheil über mich richtig ist, denn alles, waß ich mir in der Stille selbst vertraut hatte, hat auch Tieck klar und deutlich über mich ausgesprochen. Tieck ist mir als Mensch überhaupt mehr geworden, als Dichter scheint er mir einseitig und als Ideal eines strebenden Jünglings sehr unzulänglich, die Zwölf Bogen, die Fromman von seinem Oktavian abgedruckt hat (das Ganze ist noch nicht vollendet) habe ich gelesen, und sie haben mir im Ganzen nichts weniger als gefallen, und ich wünschte sie nicht geschrieben zu haben, das heist nicht, als könnte ich auch so schreiben, nein ich kann sie nicht so schreiben und würde es nicht, wenn ich es könnte. Es ist überhaupt sehr keck und unvorsichtig solche ganz vollendete Volksgedichte in Reime zu bringen, ein paar Jakobböhmische Naturansichts Rezepte dran zu rühren, und einigen Lerm über Frühling und Wald zu machen, die Assonanzen und die affecktirte Altteusche Sprache sind auch einen Stier und einen Esel neben einander gespannt, einige gemeine Caractere sind ihm dennoch vortreflich drinnen gelungen, doch alle die Hauptpersonen und auch *wieder* ein Hofnarr sind sehr langweilig. – . Tieck hat in der lezten Zeit nichts gethan als das Heldenbuch, die Nibelungen und Minnesänger gründlich studirt, aus den Minnesängern läst er biß Michaelis einen kritisch zusammengestellten ausgewählten Band Uebersezzung drucken, und für das Heldenbuch und die Nibelungen werden wir bald viel, vielleicht, schwehrlich, gewiß nicht alles von ihm bald gethan sehen, denn er ist allem druckenlassen und schreiben aus einiger Faulheit und viel Unmuth feind geworden. Er lebt ganz auf dem Gute des Herrn v. Burgsdorf Ziebingen zwischen Frankfurt a der Oder und ich weiß nicht – Auch habe ich gehört, theils auch von ihm, daß er *Pfarrer* dort werden wird, waß daraus entstehen mag, weiß Gott, ich sage er ist etwas zu närrisch katholisch dazu, und wird durch seinen Kahlkopf eben so viel Unfug treiben, als der Zopfprediger Schulz weiland durch seinen Zopf. In dem Oktavian ist das merkwürdige, daß der Muthwill und die bäurische Zote darinn über das Rührende durchaus dominiren, und daß kein unschuldiges Gesittetes Mädchen ihn lesen kann, er hat dadurch seinen Feinden zum erstenmahl eine gerechte Waffe in die Hände gegeben. Von Aug. W. Schlegel erscheint Michaelis ein eignes Taschenbuch mit Uebersezzungen, aus Cervantes, Ariost, Petrarch, und Camoens, mit Vignetten vom Bildhauer Tieck. Seine Spanischen Comoedien, die vortreflich übersezt sind, und von der Clique über Skakespear und Alarkos gesezt werden, sind mir durchaus zu wieder, ein ewiges beschreibendes kurzbeinigtes verwirrtes lirisches Asonanzen geklingel, ohne alle Karaktere, Kraft und Handlung. Die Eugenie hat mich in der Darstellung nicht im mindesten gerührt, sie ist unendlich ruhig, vortreflich und groß und weiße und kunstvoll, und herrlich und gebildet, so gebildet, daß ich sie sehr hochschäzze aber nur bewundern kann. Die Braut von Messina aber ist mir ein erbärmliches Machwerk, langweilig, bisarr und lächerlich durch und durch, der äußerst steife Chor macht eine Wirkung, wie in Catholischen Kirchen die Repetition des halben Vater unsers von der Gemeinde. Ich trage seit einiger Zeit ein Trauerspiel in mir, und ein Lustspiel, das erste heist – *Klinge und Heft* – das Lustspiel der *Sentimentale Jäger und der naive Hirte, oder Jakob und Esau.* – wenn ich dazu gehe, so soll es waß tüchtiges werden, Eine himmlische Idee von Tieck ist es, einen Antifaust, ein Lustspiel zu schreiben, in dem ein Mensch den Teufel betrügt, er hat schon einen Akt geschrieben, ich habe nichts davon gesehen, aber die Idee ist mir unendlich originell und komisch. – Von Winkelmann habe ich in Zeit von vielen Monaten nichts gehört, in Göttingen hat seine ganze Docenten, Freundschafts und Ruhms Cariere ein sehr schlechtes verachtetes Ende genommen, er praktizirt in Braunschweig. Dietrich, von dem seit kurzem mehr als je die Rede gieng, er sei ganz caput, hat von uns beiden noch nichts gedrukt, ich habe ihn verschiedenemahl gemahnt, er hat immer versprochen, und nicht gehalten, so viel ich gehört habe, ist die Frau mit den Kindern in Gotha, wie man sagt, sind sie geschieden, die Mereau hat um wegen meinem Manuskript mich in Sicherheit zu stellen, wegen dem Gerücht des Falliments an Doct. Cappel geschrieben, dieser hat es wiederrufen (doch mit der Versicherung, er sei Diedrichs genauer Freund, welches die Sache wieder unsicher macht), von Marburg aus will ich weiter procediren, und dir schreiben. In Kozebues Zeitung, der Freimüthige, ist dein Hollin heilloß herunter gemacht, er nennt ihn eine läppische Nachahmung des Meisters, wahrlich lieber, so hübsch auch der Hollin ist, so ist ihm doch zu viel Ehre Geschehen, von Kozebuen geschimpft zu werden. Ich bitte dich um Alles in der

Welt vergiß die Liederbrüder nicht, ich freue mich unendlich auf das Ganze, nur ist es nötig, daß du mir wonicht zu allen, doch zu den Meisten, deiner Lieder die Veranlaßung den historischen Anstoß schreibst, ich habe wieder mehrere Lieder gedichtet, unter andern eins worinn ich an dich und mich gedacht habe, aber es paßt nicht ganz, denn ich bin der Jäger und du der Hirth, und doch sind wir beide, beides, aber das Lied hat gute Stellen ich glaube, es sind mit meine besten Verse.

Der Jäger an den Hirten.

Durch den Wald mit raschen Schritten
Trage ich die Laute hin,
Freude singt, was Leid gelitten,
Schweres Herz hat leichten Sinn.

Durch die Büsche muß ich dringen
Nieder zu dem Felsenborn,
Und es schlingen sich mit Klingen
Durch die Saite Ros' und Dorn.

In der Wildniß Wild Gewäßer
Breche ich mir kühne Bahn,
Klimm ich aufwärts in die Schlößer
Schaun sie mich befreundet an.

Weil ich alles Leben ehre
Scheuen mich die Geister nicht,
Und ich spring in ihre Chöre,
Wie ein irrend Zauberlicht.

Hauß' ich nächtlich in Kapellen
Stört sich kein Gespenst an mir,
Weil sich Wandrer gern gesellen,
Denn auch ich bin nicht von hier.

Geister reichen mir den Becher,
Reichen mir die kalte Hand,
Denn ich bin ein guter Zecher
Scheue nicht den glühen Rand.

———

Die Sirene, in den Wogen
Hätt' sie mich im Wasserschloß,
Gäbe, den sie hin gezogen,
Gern den Fischer wieder los.

———

Aber ich will fort nach Thule,
Suchen auf des Meeres Grund
Einen Becher meine Buhle
Trinkt sich nur aus ihm gesund.

———

Wo die Schäzze sind begraben,
Weiß ich längst, Geduld, Geduld!
Alle Schäzze werd' ich haben
Zu bezahlen meine Schuld.

———

Während ich dies Lied gesungen
Nahet sich des Waldes Rand,
Aus des Laubes Dämmerungen
Trete ich ins offne Land.

———

Aus den Eichen zu den Mirthen,
Aus der Laube in das Zelt,
Hat der Jäger sich dem Hirten
Flöte sich dem Horn gesellt.

———

Daß du leicht die Lämmer hütest,
Zähm' ich dir des Wolfes Wuth
Wenn du fromm die Hände bietest
Wend ich deines Herdes Gluth.

———

Und willst du die Arme schlingen,
Um dein Liebchen zwei und zwei,

Will ich dir den Baum schon zwingen
Daß er eine Laube sei.

———

Du kannst Kränze schlingen, singen,
Schnizzen, spizzen Pfeile süß,
Ich kann ringen, klingen, schwingen
Schlank und blank den Jägerspieß.

———

Gieb die Pfeile, nimm den Bogen
Ich bin Ernst und du bist Scherz,
Hab die Senne ich gezogen,
Du gezielt, so trifts ins Herz.

Gottgebe, daß du den Brief erhaltest, morgen gehe ich nach Marburg zurück. Ritter macht sich laut die Hofnung den Pariser Galv[anischen] Preiß zu erhalten, die Akademie hat schon eine nähere Auseinandersezzung von ihm begehrt, er lebt eingesperrt mit einer schmuzzigen Aufwärterinn, und ist so ausgehurt daß ihm die Zähne Ausfallen, ich habe nicht mit ihm geredet, wir waren einige mahl in derselben Gesellschaft, er aber vermeidet mich, denn er weiß, daß ich viele Niederträchtigkeiten von ihm erfahren habe. Lebewohl, und so oft du mit deinem Gesandten schreiben kannst, so thue es, ich wollte, ich wüste auch einen sichern Weg. Es wäre mir sehr schmerzlich, wenn du meine Briefe nicht erhielst. Lebe wohl, liebe mich, ach Arnim, daß ich nicht bei dir bin.

Clemens

31

[Frankfurt, den 12. Oktober 1803]

Lieber Junge

heute den zwölften Oktober erhalte ich erst deinen Brief vom 16 August, und ich hoffe nun, daß du meinen lezten Weimarer Brief hast, der auch vom August ist, ich habe ihn an euren Gesandten adressirt, und ihn in Erfurt auf die Post gegeben, wo ihn einer von deinen lausigten Landsleuten in einen Korb unter den Tisch warf, ich habe seither alle Menschen die aussahen, wie alle andre mit mehr

Achtung behandelt, um nicht etwa auch gleichsam etwas vortrefliches unter den Tisch zu werfen, denn bei Gott, in dem Brief stand viel Liebe, viel Trost für deine Sehnsucht nach mir, manches war artig drinn gesagt, und Alles kam aus einem Herzen das dich über Alles liebt, ich gab dir darinn nicht ohne einige Kunst des Zusammenfassens eine gründliche Darstellung meiner Lage, wie auch der Litteratur in sofern sie dich interressirt, und schloß mit einem nicht ganz schlechten Lied, das ich an dich geschrieben habe. Alles das, waß dich gewiß recht erfreut hätte, ist verlohren gegangen, oder nicht, die Nothwendigkeit solcher Zweifel, sobald man diese Nothwendigkeit anerkennt, ist der gröste Trost für das Leben, alles opfern wir der Ferne, oder unbekannten Göttern auf, wer from ist, giebt ewig, er gleicht dem bezauberten Feuer, das über einem Schazze brennt, der neben einer Weihrauchstaude ruht, wem der Weihrauch gelten soll, weiß keiner, vorüberziehende Lüfte tragen ihn weiter, wohin weiß keiner, aber die Weihrauch Staude fühlt wohl das wohltätige Feuer des Schazzes unter ihrer Wurzel, und senkt gern ihre Körner in den Opfer tod, ich glaube hier beinahe eine Allegorie für die ächte Tragödie gegeben zu haben, daß der Weihrauch verbrennt, ist dem profanen Auge das Tragische, dem dichtenden Auge aber ist das Tragische, warum fällt er, wem fällt er? Das Tragische ist also eine Frage. Sein oder nicht sein, das ist die Frage, wirst du diesen Brief lesen, oder nicht? Wenn du ihn ließst, so löse mir folgenden Zweifel auf. Der arme Astrolog ward einstens von seinen Schuldnern und dem Hunger biß in das höchste Dachstübchen getrieben, da ließt er in den Sternen, daß viele Meilen von ihm ein Schazz begraben liegt, den er allein heben kann, doch er kann nicht hin, weil er Stadtarrest hat, über dem selben Schazze sizzt ein Schäfer mit seiner Herde weiß nichts von dem Schazze und singt ein Lied von Kraut und Rüben, wer von beiden ist der glücklichste zu nennen, wer ist glücklicher der Flegel der diesen Brief bringt, oder der Flegel der ihn dir schreibt. So oft ich einen Brief von dir erhalte, werde ich auf eine eigne Art erschüttert, mein Gemüth ist durch den langen Liebeskrieg so geneigt worden, ein Hosspital blessirter Empfindungen zu werden, daß ich mit Ruhe auf Alles resigniren muß, waß ich nicht habe, in den Armen habe, ein groser Glauben an die Ewigkeit alles Vortreflichen garantirt mir hiebei meine treue Anhänglichkeit an alles, waß ich liebe, und so nehme ich dich dann gewöhnlich, um nicht in fruchtloser Sehnsucht nach dir mich selbst und also dir Vieles zu zerstören, dich in deiner Ferne unter die Zahl der mir in der Welt wohlwollenden Geister, Sterne, Unsichtbarkeiten, Unvorhersehbarkeiten, Mistischer Ziele, Götter und aller der Dinge an, die die Englische assecuranz nicht anerkennt. Ich sehne mich überall nach dir, denn überall sehne ich mich nach dem, waß meiner Wesenheit durchaus angemessen ist, nach dem waß ich liebe, nach der Lösung meiner Aufgabe im Leben. Deine Briefe nun sind mir daher die Verkörperung des Wischnu, oder jede außerordentliche Erscheinungen. Jeder Brief der mir das nicht sein kann ist entweder eine Erscheinung durch die Laterna Magika, oder ein Liebchen das in einem weisen Hemde des Nachts in meine Kammer schleicht. und stelle dir vor ich gehe lieber jenen, als meinem Liebchen entgegen, denn alle deine Briefe sind die Braut von Korinth, und jeder meines Liebchens ist die Bayadere, wo ich am Ende mich dazu herablassen muß, einen Mahadöh zu representiren. Etwas trauriges haben deine Reisen für mich, es ist die Empfindung, wenn du zurückkömmst, so wird meine Freude dich wieder zu sehen, mir Blei an die Füße legen, ich werde nicht reisen können, Arnim, o warum bin ich dein Bedienter nicht gewesen, so wären wir beide jezt reicher an Gedanken, an Liebe, und Erfahrungen. Da ich beinahe fürchte, du mögest meinen lezten Brief nicht erhalten haben, so muß dir dieser seinen Hauptinhalt summarisch nachholen, es thut mir leid für dich, ich schrieb damals an Ort und Stelle. mein Brief war ein Spiegel, jezt erhälst du statt der Sammlung selbst, die verbrannt ist, blos ein Inventarium aus dem Kopfe eines alten Famulus. – Da ich die M wiederfand, waren wir uns gegenseitig durch aus zuwieder, und ich hatte die erniedrigende Empfindung ein Weib geliebt zu haben, das durchaus meiner unwürdig sei, jener magische Schleier der Trauer war von ihr gewichen, und in der platten Umgebung fader langweiliger Lustigkeit gesunken, erschien sie mir eine gemeine Coquette, (ach Arnim, wenn du wüstest, wie ungern ich das Alles wiederhole, solche Liebessachen sind so abgedroschen) aber bald lößte sich Alles, ich fand in ihr nicht mehr jenen göttlichen Zug, der alle Nachkommen der göttlichen Stämme bezeichnet, die der Beherscher der Welt das Schiksal mit dem Unglück belehnt hat, aber ich fand in ihr eine Güte, eine Unschuld, eine Menschlichkeit, die nur die Götter und Kinder auf der Erde rein erhalten können, und muß dies Wesen nicht das vortreflichste sein, das nach grenzenlosem Unglück verlassen von Gott und der Welt, beschimpft, und arm, ein menschenliebendes leichtes fröhliches Herz behielt, nach dem meine frühere Leidenschaft lange noch mit ihr kämpfte, nach einigen schreklichen Wochen die in Liebe, Haß, Verrachtung, Hingaben, Trähnen, und wieder Liebe wechselten traten wir beide, wie zwei feindseeliche Zauberer, die in dem selben Schiffe sich trafen, und deren jeder dem Anderen Sturm bereitend, sich eignes Verderben bereitete, an ein neues uns unbekanntes Land, hier auf dieser Insel ist kein Jenseits, ein andres Leben sezt seinen Fuß hierher, und hebt sein ruhiges Aug zu andern gütigern Göttern, sie ist es, die, als unter uns der Kiel versank, mich umarmte, mich hinüber brachte, sie liebt mich, wie ich sie ehedem liebte, und sie ist, das einzige Weib, die jener unendlich ähnlich sieht, die ich mit Dichteraugen in ihr gesehen. Genug, Arnim, sie liebt mich gränzenlos, sie verläßt alle ihre Verhältniße, und folgt mir nach, der Lärm unter ihren und meinen Angehörigen, der Unwill, das Gegenarbeiten, als es bekannt ward, daß sie entschloßen sei, Weimar zu verlaßen, und sich mir auf Tod und Leben zu ergeben, äußerte sich auf eine fürchterliche Art. Dein Armer Freund und seine arme Geliebte, die durch einander reich genug sind, wurden von den beiden Khören mit den schrecklichsten Verbrechen ausgestattet, doch dieses alles zu wiederholen, ermüdet mich, diesen Winter schon wohnt sie in Marburg bei mir, in sechs Wochen erwarte ich sie, wir sind noch nicht einig uns zu heuraten, sie will es nicht, um mich nicht zu beschränken, ich will es, um mich zu befreien, denn Ruhe, Unbemerktheit vor der Welt, Einfachheit ist mein innigstes Bedürfniß. Meine Familie in der sich die streitenden Elemente immer mehr durch ihre Produckte gegen einander organisiren, war mir lange der

Krebs, der den Herkules in die Verse kneipt, ich knüpfe nun ein neues Band, ich lebe und dichte neben einem guten freundlichen Weib, die durch Erfahrung Geduld, und das ihr vielleicht außer dir allein eigne Talent mir das Leben zu beflügeln, alles in mir ausgleicht und beruhigt, waß der Kampf der Eigenthümlichkeit mit dem Allgemeinen zerstörte. Ich sage dir nichts, als daß ich durch sie alle Natürlichen Dinge im vollsten Maaße erhalte, und nicht mehr aus Bedürfniß dichten werde. Wünsche mir Glück und liebe mich, denn jener wunderliche Kampf in mir um sie ist gelöst, und ich kenne sie so, daß ich mit Ruhe sagen mag, ich habe zu viel erhalten für meine Arbeit im Weinberg, denn sie ist in allem mir angemessen und in Güte und Liebe Ueberschwenglich. – .

In Weimar bin ich meist den ganzen Tag bei dem Bildhauer Tieck gewesen, er hat *meine Büste für* Betinen, Sophien, und dich gemacht, wenn du nach Deutschland kömmst, kannst du mich auf deinen Schreibepult stehen haben, und zwar mit einer so freien, edlen, stolzen Miene, wie sie deinen Freund bezeichnen muß, wenn er einst etwas hervorgebracht, wobei ihm Gott mehr ins Ohr geflüstert, als bis jezt. Ludwig Tieck, der dorthin zu Besuche kam, machte mich durch seine viele Liebe zu mir und sein Intreße für meine neuern Arbeiten recht glüklich und muthig. Vom Oktavian sind immer nur noch zwölf Bogen gedrukt, die ich mit verschiedenem Intreße laß, ich finde sie auf einen Punkt sehr erschöpft und lahm, in dem niedrig komischen hie und da gelungener als etwas anders von ihm. Endlich vor acht Tagen erhielt ich den Ponce, und dennoch nur ein Exemplar, da er doch schon im Buchladen ist, den Ariel hat er noch nit versendet, also vielleicht gar noch nicht gedruckt, mir antwortet er auf keinen Brief, aber sobald ich beides Habhaft werde, schicke ich es dir. Ueber die Schönheit deines Briefs, über sein Liebe, Güte, Unschuld und Fülle sage ich dir nichts, ich habe ihn auf der Mainbrücke gelesen, neben der Schildwache, die mir über die Achsel sah, und der aus Entussiasm das Gewehr losgegangen sein würde, wenn sie nicht aus Rührung auf das Zündpulfer geweint hätte, – gleicht dieser Schildwache nicht Winkelmann, der an Roosens Stelle Professor in Braunschweig ist, und vor einiger Zeit, ein Medizinisches Gedicht, Paramythe, herausgegeben hat, welches in Silbenmaaß, Innhalt, Sprache, das miserabelste elendeste Produckt ist, dessen sich je ein eitler Thor geschämt hat. In meiner Familie hat sich folgendes verändert, Georg hat ein sehr liebenswürdiges Landmädchen von Bergen, des Rentmeisters Tochter geheuratet, die ich recht sehr liebe, Betine war den Sommer über im Schlangenbad mit Toni, und hat durch die Natur ihr Gemüth zu einer grosen Fröhlichkeit erhoben, die mich sehr beruhigt. Ihre Liebe zu dir ist vielleicht größer gewesen, als Sie uns beiden je vertraute. Ich wohne immer noch mit Savigny, doch die traurige Empfindung, daß sein Umgang mir die Einsamkeit noch erhöht, indem mir so noch genommen wird, da jene blos *nicht giebt*, hat einige Kälte zwischen uns hervor gebracht, und käme die Mereau nicht zu mir, so würde ich es in seiner Nähe nicht ertragen haben, er sizzt in der Wissenschaft auf eine Art, wie der Direcktor einiger hundert Weberstühle, ich kann seine zu große Vortreflichkeit nicht überleben, waß ihn besonders von mir trennt ist sein äußerst vertrauter Umgang mit Kundel, mit welcher ich unversöhnlich zerfallen bin, und deren Wesen dem des Savigny so entgegen ist, daß er entweder sie oder mich anführt – je cede, unsre Achtung können wir nie verlieren. Ich wohne auch blos noch so lange in Marburg biß ich weiß, ob ich dir jemals nahe leben kann, wenn du zurückkehrst, und habe ich mich überzeugt, daß dies durch deine Zukunft unmöglich gemacht wird, so gedenke ich mit Sophien an den Rhein zu ziehen, du bist jezt noch einer der unentschiedensten und entscheidenste Punkt meines Lebens. – Lieber Arnim ich schrieb dir so gern noch sehr vieles, aber es ist das Unbeschreibliche, du lieber Junge siehst tausend Dinge, und kannst mir so wunderschön darüber schreiben, ich sehe nur eins, dich im ganzen Umfang deiner Anmuth deiner Liebe, deines Talents, und kann dir nichts mehr sagen, als daß ich dich liebe wie ich noch keinen Menschen geliebt, daß es mir noch nie neben einem Menschen so ruhig, so wahr und glüklich geworden ist, als neben dir am Rhein. Ich weiß nicht, ob du diesen Brief erhälst, doch will ich dir jenes Lied an dich nochmahls hierher schreiben, und noch einige Andere. –

Der Jäger an den Hirten.

Durch den Wald mit raschen Schritten,
Trage ich die Laute hin,
Freude singt, waß Leid gelitten,
Schwehres Herz hat leichten Sinn.

———

Durch die Büsche muß ich dringen,
Nieder zu dem Felsenborn,
Und es schlingen sich mit Klingen
In die Saite Ros' und Dorn.

———

In der Wildniß wild Gewäßer
Breche ich mir kühne Bahn,
Klimm' ich aufwärts in die Schlößer,
Schaun' sie mich befreundet an.

———

Weil ich alles Leben ehre
Scheuen mich die Geister nicht,
Und ich spring' durch ihre Khöre
Wie ein irrend Zauberlicht.

———

Hauß' ich nächtlich in Kapellen,
Stört sich kein Gespenst an mir,
Weil sich Wandrer gern gesellen,
Denn auch ich bin nicht von hier.

Geister reichen mir den Becher
Reichen mir die kalte Hand,
Denn ich bin ein frommer Zecher,
Scheue nicht den glühen Rand.

———

Die Sirene in den Wogen
Hätt' sie mich im Waßerschloß
Gäbe, den sie hin gezogen,
Gern den Fischer wieder los.

———

Aber ich muß fort nach Thule,
Suchen auf des Meeres Grund
Einen Becher, meine Buhle
Trinckt sich nur aus ihm gesund.

Wo die Schäzze sind begraben
Weiß ich längst, Geduld, Geduld,
Alle Schäzze werd ich haben
Zu bezahlen alle Schuld.

Während ich dies Lied gesungen,
Nahet sich des Waldes Rand,
Aus des Laubes Dämmerungen
Trete ich ins offne Land.

Aus den Eichen zu den Myrthen,
Aus der Laube in das Zelt,
Hat der Jäger sich dem Hirten
Flöte sich dem Horn gesellt.

Daß du leicht die Lämmer hütest,
Zähm ich dir des Wolfes Wuth,
Weil du from die Hände bietest
Werd' ich deines Herdes Glut.

Und willst du die Arme schlingen
Um dein Liebchen zwei und zwei,
Will ich dir den Fels schon zwingen,
Daß er eine Laube sei.

Du kannst Kränze schlingen, singen,
Schnizzen, spizzen Pfeile süß,
Ich kann ringen, klingen schwingen
Schlanck und blanck den Jägerspieß.

Gieb die Pfeile, nimm den Bogen,
Mir ists Ernst, und dir ists Scherz,
Hab die Senne ich gezogen,
Du gezielt, so trifts ins Herz. –

Meine Liebe an Sophien die ihre Mutter ist.

O Mutter halte dein Kindlein warm
Die Welt ist kalt und helle
Und leg' es sanft in deinen Arm,
An deines Herzens Schwelle.

Leg still es, wo dein Busen bebt,
Und treu herabgebücket,
Harr' liebend, biß es die Äuglein hebt,
Zum Himmel seelig blicket.

Du strahlender Augen himmel, du,
Du thaust aus Mutter augen,
Ach Herzenspochen, ach Lust, ach Ruh!
An deinen Brüsten saugen!

Ich schau zu dir so Tag als Nacht,
Muß ewig nach dir schauen,
Du mußt mir die mich zur Welt gebracht,
Auch eine Wiege bauen.

Um meine Wiege laß Seide nicht,
Laß deinen Arm sich schlingen,
Und nur deiner milden Augen Licht,
Laß zu mir nieder dringen.

Und in deines keuschen Schooses Hut,
sollst du dein Kindlein schaukeln,
Daß deine Worte so mild und gut
Wie Träume um es gauklen.

Da träumt mir, wie ich so ganz allein,
Gewohnt dir unterm Herzen,
Wie all die Leiden die Freuden dein
Mich freuten und mich schmerzten.

———

Und war deine Sehnsucht ja allzugroß,
Und wustest nicht, wem klagen,
Da weint ich still in deinem Schooß,
Und konnte dirs nicht sagen.

———

Oft rief ich, komm o Mutter komm'
Kühl dich in Liebeswogen,
Da fühltest du dich so still und fromm,
Zu dir hinab gezogen.

———

Mit Unschulds armen hielt fest und warm
Ich dich in dir umschlungen,
Und hab' dir kindisch Sorg und Harm
In Liedern weggesungen.

———

Waß heilig in dir zu aller Stund,
Das bin ich all geweßen,
O küß mich süßer Mund gesund,
Weil du an mir genesen.

———

O Mutter halte dein Kindlein warm
Die Welt ist kalt und helle
Und leg es sanft, bist du zu arm,
Hin an des Todes Schwelle.

———

Leg es in Linnen die du gewebt,
Zu Blumen die du gepflücket,
Stirb mit, daß wenn es die Äuglein hebt,
Im Himmel es dich erblicket.

———

So lallt zu dir mein frommes Herz,
Und nimmer lernt es sprechen,
Blickt ewig zu dir, blickt himmelwärts,
Und will in Freuden brechen.

Brichts nicht in Freude brichts doch in Leid,
Bricht es uns alle beiden,
Denn Wiedersehen geht fern und weit,
Und Nahe geht das Scheiden.

Ich habe noch viele Lieder geschrieben, aber ich habe sie nicht hier, diese zwei konnte ich grade auswendig. Ich habe in der lezten sehr langen Zeit gar nichts geschrieben, die Kunst erscheint mir seit einiger Zeit unendlich schwer, und ich selbst mache so seltsame Ansprüche von dem, waß ich goutiren kann, daß ich mit einer Art Scheu an das Dichten denke. Meine Pläne sind alle sehr gut, aber ich bin meinen Plänen nicht gewachsen, oft mögte ich alle die Menschen zum Teufel wünschen, die uns so viel von der Kunst vorschwäzzten, die sie doch nur so kennen, wie du die Geheimniße der Aegypter aus Reisebeschreibungen, man hat mir so viele Gespenster gezeigt, daß ich ordentlich eine abergläubische Furcht in der Gesellschaft der Gespenster empfinde. – . Von deinen Liedern schreibst du mir gar nichts, und doch war es eine meiner liebsten Ideen, diese Lieder und die meinigen an einen romantischen Faden gereiht erscheinen zu laßen. In Deutschland liegt jezt der Muth wieder sehr darnieder, Tieck, der auf Burgdorfs Gut lebt, soll, wie ich gehört habe, dort Prediger werden wollen, mir selbst hat er geklagt, daß der öffentliche Undanck für seine Kunst, ihn sehr betrübe, und daß er deswegen äußerst ungern arbeite. Es ist aber auch jezt ein solch Gesinge und ein solcher Romantismus eingerissen, daß man sich schämt, auch mit beizutragen, waß mich aber am mehrsten betrübt, ist die poetische Armuthei, oder vielmehr Sparsamkeit, jeden honetten Gedanken bringen sie in Reime, und so mögen die Götter auch bald zürnen, weil ihnen keine libationen mehr vergossen werden, es war mir immer eckelhaft, wenn der Katholische Meß Pfaff den Kelch so auslekte, ich dachte immer, der Kerl schmeckt den Wein durchs heilige Blut durch. Wahrhaftig, wenn ich alle meine poetischen Ideen reimen wollte, ich müste Fabricken anlegen. Einer meiner Lieblingspläne, der aber wie eine Lawine zur Ausführung niederrollend wächst ist folgendes Gedicht, das das zwekmäsigte für einen Allmanach sein möchte, nehmlich ein Allmanach selbst und zwar die Vier Jahrs Zeiten vier Akte, zwölf Monate die Auftritte. – Ich nehme mich mit meiner Naturansicht als spielende Person an, im Prolog an mich selbst mache ich mir die ungeheuersten Versprechungen vom Leben, und dem Schauspiele, das aufgeführt werden wird, die Natur sehe ich als Coulisse an, aber alle meine Mitspielenden die Bürger und Bauren erscheinen mir als rasend, und haben ihre Rollen vergessen, sie treiben immer das Geschäft des Akerbaus um mich, und ich verzweifle, daß sie mir die Koulißen zerstören, nur an den öffentlichen Festen treten sie in das Spiel ein, mit Ostereiern, Dreikönigskuchen Johanniswein ect. ich werde durchaus als ein Wahnsinniger behandelt. und so fort. Wie das Ganze vor meinen Augen steht, erscheint es mir der göttlichste Stoff, aber ich selbst verzweifle an meinen Kräften. Wenn wir zusammen wären, wir könnten das Ding mit einander arbeiten. – . Vielleicht die merkwürdigste Erscheinung in der Litteratur sind die Allemanischen Lieder, ein Band Volkslieder im schwäbischen Dialekte, diese Volkslieder sind von einer bis jezt selbst in den schönsten alten Volks liedern unbekannten Einfalt und allegorischen Tiefe, und einer oft mehr als Schäkespearschen Erfindung, überhaupt, es liegt etwas unbegreiflich genialisches und einfältiges in Ihnen, sie sind für die jezzige Zeit eine wirklich unerhörte Erscheinung, auch Tieck sprach mir mit ausgezeichneter Achtung von ihnen. Der angebliche Verfasser (es ist anonym) ist ein Studtgarder Hüebner der vorher in Blumauers Manier arbeitete. Wenn dein nächster Brief, der mir wenn du augenbliklich und auf dem rechten Wege schreibst, mir in Monatsfrist werden kann, mir nicht deine Abreiße anzeigt so sende ich dir diese Bücher, doch fürchte ich immer das Porto möchte zu groß sein, und wage es nicht recht, ich kann dir dann auch gleich die Eugenie v. Göthe und andres mitsenden. Etwas ist mir immer sehr rührend in dir erschienen, es ist dein wunderlicher Glaube an mein Talent, ein Glaube der mir immer ferner steht, je mehr ich begreife, welche unendliche Forderungen die Kunst an den Menschen macht. Wenn ich Vollkommenheit der ersten Werke andrer Dichter betrachte, und sehe meine erbärmliche Erstlinge an, so werde ich leicht traurig, so möchte ich ganz entsagen, wenn es nicht schon Anmaßung gewesen wäre, je malen Ansprüche gemacht zu haben: das Unglück, an dem die meisten meiner Arbeiten scheitern werden, ist das Zufällige des Guten darin, wodurch das leidliche so kontrastirt wird, das es biß zum schleppenden sinckt; ich habe daher kein Mittel, mich zu retten, als mit einer außerordentlichen Planmäsigkeit zu arbeiten, um nicht so ungleich zu sein, die Planmäsigkeit aber ist mir selbst leider sehr gegen die Natur, da meine Natur sehr unordentlich ist, aber ich habe mir vorgenommen, die Ordnung in allem, waß mich umgiebt mit Gewalt hervor zu bringen, und mit meinem Talente grade auf das zu zuarbeiten, wozu es keine Anlage zu haben scheint. In dir ergözzt mich der ewige unschuldige Jugendmuth, und er ist es der mich so gewaltig zu dir hin reißt, wenn ich mit dir bin, so fühle ich mich ergänzt und glüklich, neben keinem Menschen, als neben dir, habe ich eine tiefe erquikliche Ruhe empfunden, ich fühle, daß ich neben dir alles Andre, alle Persönlichkeit aufgeben könnte, um dir blos mit einer reinen Freude zuzusehen, und etwas, waß mir ganz unbegreiflich bleibt, und waß ich dich zu lesen bitte, ist eine Erfahrung, die ich bis jezt allein neben dir gemacht habe, und welche vielleicht wie eine Offenbarung mich so unzertrennlich an dich fesselt. Die Natur, die mir immer den schmerzlichen Eindruck eines toden unbelebten Bildes macht, die mich, wenn ich allein bin, mit einer schmerzlichen zertrümmernde Kälte und Stummheit erfüllt, die mich neben Savigny erbittert, neben der Mereau rührt, diese Natur wird mir durch deine Gegenwart ganz lebendig, ich kann mit ihr menschliche Gedanken wechseln, du allein lößest den Nestel, der mir in dieser Beiwohnung geknüpft ist. Ich habe seit unsrer Rheinreise keine frohe Empfindung mehr gehabt. Woher dies, Arnim, und blos durch dich, waß ist das in dir? Warum kann ich nur in deiner Nähe gesund sein, Arnim, ich verfluche die Minute, da die fliegende Brücke, uns bei Coblenz trennte, du hättest mich vielleicht ganz geheilt, und ich wäre jezt ein vortreflicher Mensch. Diese Erfahrung in der Natur wird mir jezt zur Probe für alle Menschen, ob sie die Meinigen sein könnten, oder nicht, neben Wrangl, der jezt in Riga sizzt, konnte mir es auch wohl werden, aber neben Savigny wird mir die Natur + Einsamkeit – Einsamkeit = Nichtsein, mit Winkelmann ward sie mir ärgerlich, es stieß mir so sauer auf. Schreibe mir doch nach Marburg gleich, auch ob du meinen vorigen Brief erhielst, ob und wann du zurück zu kehren gedenkst, schreibe mir auch, daß du an nichts fester glaubst, als an meine Liebe, meine nothwendige Liebe zu dir, o Arnim, ich möchte ohne sentimental zu scheinen, dir die grösten Zärtlichkeiten sagen können, doch glaube deinem eignen Herzen, das mir so treu blieb, glaube ihm, daß Liebe ein Instinckt ist, der richtiger sieht, als alle Philosophie, ich grüße dich herzlich, mache mir bald Deuts[ch]land wieder lebendig

Clemens.

32 *[Schottische Grenze, Herbst 1803]*

Hier an der Grenze von Schotland ist uns das Geld ausgegangen, geht mir das Geld aus, so geht mir der Muth auf und ich bin wie ich lange nicht war zum Schreiben aufgelegt. Soll ich Dir von Baumwollenmühlen erzählen oder von Patentschrot, das wie ein goldner Regen vom Himmel kommt und doch nur Bley ist, oder wie ich heute an einem Stricke schwebte hinein in die Tiefen des Acheron und wieder hinaus also nicht aufgehangen sondern nur angeschlossen um die Kohlenmienen der Unterwelt zu sehen

33 *London Christnacht*
[24., 26. und 27. Dezember] 1803

Du lieber vereheligter ehemaliger Ehestandstürmer!
Du heiliger Schwerenöther!

Zum erstenmal aufgebothen, zum zweytenmal, zum drittenmal – war etwas einzuwenden rede jezt und schweige nachher! Einreden soll ich, nein einspringen an einem Springstock über Wasser, Kobold schiessen, den Fuß in den Mund, dem Himmel einen Trit geben. – Frevler! – Alles lieber nur nichts einschreiben. O ich bin unendlig untüchtig zum Leben wie zum Dichten, wenn ich recht treflig reden möchte, werde ich albern. Es muß noch eine Kunst geben die ich nie erkannt wie das Anbrüllen der Thiere am Morgen, um so die Gedanken im Ganzen an den Tag zu bringen. O Christnacht du flimmerndes Frühbrod der Kinder, du Ahndung des Dunkels Klingeln gellender Heldenruf, Thür auf Thür zu windbrausender Winterzug, hindurch die flackernden Lichter in den Rizen, werde ich finden wonach ich verlange dich unendligen runden Spieltisch Erde, dich Mond voll Liebesbriefen, dich heimlig schmunzelnde Sonne. Wo bin ich du mein Herz, du mein Auge was siehst Du, Du Ohr Kind der Liebe was hörst du. Meine Gedanken jagt der Zug hinweg, mein Fühlen glühen die Lichter mir aus, was ich höre ist Klokenklang der wie mit Schneehauche hinein, schaudert; Es säuselten leiser die schwärzligen Reiser, In neuen Zungen, die Welten klungen, Was trübe schwer ist frey und hehr, Es lichten die Tiefen, alle Wolken verliefen Der Boden weichend, den Händen gleichend, Ein leiser Druck Ist ihnen genug. Wie spielen die Mücken, was such ich in Blicken. Du grünes Gras, bist gar zu naß, Grünlorbeerblat bist plat und glat, Die Tannennacht nur Winters lacht. O treuer Himmel im Lustgewimmel O streue Myrthen, dem Wolkenhirten. Wie es rauschet wie es lauschet ueber mir neben mir, wie Spinneweben hinnieder schweben, tief unten der Rhein im Frühlingsschein die Sonne in den Tiefen von Bingen halb im Blau, halb im Gewittergrau, Es steiget vom Sitz der alte Vater im Bliz die Wolke wird licht, das Himmelblau dicht, du bist licht worden und ich bin dunkel worden. Ein Tempel frey auf Seulen, soll alles Sehnen heilen, soll ich die Braut entführen als Opferthier mich zieren? Der Himel wird mir dichter, ich schneide mir Gesichter, Im Meeres Wasserschein, wie lustig ich am Rhein. Ich thu als wollt ich trauen, und darf nicht um mich schauen, als Priester einzuweihen die ewig freyen Treuen. Da jagt der Sturm in Wüthen den Wellenschaum wie Blüthen und öffnet mir die Augen die Tropfen aufzusaugen. Der grosse Weihekessel zerschlug des Segens Fessel, kann nicht zu euch eilen zum Tempel mit den Säulen. Die Braut verschämt muß schmachten, Der Bräutigam muß trachten, eh Myrthen in den Locken als Priesters Augen trocken. So will ich euch vertrauen wenn ich auch nicht kann schauen. Ihr treulich euch im Dunkel, am Sterne mit Gefunkel Was wirklich einst soll werden, das heißt ein Wunsch auf Erden, wenn wir uns wirklig sehen, Hier hoch die Zeit gesehen. euch beiden

den 26

– Und was mich eigentlig so traurig macht ist der wahrscheinlige Verlust Deines ersten herrligsten Briefes, das Glück ist von mir gewichen. O heilige Ahndung du sahest es wie der Erfurter Postlümmel den Brief unter den Tisch warf, wenn Du wieder so etwas siehest fordre ihn zurück mir zur Liebe. Die Geister Vermuthungen irren am dürren Gestade des Stix. Wenn Abends ich lösche die Fackel der Liebe dann zeigen im Funken sie bläulig ihr Bild. So tret ich auf Asche der brennenden Berge und sehnend im Herzen zu sehen darunter den Funken der Gluth. Und bin ich am Rande des glühenden Bechers dann schäumen Gedanken wie glühender Wein. Bald blas ich den Funken zum Beben der Erde, ersticke ihn bald. Ich taumele kränzend mit glühenden Laven mir Stirne und Bruste ich sehe mich trösten die Geister am Stix. Sie tanzen wie Halme im Winde der Oefen, es quellen die Gluthen zu einigem Tanz. Ich schwindle am Abgrund und sehe begeistert die Tiefe die Höhe ein einiger Tanz. Tief unten die Blize, hoch oben der Bliz, die Tiefe wirft Steine, vom Himmel der Stein. Im Herzen ein Glühen, zu Wolken ein Ziehen, tief unten die Gedanken, sie wanken. Im Muthe ein Schaudern im Blute ein Zaudern, mit Tiefen ein Verbrüdern in Liedern.

Und hoch auf der Höhe so schwindelnd ich stehe und Höhen und auf Tiefen verliefen. Die Wolken der Träume liebherzen die Bäume, im Morgenerglühen sie fliehen. Es tropfen die Bäume, Zu wachen ich säume, mein Muth der vermuthet verblutet. Die Erde im Leben was wird sie zerschmettern, die Wolken im Schweben was wird sie entblättern? Wird Schnee wird Bliz sie senken, die Erde grün sich denken? Ob flimmernde Vögel *da* kommen, *da* gehen? Wahrsagende Vögel ihr kommt zum Gehen! Der Farbebogen helle trit fest auf keine Schwelle: *Nur du unbestimmter Unbestand bist Witterung im Vermuthungsland!* –

den 27ten

Ich bin drey Monate herumgereist das ist die Ursache meines langen Schweigens, ich bin herumgehezt worden wie ein Wilddieb, den man an einen Hirsch angeschmiedet durch die Wälder jagt, ich möchte dies an Dein herrliges Jägerlied anhängen, das dir gleichsam von der Seele gerissen, wenn ich die Kraft dazu hätte, doch nimm es und denke dabey wie sich die braunen Londner Strasse gegen die Bergstrasse verhält.

Der Wilddieb

Weil die Hirschin ich gefangen
Mit der Laute hellen Klang
Hat der Jagdherr eingefangen
Mich geschmiedet an den Fang.

*

Meinte ich so weit die Klänge
Reiche auch der Sänger Reich.
Fühle nun im Qualgedränge
Daß auf Erden nicht ihr Reich.

*

Durch der Eichen liebe Aeste
Reisst sie mich und meint zur Gunst,
Denn es wartet ihr im Neste,
Glüh des Hirsches helle Brunst

*

Und ich kann es ihr nie klagen
Schon die Laute brach sie mir,
Und mit freyendem Behagen
Bricht sie auch das Herze mir.

*

Mich ihr Hirsch wird grimmig rächen
Lieg ich kalt ein Geist auf ihr,
Wird sie mit Geweih durchstechen,
Eifersucht nur glüht im Thier.

Ich habe manchen dumpfen Tag, aber auch helle Augenblicke verlebt, die mir eine Unzahl von Sinngedichten diktirt, ich erschrecke überhaupt vor meinen Papieren, ich zweifle sie jemals ins Reine bringen können, derohne habe[n] sie doch gar keinen Werth, weil sie unendlig flüchtig und zerstreut aufgesezt,

Lieder, die besten verträum ich, die bessern zerreiben in Bleystift,
Wozu nüzet der Rest, der sich der Feder gefügt?

Selbst mein Unwille wird mir oft dramatisch so wie meine unselige Planmacherey, beydes ist eine eigenthümlige Krankheit des Zeitalter[.] Wenn ich wollte ich könnte ein Stück schreiben, das innerlig das Herz dehnen sollte aller Welt und ich gestehe Dir ich arbeite daran. Sieh ich kann fast nichts denken, so geschieht es irgendwo, so daß wenn ich es schreibe es schon vergangen. So ging es mir schon frühe, aber recht auffallend sobald ich in das Allgemeine trat. Ich konnte fast nichts denken in der Physick, was die Leute aufnahmen und fassten, was nicht zu gleicher Zeit Ritter Schelling oder andere bekannt machten, ja viele Arbeiten habe ich zerrissen weil sie mir zuvorkamen, alles übrige was ich sagte ist bis jezt ungeachtet gedruckt von *niemand* beachtet worden. Ich spreche hier ohne Eitelkeit, weil ich darin nicht mehr wirke und in dem Feld ist es kein Verdienst ohne Eitelkeit zu seyn. Ich dachte damals, daß mein Wirken für Physick unnüz wäre, für Büchermotten wollte ich nicht schreiben und was die Leute lesen mochten in mir, das lieferten ihnen andere und mein Sinn wandte sich mit erschlossenem Kelche zum Lichte der Dichtung.

Als ich Dir mein erstes Werklein vorlas, sagtest Du, daß Du lange schon einer solchen Katastrophe auf der Schaubühne gedacht und für diese Apotheose war doch nur das übrige allegorische Mährchen gedichtet; daß Du es besser ausgeführt hättest als ich, bezweifle ich keinen Augenblick, Du hast der Poesie reiner gelebt als ich der ewig im Wuste der Welt befangen, durch alle Siebe der Thorheiten hindurchgeschüttelt. Und so hatte ich wiederum vergebens gelebt, vielleicht sogar zum Nachtheil, weil ich Dich dadurch von der Bearbeitung abhalte. Ich überschickte Dir einen Plan, dessen Erfindung ich in mir mit Sorgfalt durch alle Theile und Mögligkeiten ausgeführt, Du schriebst mir daß Du früher schon solch einen Plan Savigny übergeben, wiederum unnüz gelebt. In Frankreich trachtete ich ernstlig danach den innern Gang der Revoluzion dramatisch auszustellen, hier finde ich Eugenie, also wiederum unnüz gelebt. In Genf beendigte ich ein Stück was ich in Wien angefangen, wovon ich dir in Frankfurt einiges vorlas, hier finde ich die Geschichte, die bey mir ganz allmälige Erfindung während des Schreibens, von Schiller in der Braut von Messina ausgeführt, ja selbst diesen Bund der Religionen im Stück, freilig nicht in der Art wie bey mir, aber doch im Aeussern angedeutet. Zu gleicher Zeit hat er die Chöre handelnd eingeführt und ich in einem andern Stücke das Sängerfest auf Wartburg was mit im Ariel steht, also wiederum unnüz gelebt. Ich könnte Dir noch mehr anführen, die ganze Natur, wenn sie die Knospen die Blätter so allmälig heraustreibt, wenn sich im Fruchtboden des Weibes die Zukunft[,] aus Wolken der Bliz bildet, sie macht das alles, wie ich es denke. Zwey Aussprüche giebt es nur: Entweder ich bin unnüz gleichsam wie ein Model der Welt, woran alles probirt wird, was nachher im Grossen ausgeführt werden soll und woran was nichts taugt, weggelassen wird bey der Ausführung, oder ich denke in andern, wie andre auch in mir denken, dies mag vielleicht im Traume geschehen oder auch im Wachen, denn ich fühle mich einsam und ausgebreitet, wie das natürlig seyn muß, wenn alle Becher in einander überfliessen übersuabern so daß jede besondre Flüssigkeit in allen sich fühlt, so wie *sie* jede andre in *sich* fühlt, einsam fühle ich mich es sey denn daß ich mir selbst bunten Schaum ausgähre, der aber mit dem nächsten Stosse in den andern Becher fliest, mir dort als ein fremdes Kunstwerk ferne entgegenblinkt. Wenn dem so wäre thue ich gut zu schreiben, was mich abhält Pläne zu fantasieren, ist dieses nicht vielleicht mein Churant in der Welt, und ist nicht vielleicht während ich das unterlasse eine Stöckung in der Welt, als wenn ein Mühlbach statt eilend sich auf die Räder zu stürzen selbst in sich ein Rad schlagen wollte. Ja was mich für jene Vermuthung meines Daseyns besonders entscheidet ist zweyerley, einmal meine besten Gedanken wenn ich sie nicht gleich aufschreibe, sind mir nach einer Runde im Strudel des Lebens völlig vergessen[.] Wohin sind sie gegangen? Irgendwo müssen sie seyn, denn daß sie ins Nichts gehen ist eben so zu wiederlegen wie das Ende des Raum: wenn ich nämlig bey dieser Grenze einen Pfeil abschiesse, so wird er entweder aufgehalten, also dann ist noch etwas im Raume, was ihn hält, oder er geht hinüber und dann ist auch etwas Räumliges dort, der Raum hat also kein Ende. Aber zweytens und diese Wahrheit liegt Dir jezt vielleicht am Herzen und Du an ihrem Herzen: Ganz ohne Grund, denn aus den Umständen aus Deinen Briefen hatte ich nicht die mindeste Wahrscheinligkeit, dein Brief mit der Nachricht Deiner Wiedervereinigung mit der Quelle Deiner Liebe Deines Gesangs war mir wunderbar überraschend, Du must es selbst aus der Platheit meiner Verse erkennen, daß ich auf den Gedanken als Wahrscheinligkeit gar nichts gab, warum kam aber mein Spaß[,] denn in dieser Form öffnet sich mir Das innere der Welt, immerfort darauf zurück. Du schriebst mir, Du gingest wegen Wrangel nach Jena, ich sagte Du gehst ihretwegen, du schriebst mir lange nicht und ich dachte bey mir wie ein Spas O der schreibt mit andrer Tinte, die nur über den Flammen himmelblau hervortrit, sonst unsichtbar den Menschen oder allein sichtbar wie das Dunkel ist, das alle Farben aufnimmt. Soll ich das Räthsel Dir lösen. Ich habe euch zusammengeführt, ich dachte in euch, Amor als *Hirte* er hat im Winter die Pfeile *geschnizt gespizt.* Im Frühling führt er die Heerde zusammen, dann stehet er selbst dabey und schwindet dem liebenden Paare wie der Mond am Tage so schwindet der Traum und ihr sehet mich nicht, wenn ich gleich eure Hände in einander lege. Was ist Ahndung, mit der ich euch verknüpfte zu neuen Fäden der Kunst, was ist sie anders als das Kind was um erzeugt zu werden des Mannes Liebe zum Weibe führt, nicht im Mutterleibe allein drängt es strebt es schon im Manne sehnt es sich zu seiner höheren Bildung, so ist das Belebende der Welt ganz eigentlig das Zukünftige, und wie wir sind unser Zustand ist wie das Kind im Mutterschooße oder im *Hirne* des göttligen Vaters (Dies die Erklärung der alten Mythe von der Geburt der Minerva) die Gedanken sind was künftig lebt, darum ist der Gedanken das heiligste und höchste der Welt, aus dem Schoosse des Mannes in den Schooß des Weibes vom Schoose des Weibes in den Schooß der Erde und so in ewiger Kette fort wandern wir eingeschlossen und befreyt: die Befreyung das Freudige liegt in jedem Steigen also im Uebergange, sey es vom Mann zum Weibe, sey es vom Weibe zur Erde, so ist das Leben das Süsseste als Uebergang betrachtet, aber das Schreckligste wer sich daran anklammern möchte, als wenn ein Mann das Vergnügen der Liebe durch Zurückhaltung verlängern wollte. Der Stahlfunken entzündet sich nur im schnellen Entreissen, im schnellen Umschwunge zieht die Farbenscheibe die drey Farben nur in weiß zusammen, ja der Bliz würde ohne seine Schnelligkeit nur ein elender glühender Punkt seyn, keine feurige Linie kein Band das Himmel und Erde verbindet. Dieses mag eine Art des Lebens seyns, vielleicht ist sie die schönere, was dem einen Stufe der Befreyung kann dem andern Zusammenziehung seyn, woraus er sich mit ahndendem Wunsche zur Befreyung drängt, nicht gewaltsam (Selbstmord genannt) das hiesse unreif die Befreyung hervorgebracht die sein vorzeitiger Körper in der frühzeitigen noch nicht ertragen könnte, nein rein sich auszubilden das heist eigentlig sich befreyen, das macht die Expansion nach der Contraction erst möglig O wer das könnte! Aber die Kinder sind schwächlig, wo die Mutter allen Thorheiten nachhängt. Sieh ich rechne mich zu denen die im Leben noch eine gewisse Begrenzung im Dunkeln fühlen, die sie wohl endlig hinwegdrängen möchten nach ganz ausgebildeten Kräften, ich fühle mich im Leben wie im Schooße der Mutter sinnend über mir, nicht übergehend in raschen

Thaten wie andere, ich fühle es daß ich mich reiner und schöner würde ausgebildet haben und noch ausbilden, daß ich weiter schon wäre und noch weiter kommen könnte, wenn eben dieses Mutterleben mehr Schonung für mich hätte mit mir schwiege[,] nicht auf wilden Rossen den eilenden Hirschen nachsezte, nicht beym Spiele Nächte durchwachte und Tage vergaukelte, der Liebe sich nicht ergebe. Meine Art des Lebens zu jener verhält sich wie Traum zu That, so erkläre ich mir folgendes kleine aber nicht kurze Gedicht was ich damals als ich es schrieb mir selbst nicht erklären konnte, Du stellst am Schlusse die That vor, es bedeutet also so viel weil ich mit Dir nicht leben konnte, da ich noch im Schooße der Mutter (Leben Freude) läge, so möchtest Du diese umhergetriebene Mutter in deinem raschen Liebeleben aufnähmen, daß das Kind wenigstens in deinem Hause geboren würde, das heist in diesem umgekehrten Leben sterben könnte, wie der Traum sich selbst erzeugte das erklärt sich aus dem oben Bewiesenen, daß die Kinder die Aeltern zur Liebe enzünden, daß die Gegenwart durch die Zukunft entsteht. Es ist ein dunkles Lied und doch ist es der dritte Versuch das Gefühl auszudrücken, worüber mich viele verlachen, wie ich im Mutterschooße ruhte, als Naturerscheinung habe ich es in Gilberts Annalen einmal zu bestimmen gesucht, in einem Mythos habe ich es unter meinen Papieren, nimm es hier dunkel wie es ist

Ich Traum zu Dir du That

Als ich ein sinniger Knecht des Herren die Welt mir erschauet,
Lag mir im mystischen Duft, wie am Altare das Herz,
Doch ich sah sich enzünden zwey Kerzen, doch erst nur die eine
Streifig sie leuchteten durch, bis in das Dunkel der Gruft.
Und ich sahe die Stäubchen durchzückt von Freuden im Hirne,
Und ich beschrieb es so gern, wie mir der Staub noch so lieb.
Doch da haben die Ritter der Wallfahrt gar höhnend gelachet
Und ihr Lachen verdarbs, wirbelnd den ewigen Staub.
Traurig ich dachte zu sinken nun wieder ins mystische Dunkel,
Denn die Flamme sie war, ohne den Staub mir nicht lieb.
Aber da zündet sich helle die Flamme der anderen Seite,

Blumen die sah ich im Kranz, sahe zum Opfer das Thier.
Lasset den Staub wer des Staubes, ich nehme was eins und verbunden
Und ich drückte ans Herz, Blumen und Thiere mit Lust.
Doch da rief mir von oben sie war jezt von beyden erleuchtet,
Jene beschreib' ich sie wem, der sie nicht selber gesehn.
»Willst Du mir, rief Sie, die Düfte der Opfer, ich leb sie, entziehen?
Jene da heilt es das Herz, Frisch ist dein sinniger Sinn:
Trete mit rüstigem Fuß, ich zog dich aus Wüsten zur Nähe,
Ziehe zu Wüsten nun hin, denn Du weist was mir lieb:
Suche die Blumen mir da, mehre sie glaubend an Dauer,
Führe die Heerden dazu, trete im Staube danach.
Abends einst siehst Du im Staub, scharrend den liebligen Funken,
Dem der Staub sich geweiht, dem er in Streifen erscheint.
Wenn du auch diesen gesehn, so schlag ihn ins offene Auge,
So nur fährt er in dich, daß du ihn bringest mit dir.
Treibe dann Heerden zusammen und schneide die Blumen, du kennst sie,
Lasse die Wurzel zurück, von den Thieren ein Paar.
Alle die andern sie treibe zu mir mit sicheren Schritten,
Zünde die Lichter im Kreis, mit dem Funken vom Aug.
Wie sie stufenweis näher und näher dem Fusse sich zünden,
Dann dann wirst du mich sehn, freudig in Blumen im Thier,
Dann erst singe von mir daß erschöpft der Athem versinke,
Denn die Schöpfung beginnt, wo der Schöpfer verschwindt.«
Und ich that nach Geheiß und ging in die Wüste mit Demuth,
Blumen und Heerden ich zog, fand auch den Funken der Nacht.
Schlug mir aus offnen Aug daß ein der Funken gezogen,
Blumen zur Wurzel ich schnit, Heerden zusammen ich trieb.
Aber nun hatt' ich vergessen die Wege zum Altar der Wallfahrt,
Dunkel ach ward mir die Welt, Bergstromgetöse nur blieb.
Ließ ich den Funken hinaus die dunkelen Wege zu hellen,
Zünde ich nimmer ihr Licht, sehe nun immer sie selbst;
Doch auch wenn ich entbehre zu sehen die Blume der Blumen
Die in Farbe und Duft uns verkündet ihr Seyn
Wie sie vom Munde des Thiers ausathmet die ersten der Worte,
Denn so athmet nur sie, daß ihr Athem wird Geist!
Dennoch ich schlage den Funken hinaus den Weg mir zu zeigen,
Daß sie das Opfer empfah, das ich für sie nur erzog.
Hat mir der Funken gezeigt, die Wege bis hin zum Altare,
Schwand doch früher sein Licht, ehe dahinten es hell.
Zeit ach brauchet das Licht im widerspenstigen Dunkel
Und ich liege im Dunkel und höre nur säuseln die Blumen
Athmen nur hör' ich das Thier, sahe ich Kind schon die Welt?

Noch im Dunkel der Mutter ich schwimme ihr Athem wird Geist mir
Und die Blumen im Duft, singen ihr Leben und meins

und du sollst viel davon lesen in einem Stücke was ich Dir nächstens schicke: *Der mystische Polterabend der Mythen*. Wie du klagst daß Du Deinen Plänen nicht gewachsen? Gerade das ist das beste Lob eines Plans daß der Mensch erst hineinwachsen muß, ich wollte daß mir noch müsten wie sonst die Kleider auf Zuwachs gemacht werden. Höre nun einmal meinen Plan. Einmal bekommst Du einen Plan zu einer gemeinschaftligen Bearbeitung eines grossen dramatischen Heldengedichtes der ganzen deutschen Geschichte, um ihn irgendwo zur Sammlung von Unterschriften abdrucken zu lassen. Ich selbst will zur Reformazionszeit arbeiten, eine herkulische Arbeit woran ich mich gemacht habe wie an einen Leberreim, das Ganze übersehe ich sehr vollständig, aber im Einzelnen besonders in der Sprache damaliger Zeit fehlt mir Deutschland, denn hier kann ich durchaus keine brauchbare Bücher mir verschaffen, doch habe ich manches gearbeitet, weil ich Karl den Fünften die Sprache neuerer Zeit will reden lassen, der wie die neuere Zeit eigentlig keinem Volke sondern der Idee selbstig angehörte. Mich haben die Berge etwas geistig gesundet, wenn mich die Stadt nicht wieder kränket, so hoffe ich manches zu schaffen, als wäre ich an Deiner Seite. Wenn das verdammte Kaminfeuer nur nicht so lustig aussähe, es kostet mir viel Zeit, es reimt sich besser mit mir als alle Sonnete und springt höher auf als alle Hexameter, es kostet mir viel Zeit. Daß ich Dir meinem lustigen Liederbruder keine Lieder gesendet kommt von der Schwierigkeit der Verschickung, auch ist der Plan der Zusammenverarbeitung in unsrer Entfernung unmöglig, willst Du den Polterabend heraus geben, so wird es mir viel Vergnügen machen, nur nicht bey Dieterich sonst könnten wir erst in der Ewigkeit die Hochzeit feyern[.] Nimm zur Probe einige Lieder daraus, sie sind für bestimmte Masken.

Morgenlied (mit der Kupferbeylage).

»Fein Liebchen darf nit schlafen
Der goldne Morgen wacht,
So roth sein Wange lacht

Mit losem Wort zu strafen
Die Tauben
Sie schwärmen,
Es lermen
Die Lauben
Der Aeuglein schwarzes Gitter
Zieh auf du Morgenstrahl
Sie tauf im Himmelsaal
Daß Thrän' im Härchen zitter',
Ich trage
Dich Todte
Dich Rothe
Zum Tage.
Den weichsten aller Bälle
Ich werfe durch die Luft
So wirfet Sonn' im Duft
In Wellen sich so helle
Verstecket
Dein Wachen
Dein Lachen
Entdecket.
O halt mir nur die Hände
Vors Auge sittig scheu
Die Fingerizen frey
Glühn roth wie Amors Brände
Du brennest
Wenn schnelle
Zur Quelle
Nit rennest.
Gelöset schon in Flammen
Dein Adler sonnan steigt
Dein Rabenhaar dort reicht
Zieht Himmel Erd zusammen
Ich ziehe
Ich kneife
Ich streife,
Nun siehe.
Nun reibe nur die Augen
Und sag das ist der Mond
Der voll im Glanze thront

Die Wolken aufzusaugen
Er tauchet
Zur Quelle
Die Stelle
Heiß rauchet.
Sey Mond sey Sonnenschimmer
Denn Amor wenn er zieht
Mit beyden Fakeln glüht
So scheinen sie mir immer
Die Naturen
Im Herzen
Giebt Scherzen
Dunklen Spuren.
Doch sieh die Blumen heben
Schon bunte Köpfe klug,
Zum Opfer mir antrug
Schon heimlig jed ihr Leben
Ich lasse
Dich lose
Dich Rose
Ich fasse

Wie Fliegen schwärmte da mein Sinn
Leicht wiegend auf den Halmen
Als wollt er sie zermalmen
Und Lachen spielte mir übers Kinn.

Ich that als zög ich fort von ihr
Den Huth beschatten Rosen,
So trat ich nun zur Losen
Und sprach: »Ich ziehe fort von hier.

*

Mich zieht mich treibt, ich weiß nicht was
In allen meinen Adern,
Ich fühl ein stockend Hadern
Ha fühl den Puls, sieh Wangen blas

*

Nach Wälschland schweift mein feiner Sinn
Wie von der Luft getragen

Die Wolken ziehn den Wagen,
Es rollet laut mein Geist darin

*

Hinab hinab ein Thränenstrom
Zerfliessen meine Augen,
Was können sie mir taugen,
Wenn ich nicht bin im hohen Rom.«

*

Sie wachte auf aus losem Schlaf
Und machte grosse Augen
Und misst mit beyden Augen
Vom Fusse mich zu Stirn und Schlaf

*

Dann springt sie von der Rasenbank.
Und leicht auf meinen Rücken,
Ich wollt mich boshaft bücken
Doch sie mir nicht vom Haupte sank.

*

So saß ich an des Bechers Rand
Und durfte doch nit trinken
Nit an den Hals ihr sinken
Nun sprang ich mit ihr übern Sand.

*

Sie sang mit hellem hellen Ton:
»So wandeln wir nun alle
Im hellen Morgenschalle
Zu unsres Papstes goldnen Thron.

*

Und küssen sein Pantöffelein
Er bittet mich um Küsse
Damit er sicher wisse
Ob ich auch eine Christin rein.

[*]

Wohlauf wohlan mein Pegasus
Ich will dich schön umfassen,
Sollst mich nicht fallen lassen,
Nach Rom, nach Rom ich heut noch muß.«

*

Sie spricht herab zum Tamburin
Nimmt ihren bunten Beutel,
Ist reisig bis zum Scheitel,
Leicht schwärmen wir wie Bienen hin

*

Es flieget neben uns die Welt,
Die Wälder untertauchen
Von Flammen bunt sie rauchen,
Als wär' es heut für uns bestellt.

*

Sie singet wie das Himmelblau
Und weiß noch keine Worte,
Die Schritte glühn wie Worte
Uns ziehn wie Abendthau

*

Des Abends rothes Himmelbett
Der Erde grünes Kissen
Wir dachten heut zu küssen
Als fern ein Kloster blinken thät.

*

Um milde Gaben wecken wir
Die Heilgen aus dem Schlafe
»Seht Hirten eure Schafe
Verhungert an der Thür.«

*

Sie rufen: »Hier ist wenig Brod
Wir leben hier vom Fasten«:
Doch wir ein Herz uns fassten
Das Tamburin brummt unsre Noth.

*

Da kukts zum Fenster listig aus,
Zwei feiste Wangen lachen;
Aus anderm Tone sprachen,
Sie bitten uns zum Schmaus.

*

Wie Enten taucht aus heimen Gang
Bald auch der Nonnen Reihen,
Verschleiert sie sich freuen
An unserem Gesang

*

Bald Liebchen sezt mein Rosenkranz
Vom Morgen auf die Köpfe
Der glänzend kahlen Tröpfe
Neht Flügel an die Kutt' zum Tanz.

*

Die dürren Nonnen dreh ich um
Sie wacker zu kasteyen,
Vor Freuden laut sie schreien
Vor Freuden sind sie stumm.

*

Schon lange schlugs zur Mette hell
Da kommen sie gesprungen,
Vom Augustin sie singen,
Statt Metten Walzer schnell.

*

Und lauten mit den Kloken toll
Als wenn ein Feuer brenne,
Wir fort in dem Gerenne,
Uns nach der Lermen scholl.

*

Uns ladet froher Hirtenkost
Er lernst wie sie gesungen,
Doch besser hats geklungen,
Wenn sie so leicht um Töne loost.

*

Uns hebt aus Süd ein süsser Duft
Verspielt in ihren Haaren
Und aller Träume Schaaren
Sie kommen mit der neuen Luft.

*

Sie legt das Köpfgen auf die Hand
Den bunten Beutel unter,
Das Tamburin gar munter
Ist Helm dem Schelm mit Schellenrand.

*

Hoch aus der Schellen hellen Bliz
Sich drängt der Locken Fülle,
Der Blumen heilge Stille
Bewacht sie auf dem selgen Siz

*

Sie hält mir vor das Tamburin,
Und ruft: »O sieh die Wolken!«
So machen wir uns Wolken
Wenn Sonne uns zu helle schien

[*]

»Das ist, das ist Italia
O schau die Marmorbilder!«
Als ihre Wangen milder
Ich keines fühlt noch sah.

*

Wie pocht doch jede Himmelsfarb,
Der Mahler Farbenscheibe
Zu Lieb im Leib vom Weibe
In Adern frey durch Busenfarb.

*

O Wahrheit da nur lebest Du
In deiner Dichtung Fülle
Gestaltet wird die Stille
Ruh Herzensuhr du Thatunruh!

*

Was suche ich im fernen Land?
Ich find in ihren Küssen
Daß nichts mehr zu vermissen,
Als was sie misst, der Blumen Band

*

Das bindet sie der Erde fest,
Sie wäre sonst entflogen
Vom Mondschein angesogen;
Sie feiert dieser Götter Fest.

*

Sie wacht nicht anders aus dem Traum
Als durch der Blumen Düfte,
So lösen Morgenlüfte
Des Schlafes Kuß den Zauber Zaum.

*

Roth liegt der Zauber Zaum im Mund
Zieht blau durch alle Glieder
Verschließt die Augenlieder
Er weicht nur Blumen bunt

*

Wenn uns der Winter je erreicht
Sie würde ihn verschlafen,
So schwer wird nimmer strafen,
Der Himmel, der so leicht.

*

Noch Blume weckt mein Herzblat kühn,
Mein frisches Mayentagen,
Dann zieht sie ohne Klagen,
Wohin sie frische Blumen ziehn

[*]

Ich glaub sie hat verwandelt mich
Schon jezt in eine Blume,
Glück auf zu meinem Ruhme
Als Blume wecke ich.

*

Wie, träumt mir nicht, ein Knappe wild
Ich träumt von Rittersporen,
Nun seit sie mich erkoren
Ist Blume Rittersporn mein Bild.

*

Ich stehe glau, hoch glänzt mir blau
In ihres Herzens Zwinger
Und alle Welt geringer
Ich auf den Auen schau.

*

Uns öffnet sich der Fürstensaal
Wir schwärmen um die Ohren
Den bunten leichten Thoren,
Uns laden sie zum Hochzeitmahl.

*

Wir stießen uns die Köpfe ein,
Wollt einer uns erhaschen,
Von allen Blumen naschen,
Da schlinget sich der Kranz nur rein.

*

So tanzen wir auf hoher Burg,
Die Herren ihr vertrauen,
Mir Goldnez winkt von Frauen,
Das Gold hinaus, wir schlüpfen durch.

*

So ziehen wir in Blumenschein
So lang uns Tage kränzen:
Zieht Sterne fein in Tänzen
Den Strahlenkranz dem Kuß verein!

Der Strahlenkranz im Fackeltanz
von Sinnen und Minnen.

Sinnen spinnet Nebel innen
Minnen innen einzuspinnen,
Doch dem Minnen
Nebel rinnen.

[*]

Meinen Sinnen will gewinnen
Springend bringend hoch zum Ringen,
Kranzes Schlingen,
Fackel-Schwingen.

*

Quellen schnelle sich erhellen
Freye zweye sie in Treue,
Lichten Wellen
Zu gesellen.

*

Strahlen mahlen sich im Thale
Düfte lüften dumfe Klüfte,
Goldne Schalen
Wolken strahlen.

*

Dunkel munkelt im Gefunkel,
Nebel streben bunt zum Leben,
Wolken schweben
Grün an Reben.

*

Tauben lauben sich in Trauben
Kukuk Necken zu verstecken,
Dichte Hecken
Zu erwecken.

*

Lieder nieder ziehn die Glieder
Blütenbrüten drückt ihr Wüthen.
Ihr Gefieder,
Rächt sie wieder.

*

Rosen kosen auf dem Moose
Dornen spornen sie im Zorne
Doch die Rose
Liegt im Schooße

*

Pfeile heilen, wenn sie weilen
Schmerz im Herz zu Herzensscherzen
Freude befehlen
Heißt sie weilen.

*

Winde schwinden im Umwinden,
Thränen rinnen im Beginnen
So im Minnen
Schwindet Sinnen

*

Kranz und Glanz im Fackeltanze,
Trunken Funken sind versunken:
So ins Sinnen
Sinket Minnen.

Wie die edle Frau auf ihrer Burg hauste,
oder das Lied von der Blume Zeitenlose.

Willkommen ruft die Freude
Aus Busch und Hecken laut,
Ein Pferdchen weiß trägt beyde
Wo weich ihr Nest erbaut:
So baut in wenig Stunden
Sich auf der Freuden Hauß
Und was sich froh verbunden
Das lebt da ewgen Schmaus.

*

Da kommen muntre Gäste
Zu Pferde und zu Fuß
Durch Tag und Nacht die Feste
Sich breiten mit Genuß:
Durch Tanz und Jubelreihen,
Sich schlingt der Frauen Schaar,
Die Ritter ihnen weihen
Den Lohn der Jagdgefahr.

*

Es wechseln bunt die Gäste
Wie Wolken übers Blau,
Das Blau steht ewig feste
Die Wolken ziehn so grau:
Sie möchten gerne bleiben
Bey gar so klaren Frau
Das Leben sich vertreiben
In blauer Tage Bau.

*

Denn wisst, daß jeder reise
Vergnüglig ohne Harm,
Die Hausfrau theilet Preise
Mit Sing dem bunten Schwarm
Ein farbig Band am Huthe
Die Blume überm Herz
Der Kopf im starren Muthe
Mich kränzt im Wind vom Scherz.

*

Dazu die Frau im Zwinger
Zieht täglig Blumen auf
Doch alle viel geringer
Als *die* des Liebsten Kauf:
Die giebt sie nicht für Lieder
Und nicht dem Sänger hin,
Sie trägt kein bunt Gefieder
Sie ist der Liebe Sinn

[*]

Es sieht die schlaue Taube
Wohl manchen Ritter glühn
Wie hinterm Blat die Traube
Zu allen Thaten kühn:
Doch fühlet sie die Schlinge
Die Blume rührt sie an
Mit leuchtend Herz zum Ringe
Sie schaut von ihrem Mann.

*

Der Mann erkennt die Blume
Sie bleibt ihm ewig neu

Sie ruht im Heiligthume
Von seinem Glauben treu:
Er kränket nicht in Sorgen,
Geht kek in dunkle Schlacht,
Ihm dann der schönste Morgen
In ihrer Blume lacht.

*

Die Blume heist nicht Rose,
Die schon voll Wunderblut,
Sie heist die Zeitenlose
Weil ihr die Zeit nichts thut:
Die Jungfrau früh sie pflanze
In klarem Herzensgrund
Sie blüht in vollem Glanze
Dann von der Kinder Mund.

Wie es dem Ritter zu Muthe war
wenn er nach Hause rit.

Mein Auge treu
Mein Ohr so wach,
Die Liebe neu
So tausendfach.
Was siehst du fern?
Was hörst du gern?

*

Auf Wäldern hoch
Das weisse Schloß
Und rasch entflog
Mein schwarzes Roß,
Die Brust so weiß,
Es schäumet heiß

*

Das Tüchlein winkt
Das Waldhorn schallt
Die Sonne sinkt
Mein Herz hoch wallt

Auf blanker Sporn,
Lieb sticht wie Zorn!

*

Auf schwimme Roß
Bekannt im Fluß
Mein Glücksgenoß;
Der Regenguß
Ihn schwellte heut,
Geh an, gescheut!

*

Der Waldstrom schwell
Es treibt hinab,
Die wilde Well
Mich wirft fast ab
Es schnauft das Pferd
Es sinkt verkehrt.

*

Woher da Klang?
Woher da Kraft?
Des Feuers drang
Die Flamme schafft:
Mein Hengst nun frisch
Schwimmt durch wie Fisch.

*

Sein harrend Lieb
Es wiehert ihm;
Du heilger Trieb
Auch horchst in ihm,
Wenn alles tobt
In Graus zerstobt.

*

Mein Auge treu
Mein Ohr so wach
Die Liebe neu
Zehntausendfach
Was hörst du fern,
Was ist dein Stern?

Wie die edle Frau den Ritter nach einer Kriegsfahrt erwartet

Wer schleichet dort so langsam still hinunter
Die Sonne ist's, sie zieht die blauen Kleider,
Der Schönen mit, die nackt nun ruhet leider,
Doch friert sie nicht, ihr Herz schlägt wärmend munter

*

Ein Knabe fühlt darauf, er stahl die Kleider
Zum Panner sich als Regenbogen bunter,
Sie rauschet in ihr Ohr so schalkhaft munter
Wie Ohrenklingen, er Vertrauter beyder:

*

Denn Hand und Panner winkt dem braunen Krieger
Der kehrend heim ein Siegerpanner schwinget
Das traun er werd' ein doppelt reicher Sieger.

*

Der Stern der Schlacht mit Kriegslust neu durchdringet,
Durch Nacht sein Auge glühet wie vom Tieger,
Der Knabe händeklatschend Flüglein schwinget.

Am Himmel rollet ein Gewitter,
Die Jungfrau einsam saß im Hauß,
Es treibt ein heisser Traum sie aus,
Es zuckt der Bliz in ihrer Zitter.

*

Sie weiß es nicht wie ihr geschehen
Ihr wird so licht, ihr wird so angst,
Denn wie du Donner nach erklangst,
[D]a kann geblendet sie nicht sehen

*

[De]r Bliz verzieht im Duft vom Regen
[Das] Herzen zieht nicht Traumes Schmerz,
[S]ie fragt die Mutter nur in Scherz. –
»Ach Tochter das ist Kindersegen

*

Vom Blize bist du nicht emfangen
Verlasse deiner Aeltern Hauß!«
Die Mutter rief und schlug hinaus
Um die sich Blizesträume schlangen.

*

Sie eilet ohne umzuschauen,
Bis brennend ihr der Athem sinkt,
Die Nacht der Erde Athem trinkt,
Kein Trunk sie frischt, doch das Vertrauen.

*

Bald winken da ihr Heerdesflammen,
Der Hausherr sagt »Willkommen« ihr,
»Dein Vater ist verbunden mir
Denn unsre Schafe gatten sich zusammen.«

*

Sie schläft in milden Mondes Frieden
Der Morgen wecket sie so früh,
Nun fraget erst die Hausfrau sie,
Wie sie vom Aelternhauß geschieden.

*

Sie singet ruhig zu der Zitter,
Was ihrem Herzen wiederfuhr,
Als sie voll Sehnsucht ging die Spur,
Der rollenden, der wolkenden Gewitter

*

Mit Abscheu sieht des Hauses Mutter,
Wie ihr so Leib als Busen swillt,
Die alte Freundschaft nichts mehr gilt,
Sie treibt hinaus, die auch bald Mutter.

*

[Sie sch]weifen muß zum Abensterne,
[Gar fre]undlig ist ihr jede Nacht,
[Doch wie] die Sonne wieder lacht,
[Verrät sie sich,] man treibt sie ferne.

[*]

Nur bey den Kranken darf sie bleiben
Sie spielt mit ihnen Kinderspiel,
Sie heilt der Fieberkranken viel,
Die so genesen sie vertreiben.

*

Weil sie im Korn nach Blumen suchet
Sie wird als Diebin eingebracht,
Die strengen Richter sie verlacht,
Wer lachen kann nichts Böses suchet.

*

Zum Arbeitshauß sie andre bringen,
Doch ihre Arbeit keiner nennt
Sie keine andre Arbeit kennt
Als Kinder in den Schlaf zu singen.

*

Zum Kriege läst sie da sich werben,
Und dringt im raschen Siege vor,
Doch kaum dringt Friedensruf ins Ohr,
So sieht sie sich fast Hungers sterben.

*

Die Stände Flüchtige verweisen
Sie irret mit der Sonne fort;
Die Sonne scheint an jedem Ort
Und muß von jedem Orte reisen.

*

Nur wirre Sinnen nach ihr fangen
Im Wasserspiegel ihren Schein,
Sie grüst sie mild und eilt feldein,
Wenn jene wild mit Wellen rangen.

*

Sie kann nicht zum Gebären kommen
Doch sehnlig drängt ihr Kind dahin,
Erst wenn im Licht der Träume Sinn
Dann ist ihr Last zu Lust entnommen.

·/.

Was säumt dein Blick Du *That* was stehet
Am Flammenheerd am Abendschein,
Es gehet da die Jungfrau ein,
Auf ihrem Munde Freude wehet.

*

Die Flamme *Freude* nicht versenget
In Thatenflammen sie besteht,
Den *Traum, ich* bins, am Herzen seht
Der hin zu deinem Lichte dränget

*

Ich Traum ich hatte mich erzeuget,
Die Freude hat emfangen mich,
Du That o heb zum Lichte mich,
Der dunkel selbst das Licht da zeiget

*

Ich träumt in dir, wie Licht erfreuet
Gieb mich dem Licht, dein ist sein Hauß
Treib Freud und Traum am Tag nicht aus,
Mich Traum nur Thaten Tag erfreuet

Von Liebe und Freundschaft und ihrer galvanischen Natur

Was Liebe heist ist gar verwickelt Wesen
In zweyen scheint es nicht allein zu wohnen
Nur viere kann es ganz und voll belohnen
Doch sind zur Liebe jede zwey erlesen

*

In zweyen Jungfern mag Vertrauen wohnen
Zwey Junggesellen Freunde sind gewesen:
Wenn jeder eine jener hat erlesen
So wird ein innres Licht im Kreise thronen

*

Die Jünglinge sind zweyerley Metalle
Die Jungfern ganz vertraut *ein* Wasser blieben
Bis jener Ring hineinsinkt hell im Schalle.

Nun fängts sich gleich das Wasser an zu trüben
So scheiden sich im Sauer-Wasserstoff dann alle
Zum Manne hin: Nur Männer Freunde blieben!

Wie die Menschen zu Göttern wurden.

1
»Liebe allzugroß dein Wonnen
Fürchte mich, der Mann sagt mild,
Frisch ins Meer die Morgensonnen
Hauchten, mat ihr blankes Schild«

2
Schiffe, ruft dem Nachtgesellen
Hold die Frau zum Wallfahrtg[rab]
Daß wir alles Glückes Q[uellen]
Finden, Tempel Trau[m mir gab]

3
Ehe er ins Boot gestiegen
Gab sie ihm ein Christusbild:
»Weil das Meer dich sonst betrügen
Könnte, dieses sey dein Schild.[«]

4
Eh er kann die Fluth besiegen
Sprang sie noch ins Meer ihm nach
»Daß er sie auch nicht betrügen
Könnte[«], sanft ins Ohr sie sprach.

5
»Auf des Armes weisse Fläche
Zeichne ich mit Brombeersaft
Daß der Unhold Untreu räche
Zeichen, Gruß auf Wanderschaft«

6
Sprang zurück zum öden Ufer
Langsam kam das Boot nur los.
Hieltet ihr es doch am Ufer
Wellen, Nacht ist euer Schooß.

7

Wund die Füsse, Augen helle
Wandelt sie im Ufer-Sand
Bald die Wolkenwelle
Schwellet, Vögel fliehn zum Land

8

Schwarz und weiß sie lachen klagend
Kreisen um die Harrende
Ach ihr Herz will Ahndung tagend
Brechen, in des Dunkels Weh.

9

Ach was tragen dort die Wogen
Wo so weiß die Brandung zaust
Weisse Schwärme sind entflogen
Ferne, näher sie schon b[raust]

10

Wühlet auf die kl[einen Steine]
Küsset kalt [ihr Füßlein warm
Schlingt darum, daß treu sies meine
Fliehend eines Leichnams Arm]

11

Schon zerrissen im Gesichte
Doch sie sieht sogleich am Arm
In des scheuen Monds Gelichte
Scheinen, jener Zeichen Harm

12

Und sie flucht den bösen Zeichen
Weinet bey dem Christusbild,
Blut[ge]badet sie ihm gleichen
Könnte, haut zerrissen wild

13

Wollte ihn doch rein begraben
Wie ein reiner Leib wohl werth
Must ihn erst gewaschen habe[n]
reine, eh er käm zur Erd.

14
Trocknete sein Hemde wieder
An der Sonne und am Mond,
Doch die Thränen sanken nieder
Immer, wie der Thau vom Mond.

15
Und sie kann ihn nicht begraben
[Na]ß war stets das Leichenhemd
[Bis] die Wellen sie begraben
[Beyde], Thränen überschwemmt.

16
Wellen wiegen sie zu Mohren
[Un]verändert mild und weiß
Die zur Göttin sie erkoren
Haben, beten an sie heiß

17
Bilden sie in tausend Steine
Daß ihr Leben allen sey,
Aus dem Meerschaum ist nur eine
Kommen, ewig bleibt sie neu

*

Wenn die Sonne hier verglomme[n]
Steht sie andern auf
Wenn die Wolken uns beklommen
Starren, Sonne fühlt Glück auf.

Mit der nächsten Post vom Sonnenuntergang
Doch schreibe lieber gleich zur Antwort

Achim Arn[im]

1804

34

[Marburg, den 1. März 1804]

Lieber Arnim!

Beinahe schon einen Monat habe ich deinen geliebten sehr verwirrten Brief, und ich habe mich immer nicht dran gewagt, dir zu schreiben, wenn ich dencke, ich will ihm schreiben, so empfinde ich dieselbe Angst, die mich ergreift, wenn ich dencke, ich will einen Gedicht beginnen, dessen Idee ich unendlich liebe, ich zaudre, und scheue mich, lieber schreibe ich einem Freund über diese Idee, als daß ich sie auszuführen unternehme, und so sind meine Briefe an dich auch nichts anders als Briefe über meine Ideen zu Briefen an dich. Es giebt Dinge, die ich nicht mehr sagen kann, nicht mehr niederschreiben kann, wenn etwas erschalte oder schwarz auf weiß stand, so halte ich mich gleich daran, hänge meinen Ranzen, lehne meinen Stab daran, und wie man die Hand umdreht, ist alles fort. Wer liebt, wer Freund ist, ohne die Furcht einstens verlassen zu sein, gleicht einem Kerl der einen ungeheuren Balken auf de[r] Nase balancirt, ohne zu beten, o Gott laße den Balken nicht fallen und die Leute todschlagen. Doch ich will keine Reflexionen in diesen Brief einfließen lassen, weil er nicht lang sein kann durch meine Abhaltungen, und doch Alles enthalten muß waß ich dir zu sagen habe. Dein lezter Brief der verwirrteste hie und da undeutlichste an Vers und Prosa hat mich in seinem ganzen Umfang herzlich gerührt, du liebst mich noch, das ist mir mehr als alle Pläne, alle Kunst, lieber Arnim liebe mich noch lange, höre noch lange nicht auf, ich kann weiter nichts sagen, aber ich schwöre dir bei Allem was uns heilig ist, ich bedarf deiner treuen Zuneigung, denn ich bin ohne allen Gesellen in Kunst und Leben. Worte sind Worte, viele sind gute Körner, die dennoch der Wind verweht, es waltet ein Schicksal über den Worten, und ich rede oft mit dem Gefühl mit dem einer um Leben oder Tod würfelt, wie es fällt, so fällts, es muß sein, ich liebe dich, ich habe dich gebeten, mich noch lange zu lieben, o laße die Würfel lieber ewig klappern, als daß du mir Null hinwirfst.

Ich bin nun schon Vier Monate verheuratet, in Acht Wochen werde den Aushängebogen meiner Nachkommenschaft erhalten, es mag ein Knabe oder ein Mädchen sein, so werde ich ihm den Nahmen Achim Ariel ertheilen, ich will bei diesem Kinde immer an dich dencken, ich will ihm von dir Fabeln erzählen, als seist du ein Thier, Märchen als seist du ein Prinz, und wenn es das Abc lernt, so soll es mit deinem Anfangsbuchstaben A anfangen. Du bist also sein Taufpathe, lieber Junge, laß dein Pathengeschenck, deine Liebe sein, und gönne dem Vater die Nutzniesung. Ob ich glücklich bin, willst du wohl wissen, aber wer kann wissen, ob er es ist, es ist mir wohl, ich werde geliebt von Sophien, aber ich sehne mich nach dir, und nach mir. Traurig macht es mich, daß du mir in deinem Briefe weder deine Wohnung noch deine Begebenheiten schreibst, wenn gleich alle deine Reden durch eine Menge Abentheuer tingirt zu sein scheinen, ich muß also diesen Brief wieder auf Gradewohl über das Meer schicken, auch kein Wort von deiner Rückkehr schreibst du mir, die doch so genau mit meinen Lebensplänen zusammen hängt, da ich fest entschlossen bin, mich nur in deiner Nähe zu fixiren. Ich werde im Sommer mit Frau und Kind Marburg verlassen, den Rhein bereissen, und den Winter nach Dresden ziehen, theils um mich zu größern Reisen vorzubereiten, theils um in der Nähe Tiecks und deiner solltest du zurücksein zu leben. Savigny heuratet, wie die Rede geht dieses Frühjahr meine Schwester Kunigunde, und reißt, wie es gewiß ist, dieses Frühjahr mit ihr nach Italien und Spanien und Frankreich, er hat Alles dieses mit einer mir kränkenden Heimlichkeit getrieben. Auch ich werde einstens reisen, aber ich werde dann keine Pflicht vergessen, gegen die Zurückbleibenden, wie du es mich zu thun gelehrt hast, treuer Freund, heimatlicher Vaterländischer Jüngling. Die Große Verwirrung deiner Papiere kann ich begreifen, und ich wünschte an deiner Seite zu leben, um dir Gedanken und Werk Organisiren zu helfen, meinem Talent fehlet die Flüßigkeit, deinem das Konsistente, ich bin versichert, wir werden vereint Etwas hervorbringen. Dein Plan mit einem grosen teutschen Heldengedicht ist dir vielleicht sehr lieb, und ich verstehe ihn nicht, billige ihn nicht, vielleicht weil ich ihn nicht verstehe, doch scheint es mir nöthiger die alten Heldengedichte unsrer Poesie, mobil zu machen, als unsre neue Geschichte, die sobald nicht fortläuft, zu dichten, darüber einstens mündlich mehr, werklich, wenn es Gottes Wille ist, aber das Meiste. Deine Unzufriedenheit mit deinen Plänen ist mir nicht begreiflich, und ich sage dir nur einstweilen, daß ich und meine Freunde deine Erzählungen über Schauspiele in der Europa für das genialischste, reinste, künstlerischste, herrlichste Bruchstück halten, daß wir seit unsrem jungen Leben geliebt und gelesen haben, ich kann dir meine Empfindung bei der Lektüre nicht beschreiben, Göthens Sammler ist mir dagegen, wie eine Malz oder Schnizzen Dörre, gegen einen Von Gott Vatter und Mutter dem Jesuskinde eigendhändig aufgeputzter Weinachtsbaum. Es ist eine Schäckespearsche Tiefe, ein Göthische Kunst, eine Arnimsche Tugend in dieser Offenbahrung, nimm meinen herzlichen Dank und meine Verehrung für dieses Werk, das nicht an seiner Stelle in der Armseeligen Europa steht, und dessen Vorredner F[riedrich] S[chlegel] eine Nacht Antichambre voll Bedienten vor das Gemach einer schönen Königinn gestellt hat.

Kestner ist von Pariß zurück, er will, wie ich höre Arzt in Frankfurt werden, und ist jezt in Wezlar bei seiner Mutter, wo ich ihn in einigen Tagen besuchen will.

Schreibe mir doch ja bald deinen Auffenthalt und Wohnort, und wenn du wiederkömmst, damit ich mich dich zu sehn, alsdann mobil mache, dieser Brief selbst ist so kurz, weil ich jezt gewaltig viel zu thun habe, und weil ich fürchten muß du erhälst diesen Brief nicht. Waß du mir von deinen Arbeiten schicken willst, will ich gewißenhaft lesen, dir meine Meinung sagen, deine Antwort hören und drukken lassen, dein

Clemens Brentano

Marburg den 1 Merz 1804.

35

London den 2 März 1804
at M Splitgerber
Wallbrook Church-Court

Lieber Clemens!

Ich komme aus der Götterburg Karl Townley's, du kennst einen Theil davon aus Winkelmann, wenn nur etwas davon Plaz in mir hätte, ich theilte dir gerne mit; Rosen die der Morgen auf mich fallen ließ, aber sie sind zerflossen wie Schneeflocken. Durchwache eine trübe Nacht, träume du hättest deine Mutter ermordet um geboren zu werden, denke dir du wärst lange verfolgt von denen, die deinen Dank erwarben durch Wohlthat, weil dein Gemüth dem ihren nicht stimmte, denke daß dir Freundschaft und Liebe vorüberzogen ein helles Aufblizen aus dem Zauberkessel des Lebens, worin dir das, was du geschaffen mit eigenem Geist wüst ungestaltet scheint, daß du vergebens dem ertrinkenden Bilde nachspringst, die Welle die dich trägt hebt es fort, ziehe dich ganz in dich zurück und lebe jenseit der Meere, fürs Vaterland und Deinen Lieben, jede Zeitung bringe dir Nachricht von der nahenden Zerstörung und der einzige Brief den du seit Monaten erhältst von dem *Tode deines Vaters*, ehe du ihn gekannt, als du ihn kennen wolltest, er ist dir ganz verloren! – so kennest du mich und Schwestern hatte ich nie! so laß wogen in dir den Schmerz, laß Schrecken und Hoffen dann alle diese Wogen zu Bergen erstarren und diese Berge lassen die Bildungen des Himmels aus sich hervortreten, Laub und Kraut, ein Wald von stillen Wellen, alles unendlig und verschieden aus einem Herzen, ein gewundner Strom der sich gleichmüthig erglänzt, Aehren aus allen Ecken, wo kaum ein Punkt gedacht werden kann, – so vereinigten, was mich trennte im Gemüthe wie Reue und Stolz, was mich trennt von dir, das alles vereinigten kalte Marmorarme – was wundern wir uns wenn lebende Arme uns dem Himmel verbinden. Da stand Kronion ruhig die Heiterkeit der Welt bedenkend neben dem liebewütenden Satyr, den die Nimfe vergebens in den gesträubten Haaren von sich hält, das runzlige Pergament vom Homerköpfe rollet denkend aus der Vergangenheit in die Zukunft über, den trunkenen Bachanten kümmert sich nicht seines Ernstes er schämt und grämt sich nicht wenn nur der Becher ihm voll, mag neben ihm Adonis verschleiert zur Unterwelt herabziehen, Antinous nieder in die ausgebreiteten Arme des Nils sehen, Proserpina läst neben ihm die Blumen aus den welkenden Händen fallen, er freut sich der Blume duftend, aber mehr noch der vollen Schale die über ihn sich ergiest, da mag kommen wer will, ihn stört keine lästige Gesellschaft, Merkurius kann schlummern neben ihm [–] er braucht keine Briefe der Fernen [–] die Jugend am Diskus sich erlustigen, möchte ich so leben können, möchte alle Welt so leben, und die Alterthümer wären uns neu geworden. Wie ich mich nun in meinen Haaren bohre sie zu Stein zu bilden, meine Augen feststelle, d[er] Ernsthaftigkeit mich hingebe, w[eil] Lachen mir nicht kömt – ich sehe [die] Ahnenbilder nicht mehr die Götter, die ruhe[n,] [die] Vorbilder nicht mehr, ich sehe Dich nicht m[ehr,] ich habe das, was dir am liebsten, nie gesehen. Die Rosen sind alle zerflossen ich möchte sagen von blutigen Thränen wenn es deren giebt, zu Tintenkleksen. – Die Post wartet nicht, ich hoffe du hast meinen lezten längsten Brief; dein erster Brief scheint mir wirklich verloren. Ich habe Dir viel gewaltige Plane mitzutheilen. Für heute nur ein Gruß, um dich zum Schreiben anzumahnen.

Achim Arnim

36 *[London, nach dem 21. März 1804]*

[...]
aber innen da sieht es dunkel aus,
da schlingen sich gräulige Gänge,
sie schwizen im engen Gedränge,
nur davon so duftet das Hauß
Sie werfen einander mit Lasten todt,
Und keine von allen darf muchsen,
verstohlen nur hört man sie schluchsen,
das Dunkel läst munkeln von Noth.
Die Königin ordert den ewigen Bau,
Sie weiß nur allein um die Pläne,
Und wie ich auch fabelnd hier wähne,
Das Künftige immer ich schau.
Doch weil nun die Männer gern wissend sind,
Die Ameisen alle nachsinnen,
Sie glauben es schon zu ersinnen
einhaltend in Arbeit geschwind
Die Königin ärgert zu Tode sich,
Die Ameisen alle verschmachten,
Ja weil sie zu viel sich bedachten,
Ja weil sie nur dachten an sich.

Ich träumte in dieser Nacht sehr herrlig, wir waren an einem klaren Orte, wie er aus sah, da frägst du mich zu viel. Deine Frau, wie sie aussah weiß ich nicht mehr, sie spielte mit einem rothen Apfel, du aber sassest auf dem Apfelbaume und liessest ihr so viel Aepfe[l] in den Schooß fallen, daß es sie ängstete wie sie nicht mit allen spielen könnte. Weil ich nun von Natur sehr höflig, so bat ich »Ungeachtet ich noch nicht die Ehre hätte sie zu kennen, so möchte sie mir doch einige der rothen Aepfel verehren, ich wolle damit in der Langeweile für die Kurzeweile spielen.[«] Sie reichte mir zierlig doch stillschweigend einen Apfel der von ganz besonderer Farbe und Völligkeit. Ich nahm den Apfel und zugleich aus einer viereckigten rothen verschlossenen Brieftasche, ein silbernes Obstmesser mit Perlmutterschale, ich schnit den rothen Apfel in der Mitte durch nahm zweye der Kerne und setzte sie als Augen in die eine der Hälften, nahm etwas der rothen Schale der anderen Hälfte und sezte es ein als rothe Lippen der andern Hälfte. Als Du dies vom Baume wahrgenommen riefest du laut: »Ey habe ich doch mein Kind selbst noch nicht ersehen und finde es in deiner Hand, reich mir es her daß ichs liebherze und lieber wirst Du seyn meinem Herzen.« Da wollte ich es Dir reichen, aber nun bemerkte ich erst wie dein Apfelbaum sehr hoch, ich strekte mich immer mehr und mehr aus es dir zu reichen, da glit aber der Boden unter mir fort, ich fiel auf die Nase und das Kind aus meiner Hand

---

Damit Du mich nicht wieder dunkel oder verwirrt nennst, will ich Dir deutlige Gnüge leisten: Der Apfel ist das Objekt der Poesie dein Kind, dergleichen Kinder mancherley habe ich von deinem Baume in Briefen erhalten, das aber von dem Du schreibst, daß es aus den Augen sehen auf den Füssen gehen schreien und lachen wird, dem habe ich Augen und Mund gegeben und habe es getauft. Um es noch deutliger zu machen: Ich habe eine Taufkantate, eine Art von Drama von der Austreibung des Teufels geschrieben, die nicht schlecht ist, weil ich aber so fern, so kann ich sie Dir nicht schicken. Und das ist traurig! Lustig ist aber das Bild unsres Mährchens wie wir künftig allerley Schauspiele zusammen schreiben (NB hier kommt Kind wieder in figürliger Bedeutung für jedes Geistesprodukt vor) jeder seine Zahl von Rollen übernimmt, und damit wir im Plane eins, uns strenge an das Nibelunger Lied halten. Ich fühle es drükend daß ich in gewissen Characteren ungeachtet ich sie lebhaft fühle, nicht naturgemäß sprechen kann, das macht mich unbeständig in meinen Arbeiten, ich führe nur das aus, was mir leicht und klar, das übrige bleibt liegen. Oft tröste ich mich mit dem Gedanken, daß sich das geben wird, wenn ich mehr Deutsche wieder sehe und deutsches Schauspiel höre. In drey Monaten hoffe ich!

Du frägst nach meinen Begebenheiten? Soll ich Dir ein Familiengemälde von einer Person machen. Fantastisch sieht es bey mir aus. Muscheln und Zeichnungen und rothe Steine und Violinen sind an der Wand vertheilt, dort einer der eine Kaze auf der flachen Hand balancirt, daneben König und Königin von Frankreich den Dauphin in der Mitte, die Guillotine unten ferner ein Seeoffizier in einen Lehnstuhl gerekelt vor dem ein Mädchen im Schnürleib mit Schmetterlingsflügeln auf dem Klavier spielt u. s. w. *Bey mir* war eben ein Italiäner Rossi, der durchaus die Quadratur des Cirkels entdeckt haben will. Er gab eine Vorlesung französisch, wo ihm kein Mensch ein Wort verstehen konnte, nun glaubt er jedermann ist sein Feind besonders aber die Akademie, die ihn nicht anhören will. Vielleicht kommt heute noch ein deutscher Abentheurer *zu mir* ein gewisser Schulz, der den Luftball glaubt dirigiren zu können, er will durchaus ich soll für ihn den Versuch machen, weil er in der Höhe etwas schwindlig. Ich werde ihn heute nicht erwarten meine Füsse werden schon munter und ich hoffe auch ohne Direktion meinen Weg zu einem braven deutschen Mahler, Ströhling aus Düsseldorf zu finden, der die erste italiänische Sängerin der Welt Sig: Grassini malt. Ihre Bekanntschaft ist mir interessant geworden durch ihre wichtigen politischen Verhältnisse; sie hat den kleinen Welteroberer Bonaparte in ihren Armen gehabt. Wenn sie ihn doch erstickt hätte! – Die Politik schmerzt mich tiefer als ich es aussprechen kann, das Hauß Oesterreich ist ein ewiger Fluch für Deutschland, daß die Franzosen seine niederträchtige Dummheit benuzen, wer kann es verargen. – Ich suche mich also politisch zu trösten, es gelingt mir aber nicht ganz, ich will dir, wenn es mir gelingt in ein Paar Versen Bescheid sagen:

Walzerlied

1.

Aus schwarzem Strahlenhaar
Die Augen dunkel klar
Den Hals gelb dir sengen
Die Knospen scheu hängen:
Wie Espenlaub mein Herz hat nimmer Ruh,
O wäre früher ich geboren oder später Du!

2.

Du Sonnentagesglut
Du Sternen kühlend Blut,
Hast viele erwärmet,
Augenringlein erschwärmet:
Wie Espenlaub mein Herz schlägt auf und zu,
O wäre früher ich geboren oder später du!

3

Da Sonne immer fern
Sey Köngin nahe gern;
Die ferne gestrahlet,
Sind Wangen bemahlet
Wie Espenlaub mein Herz schlägt um im Nu,
O wäre früher ich geboren oder später Du.

4

Doch Sonne in der Blässe,
Doch Königin in Grösse
Dich drücken schon Kronen
Wie soll ich dir lohnen
Wie Espenlaub mein Herz mir rauscht am Schuh
O wäre reicher ich geboren oder ärmer Du.

5

Ey Königin der Liebe
Ey sieh die frechen Diebe
Die Franzen gerissen
Vom Throne vom Kissen,
Wie Espenlaub mein Herz erregt der Wind,
O wäre nimmer ich geboren oder dir geschwind.

6

Die Franzen anzuweben
Den Busen zu erheben
Die Wangen zu mahlen
So will ich bezahlen
Wie Espenlaub mein Herz hat nimmer Ruh,
Als wenn es schlösse in seine Knospen zu.

Recension über dieses Lied aus dem Edinburgh Review

Vor zweytausend Jahren würden die Gelehrten ein deutsches Lied sehr sonderbar gefunden haben, diese Vorurtheile dauern noch fort, wir wollen uns nicht scheuen sie nach Lord Bacons Regeln zu beleuchten, indem wir die deutsche Literatur durch dieses Walzerlied bey uns bekannt machen. Eigentlig haben die Deutschen kein Talent für die Künste, der Verfasser ist aber lange Zeit in der besten Gesellschaft von England gewesen, er hat den attischen Witz und den kühnen Genius dieser Insel eingeathmet. Doch trägt sein Styl noch etwas von dem Jakobinismus und Illuminatismus und von der Freymaurey, welche gegen die königlige Würde streitet in dunkelen Anspielungen von Franzen oder Franzosen, die sich freilig an den Thron der Könige mit ihren winzigen Gehänge schleichen u. s. w.

Schaffe mir doch den bey seinen Studiis zweifelnden endlig sogar verzweifelnden Academicus an, es muß ein treflig Buch seyn, ich schenke dir dagegen das Leben der Marie Antoinette von Weber, ihrem Milchbruder geschrieben, den ich hier die Ehre habe zu kennen, gestern hat er mir auf seinem Zimmer Schnepfen gebraten. Sein Sprichwort dabey ist: Fresst und sagt kein Wort. Er ist geil wie die meisten Wiener ohne hinlänglige Einbildungskraft seine Wünsche sich klar zu machen, ich habe mir den Spas gemacht ihm mit anmuthigen Anekdoten 6 Stunden Stimulanz zu erregen, dafür traktirt mich der Kerl mit Schnepfen. [...]

37 *Marb. 3 April 1804*

Ich habe dir ungefähr vor drei Wochen auf deinen langen Brief von Weihnachten geantwortet, gestern den ersten April erhalte ich deinen vom zweiten Merz, bei großer Entfernung liegt für Freunde Etwas sehr tröstliches in Tag und Datum es sind Anker die man in die Zeit festwirft. Meinen lezten Brief habe ich, da ich den Brief, in welchem du mir deine Adresse meldetest, unter der Menge nicht gleich finden konnte, abzugeben bei Jacobi-Cloest soviel ich weiß eurem

Gesandten in London adressirt, und ich hoffe du wirst ihn dort erhalten haben. In dem verlohren gehen der Briefe liegt mir Etwas sehr Trauriges, und wenn ich auch gleich die deinigen Alle erhalten habe, so sind mir doch wahrscheinlich Alle jene verlohrengegangen, die du mir nicht geschrieben, denn deine lezten Briefe sind seltsame prächtige Fragmente, die zu ergänzen ich oft manche traurige Hipothese in der Geschichte deines Gemüthes aufstellen muß. Lieber Arnim, ich bitte dich um Alles schreibe mir, *wenn kömmst du zurück*, welches Looß erwartet dich vermuthlich in Deutschland, willst du, kannst du bald zur Unabhängigkeit gelangen? nur um eine bestimte Antwort hierauf bitte ich, ich entbehre in diesem Augenblick lieber Alles andre von dir als hierüber Bestimmtheit; denn Alles das hängt genau mit meiner Lage zussammen. So lange ich nichts Bestimmteres über deine wahrscheinliche Zukunft weiß, habe ich keinen Auffen[t]halt, keinen Wohnsizz, keinen Lebensplan, und irre umher, wie ein Vagabund; denn ich fühle es durchaus, daß ich in deiner Nähe leben muß, daß ich vereint mit dir arbeiten muß, weil sonst nie Etwas aus meinem Dichten werden wird, ich kann nicht unmittelbar der Welt gegenüberstehen, ich muß sie um deinetwillen lieben. Die Trauer, welche sich so reich und manichfaltig in deinen lezten Briefen ausdrückt, ist nicht traurig, denn sie ist kräftig und kann sich gestalten, und kristalisiren, ich beneide dich um sie, du sehnst dich unter dem Geräusche einer großen Stadt unter einem ewigen Zufluß von eignen Gedanken, und den tausend dir nach und voreilenden Eindrücken einer großen Reiße, nach Ruhe Liebe, und dem ordnendem Gemüth eines Freundes, o theurer Geliebter Junge möge ich je *so* dein Freund werden können, wie du eines Freundes bedarfst, o wolltest du selbst, fühlen, daß ich ohne ein liebendes Mitleben in Geselliger Vereinigung zu demselben Werke nie mein Dasein durch ein würdiges Produckt bezeichnen werde. Wenn du dich in der Idee erquicken kannst, du könnest lieben, treu sein, du könnest helfen, und das Leben eines andern Menschen durch das deinige befestigen, und erhalten, so wende dich nie von mir, so sei bestimmt und festen Willens, Etwas mit mir zu beginnen, dessen sich die Welt unserthalben erfreuen möge.

Meine Trauer gleicht nicht der deinigen, sie ist vielleicht entgegengesezt, ich fühle mich sehr ruhig doch ohne alle Produktion, ohne Freude ohne Vertrauen, Etwas hervorzubringen, selbst an dich zu schreiben giebt mir eine trübe Empfindung, ich fürchte, ich möchte zu viel von dir begehren, da ich fühle, daß du, nur du noch, mir Alles erhalten kannst. Du mußt nicht glauben, lieber Achim, als sei ich unglüklich oder Verändert durch meine Verbindung mit Sophien, nein ich fühle mein Dasein durch Sie verschönt auf dem Punckte wo es steht, stand, und stehen wird, aber beflügelt sehe ich es nicht, sie ist nur ein gutes Kind, und eine freundliche Frau, die man liebt, aber ich bin ohne Gehülfe, ohne Mittheilung in meinem poetischen Leben, ich möchte sagen in meinem poetischen Tod, dir verwischen die Gedichte in Bleistift geschrieben, mir verwischen sie im Kopf. In dieser Zeit, allein stehen können, heist ein Rieße sein, und ich glaube beinahe, man kann in unsern Tagen nicht dichten, man kann nur für die Poesie etwas thun, der Dichter lebt wie in einer Wüste, die wilden Thiere fallen ihn an, denn alle kann man sie nicht zahm singen, und die Affen tanzen ihm nach. Lieber Arnim, ich fühle so einen treuen, guten, bescheidnen Muth mich mit meinen Freunden, und das bist du allein zu vereinen, und Etwas zu beginnen, waß unsre Zeit bedarf, vielleicht gesellt sich Tieck auch zu uns und dirigirt das Ganze, wozu er durch die Herausgabe der Minnelieder schon den Grund gelegt hat. Zu eignen Werken fällt einem ganz der Muth wenn man die alten Liebes und Heldengeschichten der Minnesänger ließt, ja ich fühle es oft, als etwas sündliches mich mit neuen Werken zwischen sie und unsre Leichtfertige Zeit zu drängen, die schönste rührendste aller dieser Geschichten, die mich ergriffen und ergözt hat wie nichts vor her, ist Tristrand und Isote, daß wir selbst die lange Verborgenheit dieser Gedichte bedauren, ist ein genugsamer Beweiß, daß es jezt an der Zeit ist, sie vorzuführen, und wenn Sie geschickt, mit Vorsicht, ohne Pedanterei, und nach einem weisen Plan hervorgeführt werden, so ist kein Zweifel mehr, daß sie nicht wieder unter uns wohnen sollten. Wie dies zu beginnen und zu vollenden ist nicht der Gedanke eines Einzigen, denn diese Werke müßen sich in ihrer Wesenheit bei ihrer

Erscheinung einander unterstüzzen, es müssen stets mehrere zu gleich erscheinen, damit jeder Sinn für das Unternehmen durch einen gewonnenen Genuß gewonnen werde. Hierüber und über Vieles andre drängt es mir das Herz, mit dir zu reden. Du selbst fasse einen festen Muth, einen treuen Willen und verlasse mich nicht, damit wir Etwas leisten. Gedenke das Nichts unmöglich, da ich am Rhein von Sophien sprach, gedachte ich nicht, daß jezt mein Kind unter ihrem Herzen springt, daß es in 6 Wochen Athmet, und deinen Nahmen trägt Arnim bei diesem Kinde beschwöre ich dich, laße mich nicht meine Liebe, meine große Liebe an dir verloren sehen, und gedenke darauf, mit mir wenigstens auf Jahre vereint zu sein. Savigny ist mit Gundel öffentlich aufgerufen, sie ist schon nach seinen Gütern gegangen, in einigen Wochen geht er mit ihr, nach Italien, von ihrer Verbindung hat er mir biß diesen Augenblick nicht gesprochen, ich lebte bis jezt ein einsames trauriges Leben mit ihm in der Hofnung diese große Reiße in seiner Gesellschaft zu thun, wie er mir verhießen hatte, durch seine Verbindung mit Gundel, (wir lieben uns nicht), geht mir diese Reise, und dieser Freund verlohren. In Marburg habe ich nun nichts mehr zu thun, als Vater zu werden und dann mit Sak und Pack weiter zu ziehn, aber wohin Arnim, wohin?, Arnim, wo wirst du sein? wo soll ich dich erwarten, schreibe mir bestimmt, deutlich und ernsthaft darüber, und Verzeihe mir, daß mein Brief nicht so schön, so geistvoll, so blühend als deiner, ich habe keine Götterburg zu sehen, in meinem Herzen steht nur ein Bild, das deine, o lieber Arnim, du bist es jezt der meine Zukunft bestimmt, sage wo soll ich hin ziehen, um dich finden, um dir nahe zu sein, sage mir, *ist dein Vater wirklich gestorben* wie dein Brief spricht, oder ist dies Allegorie, und waß sind die Folgen dieses Tods für dich, für mich, rede deutlich, das Schicksal meines Weibes meines Kindes gehört dir an.

Dein Clemens Brentano

38 *[London, Ende März bis Mitte April 1804]*

Pio Clementi Achimus Arnim S. D. P.
Si vales valeo

Ja mir ist wohl in Dir, mit Dir, aus Dir, aus Deinen Briefen wird mir wohl, mit Dir würde mir wohler. Du bist Eisen, ich bin Schwefelsäure, wer einen Gallapfel hinein wirft macht Tinte. Dieser Gall und Zank und Paradies Apfel ist Deine ungeheure Abhaltung, daß Du die lezte Seite der Briefe nicht vollschreiben kannst, warte bis Du Kinder hast, dann kannst Du sie abhalten. Uebrigens ist es mir lieb, daß Du ein Kind bekömst, weil Du Wiegenverse machen wirst, was sehr nöthig, weil mir die Erde immer härter vorkömt. Ja Freund Du bist meine Wiege, wenn ich nicht schlafen kann und nicht wachen mag, Du bist mein Schwimgürtel, wenn ich ermüde, Du bist mein Luftball an Dir reisse ich mich auf von todten Stof; du bist der barmherzige Samariter wenn ich verwundet, Priester, Leviten alle vorüber ziehen, da giessest du Oehl und Wein in meine Wunden: Dein Herz ist die Phantasmagorie meiner Wünsche, aus ihren Sternen treten da meine Hoffnungen für einen Augenblick hervor; Deine Rede ist der Wettgesang zweyer Lerchen die einander Morgens wechselnd überfliegen, die eine rühmet die Erde, die andre den Himmel, Wahrheit und Liebe Sinn und Gefühl nehmen einander die Worte aus dem Mund – mir schweben die Worte auf der Zunge, da verschluke ich sie.

Dein Spot war mir ein Ohrlöffel, wenn es mir yuckte, dein Lob wird ein Stiefelknecht meinen wunden Füssen. Ich habe nicht viel mehr als Schimpf geerndtet; Schlegel antwortet mir nicht einmal wegen der Fortsezung jener Erzählungen, Dieterich scheint nicht einmal umsonst meinen Ariel haben zu wollen, Gilbert strich mir immer das Beste aus meinen Aufsäzen weg, ich bin eine Art von literarischem Sancho Pansa weiß der Teufel, jeder Mensch glaubt sich an mir reiben zu müssen und wo ein Hund erst anpisst, da glauben alle sich dazu verflichtet. Ich kann mich am Ende selbst zu nichts Besserm gebrauchen, als mich über mich lustig machen, wie der Kranich seinen langen Schnabel um sich ein Klystier zu sezen. Nur Du giebst mich mir selbst zurück, Du bist mein Publikum und wie mir alles andre Schreiben jezt anekelt, so füllet es mich mit Freudigkeit, daß diese leere Seite für Dich sich füllt. Ich möchte Dir Zukerwerk einwickeln wärest Du ein Kind, wenn man älter wird kommen das Sauerwasser der Gesundbrunnen, so nimm mich, so nimm meine Briefe. Deine Briefe schlucke ich herunter wie Diamanten, und fühle mich einen Augenblick reicher als das reiche England, bis mir England seine trübselige Purganzen eingiebt, das ist das Gesez in den Mienen, sonst möchte ich mich gern mit den Diamanten herausstehlen. Und auch dieser Brief wird bald daliegen wie Deine früheren, kein Taumel mehr aus ihm, ich werde ihn lesen Silbe für Silbe und nichts überspringen, das Leben ist wie ein lateinisches Verbum, mehr vergangene Zeiten darin als Gegenwart und Zukunft, es ist eine ägyptische Luft, die tödtedt und den todten Körper in wenig Tagen zerstäubt. Wie Ameisen läuft die Zeit unruhig über die Erinnerung und zehrt diese Nachtigal, die in ihrem Haufen nistet, bis auf die Knochen ab. Lege ein Schnupftuch auf den Haufen, so wird es wohl riechend; das ist die Kunst:

Selbstbetrachtung.
Eine Fabel von der Kunst (Nachtigal)
unter den Weltkindern (Ameisen).

Es lockte mich liebliger Wohlgeruch
Wo Ameisen laufen ich sehe,
Da klagete Nachtigal Wehe,
Da klagete Nachtigal Trug.
Sie legte die Eyer im Hügel dumm,
Wo Ameiseneyer ich sahe
Die aß sie kein Uebel sie sahe,
Die Ameisen klagten so stumm,
Die Ameisen liefen in grosser Noth,
Sie rächen die Eyer zerstöret;

Sie haben nicht klagen gehöret,
Sie nagen die Nachtigal todt.
Und schlepen die Stücke mit grosser Müh
Zur Königin hin zu dem Throne.
Erhielten die Knochen zum Lohne
Zu schlepen sie auswärts mit Müh.
Dann innen da sieht es wie Ordnung aus,
Da schlingen und winden sich Gänge,
Der Ameisen schwizend Gedränge
Durchduftet so herrlig das Hauß.
Sie schlepen vereinet an Last sich todt,
Und keine bis dahin darf muksen,
Verstohlen aus schleichet ein schluksen,
Das Dunkel läst munkeln von Noth.
Die Königin müssig erdenckt den Bau,
Sie weiß nur allein um die Gänge,
Wozu ist die Länge der Gänge?
Wozu ist der ewige Bau?
Das klagte die sterbende Nachtigal
Die Ameisen nun erst nachsinnen,
Sie glauben es schon zu ersinnen
Und feiern nun alle zumal.
Ach ja wer die Zukunft ersinnen will
Der siehet die Gegenwart schwinden,
Ey wisset sie sollten sich winden
Die Gänge zum Brautgemach still
Die Königin war die künftige Braut,
Von einem Zauber gebunden,
Der Zauber erst war entbunden
Wenn herrlig die Kammer erbaut.
Der Winter o Köngin erdrücket dich
Die Ameisen alle verschmachten;
Ja weil sie einmal sich bedachten,
Ja weil sie da dachten an sich

Schaffe dir doch den zweifelnden endlig sogar bey seinen studiis verzweifelnden Academicus, es ist ein vortreflig Buch, ich schreibe Dir folgendes Lied daraus ab.

Ixion
der verzweifelnde Academicus

Sausend gerissen am
Rade der Zeiten
Aufwärts zur Höhe
Wohl mir und Wehe!
Sinkend noch rascher
Tiefer und tiefer
Schäumende Wasser
Stürzen den Muth;
Schwindelnd die Augen
Löschend in Funken
Thränenversunken.
Ach ich gemeiner
Kerel versuchte
Ewige Hoheit
Göttlige Schöne
Niederzulegen
Mir zum Besiz
Ohne zu ragen
Ueber sie hin. –
Weil ich geduldet
Ward bey dem Mahle
Hofnarr der Götterburg
Schwoll mir der Kropf,
Glaubt ich mich Gott.
Als mir der Nektar
Kizelt die Nase,
Enget den Hals und
Flügelt das Blut.
(Nimmer ich konnte
Wachend ertragen
Auswärts sein Streben
Und dann erwachend
Must ich mich speien,
Daß mir das Herz
Floß auf der Zunge
Daß ich verfluchte
Göttliges Leben

Daß ich gelobte mir
Nimmer zu trinken
Wenn mir auch Hebe
Hielte den Becher
Wüsche die Füsse.)
Als mir der Nektar
Kizelt die Nase,
Wieder ein[m]al,
Mehr als Kronion
Selber zu trinken,
Ich mich vermaß.
Aber die Augen
Sanken herunter
Und aus dem Munde
Floß mir der Nektar
Kühlend zum Nabel,
Winkten die Götter sich
Stille einander
Spottend im Kreise.
Löschten die brennenden
Haare des ewigen
Morgens der Himmel
Daß sie die Träume
Sähen die heimlige
Lust mir entlockte aus
Trügender Pforte! –
Ward mir so wohlig,
Ward mir alleinig,
Fühlt mich bald zweyig,
Juno sie strich die
Locken im Nacken
Und ich umfasste heiß
Hungernd die Göttin, –
Ach nur die Wolke
[...]

Ich habe Deinen zweyten Brief erhalten, es war ein unerwarteter Proviant der ausgehungerten Seele. Du schreibst mir genug, daß Du mir nicht schön schreiben könntest; könnte ich Dir wohlthun, wie Du mir! Aber ich stehe hier wie ein ausgelaufenes Weinfaß, der Herr rechnet noch auf mich und zählt mich mit, schlägt er aber einmal daran, so wird es hohl klingen[.] So fürchte ich in dem Himmel unsrer Pläne, Du wirst mich mitziehen müssen wie beym Schiffziehen an der Donau die lebenden den todten Kameraden bis es Abend wird und alle losgeschlossen werden. Ich komme mir zuweilen vor wie ein gemeiner Kerl, ich kann so vieles nicht was ich will und will auch nicht immer was ich kann. Umkehren will und kann ich nicht, aber ich scheue es auch nicht am Schlusse des Ariel zu sagen, wie eines der Weltkinder ohne besondre Anlage oder Studium blos weil er *frey* die Welt ansah, Wunder in seinem Gemüthe that. Wunder ist Uebergang, jeder Uebergang ist ein Wunder wie er sey vom Hellen zum Dunkel vom Dunkel zum Hellen.

Denn was das höchste der Liebe ist
Das läst sich nur einmal fühlen,
Und was das Höchste des Lebens ist,
Nur gegen das Höchste verspielen

Das ist das Wesen der Schönheit daß sie dem Auge verschwindet um dem Geist gegenwärtig zu bleiben

39 *[London (?), Mitte April 1804]*

Freund Mitarbeiter an der Welt!

Es liegt ein langer Brief an Dich in meinem Schranke, ich habe den Schlüssel dazu verloren. Vergessen und verlieren sind die zerstörenden Pole der Welt, wie essen und lusten (denn lieren wird nicht gesagt, soviel ich mich vom Deutschen erinnere, aber wohl Verlust) die erzeugenden. Ich will das Nothwendige heute sagen, das Ueberflüssige ein ander mal. Dein Lob hat mir sehr wohl gethan, ich habe nichts als Schimpf eingeerndtet bis her, aber gesund machen kann es mich nicht, Gesundheit ist ein lebendiger Gang, Krankheit ein Stillestand, Gesundheit ist ein gleichförmiger Athem, so athme ich die Zeit nicht ein, sie macht mir einen Keichhusten. Ich wollte ich könnte mit Dir ganz rückwärts in die Vorzeit, aber ich bin Vasalle meiner Zeit und meines Landes, in meinem Wap[p]en liegen zwey Balken, Arnims Geist, ehe soll mein Vaterland nicht stürzen bis diese brechen. Nichtsdestoweniger liegen die alten Heldenlieder strenge in meinem Plan, der von Homer an bis zur Schlacht von Culloden im J 1745, wo die lezten Hochländer untergingen einen ununterbrochenen trojanischen Krieg umfasst. Könnte ich nur arbeiten (Hüte Dich vor dem Reisen) doch hoffe ich in Deiner Gesellschaft die Gewohnheit wieder zu bekommen. Die Gewohnheit ist der Genius, Gewohnheit oder Methode ist die höchste aller Künste, alle Kunstwerke dienen nur dazu dieser Leiter zum Aufsezen zu dienen und meine Leiter wackelt verflucht. In Deiner Gesellschaft, sage ich, wenn ich nur Zutrauen hätte zum Glück, ich würde auch arbeiten, aber beym ersten Verse glaube ich nie an zweyten, aber der Gedanke daran ist herrlig, so hoch daß ich an meinen verzweifelnden Academicus Ixion denke; nachdem ihn die Bedienten haben heruntergeworfen

– Wo ach wohin?
Oftmals ich höre den
Anstoß der Becher
Seliger Götter
Wenn ich am Rade
Schaudre zur Höhe!
Läuft mir das Wasser im
Munde zusammen,
Sinkt ich zum Wasser
Scheu und verhöhnet
Weil ich gemeiner
Kerl versuchte mir
Ewige Schönheit zu
Ziehen herab.

Habe nach Ewgem
Nimmer Gelusten
Kannst du das Rad der
Zeiten nicht halten im
Sinken.
Meine Gespielen die
Leben wie ich und

Jubeln doch fröhlig und
Trinken im Wasser sich
Brüderschaft.
Nimmer zum Mahle der
Götter sie drängten,
Immer sie warten der
Blicke Kronions, die
Nimmer sie sehen.

Freuen und warten des
Mahles der Arbeit
Freuen und warten der
Mässigen Höhe
Sinken sie spiegeln gleich
Himmel und Sterne sich
Alles erinnrend im
Mühlbach der Zeit, wie
Sträuche die Blumen, wie
Bäume die Sträuche, wie
Sommer die Bäume
Alles einander
Dränget und treibt.
Treibt sie die Zeit,
Nennen sie's Zeitvertreib

Der Nachlaß meines Vaters ist nicht groß soviel ich bis jezt davon weiß, ausserdem bin ich noch minoren, aber was mehr als das, theils meinem Lande theils meinen Verwandten verbunden, kann ich mich nicht losreissen, wie ich wünschte. Vielleicht würdest Du in *Berlin* Deiner Kunst mehr offene Ohren finden als Du glaubest, vielleicht auch mehr Objekte dafür als Du glaubst, ich hoffe Preussen zum Kristal zu gebrauchen nach Lowizens [?] Methode, um das Gute von dem Bösen in Deutschland zu scheiden. Ich habe Lust dort Zeitungsschreiber zu werden; ich werfe Dir den Gedanken hin, aber überlege ihn treulig. Sehen werde ich Dich wo Du auch seyst, aber auf längere Zeit, kann ich für jezt nur in Berlin hoffen. Noch ein Wort was Du wohl überlegen magst. Du hast vielleicht bessere Meinung von mir, als ich werth bin, ich bin nicht viel, ja der Schluß von meinem Ariel soll darstellen, wie ein Mensch ohne besondre Anlagen, selbst träge, blos weil er frey die Welt ansah, noch immer manches bemerkte, was andere vergessen, ich möchte die Welt zur Kunst heraufziehen, wie mein Ixion die Kunst möchte zur Welt herunterziehen; daß ich dieses Bekenntniß thun kann ohne zu erröthen ist Das Einzige was ich in mir schäze. Meine Rückkehr in Berlin wird im July statt finden, schreibe noch *schnell* hieher, keiner Deiner Briefe geht verloren als der Schönste, denn d[as] ist das Wesen des Schönsten, daß [es den] Augen verschwindet, während es de[m] Geiste gegenwärtig bleibt.

Deinem künftigen Kinde habe ich ein Taufdrama geschrieben von zwey Bogen die Austreibung des Teufels als einen Furz darstellend, das ist hier zu lang, ein Segen ihm: *Wenn Du nicht kannst was Du willst, wolle was Du kannst.*

Wie ich so an unser Zusammenleben denke, es wird mir wohl und wehe, denn mannigfaltig wie ich lebe fühle ich mich doch einsam

Denn was das Höchste der Liebe ist
Es läst sich nur einmal fühlen.
Und was das Höchste der Güter ist
Nur gegen das Höchste verspielen.

Schleppe mich mit
wie beym Schifziehen
die Lebenden den
todten Kameraden
bis es Abend wird und
alle losgeschlossen werden.

Deiner Schwester mein Glückwunsch, sie hat gut gewählt.

Achim Arnim

40

[Marburg, den 23. Mai 1804]

Lieber Freund!

In der selben Stunde da mein Kind ein Knabe, der am eilften Mai mit grosen Schmerzen gebohren, mit deinem Nahmen belehnt worden ist, kam dein Brief, und machte mir und der Mutter durch diese Zufälligkeit eine größere Freude. Ich nehme diese Schickung auf der Post für eine Schickung Gottes, und ich nehme dieselbe als eine Versicherung des Himmels, daß du im alten Sinne des Wortes des Kindes Pathe sein willst, daß du ihm Gutes thun willst, wenn du es vermagst, und mit Rath und Liebe sein Vater sein, wenn ich sterbe. Wenige Tage vor der Niederkunft laß ich mit meiner Frau den Ariel den Dieterich endlich gedruckt hat, im Garten mit großem Entzücken, Sophie gab mir den folgenden Morgen beiliegendes Sonnet für dich, an dich, es geht ihr von Herzen, und so ist es dann gut, dein Buch gieng dir auch von Herzen, und ist vortreflich an Gehalt, und Zufällig an Gestalt, einige Lieder sind mir mit das Schönste in der Poesie, was ich kenne, das Drama von Herrmann hat einige ganz klaßisch vollendete Stellen, hie und da aber etwas fremdartiges, waß sich in der Totalempfindung ausscheidet, die Gedichte über die Gemählde sind unstreitig das Vorzüglichste, und als Lehrgedichte durchaus originell mit ihnen kannst du vor jedem Herzen, vor jeder Empfindung, jeder Schule, jeder Kritick beweißen, daß du von Gott zur Poesie berufen bist. Die Prosaische Einleitung an den Frühling ist hinreißend, sie ist du selbst, wie man dich liebt. Beinah ganz unverständlich, dennoch hie und da äußerst intressant ist das Sängerfest zu Wartburg, aber es bleibt dunckel, wie es der alte Krieg zu Wartburg noch ist. Lieber Junge werde nicht muthlos, wenn dies erste Werck vor der eingerichteten gefachten Welt wie eine Libation großentheils zur Erde fallen wird, dencke aller der einsamen schönen Pfade, die du ohne mich auf deinen Reisen gewandelt bist, dencke der Schlucht bei Bingen, in der wir mit einander so froh waren, Sie waren Geschmückt mit allen Zierden der Jahrszeit, und alle unerstiegenen Thäler und Berge sind so geziert, die noch kein Mensch betrat, so schafft auch der Dichter, der ein Gott sein kann. Lieber Arnim, du schreibst mir, ich solle dich nicht für Viel halten, ich solle mich nicht täuschen in dir, laß diese deine Bescheidenheit, diese Unschuld mir Alles sein, sei mir viel, in dem du mein Freund bist, der mein Herz in den Schlummer wiegt, und ihm die Träume erhält, ich liebe dich ruhig und einfältig, ich will mir das Leben hinreichend und lieb machen, durch dein Vertrauen. Ich verstehe dich und deine Kunst, ich will dir ein Manequin sein, an dem du alle Gewande deiner Kunst studirst, ich will die Kunst lernen, jeder Leser zu sein, und will dir beistehen deine Werke für die Welt zu vollenden, ach und laß mich sagen in einem Worte, waß ich kann, ich kann dich lieben, dir zusehen, und ruhig sterben. Ich gehe in zwei Monaten von hier weg, zu erst nach Frankfurt zu den Meinigen, um Betinen Frau und Kind zu zeigen, wohin dann, das weiß ich nicht, das muß ich von dir erfahren, wir müßen uns wieder sehen, und wieder lieben; ich bin verändert, stiller, ernster und begieriger nach dir, vielleicht liebst du mich nicht mehr, wenn du mich wieder siehst, das gebe Gott nicht. Waß du von Vaterland und dir sagst muß sich zeigen, ich habe kein Vaterland, Arnim nur um dich könnte ich den Süden Deutschlands aufopfern, sobald du abreisest schreibe mir wenige Worte, und deine Adresse in Berlin, vielleicht findest du mich dann schon zu Berlin, wenigstens meine Briefe. Mein Kind heist Achim Ariel, es ist sehr schön, und ruhig. aber ich kann in diessem Augenblick wegen ihm nicht mehr schreiben, es weint sehr laut, lebe wohl du Engel.

Clemens.

Marb. 23 Mai 1804

41 *Düsseldorf den 12 August 180[4]*

Lieber Clemens!

Meine ersten Worte aus dem alten reinen Deutschlande sind an Dich: Daß ich so nahe Dir und doch nicht bei Dir; mein zweytes Wort Deiner Frau, daß ich Ihr Lied an mich empfangen; mein drittes Wort dem lieben Pathen, mein mitgehendes Bild ihm zum Geschenke und Angebinde. Gestern war ich in Köln auf Deinem Zimmer, heute rede ich mit Dir; vor dritehalb Monat wurde ich an einer Leberenzündung wie Prometheus krank, aber ich frevelte nicht, so bin ich genesen. Aber geistige Beschäftigungen sind mir verboten und wenn ich an Dich schreibe ist es sicher eine.

Lebe wohl mein guter Geist!

Achim Arnim.

N. S. Sollte mein Bild etwas geschwärzt seyn an den Backen, so denke nicht daß es abgerieben, es ist etwas Schmuz, ich hatte nicht Zeit in Köln es ganz reinigen zu lassen, aber gieb es in geschickte Hände zum Reinigen, es ist sehr gut gemalt. Meine Adresse ist Berlin abzugeb[en] im Hause der Baronin von Labes n 4 im Viereck.

42

Heidelberg den 28t August [1804]

Lieber Arnim!

Ich komme bald zu dir, da dein Bild vor mir stand, da ich dich wiedersah, mußte ich schrecklich weinen, mein Kind ist nur fünf Wochen alt geworden, Gott hat es zu sich genommen, es würde auf Erde keine Heimath gehabt haben im bürgerlichsten Sinn, du hast eine Große Reiße durch die Welt gemacht, ich durch mein Inneres, du warst so krank armer Junge, ich war der unglüklichste Ehemann; seit Achim tod ist, auf den ich meine Hofnung ganz gelehnt hatte, ist alles Glück von mir gewichen, mein Armes Weib kann nicht Glücklich mit mir sein, aber ich weine nicht mehr, ich bin froh, ich bin genesen, wie du, denn auch ich habe nicht gefrevelt. Seit ich weiß, daß du mir wieder im Vaterlande bist, bin ich fröhlich. Lieber Junge ich will zu dir nach Berlin kommen, sobald du mir es schreibst, und will mit dir reden, über das, waß mir gut und würdig ist. Nur eins ist zu erörteren, ich habe jezt sehr wenig zuzusetzen, weißt du mir nicht einen Plan zu machen, wie ich in Berlin auf ein paar Monate wohlfeil leben kann, in einem Wirthshaus sterbe ich, bedencke dabei, daß ich diese weite Reiße mit einem kränklichen Leib nur deinetwegen und auf dem Postwagen machen muß, bedencke, daß jede Stunde in B, die ich ohne dich bin, mir verlohren ist, daß ich viele Stunden traurig sein müste, wenn ich dich alle Tage nur eine Stunde sehen könnte, ich habe Vieles mit dir zu besprechen, ich habe dich um mein Leben zu bitten, welches du selbst als in deinen Händen erkennen wirst, sobald ich dir meine Geschichte seit der Trennung zu Koblenz erzähle. Schreibe kann ich dies nicht denn ich muß dir dabei ins Auge sehn. Der Kampf mit dem Leben soll mir deutlich werden, und dir, ich vertraue dir unendlich, ich bin sehr unglücklich, histerisch durch die schlechtesten Leiden, und doch lächle ich, singe in den Bergen, denke an dich mit heißer Sehnsucht, und verlange zu dir, du sollst, du wirst mein Leben sein, gieb mir den Rock, daß ich wandlen kann hinieden, mein Geist muß einsam sonst zum Himmel dringen, o Arnim, mein Leben ist das diesseits, jenseits, der kein Ufer, du bist der heilge Fluß, der Kahn, das Lied, die Freunde, Wassersspiegel, Himmelsspiegel, du Lethe, ehe ich mit dir am Rhein war habe ich gelitten und nach Her, du schöner Fluß der Ruhe, fließ wieder zu mir her, Arnim verdamme mich nicht, höre mich an, ich will zu dir, und mit dir reden, dazu gehört, daß du mir weise die Zeit bestimmst, dann etwan wenn du schon nicht mehr der Ankömmling bist, ich weiß nicht, wie deine Lage ist, in welch Anspruch sie dich nimmt, drum wähle weise, damit nicht kleine Umstände in die Rede fallen, wenn die Rede keine Rede ist, wenn sie meine Seele, die wieder sieht, wieder erwacht. Rührender ist es, wenn ein Lebender einem toden erscheint, als umgekehrt, so ist mir geworden, als ich dein Bild aufrollte, Arnim, Arnim du findest keine solche Liebe mehr, denn alle Freiheit alle *Nothwendigkeit* bindet mich an dich. Schreibe mir also so gleich mit einigen Worten, wann und wie ich dich am leichtesten bequemsten sehe, wie ich am wohlfeilsten in Berlin lebe, und doch am mehrsten habe, dich. Ich habe keine Ruhe mehr, biß du weist, wie es so narrisch mit mir steht, so trauri[g] und wie leicht du mir helfen kannst.

Dein Bild ist mein Selig macher.

Clemens.

Heidelberg bei Frau Registrator Klingelhöfer.

Ich Lebe jezt in Heidelberg, wo die Natur so schön ist, wo sie mich so erfreut hat, daß ich nur seeliger sein kann mit dir in Sibirien Gestern Abend erhielt ich den Düsseldorfer Brief. Hättest du mir eher geschrieben oder bestimmt wo du bist, wo du Verweilst, so wäre ich sogleich irgend wohin zu dir geeilt.

43 *[Zernikow, den 20. September 1804]*

Im Lieben steckt Betrüben
Und wie kanns anders seyn!

Lieber *kränkliger Leib*, nur das kränkt mich in Deinem Briefe, daß ich nicht hinüber lesen kann; werde gesund! Gesundheit ist der Frühling des Inneren, in ihm wird Dir auch ein zweyter Frühlingsknabe nicht fehlen. Ich hatte grosse Hofnungen angrünen sehen in diesem Frühling, aber krankend konnte ich an die Früchte nicht hinlangen, ich hatte Lust sie über die Wiege Deines Kindes hinzu schütteln, daß es mit den rothen Aepfeln spielen möchte, aber nun finde ich in Herbst die Wiege leer! – Ein anderes Wort von Dir verwundert mich, es betrifft Deine eigene Wiege, Deinen Ehestand; Du scheinst hinausgewachsen? Ich kann darüber nichts errathen noch Dir rathen, es scheint aber in dem Knaben die Nabelschnur Eurer Liebe gerissen: nur um eins bitte ich Dich, störet darum Euer *Vertrauen* nicht, es ist eine höhere Durchdringung als Liebe und die Liebe hat nur darin ihren Werth, Vertrauen ist die höchste Leidenschaft und die höchste That zugleich, so daß Leiden und Schaffen darin als That sich figurirt. Sieh dies Vertrauen macht das unendlig Reitzende Deines Lustspiels, lebe wie dein Lustspiel und Du wirst mit mehr Lust zwischen einen Busen als zwischen die Berge sehen. Dir bleibe dann das Zusehen, Dank tausend Dank für alle Deine Zugaben zu meinem Leben, ich wäre sonst bettelarm. Ich möchte Dir noch viel Schönes sagen von Deinem Lustpiele, vielleicht aber ist es eben das Wesen des Lustspiels, daß sich nichts darüber sagen läst, es soll ganz sich vereinigen mit uns, nichts eigentlig wirken wie Tragödien und Possen als Arzeney, sondern als Speise und Trank uns nähren wachsen lieben und wirken lassen[.] So kommentire ich was Du vom tägligen Gebete ums täglige Komische sagst[.] Deine Zugabe an mich beschäftigt mich sehr ernsthaft, einmal, und zweytens möchte ich gerne etwas schreiben, würdig Dir eigen zu werden, etwas wie dein Lustspiel das von seinem Anfange bis zum Schlusse immer schneller je höher wie ein Luftball sich erhebt und endlig dem Auge im Sonnenglanz verloren geht. Jezt kann ich nicht daran denken, denn bey völliger Munterkeit des Geistes fängt mein Blut immer noch beym Schreiben heftig zu arbeiten an

Ich wohne eine Tagereise von Berlin auf dem Gute meiner Großmutter, in der Mitte Oktobers denke ich in Berlin zu seyn, kämest Du früher so könnte ich auch früher dort seyn, nur schreibe bestimmt und in doppelten Briefen, wenn Du ohne wesen[t]lige Unbequemligkeit für Dich mich so hoch erfreuen kannst. Du wohnst dann bey mir, diese Ausgabe brauchst Du nicht zu fürchten und ehe es zum Zusetzen kömst kannst Du mich und was ich werth bin aufs Spie[l] setzen. Lieber wäre es mir freilig Dich am Rhein wiederzusehen, aber ich fürchte mich in Deine Frau zu verlieben, we[il] Du sie liebst. Ihr Sonnet klingt mir noch in den Ohren, das ist der ganz[e] Dank, den ich für jezt ihr sagen kann, Was machen Deine Schwestern?

Wo Dich im Walde eine warme Stelle überkömt da denke an mich, da bin ich, denn ich denke nur an Dich, wo sich der Rhein verliert da landete ich in Holland auf dem Schiffe De jonge Ari.

Dein
Achim Arnim

Ad An Lud. Achim Arnim
zu
Zernikow bey *Rheinsberg*
über Berlin. den 20 September.
Deinen Brief erhielt ich erst gestern bey meiner Ankunft hier

44

[Heidelberg, den 3. Oktober 1804]

Geliebter Freund!

Gestern erhielt ich deinen geliebten Brief, ich soll zu dir kommen, du bist wieder im Vaterland – Als ich noch klein und from war, und zur Beichte gieng, empfand ich immer eine tiefe freudige Bangigkeit, ehe ich in den Beichtstuhl trat, der Priester sizzt an Gottes Stadt bin ich gelehrt worden, und ich dachte mit bebender Hofnung, o möge der Herr mir Alles glauben, waß ich sage, möge ich beruhigt, und gestärkt von ihm gehen, – da die Zeit mir den Glauben genommen hatte, so konnte sie mir doch nie das Bedürfniß dazu nehmen, und meine Liebe, meine Hinneigung zu andern waren die Sakramente, von welchen ich allen himmlischen Trost begehrte, und so mußte freilich meine Hofnung oft niederbrechen. Zu dir gehe ich nun, zu dem Menschen, den ich am meisten liebe auf Erden, wirst du mich wieder kennen, werde ich nicht fremd sein, Arnim wäre ich damals nach Pariß gegangen, es wäre Vieles besser gewesen nach meinen irdischen Begriffen, aber Gott sieht freilich weiter. Schöner als dein geliebter Brief konnte man die Klage des Meinigen nicht auffassen, aber zu helfen ist nicht. Die Schrift kann das auch nicht sagen, ich muß das erst sagen, wenn ich neben dir bin, Eines wünsche ich nur, daß meine Reise zu dir vom Himmel gesegnet sei, daß ich dich finde liebevoll und gütig, daß du mich trösten magst, daß ich mich nicht der Thränen neben dir schäme, daß ich mich wieder ermuthige – muthlos bin ich zwar nicht, nein so ist es nicht zu nennen, sondern tief in Innern unmuthig, in Fesslen liege ich, die mich nicht halten, alle Schlößer meiner Kette sagen, gehe, und das ist traurig, sie liebt mich nicht, und wenn ich mit ihr spiele, klingt sie unmelodisch und ruht sie, dann ists still und öd im Kerker, kein Schall, so brennt die Lampe Abends nieder, ich sinne, wähne mich noch jung, und spreche handlend von der goldnen nie geweßnen Zeit, da klirrt das kalte Eisen, und weiter nichts.

Ein Jahr ist es nun lieber Arnim, daß ich keine Zeile gedichtet, ohne Umgang, ohne Liebe, in steten häuslichen Kämpfen, fühle ich meine Kraft erlahmen, und nun das mir, mir der alles so zerreißend empfindet, Stumpfheit wäre wohl das Ende, und soll es doch nicht sein. Doch fürchte dich nicht vor mir, ich kann so leicht vergessen, und du wirst keinen trüben trägen Freund in mir finden, neben dir bin ich besser wohl noch als sonst, denn ich höre lieber und rede weniger, als vorher. Ich kann wohl erst zu Ende des Oktobers, aber ich komme gewiß, o wie es mich treibt, Arnim sei mir recht freundlich, denn es ist mir keine Lustreise, mit einem Reumatism in der Lende den Winter hin ein zu reißen.

Ich will mancherlei schöne alte Bücher mitbringen, die du lesen mußt, und die dich recht entzücken sollen. Ach

Arnim, waß wird dein Umgang mich gut machen, lieber Arnim, vielleicht gelingt es dir die Ruhe und Hofnung in mir zu befestigen die oft wie Abendroth und Mond in mir aufsteigen, und niedersincken, ich habe viele schöne Pläne zu Dichtungen in der Seele, groß und rein, ich will sie dir ins Herz niederlegen, denn ich selbst kann seit lange nichts hervorbringen.

Ich komme ruhig und bescheiden zu dir, ich vertraue auf dein Lieben, Nicht wahr, du giebst mir keine Thränen, Lebe wohl.

Clemens.

Ich habe hier schließen wollen, denn auch heut drückt mich häuslicher Kummer, aber ich kann ja nichts bessers thun, als mit dir reden. Oft drückt mich die Idee erniedrigend, daß ich so gemeine Leiden tragen muß, die der schlechteste Romanschreiber schildern könnte; Glaubst du wohl Arnim, daß es schmerzt, mit einem kalten Wesen täglich zusammen zu sein, die welche die Häuslichkeit verachtet, ohne zu einem andern Dasein Talent zu haben. Man kann nur mit zweierlei Weibern leben, entweder mit der frommen häuslichen begränzten Frau, oder mit der beflügelten Gedankenerweckenden Fantastischen, und beide müßen unergründlich sein. Sophie ist immer traurig launenvoll und hart, ihr poetisches Streben, welches nie ein ächtes war, ist mit ihren Leiden und meiner Nähe zu Grund gegangen, Sie glänzte unter den Studenten, und war eine Mythe des Jenaischen glänzenden Enthusiasms, mit dem sie untergieng, ich glaubte sie sei ein Kind, und an der Gränze ihres Sturzes, den sie mit der sentimentalen Epoche, in ihrer Ehescheidung begründete, kam ich ihr entgegen, aber sie gab sich mir nicht hin, ihre vorige sehr schlechte Welt gieng nicht in dem großen Liebesmeere unter, daß ich, mich selbst auflösend, um ihre Brust ergoß. Stirb, Stirb in mir, so rief ich ihr im Anfang zu, aber die Götter verwandelten sie in eine kalte nordsche Insel, eine traurig Feld, um das ich mein begehrend Herz bewegte. Alles wendete ich auf rastlos, hoffend, alle meine Wunderbaren südlichen Feenschlößer riß ich ein, und spülte die glänzenden Cristalltrümer hin auf den Sand, ich warf alle reichbeladnen Schiffe auf die Banck hin, und waß mein Schoß verbarg, Alles, Alles gab ich hin. Arnim Öde ist das Feld, muthlos, trüb, und liebt mich nicht.

Sie fühlt das, so wie ich, wir haben oft ruhig drüber gesproche[n.] Alles weiß sie, meine Erfindung an ihr ist nicht erschöpft, aber so nuzlos, daß Sie sich dieselbe selbst verbittet. Wir haßen uns nicht, aber wir töden uns, durch unsere fruchtlose Bemühung Mann und Weib zu sein. Sie haßt den Ehestand, ich liebe keinen solchen Haß. Wir haben viel zussammen gelitten, ich kann von Allem Rechenschaft ablegen vor Gott. Scheiden wollen wir uns nicht, aber trennen wollen wir uns, um uns zu nüzzen. Alles kann ich hier nicht aussprechen, aber du wirst es verstehen, daß ich dich sehen soll ist eine meiner grösten Freuden, und fürchte dich nicht, du sollst nicht viel Klagen hören, du sollst mich durch deine Nähe seelig sehen, wie schön hat das Leben für mich gesorgt durch deine Liebe. Ich würde augenblicklich abreisen, aber es bleibt mir Vieles zu ordnen übrig, deiner Pathenschaft bist du nicht ledig, seis Ariels Bruder oder Schwester, waß im Schooße lebt, will leben um von dir geliebt zu sein. Dies Zweite Kind ist mir von Sophien gewährt, um des Trostes willen, aber das Weitere haben wir uns beide ernsthaft, entsagt, ich werde Vater sein und Freund, Gatte nie. Lebewohl guter Junge, das Herz hüpft mir im Leibe dich zu sehen, ach so soll ich dann wieder frölich sein.

Clemens

Heidelberg 3ten 8bre 1804

Sollltest du mir nochmal hierher schreiben, so erwähne dieses Briefes Inhalt nicht, es drückt.

45 *Berlin den 3 October [1804].*
abzugeben hinter der Katolischen Kirche n 2.

Lieber Clemens!

Erbschaftsangelegenheiten haben mich früher hieher getrieben, als ich dachte, ich stehe wie ein Esel an der Aktenkrippe; in einigen Tagen reise ich auf ein Paar Tage nach

Prenzlau um die Judenschaft zu beschneiden, nachher lasse ich mich hier nieder und schneide mir Federn. Dein Zustand kümmert mich eigentlig mehr als der meine, wäre ich nicht bey guten Freunden er könnte mich erbittern, mich ärgert es insbesondere daß alle Creatur seine Art von Läusen hat, die da yuken und stechen. Komm hieher, ich will sie Dir auskämmen. Zuweilen kommen mir die Sterne selbst nur wie leuchtende Kopfnisse vor. – Ich lerne Deinen Ponce immer tiefer verstehen, die Schauspielkunst dudelt mir so erbärmlig in die Ohren, daß ich dies sämtlige Lumpenpack von den Bretern jagen möchte. Ich weiß nicht ob es ein Gewinn, daß ich viel übersehen lerne, was mir sonst hoch stand. Tieks Octavian steigt mir nicht in der alten Pracht, sondern in die alte Breite. Schiller's Tell ist unendlig unwürdig Tells und Schillers, ich fühle es, daß in mir ein besserer Tell sich nach Himmelsluft sehnt, aber wäre es [nicht] für Dich wem sollte er leben hier, wo Göthes [na]tür[li]ge Tochter ausgepocht. Noch sah ich gestern ein Trauerspiel Iphigenia in Aulis, eine Art von Lumpenkerl zur Vogelscheuche, das Classische ist in eine gänzlige Mattigkeit gesezt, ein reformirter Prediger darin war eigentlig die Hauptperson. Das Interessanteste hier bleiben die Juden, es ist jezt grosses Zagen unter ihnen, weil ihr Vertheidiger Kosmann erschlagen. Pistor ist von einem dicken Jungen entbunden, er schimpft schrecklig auf das Zeitalter, mir scheint aber der eigentlige Schimpf der Zeit, daß sie sich selbst nicht achtet. Ich verstehe übrigens viele nicht mehr recht, sie sind alle [aus] dem Absoluten schön in [die Ti]nte gekommen, lauter Moh[ren,] übrigens weist Du daß ich die Philosophen eben so hoch ehre, als ich die Philosophie tief verachte. Schreibe Du mir eine Wissenschaftlehre, ich glaube daß wäre dein Fach, ich will darauf schlafen wie Alexander auf dem Homer.

Könnt' ich Dich lustig machen,
Ich wollte traurig seyn
Dann spielte süsses Lachen
In meiner Thränen Schein.

Achim Arnim

46 *[Heidelberg, den 25. Oktober 1804]*

Lieber Junge!

Ich habe deinen freundlichen Brief vom dritten Oktober allein deswegen nicht gleich beantwortet, weil ich dir zugleich Nachricht von meiner Abreise zu dir geben wollte. Uebermorgen gehe ich von hier über Würzburg zu dir, ich werde mich vielleicht in Gotha einige Tage verweilen, und bitte dich deswegen, wenn es möglich mir dorthin abzugeben bei Regierungsrath Geisler einige Zeilen zu schreiben, des Inhalts, wo ich in Berlin am besten absteige, um nicht weit von deiner Wohnung zu sein, du hast mir zwar Wohnung bei dir versprochen, worauf ich auch sub Rosa stark gerechnet habe, da ich aber deine Lage nur unter der *schönsten Situation* kenne, so bitte ich dich mir die Kneipe zu benennen, welche die nächste bei dir ist, und wo ich nur nach meinem Gevattermann fragen darf, um den Weg zu dir zu finden. Auf diesen Brief nach Gotha schreibe ich dir sogleich nach Berlin zurück wenn ich ankomme denn von dort aus reiße ich direckt. Ich bringe dir eine Auswahl vortreflicher alter Bücher mit, welche dich erfreuen und belehren werden, besonders soll dich die Lektüre des Tristant entzücken, ich kenne nichts edlers süßers, kühneres und begeisterteres. Zu dem leichteren Behuf dieser Lecktüre bitte ich dich, dir Scherzii Glossarium beizulegen, es ist mir zum Mitbringen zu schwer, und du kannst es überhaubt nicht entbehren, wenn du das frühere Deutsch studieren willst. Ich hoffe von dir, du wirst den Tristant allein oder mit mir bearbeiten, denn allein deswegen habe ich mich noch nicht selbst daran gewagt. Auch den schönsten Helden, den liebsten mir unter allen, Leue von Bourges bringe ich mit, bei dessen Lektüre dir das Herz pochen soll. Du glaubst nicht, wie froh, ich bin, bei dir zu sein, der ganze poetische unerschütterliche Plan meines Lebens muß von diesem Wiedersehen ausgehen, ich weiß vortrefliche Dinge, die zu thun sind, und welche zu vollbringen mit deiner Hülfe ich fähig bin. Ariel trift alle einfache und tiefsinnige Gemüther tief, alle Seelen, welche Tieck sincken ließ, ergreifen ihn wie festes Land und steigen zu hoher Hofnung. Ich habe dir deswegen nur, theurer Junge, bis jezt so wenig über dieses dein vortrefliches Buch gesagt, weil es in der Natur der Bücher kein Buch, weil es die Offenbahrung eines Gemüthes ist, wer wäre im Stand etwas über jenen Geistvollen geisterischen Aufsatz von dir in der Europa zu sagen, welcher die Europa ist die allein den schlegelischen Stier zum Jupiter machen konnte. Von meiner genauern freundschaftlichen Berührung mit Ludwig Tieck habe ich dir auch vieles zu erzählen. Apropos Tieck – Friedrich Tieck hat doch vor einem Jahr meine Büste gemacht, auch habe ich vor undenklicher Zeit einen Abguß bei ihm bestellt, um ihn dir zu senden, aber er hat es biß jezt nicht gethan da er sehr faul ist, ich bitte dich an ihn nach Weimar zu schreiben, und ihn selbst um einen zu bitten, ich glaube, er wird ihn dir bald machen, da ich weiß, daß er aus Nebenbuhlerei mit Schadow seine besseren Arbeiten gern in Berlin sieht. Sehr freute es mich von dir zu hören, waß du vom Oktavian schriebst, er hat mich für Tiecks Ruf sehr geärgert, denn er ist ein langweiliches gereimtes Volksbuch, ein recht schlechtes Produckt eheu. – Ich erwarte deinen Brief in Gotha.

dein Clemens

Heidelberg 1804.

Bei deiner Prenzlauer Judenbeschneidung fällt mir folgender Anfang irgend eines irgendwo gehörten Liedes ein

> Herodes kam über die Brücke geritten
> Als hätt' er den Juden die Schwänze beschnitten

Ich bringe manche Lieder mit, Vielleicht kommen die Liederbrüder doch noch zu stand, wenn du nicht zu stolz gegen mich bist. Waß sagst du dazu das Ritter seine Aufwärterin, eine der gemeinsten jenischen Gassenhuren, häßlich schmuzig geheuratet hat, und dann nach München als Akademisien gegangen ist. Das kommt von den Metamorphosen in Novalis 2ten Band, Von Ritter weiß ich bestimt, daß er diese Aufwärterin eine Zeitlang für die Mutter Gottes gehalten hat. Apropos in dem Dienemannschen Romanenjournal ist ein Roman von Ritter, die Kirche und Götter. – Meine Chronicka eines fahrenden Schülers, welcher erst wenige Bogen hält, soll in Berlin unter deiner Leitung fortgesezt werden, ich hoffe es wird etwas leidliches.

25 8bre

47 *[Berlin, Ende Oktober 1804]*

Was brüderlig sinke zum Augenstern?
Willkommen im Grünen
Der Erde Entkühnen
Abendstern.
Dunkelroth am Erdenrande
Weiß und klar im Himmellande,
Treu so fern:
Nun sinken die Augen mir so gern!
Nun einen *erhebt* es sich so fern
Gute Nacht.

Dein L. A. Arnim

zu erfragen n 2 hinter der Katolischen Kirche bey H. von Redtel und von Raumer, oder im Levyschen Hause hinter dem *neuen* Packhof wohnend, wo seine ganze kleine Welt Deiner wartet.

48 *Gotha am zweiten Christtag. 1804.*

Hier bin ich nun wieder 3 Tage bei zwei hipochondrischen Eheleuten gesessen, und habe ihren Kindern gestern bescheren helfen. Morgen gehe ich weiter. Meine Postwagenwelt bestand aus 3 Juden und einem Türken der bei dem Berliner Gesandten ist, der alte Hund jau[l]te mehr, als mein Junger, den ich hier während den 4 Tagen meines Aufenthalts dem Polizeileutnant Siegel unter Siegel gegeben, welcher einen Freitisch und Schiß für Hunde hält. Auf der Reise legte mein Hund viel Ehre ein, aber blos als Hünerhund, für einen Windhund will ihn kein zahmer oder wilder Jäger erkennen, und der alte Hurentürke behaubtete sogar, daß er kein türkischer Hund sei. Von Wittenberg nahm ich einen Wagen nach Halle, wo ich um zu Mittag zu essen, und gleich weiter zu fahren, auf dem Pakhof zwei

Stunden plompirt wurde, In Weimar traf ich Friedrich Tieck und Madam Alberti bei Vogt, Ludewig aber der Schalk, war kaum einen halben Tag dort gewesen, seine Schwester die todkranke sich nach einem *milderen Klima* im Winter sehnend war mit Knorring schon den Tag vor seiner Ankunft nach Gotha, wohin er nach eilte, und sodann alle nach München, Fried[rich] sagte Ludewig denke nicht daran seiner Frau etwas davon zu schreiben, und preise sich glüklich aus dem *Sandloch* heraus zu sein, in München wollen sie verweilen biß Friedrich nach Italien geht, ach der Heuchler, o der verlaßenen Ziebingerin. Ich war schon wieder einigemahl in der Bibli[o]theck, und werde mir einige Manuskripte abschreiben lassen. Friedrich Tieck wünschte sehr du mögest Ludewig einige Empfehlungsbriefe an Münchner Potentaten geben, waß wird das Heldenb[uch] und Nibelungen gewinnen. Grüße Bartholdy von seinem Hund den ich Tyll genannt habe, um sein unbändiges Scheiss– zu idealisiren, und vor allem grüße mir die Pistor, sage ihr, wenn ich meine Frau nicht wenigstens ein Viertel so liebenswürdig wiederfände, als ich die Pistor verlassen, so käme ich wieder nach Berlin, und gieng in ihren Keller um in die verbotnen Aepfel zu beißen, und ihrem Manne schnitt ich die Tabacksrolle ab, wenn sie mich nachher hängten, so wollte ich unter dem Gedancken an sie suffocativ, das heist auch vocativ o Lotte, an Galgen erigirt sterben.

Wenn ich an deine Liebe dencke, theurer Junge, so bin ich ordentlich, ich weiß nicht, wie genug beschämt, danken kann ich nicht, nur bitten kann ich, laße mir dein Herz freundlich werde mir nicht fremd, zu Heidelberg, sollst du mich entschuldigen lehren, für mein Unglück, das oft so unbescheiden gegen dich war. – . Lebe wohl Allen Freunden meinen Gruß. Von Hauß mehreres dein

Clemens

In einem alten Journal. Monatliche Unterredungen genannt bei Gleditsch herausgekommen im Novemberstück von 1691 und im Julius 1697 steht vieles, auch Auszüge, aus den hiesigen Manuskripten. – . Ich bitte dich überhaubt dir aus Blankenbergs Zusäzzen zu Sulzers Theorie, unter den Artikeln Lied, Erzählung, Heldengedicht ect. die Journale zu merken, in welchen mancherlei Lieder und Anderes Altes zerstreut steht sie dir hie und da zu borgen oder kaufen und etwa von Frohreich in ein Buch zusammenschreiben zu lassen. Auch bitte ich dich, um die gütig versprochen Beiträge zur bunten Reihe, und auch den guten Bartholdy bitte drum schicke bald etwas, taugten deine Ossiana wohl dazu? –

1805

49

[Heidelberg, um den 5. Januar 1805]

Lieber Freund!

Mehrere Tage bin ich nun wieder in meiner Heimath, wo ich liebevoll, ja sozusagen recht verliebt aufgenommen worden bin, das ganze Gemüth Sophiens hat sich in meiner Abwesenheit gesezt, und sie, recht liebenswürdig, gütig und leidenschaftlich geworden, ich kann über nichts klagen, und befinde mich, bis auf zwei Punkte wohl. der eine ist die vielen verwirrten Lieder in deiner Komode, der andre die wunderlichen Bücher alle auf der See. Ach lege doch die Lieder zusammen, damit du sie mitbringen kannst, sie sind mir ein wahrer Niebelungenschatz, und wenn du länger zurückhälst, fließt der Rhein durch deinen Coffre. Ein wunderbares Jauchzen ergriff mein Herz, da ich die Pfalz betratt, alle Eichbäume starrten mir, wie Löffel aus dicken Brei entgegen, ich bin erstaunt, wie dieses Land auch im Winter gesegnet ist. Man kann hier bei Eis und schnee nur an den Zukerbecker dencken. Sophie war im höchsten Puzz, da ich in deinen Stiefeln anlatschte es war Neujahr, sie wollte zum Schmaus gehen und nahm mit mir vor lieb, nun dencke dir, sie ist ziemlich dicker geworden, und der Unsichtbare, der deine Liebe erwartet, bewegt sich wenn ich von dir rede, wie sich mein Herz bewegt, wenn ich an dich gedencke. Lieber Arnim, es ist auf Erden nichts zu geben, das des Nehmens wehrt ist, als das Innerste Vertrauen, ich kann dir nichts mehr geben, als waß du hast, meine innige Verehrung meinen Glauben, meine Hofnung, meine Liebe hängen an dir, du wirst dich nicht von mir wenden, weil du mich vielleicht durch unsre Nähe unter deiner Erwartung gefunden, behalte mich immer bei, jeder andre ist nicht besser, und ich kann doch wenigstens sagen und sage es gerne, daß ich dich unendlich liebe, und daß ich ohne meinen Glauben an deine treue Gesinnung für mich ohne Vertrauen auf irgend etwas, ohne alle Stüzze in freudelosen Minuten wäre, und dieses Vertrauen zu sein, ist schon der wehrt, nicht untreu zu werden. Die Idee dich hier zu haben, ist das schönste, waß ich und Sophie vom Frühling erwarten, auch Kreuzer und Daub zwei wakere Männer sehnen sich herzlich dich von Angesicht zu sehen, du wirst Freude genug und Liebe die Menge finden, und auch in Frankfurt erwarten dich nun sanftere Augen und ein stilleres Herz. Ich habe Betinen die Tasse geschickt aber noch keine Antwort, ich vermuthe sehr, daß sie nun gänzlich mit Christian verbunden ist, dem sie für ihre geringe Schreiblust bei seinen neusten Abentheuern genug wird zu schreiben haben. Sein neustes Abentheuer ist mir aus dem Herzen gehandelt, und spricht mir abermahls für die große Liebe und das Vertrauen, das ich zu ihm habe, ich habe nehmlich von Marburg aus gehört, daß er das wunderschöne Erdbeermädchen, welches er und ich und Savigny von jeher geliebt haben, und welches uns nur zu selten Erdbeeren brachte, ein wirkliches Ideal bäurischer Unschuld, milder adlicher Schönheit, jungfräulicher Jugendblüthe, kurz das wunderbarste holdseeligste Geschöpf von 15 Jahren, von ihrem Dorfe weggenommen, ihre Kleidung verändert, und sie zu einer einfachen Erziehung unserm Freunde dem Pfarrer Bang übergeben, ich zweifle nicht mit dem festen Entschluß sie einstens zu seinem Weibe zu machen, wie gefällt ihnen das, Herr Bruder Graf, ist das nicht ein rechter Brentanosstreich. Ich sage dir Arnim, so etwas wie dieses Mädchen lebt nicht mehr, und Christian beweißt mir in dieser Handlung unsäglichen Muth, denn es gehört mir viel

Muth dazu, seine Augen zu einer solchen Himmelsgestalt zu erheben, ich habe nie etwas aus meiner Familie gehört, waß mich herzlich erfreut hätte, als dieses. –. Meine Schuld gegen dich werde ich theilweiße nach und nach zu tilgen suchen, in vier Wochen ist hier eine Auktion, wo manches vorkommt, daß dir erwünscht sein mag. Sophie dankt dir für den schönen Titel, *Bunte Reihe*, sie wird ihn beibehalten, sie hat während meiner Abwesenheit einige schöne Lieder geschrieben, die in einer andren Art und besser als alle ihre vorhergehenden sind. Ich habe sie überhaubt ruhig und mit ihrem Geschick sehr zufrieden wiedergefunden. Bartholdys Hund ist glüklich mit hier angekommen, er ist schon ziemlich groß, aber in seiner Gestalt noch immer unentschieden, ich kann auch eingestehen, daß er mir jezt noch mehr Mühe als auf der Reise macht, wo die Kälte einen Theil seiner Zucht übernahm. Grüße mir seinen Herrn freundlich, und versichre meiner aufrichtigen Zuneigung, auch bitte ihn er möge mir die Lieder nicht versagen und nicht zu viel Vögeln, da mir die Lieder recht angenehm und nützlich, das Vögeln ihm aber wenngleich angenehm doch im übermaaß unmöglich in die Länge gesund sein könne, da er waß die Breite angeht wenig zuzusetzen, und also viel zuzusetzen habe. Waß soll ich für Pistors Frau sagen, das du ihrem Mann nicht sagen dürftest, ich habe sie sehr lieb, sie ist ein geliebtes Bild aus keiner Schule, ich wünsche daß Pistor nicht Tiecks Kritick mit mehr Glauben nachbetet, als er es bis jezt gethan, sonst wird sie mit den Holländschen Schlachten ausgemustert, Gott gebe ihr die feinste Wäsche, hänge seinen Bart zum Himmel herab, daß sie sich dran hin auf spinne, und das gelbe Fieber soll sie nicht eher berühren, ehe es goldnes Fieber heißt, auf ihrem Tisch soll jeder Schiffer aus verliebter Verlegenheit seine Magnet nadel stehen laßen, ihr Hemd soll nie zerreißen und immer weiß bleiben, ihre Schuhe soll sie nie schief tretten, ihre Augen sollen nie weinen, ihr Herz nie brechen, sie soll lauter Liebhaber haben, die besser sind als ich. –. Reichharden mache mein Abschiedskompliment, und bitte ihn um Verzeihung, daß ich es nicht selbst gethan, auch erzähle ihm einige Anekdoten von mir. Weiter weiß ich biß heute nichts, nächstens schreibe ich dir waß ich für dich gekauft, ich will auch dem

Mahler Müller seine Gedichte für dich kaufen, es ist der, nach welchem Tieck die Genofeva schrieb. Ich laß neulich in der allg deut Bibl Von dem Bruns in Helmstädt, der die von dir Gesalznen alten Gedichte herausgab, Beiträge zur Bearbeitung alter Handschriften, ich glaube, daß es intreßant sein kann. Wenn ich die zwei Folio Hanns Sachs in Speier noch für dich erhalten kann, so thue ich es. Lebe wohl geliebter, sehne dich ein wenig nach Heidelberg, dein

Clemens

o denke doch an deine Gedichte! und sende mir einige, auch bitte ich dich um die Romanze von mir, das Königstöchterlein und der Falke, ich habe sie nicht selbst.

Von Savigny haben wir die traurige Nachricht, daß ihm bei seinem Einfahren in Pariß sein Koffer abgeschnitten wurde, mit welchem er alle seine Manuskripte, alle seine Exzerpte überhaupt alles, waß er seit mehreren Jahren zu seiner Reise vorgearbeitet hat verlohren gegangen ist, er ist darüber untröstlich, und die Wißenschaft kann es mit ihm sein. Recht sehr hat mich die Nachricht von Ungers Tod verwundert, da ich noch kurz vorher in Berlin zu Wittich scherzweiße gesagt, ich freue mich auf seine Auktion, ach wir arme Menschelchen, es braucht weniger als Pistors Glauben dazu, ein beßerer Prophet zu werden, als Burgsdorf. Grüße mir auch die Alberti. Tiek hat deinen Brief erhalten und will dir die Büste machen, bedarf aber wohl noch einer Ermahnung.

50 *Berlin den 14 [und 19.] Jenner 1804 [lies: 1805].*

Lieber Clemens!

Ich habe Deinen Brief aus Gotha wie ein unerwartetes Geschenk des Himmels erhalten, aber daran *erkennt man euch ihr Götter!* – Ich schreibe mit Rabenfedern, daher die fremde Stelle, wenn Göthe anders fremd werden kann. – Schon fürchteten wir, ich und meine Filtrirmaschine und mein Windofen Du würdest unsrer nicht mehr denken, wir waren Dir doch etwas fatal geworden? – Jezt siehst Du nun bald das unvergleichlige Frankfurter Eisenblech wieder, ich höre Dich noch wo ich gehe und stehe, es kommt mir sogar oft vor, als wenn die Offiziere bey Krause und in der Komödie mir Deine prächtigen Anmerkungen über ihre Uniformen Nasen und Gabel und Messer selbst zurufen und das bewährt Deine Objektivität. Dazu kommt noch daß die Pistor immer nach Dir frägt, ich habe ihr neulig die lustigen Musikanten vorgelesen, Schleyermacher aß bey ihr mir fiel bey ihm das Lied ein Daß ich Plato für und für Bin gesessen über Dir. Nachher gab es eine kleine Ehestandsscene, Pistor mochte zu viel getrunken haben, ich hatte alle Mühe an mir zu halten. Es war doch gut, sie waren bald versöhnt, wenn sie nicht im Bette ihre Sache noch ausgefochten nachher. Vivat die Tabacksrolle; Du solltest ein Journal des Namens herausgeben. Ich habe nichts von Deinem Taback aus den Spinden herausgespengelt, Du sollst alle Tabacksbläter finden wie Du sie verlassen, von Dir ist es einzig mir geblieben – Doch ich vergesse Simpl: Springinsfeld und die Dame Kourage sind meine täglige Gesellschaft, sie und die Gachet bey Frankfurt und die Eugenie sind eine Person, ich möchte ihren Lebenslauf vollenden. Bartholdy's Pulver könnte darin sehr guten Effekt machen. Er verspricht Dir einen Nachtrag zu seinem Hunde zu schiken, ich möchte zur Bunten Reihe etwas schicken was ich selbst *bunte Reihe* genannt habe. Einge neue Lieder von mir hat Reichard sehr schön komponirt, ich werde sie Dir senden, wenn sie gedruckt,* er giebt eine neue musikalische Zeitung mit dem Anfange dieses Jahres heraus und eine Sammlung von Compositionen, *le Troubadour* genannt. Für alles was Du mir über die Widertäufer senden könntest, einen frischen Gruß und einen fetten Dank, mein Johann von Leyden hat den Waldemar nach heftigem Kampf zurückgedrängt, beynahe wären sie beyde darüber in einander verstossen von der Brücke gefallen, aber Johann blieb an seinem Königsmantel hängen. Du weist daß Unger an einer Zukerfabrik in der Harnblase gestorben, das hat mir einmal recht leid gethan, auch mit wegen der verzukerten Formschneidergedanken, zweitens thut es mir leid, daß wahrscheinlig seine Bücher

* Einliegend eines. Die Rose blüht aus den drey Weisen, die ich ihm gegeben hat er wunderschön musicirt, Du must es beym ersten mal singen, sobald sie gedruckt ist sie bey Dir.

nur im Ganzen verkauft werden, sonst könnte ich Dir manches wiederschicken für die Widertäufersachen.

Der Tod, der lose Geselle, hat mir einen dummen Streich gespielt, der gute brave Hintze, der Pächter in Bärwalde ist gestorben, das lange Liegen nach dem Beinbruch hat ihm einen Schlagfluß zugezogen. Die Leute rathen mir seine Frau zu heirathen; ich käme dann auf einmal, wie Du es nennst, zur Herrschaft meines Gutes[.] So ist die bunte Reihe. –

Der Christmarkt mit seiner sternklaren Nacht hat mich mächtig erquickt, ich habe ein Duzend Waldteufel verbrummt, alle üble Laune für das ganze Jahr. Einen Abend waren wir recht froh mit Pistors dort, ich und Redtel wir führten die Frau, die beständig ausgleitete, wir waren ein rechter Beystand für sie. Da sahen wir bey dem einen Conditor das ganze Revülager mit Berliner Karikaturen angefüllt, bey einem andern eine Gegend aus Preussen, in der Kirche brannten die Lichtchen, vor der Kirche ließ eine Frau ihre Kaze tanzen. Deine Tante war dort und Fräulein Sterien [?], den Helmuth hob ich über die Menge empor zum Zusehen. Allgemeine Danksagung. Auch habe ich ein dickes Mädchen beschauet, desinit in piscem mulier formosa superne, unten als Mann, oben als Frau in prachtvollem gelbseidenen Aufsatze, aus dem Braunschweigischen gebürtig 18 Jahr 11 Monat alt, drey Zentner schwer, vielleicht eine Verwandte von Winkelmann, der die Kunstgedanken ins Fleisch gegangen. Sie ist bey der Versammlung der hiesigen humanen Gesellschaft ausgestellt worden und hat eine Rede von dem Tische herunter gehalten, die ihr ein Jude eingeblasen homo sum humani nihil a me alienum puto.

Deine Nachrichten von Tieck ruhten still in meiner Herzgrube um ihn nicht in Verlegenheit zu sezen, wenn seine Frau es durch Reichardt oder die Pistor erführe. Gestern sagte mir Reichardt lachend, daß sich die Bernhardi den Tieck zum Schuz gegen den wassersüchtigen Recktor verschrieben, daß dieser doch den Angrif gewagt, sie in Weimar nicht getroffen und nach Würzburg nachgereist. Er sezte in seiner Manier recht artig hinzu, das schwache, magre, lappige Volk wolle sich in allerley künstlige Lagen sezen um poesiren zu können, da ihnen sonst die Poesie ausgegangen und sie die Poesie nun einmal für ihre Pflicht hielten. Dem Knorring spricht er durchaus alle Männligkeit ab, sehr sonderbar ist es allerdings daß er sich den Tieck gegen den Recktor zur Hülfe gerufen.

Ich danke Dir für die literarischen Nachweisungen, besser kann ich Dir nicht lohnen, als in dem ich Dir die *Volks-Sagen von Otmar. Bremen bey Wilmans 1800.* empfehle, es wird dir eine neue Welt von herrliger Erfindung aufgehen, Tieck und Novalis haben ihn schön bestohlen und nie genannt. Er hat mich zu einem Aufsaze veranlasst, von dem ich für die gute Sache etwas hoffe. Ich habe nie in der Welt etwas Rührenders gelesen als vom kleinen Zwergvolke was den Grossen alles giebt zu ihren Festen für ein Paar Brodtrinden und endlig für ein Paar Erbsen, die sie aus Noth stehlen jämmerlig verjagt werden und wie sie da über die Brücke Trappeln, jedes ein Münzchen niederlegen muß und ein Faß damit füllen. Der Ziegenhirt der Ritterkeller, die Wunderblume schönere Romanzen giebt es nicht und das Epos von der Roßtrappe gehört durchaus in die Niebelungen, so wie mehrere der Zwergsagen. Dort in der Einleitung habe ich die wichtige Nachricht geschöpft, daß der Karakter des Schelmufsky aus Homers Hymne an Hermäs gestohlen, vergleiche S 64 u 65, du must diese Hymne in dein Exemplar des Schelmufsky einschreiben. Ich habe ein Lustspiel entworfen, wo Schelmufsky im Gewitter in das Haus eines Juden steigt, der den Messias mit Cupidoren lockt.

Berlin den 19 Jan

Gott weiß Dein zweyter Brief hat mich sehr bewegt, ich hatte wohl gezweifelt, ob Du wahr gegen mich gewesen, ich schien mir so überflüssig Dir, daß ich nicht begreifen könnte, wie ich Dir jemals nothwendig gewesen. Es geht alles besser als die Gedanken[.] Du bist glücklig und bist mir gut. Was will ich mehr. Ich lege Dir zum Spas einen Brief an Deine Frau ein, aber gieb ihn nicht ab, lieb ist es mir, daß ich ihn so lange verzögert. Das Zögern ist eine hohe göttlige Thätigkeit. Ich schicke Dir den Brief wie ein Testament, wenn der Testamentarius wieder gesund worden und die Bücklinge beym Genesungsschmaus darin backen läst.

Deines Bruders Heirathserziehung gefällt mir nicht, er hätte lieber eine Erziehungsheirath machen sollen, ich meine mit dem Heirathen anfangen. Es gehört eine verfluchte Resignation dazu, seine Geliebte zum heirathen zu dumm zu halten. Er kann sich nur in acht nehmen, daß ihm der Schwarzkünstler Bang nicht Brombeeren statt der Erdbeeren hinein legt in ihr – Körbchen. Glückauf indessen sage ihm von mir. Daß es ihm nicht damit geht wie Savigny mit dem Koffer! – Ob wohl etwas in der Welt seyn sollte, was durch einen solchen Zufall vernichtet werden kann? Es ist eine sonderlig traurige Frage.

Hätt ich der Pistor alles bestellt, was Du mir aufgetragen, wer weiß das Unglük. Du hast eine Leidenschaft Dich vermissen zu lassen, Du schreibst ihr mehr Schönes, als Du ihr je gesagt. Deinen Ponce hat sie Abends im Bette gelesen, Du hast ihn im Liegen geschrieben. Burgsdorf liest der Tieck deinen Godwi vor, da sie noch keinen Brief vom Zerbino erhalten. Die kleine Pistor sagt, er sey auf Reisen ganz toll, er vergesse alles, Frau und Kind. O Saperment, als ich dergleichen hörte.

Gestern war ich in der Opernprobe, ein gewaltiger Streit zwischen der ersten Säng: Marcheti und dem Kapellm: Himmel eröffnete sie, sie nahm das Publikum und das Orchester in Anspruch, das Orchester gab durch Melodieen seine Antworten, der Kapellmeister muste die verbinden, die Tänzer tanzten ihre Meinung, die Chöre sangen sie, die Dekorationen zeigten sie und die Lichter brannten sie aus.

Ich habe mich so müde geschrieben an dem einliegenden Falkonierliede, daß ich Dich auf das Nothwendige sezen muß. Reichardt hat die Rose für dich abgeschrieben, mag

Deine Frau Dich damit einsingen in Blüte und Frucht. Iudas Ischariot hat mich vierzehn Tage warten lassen mit seinem Mengel-Werke (wie die Holländer vermischte Gedichte nennen), es ist aber noch nicht aus gemangelt und gaar gebacken, doch hat er mir ein Pack Bläter gezeigt, ich halte sein Münzkabinet für die Silberlinge deren schon in der Bibel erwähnt. Uebrigens scheint er gar nicht in Griechenland gewesen zu seyn; seine Erzählung von den Lustbuben das Hauptstück seiner Reise habe ich vor einigen Tagen in einem Hurenhause hier aufführen sehen, wo ich mich als wandernden Schauspieldirektor aufführen ließ, der allerley Subjekte brauche. Selbige Menscher hatten alle Lust zu dieser Anstellung, ihre Kunst fing damit an, daß sie einander Fuß gegen Fuß Hand in Hand fassten, sich langsam überbeugten daß die Augenbrauen und die Füsse der einen an die Erde, hoch empor Busen und Leib

das ging abwechselnd immer schneller und schneller, bis sie wie bebende Flügel eines Nachtvogels nicht mehr zu unterscheiden[,] dann fielen sie in bedeutendem Winken aus einander, liessen eine Flötenuhr spielen und walzten liegend über die Erde in unendliger Künstliekeit, wies man wohl in Sommerszeit bey uns auf dem Rasen trudeln nennt. – Sie machten das alles so unschuldig, daß ich mir nichts Böses dabey denken konnte ich ging sehr erbaut und ohne Unruhe in mein einsames Bette schlafen. Ich habe gar oft in ehrbaren Gesellschaften viel schlechtere Gedanken fassen müssen. – Ich will mich kurz fassen. Lebe wohl.

Achim Arnim.

51 *[Heidelberg, den 15. Februar 1805]*

Lieber Arnim!

Hier die Anabaptister Notizen, ein weitres hinten.

*Geschichte der Wieder*täufer zu Münster in Westphalen aus einer lateinischen Handschrift Hermann von Kerssenbroick übersezt mit Kupfern. 1771. 4°

Dieses ist sicher noch im Buchhandel, und bekanntlich das beste und weitläufigste darüber, wenn du dir, biß es Nikolai dir schaft eine Idee davon machen willst, so sieh *Mosheims Kirchen*geschichte des neuen Testaments 1776. Octavband. pag. 129 note y, nach, wo außer einem Auszugs Kerssenbroicks, noch andre Anababtistika stehen.

Melchior Hofmann aus Schwaben ein Kürschner dann Prediger zu Kiel 1527 – predigte durch Westphalen und Ostfriesland 1529 – wiederrief sterbend zu Strasburg (1540) sieh –

Krohns Geschichte der Wiedertäufer. Leipzig 1758

David Georg aus Delft. – Historia vitae doctrinae et rerum gestarum Dav. Georgii conscripta ab ipsius Genero Nic. Blesdikio. ed. Revio Dauentr. 1642.

Adelungs Geschichte Menschlicher Narrheit. Theil. III. S. 336 338–49 sind eine Menge hierhergehöriger Schriften angeführt.

*Mosheims Kezer*geschichte. Th II. S. 425.

Schröcks Lebensbeschreibungen. B. I. S. 264

Corrodi kritische Geschichte des Chiliasm. Band. 3. Theil 2, Seite 281.

In obgenantem Adel Gesch der Narheit. S. 398 stehen eine Menge theosophischer Schriften, deren sie sich bedient

Ueber den David Joris siehe in Schardii Scriptoribus rerum germanicarum, die du gewiß in Berlin findest. T III. p. 30.

Weiter Arnolds Kirchen und Ketzerhistorie.

Auch in angeführtem Schardius steht Tom II pag 298 abgedruckt Lambert Hortensii tumultuum anabapt. liber.

Auch im Schleidanus Historia sui temporis steht die Münstersche Geschichte weitläufig. Dieses Buch hat man deutsch und Latein es ist sehr häufig in der Berliner nächsten Spaldingischen Auktion kömmt sie gewiß vor, doch erkundige erst um die beste Ausgabe, da sie einige mal castrirt erschien, auf eben diesser Auckzion mag sich manches der angeführten Bücher befinden worauf du achten mußt, ich selbst sende dir per postwagen eines der seltensten und liebsten Bücher meiner Bibliothek ein Gesangbuch der Wiedertäufer, worinn ihre Märtirergeschichten in vielen Balladen stehn, einige habe ich gezeichnet, auch das Lied, woraus Winkelmann die Pura Fabrizirte, urtheile wie. Auch hoffe ich dir eine Beschreibung des Münsterschen Vorgangs aus der Zeit selbst in Quart senden zu können, welcher sich in Savignys Bibliothek zu Marburg befindet, wenn man ihn dort auffinden kann und mag, dieser könnte, wo nicht das erschöpfende, doch das individuellste enthalten. Das Gesangbuch und das vom Savigny bringst du mir wieder, wenn wir uns im Mai hier sehen, Sophie und ich rechnen bestimmt hierauf, ich will dir schreiben, wie du reisest, du schreibst mir bestimmt den Tag deiner Abreise und gehst halbweg biß nach Gotha, wo du in dem Hause des Regierungsrath Geißler, der dich schon erwartet abtrittst, biß dorthin komme ich dir mit einem Heidelberger Kutscher entgegen, der uns hierher wieder zurückbringt. Meine Frau wird im Mai niederkommen, und du wirst dann vielleicht ein glücklicherer Pathe sein, in deinem nächsten Brief den ich früher erwarte, als der vorige kam, schreibe mir hierüber etwas bestimmtes. Ich habe in der Gewißheit deiner Herkunft mir ein anderes Quartier gemiethet, wo wir einen Garten haben, der biß an den Neckar geht, und mit einer Altan nach dem Wasser Zeigt, so daß wir in jedem schönen Abendschein auf dem Necker mit der Guittarre fahren können, und dann die blühenden Berge, und deine Liebe, nu du weißt schon. Aber da fällt mir Etwas schrekliches ein, stelle dir vor, die Franzosen Verkaufen die alten Schlößer am Rhein um ein Lausegeld, Krämer kaufen sie und lassen sie als Baumaterialien abbrechen, das ist unsre Zeit, und man muß wirklich ein so blindes Auge haben, wie beiliegendes Bild Bonapartes, welches *ein Präsent für Reichard* ist, um so waß zu übersehen, Staarstechen kann nach diesem Bilde mit Kaiserschnitt verwechselt werden, und cio e veramente la fisionomia di buona parte; Viele wollen in der weiblichkeit seiner Gesichtszüge Anzüglichkeit finden. Stirn, Nase und das liebäuglende des Blicks sollten wir das wohl der Grassini zuschreiben können, doch genug hievon hier ist eine Erklärung, die ich dich um Alles in der Welt nicht als von mir jemanden bekanntzumachen bitte, da mir dadurch vielleicht Verdruß entstehen könnte, denn Reichhard ist der Verschwiegendste nicht.

Des Helden Aug schwamm oft in süßen Freiheits Zähren
Und schwanger ward die Stirn mit einer Republick
Doch konnt' das kleine Ding das Große nicht gebähren
Dies zeigt der Kaiserschnitt in seinem finstern Blick
Der Nase Kräftger Bau ist nun der Menschheit Stüzze
Der weisen Rede Perl' kneipt in des Bartes Rizze
Die rauhe Auster ein, mit fein gebissner Lippe
Ruht sie auf seines Kinns oft Sturm umwehter Klippe.

Das ganze Portrait kannst du dir von den Bartholdyschen Buhltänzerinnen, die du in Berlin gesehen vorstellen laßen ect. es wäre gewiss ein glücklicher Vorschlag für die Streber nach dem *Polarstern* diesen Karakter recht ins *Aug* zu fassen, und ihn nach Schlegelsch Ideen romantisch wieder zu geben, denn der ganze Kopf ist ja ein wahres Liebhaber Theater. Ich finde in der ganzen Erfindung wirklich eine feine Ironie auf unsre neue Kunst-Poesie, das ganze ein Finsteres Heldenbild Attila, Alexander, Bonapart, im römischen Costume, dann wieder das mistische romantische süße das Auge so recht indisch überhaubt das tief sinnige Gematsch, das Aug ist so ernst und doch auch so voll Lacrimas ect.

Das Wäre für deine fette Ostfriesländerin und deine Bordel Scene eine Antwort, nun weiter wieder etwas von Büchern. Den 11 Merz ist in Leipzig der Verkauf der Börnerschen Bibliothek, das ist ein enorm dicker Catalog, worinn vieles für dich steht, in Berlin nimmt Commission an der *Candidat Bakofen in der alten Leipziger Straße auf dem Werder*, der dir auch einen Catalog geben können wird. pag 42 N°. 63 das Heldenbuch 4° dieses ist zwar nicht die älteste beste Ausgabe die du bei mir sahst, aber dennoch sehr selten, wie das Heldenbuch selbst, das du doch haben mußt, sie ist übrigens mit der alten deßelben Innhalts du kannst ruhig ein 4 rtl. drauf bieten pag 216 kommen hintereinander alle die Scriptores rerum germanicarum 4511–13 steht der Schardius worin einzelne Anababtist stehen wie ich oben zitirte 4530–32 Schilters Thesaurus dieser enthält die ältsten *poetischen* Documente du kannst biß 7 rtl. bieten. 4751 steht der Theuerdanck und der Wieskönig, wenn sie dich interressiren. 4881 Fuggers Ehrenspiegel ein schönes Buch etwa 3 rtl. 5114 Kronecke der Sassen ist eine große Rarität und intressant, steht aber in Leibnitz scriptoribus wieder abgedruckt ich würde dir also eher einmal zu jenen rathen die du um viel weniger Geld, und mit herrlichen andern nachrichten erfüllt haben kannst. Seite 268. fängt eine ganze preusische historische Litteratur an die mehrere Blätter durchläuft, wo du dich recht laben kannst. 5525–27. stehen die Leipnitz Scriptores sind ihre 4 rtl. wehrt. Pagina 308 steht Schweizergeschichte, wo der Stumpf, Tschudi, vorkommen. Im *Anhang* stehen folgende Bücher für dich.

pag. 114 N° 1885. Bokkatz lantine novellae eine alte übersetzung, angebunden 2) Pauli das Buch Schimpf und ernst, beides ist äußerst interessant, und 4 rtl. biethe ruhig. weiter 3942 Petri de Dusburg chronicon Prussiae mit zwei anhängenden, gleich intressanten 4°. 2 rtl. –

Dieses sind nur einige von denen ich weiß, daß sie dir dienen, und auf welche du commitiren mußt, willst du dem Bakofen die Commissionen nicht geben, so gieb sie in Leipzig dem Proclamator Weigel, welchen du nur schreiben kannst, du wärst ein guter Freund Savignys um dich der besten Bedienung zu versichern, ich selbst habe schon auf viele Bücher auswärts für dich geboten, die seltene herrliche Collnische Chronik ist unterwegs zu mir, aber sie ist etwas theuer, sie ist von 1494, und kostet 2 Louid'ors, ausserdem erhälst du auch die älteste und Fabelhafteste Legenda historia lombardica genannt in Folio, und viel anderes interressante. Aber waß machen deine englischen Bücher, sind sie noch nicht da, so oft die Wind geht, sehe ich den König Parismus ersaufen!, aber du hast gewiß noch nicht drum nach London geschrieben, du Faullenzer, Für die Musick danke ich dir herrzlich, die Rose ist recht artig componirt, aber Reichards Manier ist mir selbst nicht die liebste, in seiner Einfachheit liegt zu viel Bewustsein, in seiner Erfindung zu viel Bekanntes, in seiner Unschuld zu viel Absicht, und in all seinen Lieder schwebt er zwischen dem Volkston, und Opernton, so das rechte Geschmackvolle hat er, genug ich kanns nicht sagen, sein bestes Lied ist immer »Kennst du das Land« weil man es nicht anders componiren kann. Ich habe die Rose vor langer Zeit schon einmahl ein wenig zugestuzt, aber ich sehe, daß ich sie vielleicht nur verdorben habe, ich schicke dir es hier mit, vielleicht ist der Text so manchen angenehmer, die sich gern an die kleinen *Steifheiten* stossen, den Weibern nehmlich. Die von dir komponirten Lieder sind recht seelenvoll, ich bin auf die folgenden Verse so sehr begierig, sind sie neu? sie sind, so ganz wie Göthens erste Gluth. Frage doch Reichard, ob er nicht auch fremde Musick manchmal aufnehme, dann wolle ich ihm einige meiner Lieder senden. Die Rose war noch von Winkelmann für einen Allmanach abgeschrieben, aus dem nichts geworden ist. Alle Worte, welche Tieck in Erlangen und Nürnberg geredet hat, wo er 2 Tage bei Lepique gewesen, da dieser wieder umständlich an seine hiesige Bekannte geschrieben, wo sie jezt coursiren, er hat dort ausdrüklich allgemein gesagt, er gehe nach Italien, und schreibe einen Antifaust, in dem er die ganze Litteratur lächerlich mache, welches ihm besser gelingen wird, als die Eugenie schlecht zu machen. Gott sei Dank wer eine *Faust* im Spiel hat, wird nicht lächerlich werden. Diese Leute wißen nicht waß sie mit dem Göthe machen sollen, der durch ihre Satire selbst gedeihen wird, unter einen Baum scheißen, heist ja ihn düngen. Ich habe die bekannten Romanzen wieder vorgenommen, und noch drei hinzu gedichtet, nehmlich die drei ersten, die, welche du kennst, sind die drei mittelsten geworden, das ganze wird jezt ein wirklich wunderbares erschütterndes Gedicht, ich habe bei keiner Arbeit so gearbeitet, es werden wohl zwölf werden, und der Titel, *Das Wunderthätige Bild unserer* Lieben Frau von den Rosen, wie auch die Erfindung des heiligen Rosenkranzes. Die Musikanten werden nächstens in Mannheim wieder gegeben, für welche Bühne ich auch eine kleine Oper zur Vermählung des Kurprinz von Baden mit der Baierschen Prinzessin zu schreiben Auftrag habe, es wird etwas ähnliches wie die Musikanten.

Ich habe dir und Reichard einen Vorschlag zu machen, bei dem ihr mich nur nicht ausschließen müßt, nehmlich ein Wohlfeiles Volksliederbuch zu unternehmen, welches das platte oft unendlich gemeine Mildheimische Liederbuch unnötig mache, wenn wir zum Anfang nur ein hundert Lieder, die den gewöhnlichen Bedingungen des jezzigen Volksliedes entsprechen, beisammen haben, mehrere sehr vernünftige Prediger der Pfalz haben mich schon darum gebeten, man könnte es abtheilen in einen Band für Süddeutschland, und einen für Norddeutschland, weil beide sich in ihren Gesängen nothwendig trennen, es muß sehr zwischen dem romantischen und alltäglichen schweben, es muß Geistliche, Handwerks, Tagewerks, Tagezeits Jahrzeits, und Scherzlieder ohne Zote enthalten, die Klage über das mildheimische ist allgemein, es muß so eingerichtet sein, daß kein Alter davon ausgeschloßen ist, es könnten die bessern Volkslieder drinne befestigt, und neue hinzugedichtet werden, ich bin versichert, es wäre viel mit zu würken, äußre dich darüber mir ist der Gedanke lieb. – . Otmars Volksagen kenne ich, aber sie sind mir ausser dem Gedächtniß, ich laß sie zu einer Zeit, da sie mir außer allem Bezug lagen aber sie unterhielten mich, ich sehe sie jezt wieder an. Welchen Aufsatz hast du in ihrer Hinsicht gemacht, wo kommt er hin, melde mir das.

Dein Brief an Sophie, ist mir mit das herrlichste, waß aus deiner Feder floß, so poetisch mild, ungebunden, edel und delikat, Arnim es kann kein Mensch in so züchtiger bedeutungsvoller gestaltvoller Gestalt *sprudeln* wie du. Wenn du den Sommer hier bist, wollen wir den Reihn wiedersehn, und die alten Schlößer beweinen und Besingen, wie könnte eine epische Elegie schöner Gedichtet werden.

Der Wittich vom Jordan, und der Herzog Ernst werden für mich und dich in Gotha kopirt, wie auch die besten, der übrigen Heldengedichte. – Die Liebe Pistor, sage ihr ich hätte heute Nacht von ihr geträumt, daß ich ihre Hand geküßt, ich denke sehr oft an sie. – .

In Betinen gehen, wie mir ein Brief von ihr zeigt, wunderbare Dinge vor, ich glaube, sie studirt Philosophie, ich schreibe ihr nicht mehr, ich begreife sie nicht, den Brief lege ich dir bei.

Für deine Trauerpost von Hinze, sage ich dir, der alte Schwab ist von uns nach Miltenberg in seine Heimath gegangen, weil sein Bruder gestorben, sobald das Wetter gut ist, besuche ich ihn, jezt habe ich keinen geliebten Mann mehr zu Hauß, keine Heimath, das hängt mit den alten Rheinburgen zussammen. Grüße mir alle Geliebte, schreibe mir bald wieder, deine Briefe sind mir das Liebste, waß ich jezt habe, verzeihe, daß ich dir nicht mehr heut geschrieben, das Catalog durchgehen, und die Anabaptistica hielten mich auf

dein
Clemens Brentano

Heidelberg den 15 Febr 1805.
Dein Brief erhielt ich den 10ten. Febr.

NB. Die von dem † Bode herausgekomm[enen] Burlesken taschenform. Leipz. Janius 1804 sind allerliebst, freier, absichtsloser, und erfindungsvoller, als alle tieksche ähnliche Poßen, so wie es mir im Augenblick der Lektüre scheint.

52

[Berlin, den 27. Februar 1805]

Lieber Clemens!

Wo mich die Gedanken nicht zu Dir hinführen, da thun es die Bücher. Gestern glaubte ich Dich zu hören, als ich eine Sammlung deutscher Volkslieder von Ellwert Marburg 1781 erhielt, Und wenn zwey Liebercher scheiden, so drücken sie einander die Händ, auch das Lied vom venedischen Glase ist schöner darin als bey Herder, so wie ich auch neulig Stand ich auf hohen Bergen in Bragur gefunden. Heute kaufte ich Gassenhauer, Reuter und Bergliedle christlig verändert Frankfurt am Mayn 1571 hör daraus

1.

Der Guckuk mit sein Schreien
Macht fröhlig jederman,
Des Abends fröhlig reihen,
Die Meidlein wohlgethan;
Spazieren zu dem Brunne

Pflegt man zu dieser Zeit,
All Welt sucht Freud und Wunne
Mit reisen fern und weit

2

Es grünet in den Wäldern
Die Bäume blüen frey,
Die Röslein auf den Felde[rn]
Von Farben mangerley
Ein Blümlein steht im Garten
Es heist Vergißmeinnicht
Des Edelkrauts zu warten
Giebt Trost der Seele dein.

3

Das Kraut je länger je lieber
Im meinem Herzen blüht
Bringt mich zu dir hinüber
Zu dir im Herzen zieht,
Ich hab es wohl vernommen,
Was dieses Kraut vermag,
Wann ich zu dir gekommen,
Da kommt es an den Tag

Ich habe wenig verändert, mehr weggelassen. Ein andres vom Jäger der drey edle Frauen antrifft Glaube Liebe und Hoffnung und sie alle drey mitnimmt schliest so: Hoffnung Lieb und Glaube, die schönen Schwestern drey, wenn ich die Lieb anschaue, die gröst, sag ich sie sey. Sehr närrisch sind in einigen die Undeutligkeiten der Liebe auf Christus verdeutligt:

Ihr seyd im Bette *Glauben* träg und faul.
Thut es Betet nur herzlig selten
Oft betet mir allein das Maul
Bey mir müst ihrs entgelten
Für euer Schuld
Geb ich mein Huld
Also ist nicht sitt' ju ju ju ju
Liebs Mennlin murr nur nit.

Merkwürdig ist eine andre Sammlung Lieder von Greflinger Rosen und Dörner, Hülsen und Körner Hamburg 1655 weil darin viele von den Formen vorkommen, die ich von Göthe eigner Erfindung glaubte, ja bis zur Täuschung geht dies in dem Schlusse eines Gedichts, wo die Mutter sagt

Mutter

Haben die Götter es also versehen
Liebet euch lieblig ich willige zu.
Wollet euch ehrlig und ehlig begehn
Mehren und ehren in liebliger Ruh.

Völlig ungeändert

Aus einem gar niedligligen Liede
an seines Freundes Freundin

1.

Der die Sonne viel besieht
Schadet seinen guten Augen,
Also will es mir nicht taugen
Deine Schönheit, deine Blüt
Edles Marianichen,
Uebermässig anzusehn.

2

O mein Freund, wie wol ist Dir
Der Du ihre Gunst genüssest
Sie nach Lust und Willen küssest
Thu es doch nicht mehr vor mir
Denn ich bin also gesitt
Wo man küsset, küss' ich mit.

---

den 27 Feb 1805

Ich werde überströmt mit Deiner Güte mit deinem Gedanken, liege ruhig in der Marmorwanne und sehe wie die warme Fluth über mich hinsteigt. Deinen lieben gelehrten Brief aus Heidelberg, den Brief deiner Liebe, der mich in England verfehlt, (Weimar August 1803) und den Brief deines Lebens[,] Tieks Büste[,] erhielt ich fast zu gleicher Zeit; worauf soll ich zuerst antworten. Deine Büste, mit der rede ich, darum will ich nicht von ihr schreiben; den Brief deiner Liebe nun für den hast Du Dir schon genug Antworten geholt, darum lieber gleich zum Neuesten[.] Deine Schwester scheint viel eigenen Sinn und Festigkeit gewonnen zu haben, es freut mich[.] Du hättest sie sonst einmal ein Paar Monat aus den Augen verloren und ihr nachher vorgeworfen daß sie Dich nicht mehr ansehe, daß sie sich so fremder philosophischer Worte bedient, das möchte mich fast glauben machen, sie meinte es nur gerade so weit, als sie es geschrieben. Sie will an mich nicht schreiben, weil sie nicht weis, was daraus werden könnte, das mag sehr vorsichtig seyn, in Frankreich ist es sogar Gesez der Schickligkeit. O ihr armen Jungfern der Erde, so seht ihr den Strom der Welt fest und unbeweglig durch euch hinziehen, bis er euch so mit klarem Sinter inkrustirt, daß ihr nicht aus den Augen sehen könnt. Und doch fühle ich, sie thut so am besten wie Sie thun will, auch ist die Philosophie gar sehr natürlig, wenn man krank ist oder gewesen, aber bin ich nur einmal wieder in Frankfurt, so will ich sie damit auslachen, daß Sie an Tod und Leben ohne Lachen nicht mehr denken soll, denn genauer genommen sterben und leben wir zehntausendmal in einem Leben auf. – Dann lese ich ihr vor Chatonbriand [?] des durchtriebenen Fuchs mundi und Speculum Mundi eine feine Comödia, lauter schöne Bücher, die ich zusammengetrieben.

Gar vieles kann ein Wort besagen
Wenn Auge sich im Auge sieht,
Doch glaubet es sich schon verschlagen,
Wenn es nicht mehr das Ufer sieht.

Deiner Gelehrsamkeit ein Pergamentkleid, deiner Sorge für mich ein goldner Scheit; Saperment was soll ich Dir für Commissionsgebühren geben, Du Wunderthäter, der alle Rarität der Welt mir zusammenzaubert; einen warmen Händedruck? Ich bin nicht müssig gewesen Flemming, Opitz, Tscherning, Lohenstein, Logau, Frischlin und die beyden Gryphius liegen mir zu Füssen. Cardenio und Celinde habe ich Lust neu herauszugeben, es ist durchaus einzig und vortreflig auf der deutschen Bühne, geändert soll so wenig wie möglig werden, nur weggelassen dieser oder jener Sonnenflecken, der den reinen Ton dieses wunderbaren Himmels durchschattet. Der Anfang, die herrligen Liebesscenen sollen während der Erzählung im Hintergrunde als Ballet vorgestellt werden, eine Erfindung die ich für durchaus neu und für einen bedeutenden Schrit in der Darstellenden Kunst halte unendlig besser als ein erzählender Prologus oder Chor, Piast könnte unter Göthe's Namen gehen, der beyläufig gesagt von einer schweren Krankheit wieder hergestellt, zu seiner Genesungsfeier. Zwey Engel halten die Wache vor der Thüre, es ist vortreflig!

Ueber das Volksliederbuch denke ich sind wir lange einig, nicht ohne Dich und mit keinem andern als mit Dir möchte ich es herausgeben. Meinen Aufsaz über Volkslieder würde ich Dir gern für das Journal schicken, nur hat Reichardt einen Auszug daraus schon für seine musikalische Zeitung gemacht und drucken lassen; in jedem Falle sollst Du eine Abschrift haben, Du magst machen damit, was Du willst, – nur Eins wird ausgenommen, die verkehrte Druckerey. Ich sammle fleissig an Liedern, das Mildheimische Liederbuch ist zwar im Ganzen schlecht, kann uns aber im Einzelnen manches Brauchbare liefern, wir müssen es machen wie mit Miniaturpinseln, aus tausend nur eines und aus den neuen tausend der Art wiederum nur eines. Reichardt hat über zwölf andere Lieder von mir komponirt, die Du alle nicht kennst, ich habe noch manches ins Reine geschrieben und ich denke bey meiner Anwesenheit in Heidelberg soll die schnelle Confrontation der *Lieder der Liederbrüder* keinen Aufenthalt finden, sondern sogleich in der weiten Welt sich Dach und Fach suchen. Dazu bewahre Deine herrligen Melodieen, die mir ich gestehe Dir, mehr Freude machen als alles andre und deswegen habe ich auch Reichardt von deinem Vorschlage *nichts* gesagt, er nimmt auch im Troubadour keine fremde Musick auf. Aber das glaube mir, Reichardt kennt den Geschmack der *Welt*. Schimpf lieber geradezu auf seine Arbeit, als diese Art von Lob in dem lezten Briefe; Du wirst doch endlig finden, daß er zu den wenigen Musikern gehört, deren Arbeit wenig abgerundet durch die Zeit, wie das mit allen Liedern geschehen muß[,] echtes Volkslied werden kann. Ich erinnere dich nur an sein :1 Wenn ich ein Vöglein wär :2) Ach was ist die Liebe für ein süsses Ding 3) Im Walde schleich ich still und wild. 4) Wie lieb ich euch ihr Nachtigallen. 5) Erlkönig 6) Den König von Tule und viele andre, die *ungedruckt noch bey ihm liegen*, so wie an vier Lieder von mir, die ungedruckt und ganz wunderbar von ihm komponirt. Sehe sie nach und du wirst dich überzeugen. Ich kann Dir nichts als meinen Glauben geben, aber glaube mir, daß er bey mancher Schwäche doch der lebendigste ständigste Mensch, der mir hier vorgekommen. Ich habe für seine Lieder aus Göthes Müllerromanzen ein Liederspiel gemacht, wo Markgraf Otto, lezter des Ascanischen Stammes als Edelknabe, und dessen Grete die Lise vorstellen, es ist viel Erfindung darin ungeachtet ich durch die Lieder Beschränkung so wenig neues wie möglich hinzusezen, gar manches aufgeben muste. Er fürchtet sich, es zu geben weil mir die Scene in der Mühle gar zu zärtlig ausgefallen und ich sie nicht aufgeben will. – In diesen Tagen fange ich die Guitarre an, es treibt mich mächtig dazu, wie lange der Trieb gedauert, das höre an meinem Spiel in Heidelberg. Heidelberg Juchheysasa

---

Unser Land befindet sich jezt in einer schmäligen Traurigkeit, keiner geht zur Oper oder zur Komödie, denn sie sind wegen der verwit: Königin Tod geschlossen, die Klocken klingen durch die Stadt, daß man davonlaufen möchte und die Erde ist von Thränen aufgeweicht. Die erste Oper von Naumann hatte einige sehr tragische Scenen, weil der Fischer ganz wie der Sauschneider in der Puppenkomödie gekleidet. Die Karthini [?] wird mir immer wunderbarer, wie sie etwas so toll fremdartiges als eine italiänische Oper mir ist, so zur Wahrheit hat adeln können. Ich kann dieses Fremdartige nicht besser als [in] einer hiesigen Anekdote darstellen: Fischer sagt im Siegeswagen zu dem ziehenden Löwen herunter: Kerl wackle er nicht so mit dem Arsch. Singt weiter. Löwe antwortet: »Leck er mich im Arsch, der Baron Reck (Der Direktor) hat mirs Wackeln befohlen.« So wackeln die Kerls ihre Ruladen herunter, lachen, liebäugeln, zischeln, fressen dazwischen, so machen die Hunde aus einem Furz drey Fieste. Dann haben sie Psyche mit der tollen Parisermusik gegeben, dort in dem Umschwunge des Tanzes verschlungen, hier läuft sie eiskalt an den trägen Beinen herum wie ein Floh im Stiefel. Jupiter trit mit dem Vogelfängerliede auf und ein recht leichtfertiger Tanz wird von Agamemnons Todtenfeier begleitet[.] Reichardt's Oper kenne ich nur aus der Probe, sie hat wunderbare tragische Effekte, und ist ein Ganzes, wären unsre deutsche Sänger nicht in der Kehle hier verkleistert und verbunden, so heftete ich ihnen eine deutsche Bearbeitung an. – Gieb doch eine Bearbeitung des Piast zur Vermählungfeier des Badischen Prinzen, es wird doch dabey ein ganz ernstes Stück erfordert, und dieses liesse sich leicht noch erhöhen und vollenden. Doch was erfreche ich mich, ist nicht die Erfindung das liebste und angenehmste und nur die Ausführung was drängt und zwickt, daß die Form gerade voll wird und der Guß ohne Blasen.

·/.

Fr: Tieck hat mir Deine Büste geschenckt, sie steht im blauen Zimmer auf der Kommode unter dem Spiegel, so seh ich mich doppelt. Er aß gestern bey mir mit Pistor und erfreut mich durch die Bestimmtheit seiner individuellen Erzählung, ungeachet er von allen schlecht spricht so spricht er doch alles gut. Das ist doch endlig nicht wahr, wie er es erzählt von der Veit, Schlegel, Ritter u. a., wenn er gleich keine Lügen sagen mag; es ist etwas Wunderliges in der Mitte zwischen Wahrheit und Lüge und das liegt in dem, was nicht erzählt wird[.] Deiner Romanzen freue ich mich immer mehr, man kann von ihnen sagen und überhaupt von *Romanzen* zu den Stücken *der Schaubühne* nach der Bibel: Wenn ihr nicht werdet wie jene u. s. w. Romanze und Drama scheint mir immer gleichbedeutender und wo ein Drama erscheint müssen sicher Romanzen vorausgegangen seyn; so würde ich mir nach meinem Bedürfniß Tiecks Aufzug der Romanze deuten, er hat wohl etwas anderes damit gemeint. – Das Meinen ist wirklig ein vortrefliges Wort, es ist allein mein, ich muß das lachend sagen weil ich eben beym Pruter Grafen gegessen, was wir wohl zu einander gemeint haben! Es ist unendlig dum wenn sich zwey Leute über einander aufhalten, der ist aber der dummste, der es anhört zwischen beyden. Ich muß schliessen schloß ich Dich doch eben so leicht in meinen Arme. Bis Heidelberg kling alles über zwey hey dideldey Heysasa

Achim Arnim.

53

[Berlin,] den 25 März 1805

Lieber Clemens!

Heute morgen wurde ich sehr verwundert, weil ich Göthe zum erstenmal auf einem fahlen Pferde betroffen. Von Schmidt's Gedichten kannte ich nichts als seine Parodie, sie fallen mir in die Hand und zur Probe S 25

So manchen Abend traur' ich hier
In stumer Liebe Leid,
In meiner Schwermuth kukst du dann
Mich freundlig durch die Weiden an,
Daß mich's im Herzen freut

*

Wenn doch, wie du, mein Mädchen mild
Wie du so freundlig wär!
O such sie, lieber Mond, und schein
Ihr in die blauen Aeugelein
Und mach ihr's Herzchen schwer.

S 139 Bitte für die Frau

O liebe Blätter kommt heraus
Und macht uns Bäum und Hecken kraus!
Daß Liebchen bald aufs neue
Des hellen Grüns sich freue.

*

O lieber Hänfling, komm und bau
Im Garten bald! die junge Frau
Will gern dich unter Blüten
Da lieben sehn und brüten.

S 180 Frühlingslied

»Schönes schönes Wetter,
Schöne grüne Blätter
Süsser Duft die Wies entlang,
Süsser Feld und Waldgesang«

*

Und im Arm getragen
Will mirs Kindchen sagen
Wie so herrlig Gottes Welt,
Ihm im ersten Lenz gefällt.

*

Doch fürjezt nur lallen
Kann es von dem allen,
Was sein Herzchen froh empfand,
Reden nur mit Fuß und Hand.

*

Aber singst du wieder
Kukuk, deine Lieder,
Uebers Jahr dann hör ich zu,
Kukuk, ruft er/sie dann wie du.

Noch erwähnte ich gern eines Weihnachtsliedes und ein Paar anderer Landgedichte, die reich und originell individuel sind wie wenig Gedichte, ich habe aber das Buch weggeworfen weil Göthe mir zum erstenmal recht miserabel vorkam.

Seit dem Januar hat eine neue Zeitschrift Eunomia angefangen, worin Aufsäze von Johann Müller Fichte und anderen Edlen der Müller über Friedrich den zweyten ist als wenn er ihm jedes Haar seiner Peruke besonders pomadirt und eingepudert, die ganze Peruke ist darum doch nicht frisirt. Fichte hat wieder aus dem Principe seines Grundirrthums das Schlechteste nur von sich mitgetheilt, er will sich nicht verrathen in der Redoute und muß darum seinen Witz verschlucken.

Zur Wiedereröffnung des Theaters: Mozarts Requiem, alles gedrängt voll, der Vorhang mit aufgezogen die Musik streicht auf und nun gehen alle die komischen Alten feierlig beym Publikum, vorbey, einer hatte noch nicht die Runzeln sich vom Gesicht gewaschen, den einen rührt die Musik, er fängt an wie in seiner Invaliden Rolle zu hinken. Bravo! Bravo! Zis. Zis. daß der feierlige Eindruck nicht gestört wird. Allgemeine Stille. Iffland schleicht unterdeß zu einem halben Becken, worin ein gewöhnliges Kohlbecken stand streut aus den Kulissen hinaus Wachholderbeeren und bläst es mit Direktorialathem aus der Entfernung an. Allgemeine Rühre, abwechselnde Thränen.

Die Durchsicht des zweyten Bandes von Ofterdingen, mehr kann ich eigentlig nicht davon sagen, ist mir sonderbar bekommen. Es hat mich fester überzeugt, daß so überhaupt keine Dichtung weiter entstehen kann, sondern daß sie da mit der Entwerfung des Plans ausgelaucht wie Didos Ochsenhaut die den weiten Acker feingeschnitten umspannt keinem mehr zum Lager dienen kann. Wer so etwas entwerfen will muß es wenigstens andern zur Ausführung über lassen, wie auch Schakespeare keins seiner Geschichten erfand sondern nur ausführte. Es mag überhaupt beydes eine sehr verschiedene Himmelsgabe seyn, wenigstens fühle ich, daß ich bis jezt mehr von dem Planwesen als von der Ausführungs-Lust bekommen. Es läst sich wohl aus Bindfaden ein Ankerthau sehr ordentlig zusammen drehen aber nicht umgekehrt aus einem Ankerthau Bindfaden.

O der lieben Langweiligkeit, so möchte ich nach Art eines Portugesischem Kaufmann ausrufen, der die Ochsen vorbey treiben sah und fragte wie vom lieben Brodte: Wo mag das Liebe Rindvieh noch alles herkommen? Nein von einem Stück wie die Hausfreunde des Iffland hast Du gar keinen Begriff, den Inhalt könnte eine Maus auf ihrem Schwanz wegtragen. Und Kotzebue ist auch wieder hier und giebt drey Bände italiänischer Reisen heraus. Gott sey uns gnädig. Ehe er angekommen bey einem Geburtstage von Schickler[?] kaufte ich acht Bogen Papierseliger Neujahrswünsche ließ mich unter seinem Namen anmelden und überbrachte sie, viele waren getäuscht und hielten es für seine Arbeiten aus Italien. Ich muß noch einmal auf die Hausfreunde zurückkommen, solch eine unergründlig künstlige Tiefe zur Langweile ist darin, das einzige menschlige Verhältniß aller der niederträchtigen Personen darin ist so versteckt, daß es erst in den lezten Scenen herauskommen nachdem man über alle unbegreiflige Händedrücke, Zusammenklappen der alten Eheleute, Chokolatetassen, Sekretär. Denn der Herr Sek[r]etär hat gar sehr viel Verwandte.

Ich war gestern wieder in der Probe von Reichardts Rosmonda, hinter einer Seule versteckt, weil es strenge verboten, die Tanzgeister gingen bey mir und neben mir vorüber, ich ruhig unachtsam hörte der schönen Musick zu. Auf ei[n]mal tritt der König mit zwey Prinzen herein, ich sehe sie und schreite wie ein Schatten durch sie hin durch und mache mich aus dem Staube. Sie behielten das Nachsehen. Ich habe immer das Schicksal, mich mit den Leuten auf wunderlige Art zu begegnen, wie Du von ihnen zu scheiden. La Roche glaubt noch immer, Du bist bey mir versteckt.

Nun die Tage hell werden, scheint der Morgen herein, es ist als müste ich aufstehen um aufzupacken, um zu Dir zu reisen, sehe ich aber in Pistors Garten die grünen Augen der Sträuche, so glaube ich schon ganz nahe Dir zu seyn auf eine Station. Redtel ist fort, Reichardt geht bald, Finkensteins leben unter einer so zahlreichen Familie, daß man darüber verzweifeln möchte so viel alte Familiengemälde gehen da umher. Die Mutter fühlt es selbst, wenn ich sie hier besuche ladet sie mich nach Madliz ein, als ob der Ort etwas machte, als ob über alle Welt nicht ein freyer Himmel für freye Seelen. Die Heirath der Baronin mit dem Lacrymas Schütz scheint widerrathen, sie scheint dabey nicht bekümmert. Gott weis, so elend sind die Mädchen jezt, ich glaube sie korrigiren in ihren Liebespriefen und sehen nach dem Dadum in denen, die sie empfangen.

Was hier alle Welt beschäftigt ist ein todtgeschossner junger Musieur – dieselben Leute, die ewig vom Schlagen reden, sind ganz verwundert daß man dabey umkommen kann, es ist wie Harlekin der zehn Jahre freit und sich sehr verwundert, wie er ein Ehemann geworden. Mir fiel dabey ein närrisches Stück ein, das fängt mit einer Höfligkeit an, die wird so übertrieben, daß sie zur Grobheit wird, auf die Grobheit folgen Schläge, von den Schlägen geht es alle Duellsorten durch bis sich die beyden auffressen, daß nichts als die beyden Zungen übrig; doch sollte das keineswegs von einem Paar gespielt werden, sondern die Nebenstehenden, werden immer tiefer verwickelt als die Handelnden, so daß der lezte gar keine Spur mehr von der ersten Entstehung des Handels hat.

Ich glaube der Bartholdinischen Verzögerung auf der Spur zu seyn – es sind die Silberlinge. Er hat sich von Reichardt für einen seitenlangen Aufsatz in der musikalischen Zeitung ein Freyexemplar erbeten, du kannst denken, daß seine Forderungen bey längeren Aufsätzen in Verhältniß und er scheut sich, mir so etwas vorzutragen. Einer schneidet Stiefeln zu, der andre beschneidet die Juden und ein dritter ist der Jude selbst. Er ist jezt beständig mit dem Rollfinken Gall, der hier Modevorlesungen hält. Es ist mir gar zu modern, viel hundert Weiber, die da ihr fruchtbares Organ befühlen lassen. Neulig hat er doch eine hübsche Geschichte erzählt von einem Menschen, dessen eine Kopfhälfte verrückt und die andre sehr klug gewesen, wobey die kluge Seite über die Unkluge sehr schöne Betrachtungen angestellt, das mag er selbst seyn und die Betrachtungen seine Vorlesungen. Vielleicht gehe ich in seine Abendvorlesungen, die er den Gelehrten bestimmt: Auch ich war in Arkadien.

Gestern sprach ich mit Franz Horn, bey dem ich einige Stunden gehört. Er hat viel mehr Talent zum Vortrage, als ich lange wahrgenommen, ohne irgend eine Beyhülfe spricht er die Stunde kurz und klein, oft spricht er sehr gut, vielleicht nicht ganz mit dem Anstande wie Winkelmann, aber unendlig ideenreicher und belehrender. Wunderlig war es, er las über A. Gryphius[,] vergas des Cardenio und des Piast zu erwähnen, ich äusserte ihm meine Verwunderung und er verwunderte sich noch mehr, weil er sie gar nicht kannte. Ich habe ihm mein Exemplar geschickt. Er hat ein Buch Luna geschrieben, worin ältere Sachen abgedruckt seyn sollen, wahrscheinlig hat er es Luna genannt, weil der Mond ein Hörnerträger, und ihm die poetischen Ehebrecher darin viel aufgehängt.

Kennst Du oder vielmehr ist Dir noch erinnerlig der edle Möringer aus der Bragur und die Geschichte des Ritter Trimunitas in Adelungs Magazin II B. 2 Stück beyde sind gar herrlig, sie können uns zu den Volksliedern dienen. Reichardt der selbst über Volkslieder gesammelt, verspricht mir viele in Gieb[i]chenstein. Von ihm sind viele Melodieen in beyden Jahrgängen des feinen kleinen Almanach, der einige der schönsten alten Sachen in der ganzen weiten Welt enthält.

Mein englischer Kasten ist unverlezt über Land und Meer in der Arche Noä zu mir gelangt, voraus kam die Taube mit dem Myrtenzweig, ich meine der Frachtzettel mit dem Fuhrmann. Das Beste daraus bringe ich Dir mit, die niedligsten der trockenen Früchte. Noch eine braune Frucht die ich dir bringe ist von wunderliger Art, sie ist nicht zum Ansehen allein, wenn man sie lange berührt brennen einem die Finger, man hält sie näher dem Magen als dem Herzen und doch geht sie zum Herzen, sie hat noch sechs Staubfäden von der Blüte behalten, die sich aber verziehen. Wenn

Du es gerathen hast so sag nur nicht *Laute*, denn das ist eine Gitarre. Ich spiele schon die drey Reiter Juchhe Juchhe Juchhe Ja kommen zum Liebsten Juchhe

In Heidelberg ritt ein Reiter hin[ein]
Juchhe
Aufs Pflaster da muß ich getrabet seyn.
Juchhe

Achim Arnim

54 *[Heidelberg, den 2. April 1805]*

Heute habe ich einen zweiten fröhlichen Brief von dem troubadour begleitet von dir, deinen vorigen wollte ich alle Augenblicke beantworten, aber ein gehäufter Briefwechsel mit Savigny, mehreren Antiquaren, und eine unendliche Menge Bücherkatalogen haben mir immer die Zeit genommen. Dieser mein Brief nun redet vor allem an dich, in *baldiger* umgehender Antwort mir dein Abreise von Berlin bestimmt anzumelden, da ich sie in meine Zeit, an der einsichtbare und unsichtbare Familie theil nimmt, einfügen muß mein Plan ist nehmlich, du sollst Ende April hier eintreffen, ein paar Tage hier sein, und dann nach Frankfurt mit mir gehen, biß Sophie niedergekommen ist, dann eilen wir hierher zurück, du hällst mein Kind zur Taufe, wenn es lebendig ist, oder sezt ihm einen Leichenstein im entgegengesezten Fall. Hier mein Lieber schwäzzen die Bäume schon ganz anders, als in Pistors Garten, hier ist schon von mehr als Knospen, hier ist schon von Blüthen und Blatt, und von der Pistor beinahe selbst die Rede. Auf! Auf! ermuntre dich, breche auf, ehe die Knospen bei euch aufbrechen, ich lege dir hier ein Stück Frühlingslied, aus der Truznachtigal, des Jesuiten Spee 1696. her, dieser Mann ist ein Dichter mehr als mancher Minnesänger, du wirst über diese Lieder staunen, wenn ich noch einige mir fehlende Schriften dieses grosen in religioeser Liebe grösten Dichters habe, will ich ihn heraus geben, er soll uns vieles zu den Volksliedern bieten. Dein heiliger Eifer über das fahle Pferd Göthens ist recht herzerfreulich, lieber Junge, wie wahr und ächt ist deine Liebe, da solche Einsichten dich ärgern, Göthe hat auch wohl nicht das Talent des Schmidt parodirt, sondern die Quantitet und das ewige Wanns immer wanns immer, was immer so wär in ihm. Daß dir Andreas Gryphius geworden ist, und lieb geworden ist, freut mich, das ist per Simpathiam ich liebe ihn schon lange, ein paar Scenen aus dem vortreflichen Cardenio, beinahe unverändert hat meine Frau bereits in ihre Bunte Reihe, die Ostern erscheint eingerückt, sie fand sich sehr überrascht, daß auch dir das ganze so gefällt, und hat um dich zu zwingen deine Privat Aussage einst öffentlich zu halten in ihrer Vorrede gemeldet, daß du das ganze bearbeiten würdest. Den Piast hat Maier, der Verfasser des Epos Tobias, in Frankfurt, bereits vor zwei Jahren, auf meine Veranlassung nach meinem Exemplar in seinen dramatischen Spielen Frankfurt bei Körner bearbeitet, übrigens fielen diese Spiele so aus, daß Savigny und ich über den Innhalt folgendermassen spasten – Ixion ist ein Nixion, Piast ist keinen Piaster werth und der Feuerallarm ist ungeheuer arm. Doch ist es der Einsicht werth. Uebrigens halte dein Gryphius fest, er ist selten, eben dieser Meier hat den Leo Arminius bearbeitet in seinem Pulte liegen. –. Die mir im vorigen Bande gemeldeten Liedersamlungen Gassenhauer, Rund und Bergliedle, wie auch die des Greflingers bringe mit, ich kenne sie nicht und wir wollen sie zu den Volksliedern ausziehen. In Weimar wird den fünfzehnten April Herders Bibliothek versteigert, die unbekannteren bessern Dichter jener Zeit einen Schatz enthält, da wir uns mit unsren Comissionen leicht collidiren können, so rathe ich dir keine Aufträge zu geben, ich will für dich und mich kaufen; und wir wollen redlich theilen und mittheilen. In Hinsicht unsrer Freundschaft habe ich ohne dies noch manichfache Lebenspläne, von Möglichkeit des Zusammenlebens abwechselnd in Winterstädten und Frühlingsländern, die der Sommer mir hier ausbrüten soll. Ich bitte dich nur dringend bestimme dein Hierherkommen, umgehend wahrhaft und bestimmt. Daß der Englische Kasten da ist, Heisa victoria! ehe du etwas nicht mitbringst, waß mich intressiren könnte, schreibe mir lieber den Innhalt der Arche, daß ich die Opferthiere auswähle. Deine Guitarre könntest du da sie doch ein unbeholfenes Reiseorchester ist, zurücklassen, du findest hier zwei, es sei denn, daß du dein Reuterlied unterwegs als eine Ermunterung der Pferde exerziren wolltest, dann nimm sie ja mit, und eile so schneller zu uns; Ich mache gewissermassen die Augen gar nicht auf, vor dem bereits hereinbrechenden Frühling, der mir nur ein vorbereiteter Triumphbogen ist, unter dem mein Kind und sein Genius du, und das Leben zusammentreffen sollen. Savigny, dem es in Pariß unendlich misfällt, wohnt dort in einem Garten und arbeitet Schätze aus, Gundel gedenckt nächstens seinen grösten zur Welt zu bringen. Savigny gedenkt im Sommer Deutschland lieber wiederzusehen, da er dich darin zu finden hoft. Er hat mir dort außer andern vortreflichen Sachen auch den Lancelot du Lac folio. gekauft, den du so sehr liebst. Einer meiner lebendigsten und liebsten litterärischen Pläne ist mir durch Otmars Volkssagen (Nachtigalls) erst wieder recht lebendig und deutlich geworden, welcher bei deiner Ankunft berathschlagt, und seiner großen Einfachheit, Leichtigkeit, und Vortreflichkeit wegen ohnfehlbar in Ausübung gebracht werden soll ist eine fortlaufende Zeitschrift für deutsche *Volkssage*, in einem Zirkular, werden Prediger und andere taugliche Männer bestimmter Districkte zur Einsendung der Sagen an ein Hauptbüreau aufgefordert. Durch Hessen, Schwaben, und am Rhein habe ich und andere Bekannte genug, die sich wie einzelne Wurzelzweige wieder zerzaßern können, die Sage einzusaugen, in Norden mußt du anspinnen, alles Eingesandte, wird geordnet, der Stiel und der Styl werden weggeworfen und die Sache so kurz gesagt, als der Artikel eines Wörterbuchs, so oft eine gehörige Anzahl da ist wird ein Band wohlfeil gedruckt, das Honorar aber, nach Abzug der Briefporten nach der Zeilenzahl unter die Einsender vertheilt, frei Exemplare werden keine ausgegeben, sollten nicht unter den Mitarbeitern schon, wenn nicht zu viele Exemplare gedrukt würden, eine beinahe hinreichende Menge von Abnehmern sein, ich meine das ganze, wenn es wie die Weinlese distriktweiße geärndtet wird, muß manchen guten Becher Weins abwerfen in dem sich der König von Thule todttrinken dürfte, ohne sich zu vergeben, oder besser ohne sich was zu vergeben. Doch hiervon beim Weine Mehr. – . Soeben lese ich in Gotsched Vorrath zur dramatischen Dichtkunst 1ter Band. p 259. »l'honette femme. 1695. Dieses Lustspiel ist ein Auszug, aus einem lächerlichen Roman Schelmufskys ect. welcher 1696. 8° in Leipzig hier herausgekommen. Es hat damals hier wirklich solche Originale gegeben, die darin lächerlich gemacht werden« Doch so eben bemerke ich, daß jenes Lustspiel, dessen ganzer Titel also heist, lhonette femme oder die ehrliche Frau zu Plissine ein Lustspiel aus dem französischen übersezt von Hilaris. Plissine 8°., als von 1695 der Roman aber 1696 angezeigt ist, sollte dieser aus jenem entsprungen sein, und sich das Lustspiel vielleicht mit den Liebes händeln der Mutter beschäftigen, von welchen im Roman um ihn zum Wahren Epos zu machen nur noch der Schwanz – der Ratte von Mythischen Urnebeln umhüllt hervorblickt. Auf der andern Seite steht le jouvanceau charmant Seign. Schelmufski. Oper. 1695 Hamb – 1696 kommt la maladie et mort de lhonette femme von Schelmufski Reisegefährten dies habe ich als zweiten Band, meiner Ausgabe von 1753. – Diesen Dramatischen Vorrath Gottscheds mußt du dir anschaffen, er ist sehr unterrichtend und schön zu lesen, er ist noch im Buchhandel. Vom Horn, den ich grüße bitte dir aus, daß er den Cardenio nicht bearbeitet. Daß Horn so gut redet und schöne lehrreiche Sachen redet, freut mich herzlich, der arme Teufel hat es immer mit seiner Poesie sehr ernsthaft gemeint, und macht jezt einen guten Mist, da er als ein gläubiger Franz Horn Blumen und Heu ruhig gefressen, wiedergekaut und verdaut hat; Winkelmann hat ihn stets sehr geringfügig behandelt; ich kannte ihn in einer Epoche, da er an der sentimentalen Rindviehseuche kranck war, und schrieb ihm seiner vielen Ueblichkeiten wegen als guter Freund folgendes Rezept, welches er gebraucht zu haben scheint.

Ach im Backofen singen selbst die Erfrorenen Aepfel
Ach im Sarge erlahmt selbst des Tanzmeisters Fuß
Sollen die Kuchen dir Aufgehn, ach! so erhitze die Formen
Ist dir dein Elend Gesang, ach! so pfeife dein Lied!

Ich war ihm immer gut, und habe immer die Wahrheit von ihm und zu ihm gesprochen, wenn ich ihn gleich bei keiner Mlle Gedicke empfehlen konnte. Ich wollte er käme hierher, und läse als Privat Dozent über deutsche Poesie und

Aestethick, hier ist niemand. ich wollte dir ein Frühlingslied abschreiben, meine Frau aber hat dir beikommende christliche Ekloge von obgenanntem Spee abgeschrieben, und ich sage dir nur keines der übrigen Lieder ist schlechter. Die Wiedertäufer Sachen sende ich dir nicht, da ich noch mehreres erwarte, und deine Ankunft hier hoffentlich nahe ist, vergiß deine Manuskripte nicht hierher mit zu bringen, schreibe mir bald, gleich, daß und wie du abreisest. Eine wunderbare Neuigkeit muß ich dir noch melden, von München ist die Nachricht hier erschollen, daß L. Tieck sich dort so leidenschaftlich und wunderlich VERLIEBT haben soll, daß seine Geschäfte die Geschichte der ganzen Stadt geworden ist; wenn du bald kömmst, habe ich die Idee während den Wochen Sophiens statt in Frankfurt in Nürnberg und München mit dir zuzubringen, aber du mußt ja bald kommen, damit wir Tieck noch finden. Mein Freund Dotzen und Kochs Dozeececeen ist Akzessist bei der Bibliotheck dort geworden, er hat in Aretins Journal, daß sich auf die Schätze der Biblioth gründet, 10 ect. Stück seine Entdekungen über das Heldenbuch bekannt gemacht. Wir könnten durch ihn viel dort lernen und ohne ihn manches sammlen, das Reisen von hier nach München ist sehr wohlfeil, eile doch hierher. Du hast mir soviel vom König Parismus und andern alten Büchern gesagt, daß ich vor Begierde brenne. Bei mir selbst wirst du manchen Schatz entdeken, den ich selbst nicht kenne. Wenn du nicht mehr lange mit der Reise zögerst, so kann ich auch noch viele Vortrefliche Bücher für dich kaufen, wozu deine Einwilligung gehört, und deren Titel dir einzeln zu melden mir sehr mühsam wäre. Deine herrlichen Costume Zeichnungen zu dem Berliner Theater sind mir immer sehr erfreulich, besonders hat mich der allegorische Kammerherrn Schlüßel auf Iflands Hintern ergözt. Einen Gefallen könntest du mir erweißen, in Berlin hatte Pistor ein kleines altes Buch, Salomon und Markolph in Versen, ich glaube er hatte es vom Antiquar geliehen, ich besitze es abschriftlich, aber mir fehlt eine Seite, könntest du es wohl habhaft werden und mir die Seite abschreiben lassen, es werden gegen 30 Zeilen sein. Mein Defizit ist in dem Kapitel – *Hie streitet Morolf mit seinem Volke wider den Hevschen Künig pryncian und mit syme*

Brüder pellyan. – von der Ein und fünfzigsten Zeile – *sie versiegelten das Beide do* – biß *da Knüwete für sie Morolf der listige Mann.* Pistor wird dir sagen wo es stekt, entweder hat es der Antiquar oder Koch oder er. – In Koch litteratur II Band p. 99. steht der Anfang einer parthie älterer interessanter Volkslieder, die er besizzt, sie[h] doch zu, ob du sie von ihm geliehen erhalten kannst, und dann schreib ab, oder laß abschreiben, ich erhalte nächstens ein Manuskript des Renners, und habe Hofnung zu andern Manuskripten. Vieles könnte ich dir noch schreiben aber ich habe soeben in meinem Haushof auf einer Matraze in der Sonne gelegen über mich wälzten sich ein halbduzend Kinder herum, das alte Schloß, zu welchem ich kaum ein paar hundert schritte habe guckte mich zu gleich an, und so habe ich eine Art von Sonnenstich erhalten an einem Sonnenstrahl auf die Matraze, wie ein neu ausgekrochener Schmetterling gespießt, bin ich noch so dumm im Kopf, daß ich nicht viel Gedanken beisammen habe, doch während ich mich besinne, will ich dir noch ein Lied des Spee hinter jenes meiner Frau schreiben, damit ich *dir* keine Zeit verschwende. – . Soeben fällt mir ein allerliebstes Histörchen vom Teufel ein, Teuflischer und spashafter weiß ich keines von ihm ich laß es in einer kleinen Schrift De crèdulitate Daemonibus adhibenda Felicis Matheoli (Felix Hämmerlein eines Zürcher Chorrherrn der 1380 lebte und sehr gegen das Concubinat der Geistlichen eiferte, ich will dir es ganz herschreiben, es bewegt dich gewiß zum Lächeln.

»Narratur de quodam Sacerdote, qui propter vehementem fornicationis superstitionem et infamiam cum uxore potentioris villae ibidem exortam de sua parochia per quoddam nemus multum perterritus fugiebat; cui Diabolus in forma religiosi Sapientis obviabat, et ait illi: quo vades lamentabili tristitia gravatus, quod cognosco divinis visionibus; et ille rem gestam sinicriter narravit. et religiosus ait: et si hoc maledictum membrum non haberes, tu indubitanter in villa tuo secure maneres. et ille: Utique domine. et Religiosus inquit: Leva vestimenta tua ut tangam illud; prout tetigit, et hoc membrum illico disparuit, de quo sacerdos multum gavisus et in villam reversus et pulsatis companis, innocentiae suae Sinceritatem ostensurus; et congregatis Parochianis, continuo spe plenus, Stans in Canzellis et confidenter elevatis vestimentis; et mox membrum suum abundantius, quam prius apparuit.[«] Hoho! – Aber nun adieu für heut! schreibe gleich, daß du gleich kömmst, waß sizzt du länger in Berlin.

Die abgeschriebenen Lieder aus der Trutznachtigall sollen und müßen dich freuen, komme in dies schöne Land, es ist hier schon unbegreiflich schön.

Dein treuer Clemens.

Grüße mir Pistor und Weib und Hausfreund

2t April 1805.

55

[Berlin, Anfang April 1805]

Lieber Clemens!

Deiner lieben Frau vielen Dank für die Himmelsschäflein, die sie zu uns hergetrieben, ich deute auch aus den Handschriften und da möchte ich ihr viel Schönes sagen, ja ich möchte sagen daß dadurch beyde Lieder einander gleich werden, da ich sonst das letzte von Dir abgeschriebene vorziehe. Die Deutung beyder Eklogen auf Christus thut mir leid, wahrscheinlig ist dies auch nur eine Entschuldigung gewesen, besonders bey dem lezteren, das durchaus auf die Geschichte des Endymion gedichtet zu seyn scheint, aber viel besser auf das vom Religionskriege zerstörte und geraubte Deutschland, noch besser aber auf Luther selbst, als er auf der Rückreise von Worms von Bewaffneten geraubt. Dabei erinnere ich dich an das von Luther damals gedichtete herrlige Lied

1

Eine feste Burg ist unser Gott
Ein gute Wehr und Waffen,
Er hilft uns frey aus aller Noth
Die uns jezt hat betroffen,
Der alte böse Feind
Mit Ernst ers jezt meint,

Groß Macht und viel List,
Sein grausam Rüstung ist
Auf Erden ist nicht seins gleichen

(Schlußvers)
Das Wort er soll doch lassen stahn
Und keinen Dank dazu haben.
Gott ist bey uns wohl auf dem Plan
Mit seinem Geist und Gaben
Nehmen sie uns den Leib
Gut, Ehr Kind und Weib
Laß fahren dahin
Sie haben keinen Gewin
Das Reich muß uns doch bleiben

M. Luther

Und um Dir zu bewähren, daß die Nachtigal doch wohl noch höher stieg und sang als die Trutznachtigal seze ich Dir noch zwey andre Lieder her, vielleicht Dir bekannt, aber man kann sie nicht oft genug lesen.

Jesaia dem Propheten das geschah,
Daß er im Geist den Herren sitzen sah
Auf einem hohen Thron und hellen Glanz
Seines Kleides Saum den Chor füllet ganz
Es stunden zween Seraph bey ihm dran,
Sechs Flügel sah er einen jeden han
Mit zween verbargen sie ihr Antlitz klar,
Mit zween bedeckten sie die Füsse gar
Und mit den andern zween sie flogen frey
Gegnander ruften sie mit grossem Gschrei:
Heilig ist Gott der Herr Zebaoth :/:
Sein Ehr die ganze Welt erfüllet hat
Von dem Geschrei zittert Schwell und Balken gar,
Das Haus auch ganz voll Rauchs und Nebels war

M. Luther.

1.

Sie ist mir lieb die werthe Magd
Und kann ihr nicht vergessen,
Lob Ehr und Zucht von ihr man sagt
Sie hat mein Herz besessen
Ich bin ihr hold
Und wenn ich solt
Groß Unglück han
Da liegt nichts an,
Sie will mich des ergetzen
Mit ihrer Lieb und Treu zu mir
Die sie zu mir will setzen
Und thun all mein Begier.

2

Sie trägt von Gold so rein ein Kron
Darin leuchten zwölf Sterne,
Ihr Kleid ist wie die Sonne schon
Das glänzet hell und ferne
Und auf den Mond
Ihr Füsse stahn:
Sie ist die Braut
Dem Herrn vertraut
Und ihr ist weh, sie muß gebären
Ein schönes Kind den edlen Sohn
Und aller Welt ein Herren,
Dem ist sie unterthan.

3.

Das thut dem alten Drachen Zorn.
Er will das Kind verschlingen,
Sein Toben ist doch ganz verlorn
Es kann ihm nicht gelingen!
Das Kind ist doch
Gen Himmel hoch
Genommen hin
Und lässet ihn
Auf Erden fast sehr wüthen,
Die Mutter muß gar seyn allein,
Doch will sie Gott behüten
Und rechter Vater seyn.

M. Luther

Doch wünschte ich, daß du zu diesen wie zu seinen übrigen Liedern auch seine eignen Melodieen hörtest, die ganz wunderbar mit den Worten sich zusammengegeben unauflöslig. Ich weiß es eigentlig nicht genau anzugeben, wo die schlechten Lieder in unsren Kirchen angehen, ich halte das aber nicht älter als höchstens zwanzig oder dreissig Jahre, wo die jungen Leute aus der jämmerlichsten Periode unsrer Literatur anfingen alt und geistlig zu werden, ungeachtet sie geistlos waren. Ein schöner Zug Berlins war es, daß ungeachtet alle Prediger für die Einführung des neuen Gesangbuches, der König, fast alle sogenannten gebildete Leuten dafür, dessen ungeachtet die meisten Gemeinen es ausschlugen. Nun ist dieses alte Porstische Gesangbuch freilig gegen das Lutherische Paul Gerhards, Mich: Weiß u a sehr schlecht, aber doch unendlig erhaben über diese astronomischen Erläuterungen, welche die meisten Lieder des neuen füllen.

Mein Sammeln ist recht glüklig, Koch hat mir Ausschnitte aus dem deutschen Museum, aus Kanzlers Quartalschrift, aus Gottscheds Büchersaal, aus tausend andern Zeitschriften gegeben, ich bringe alles mit, auch von Reichardt erhalte ich auf meiner Durchreise viel alte Sachen. Wenn ich nur immer ahnden könnte, was schon in Deinen Händen. Sorge doch im voraus für einen Schreiber in Heidelberg.

Blühende Herzen
Lasset uns Scherzen,
Lasset uns lieben
Ohne betrüben
lasset uns kosen
Unter den Rosen,
Lasset uns freien
Ohne Bereuen.

Weine vom Reihne
Neckar und Mayne
Stärken der Sinnen
Geistig Beginnen
Wasser mit Hopfen

Pfeifen bestopfen
Brandtwein zu Nöseln
Machet zu Eseln
Greflinger

Mein Aufsatz über Volkslieder wird Dir gefallen, er enthält zum Schluß eine Aufforderung der Art nur ganz allgemein, wie Du ihrer in Deinem Briefe erwähnst, ich dachte ihn als Vorrede unsrer Liederbrüder für meinen Anteil, als Entschuldigung und Rechtfertigung meiner geringen Gaben, als Aufforderung der Leser uns zu belehren mit dem was sie wissen und wir nicht. Es freut mich, daß Otmars Volksmährchen auf Dich eben so gewirkt wie auf mich, die Verschiedenheit reizt wohl, aber sie quält auch, ich weiß es nicht ob es mir nicht am Ende lieber wäre mich für dumm und alle andre für klug, als umgekehrt mich für besonders klug zu halten, alle Augenblick hält mich sonst meine Ueberzeugung im Handeln auf, nichts ist ein Irrthum, was jemand lieb. Hast Du Stillings Beschreibung der Burgundischen Kriege? Ja oder aber wohin antworten. Alles mahnt mich zu Dir, jede grünende Knospe ist mir ein drohender Vorwurf, doch fürchte ich wieder meiner alten Großmutter so schnell durchzugehen, eben weil sie mich in nichts behindert. Doch es sey. Den vierten May will ich von hier fort, irgendw[o] muß [ich] den Frühling finden, hier ist er noch nicht. Wie lange ich in Halle bleibe weiß ich nicht bestimmt, vielleicht acht Tage, ob ich über Weimar gehe eben so wenig, ich muß in allem zu sehr auf meine Gesundheit Rücksicht nehmen, deren Herstellung ich mich ordentlig wie einer Kunst gewidmet habe und nur in Hinsicht auf diese erlaube ich mir ein so langes Umherirren, auf jeden Fall erhältst du wie ich mich dir nähere doppelte und dreyfache Nachrichten von mir. Lieb würde es mir seyn, wenn Du gleich nach dem Empfange dieses Briefes ein Paar Worte an mich nach Giebichenstein bey Halle im Magdeburgischen Abzugeben beym Kapellmeister Reichardt sendetest. Vor dem Ende Mays kann ich also nicht bey Dir seyn, also zur Taufe, die erste, der ich beywohne, es thut mir wahrlig leid nicht ganz Deinem Plane nach zu leben, aber ich bin schon zufrieden, Dich wiedersehen zu können.

Ich habe Wünsche wie eine Erdbeere dicht unter, dicht über mir und nur zwey oder drey Ausläufer. Deiner Frau viel Stärke und Freudigkeit, Gott grüß euch.

Achim Arnim

Reiselied meiner Laute

Ey lautes Vögelein
Der Schaaren Spur verloren,
Du lockest hell und rein
Zum Hayn den Frühlingsschein
Die grüngespizen Ohren.

Du armes Vögelein
Der Bäume Augen schlafen,
Auf dürren La[u]b allein
Im Hayn voll Winterpein
Dich meine Blicke trafen

Verschlagnes Vögelein
Und mir singst Du zum Truz
[»]Und bin ich hier allein
Im Hayn ohn Frühlingsschein
So sind wir hier nichts nuz[.«]

Mein Schlagend Vögelein
Sich federt lustvertraut,
Es schwingt sich fort zum Rhein,
Zum Wein zum Frühlingsschein
Der grüne Nester bauet

Mit Laute und Vögelein
Dem Frühling zu begegnen
Wir ziehen ganz allein
Im Hayn zum Frühlingsschein,
Des wolle Gott uns segnen.

56 *Berlin den 8 April 1805*

Clemens! Clemens!

Ich habe zweymal an Dich geschrieben und lange nichts von Dir gehört, wie steht es mit Dir, wie steht es mit mir in Dir, bist Du so beschäftigt, bist Du so träge geworden, oder ärgerst Du Dich wie wir hier, daß es wieder kalt geworden? Nun es sey dahingestellt, Du warst noch immer eine feste Burg und ich habe noch viel Vertrauen zu Dir. – Weist Du, daß Tieck zurückkehrt, weil ihm einige verruchte Freunde wahrscheinlig aus der Finkschen Familie geschrieben, sein Bruder spreche hier schlecht von seinen Familienverhältnissen. Nun ist dieser Friederich gegen seinen Bruder ganz feinstimmig ergrimmt, daß er so etwas glaube und darüber sein Versprechen breche, den guten Ruf der Schwester bis zu seiner Ankunft in Italien zu bewachen. Friedrich ist überhaupt ein gründlig närrischer Kerl, so verstockt und verrottet ernsthaft, getrocknet und geräuchert, und dabey so unglücklich gehasst bey Pistors und Albertis, dabey in seiner Haut so hocherhaben bis zum Pathetischen. Seine gewöhnlige Erzählung bey Pistors ist immer, wie grob er den Leuten gekommen und am Ende ist es doch nur nach Schakespear ein lächerliges Gesicht in einen Rettig geschnitten. –

Den Leipziger Katalog habe ich nicht benuzen können, der Candidat Backofen hatte schon abgesendet, alles andre war mir bey der unbestimmten Dauer meines Aufenthaltes zu weitläuftig; du hast doch den Herderschen, es sind gute Sachen darin!

Opitz ist mir jezt sehr lieb seit ich den Wolfsbrunnen bey Heidelberg darin beschrieben fand.

Du edler Brunnen, Du mit Rhu und Lust umgeben usw.

einige seiner Lieder [–] die Oden im vierten Buche der poetischen Wälder [–] sind göttlig z. B. *Ist irgend zu erfragen[,] Ein Schäfer um den Rhein, Der sehnlig sich beklagen muß über Liebespein.* Ich würde für eine Melodey Dir sehr dankbar seyn. Durchaus originell ist die

Schäferey von der Nimfe Hercynie, wogegen doch wirklig Jean Pauls Campanerthal und ähnlige poetische Reisen unendlig nüchtern sind. Ich kann es nicht leugnen, wenn ich diese Lieder mit den Minnesängern vergleiche, so scheint es mir, als wenn die Maschen gegen uns zu immer dichter würden, die einzelnen Faden sind bey jenen noch sichtbarer, reiner weniger durch die Finger gegangen, aber wir fühlen mehr auf einmal durch die Finger gehen

Fig 1

Ich höre bey Gall recht eifrig mit ewigen Widerwillen; sein Collegium ist mir wie eine geliebte Verachtete, ich möchte oft mit einem Schädelkopf gegen sein ganzes Golgatha Kegel schieben und doch ist es wahr, was er sagt. Wie Meereswellen so hebt sich allmälig so versinkt ein Organ nach dem Andern, an einem alten Manne sind sie fast alle geschwächt und erloschen, wie die Gebürge abnehmen, wie die Zeit zunimmt. Sehr wunderbar ist es, wie Du mir einmal über Ritter sagtest, du könntest es den Leuten an den Backenknochen ansehen, ob sie etwas hervorbringen, der ist aber in Verhältniß mit dem Kunstorgan, so ist deine Beobachtung ganz Gallisch, ich könnte dich selbst auf Deine Witzknochen aufmerksam machen du entsetzliger Schraubenzieher, die mir von Deiner Büste morgens entgegen leuchten, daß ich erwache, auch auf Dein musikalisches Organ usw. Es müste einen sehr sonderbaren Effekt machen, wenn in einem Trauerspiele durch gewaltige Erscheinungen die Organe so verändert würden daß aus Gutmüthigkeit schroffer Sinn[,] aus Kindesliebe Gleichgültigkeit, aus Begierde kalte Keuschheit, aus Talent Untalent würde, das wäre ein eigenes Trauerspiel des Lebens und wenn ich meinen Hippokrates schreibe, soll dies es seyn.

Die Abänderung in dem einen beygefügten Liede machte ich Reichardt zu Gefallen für den Druck, Dir zu gefallen habe ich das Ursprünglige beygeschrieben, er meinte er könnte es nicht verstehen, ich schrieb ihm also einen Reim hin, der wenigstens nicht ungereimt war. Ueberhaupt kränkt es mich gar sehr, daß die wenigen, die noch etwas von mir lesen mögen über Unverständligkeit klagen, ich finde immer deutliger, daß mir die Worte etwas anders angeben als den meisten ander[n]: Wer hat aber das Richtigere? Ich schreibe kurz, um nur recht bald von Dir zu hören, denn ich werde durch Dein langes Stillschweigen besorgt[.] Deine Frau küsse in deinem Namen und grüsse sie dabey von mir mit Glückwünschen.

Dein Achim Arnim

57

[Heidelberg, um den 8. Mai 1805]

Lieber Herzens Junge

So bist du dann endlich unterwegs, aber um Gotteswillen eile, eile, ehe alle die Bäume hier abblühen; laße dich in Giebichenstein nicht festhalten, es ist gar nicht übel dort, aber hier ist es unendlich schön, und bedenke, daß du eilen must um mein Kind nicht lange des Teufels sein zu lassen, du mögtest es doch selbst zur Taufe Heben, und in 14 Tagen ist es gewiß schon da. Komm, Komm, weiter kann ich nichts sagen. Betine läst dich grüßen sie schickte mir ein Glaß für dich aus dem wir Wein trinken wollen, waß nüzt mir alles Flehen, die Vögel, Blüthen, und Düfte vor meinem Fenster überflehen mich, o höre sie alle, alle in deiner Liebe zu mir, ich habe ein Polischinelltheater von 10 Personen, in welchem Schelmufski und der Teufel nach Ticks zeichnung in Ziebingen geschnitten sind, wir wollen meine Frau im Wochenbett lachen machen, Gundel hat dem Savigny ein Mädchen in Paris geboren, er ist sehr glücklich, Betine hat sie gehoben. Ich habe so entsezlich viel zu schreiben, und einzurichten in meiner neuen reizenden Wohnung, daß dir dies genug sein muß komm, komm, kom

Clemens Brentano

Empfehle mich Reichard

58 *[Heidelberg, Juli/August 1805]*

Lieber Bruder!

Dieser Brief beginnt als ein Notizenblatt, das ich mir zur Seite lege und in welches ich alles nach und nach einrükke, waß mir im Tagewerk merkwürdig für dich vor kömmt. In der Eunomia, Juli 1805 steht ein Bruchstück von Schummels Briefen an Zöllner über Volksschulen, da ich ihn durchlaß, muste ich immer an dich denken, die Kerls wollen Preussen eine National Ehre und Volks Einheit von Jugend auf geben, und sagen Nikolai feiner Allmanach sei ein Muster der elenden Lieder, die ausgemerzt werden müsten, sie nennen wohl einen Volkscharakter, eine Gesammtheit so elender Gesinnung im ganzen Volk als sie im einzelnen dieser Tagen sein kann, das wäre freilich für die Ansteckung gesorgt. Ich fühle, das muß dich unendlich interressiren, lieber Arnim, heiliger Patriot denke doch über solche Dinge und wehre dich. Ich glaube es könnte dir nichts so herrlich gelingen, als ein Plan zu Volks Einheit, und eine stille würkende Gesellschaft dafür, die Sache müßte sich leise anspinnen und nach und nach mächtig alles in sich ziehen und laut werden, dein teutscher Sinn könnte nicht göttlicher mächtiger wirken, als in der Erfindung eines geheimen Plans in deinem Vaterland eine mächtige Nation zu bilden, die leben, siegen, und sterben könnte. Ich fordere dich auf als dein Vertrauter Freund, der dein Herz kennt, lege nach und nach deine Gesinnungen hierüber schriftlich nieder, und lasse sie sich anhäufen biß du gegenseitig abwiegend, sie zu einem gleichfaßerigen einstarken Plan zu einem solchen Unternehmen, ordnen kannst. Deine Volksliedditirambe ist ja voll vulkanischer Explosion solcher frommen Wünsche, wenn du etwas darüber ausgearbeitet, so lege es meiner Bedächtlichkeit vor, ich bin fest entschloßen, mit meinen besten Gedanken mit dir darüber zu denken. Wenn wir dann etwas tüchtiges zussammen gedacht haben, wollen wir auch den scharfsinnigen herrlichen Savigny zu Rathe ziehen, der uns vortrefliche Sachen dazu sagen wird, und dann beginnst du nach und nach deine besseren Freunde ernsthaft dazu zu gewinnen, und das ganze wird immer in mehr Gemüthern lebendig, und muß sich manichfaltig einzeln würkend zu einem Ganzen organisiren, wir können wenigstens Versichert sein mit Weisheit und gemäßigtem Enthusiasm totalwürkender als das Noth und Hülfsbüchlein zu werden, dessen Titel wenigstens bald verächtlich werden muß. Um alles in der Welt, eine deine vielen Pläne zum Besten und Schönsten, in diesem einzigen Großen. und mache mich theilhaftig deines Vertrauens hierin, ich will mit ganzer Seele mitwirken, mit ganzem Schweigen und Bedacht. Das heiße, *Frankreich den Krieg erklärt.* –

59 *Frankfurt a/M [vermutlich 1. September 1805,] Sontags*

Lieber Clemens!

Ritter hat mir den Orlando gebracht, Bettine viel Nachrichten von Dir, sie sagen, Du hast lange Weile, mache der Krankheit lange Weile, so wird sie dich loslachen, quäle sie mit Schwefel und Holunder aus einer Bastion in die andere, bis du ihre Burg brechen kannst. Gern käme ich zu Dir, aber der Drucker hat einen besondern Anfall bekommen und liefert alle Tage einen Bogen [–] heute den 15ten. Ich habe noch mehrere Lieder aus den frischen Liedlein und aus dem Orlando aus kristallisiren lassen, die mir gefallen; Bettine verschaffte mir einige wozu ich Strophen geheckt habe; die Schlacht bey Sempach macht sich in der Abkürzung vortreflig und die Fischpredigt, kurz es ist noch manches Gute zugekommen. Dem Buchhändler habe ich vier vorläufige Anzeigen geschrieben, vielleicht werden sie auch im Schwefelbade zu lesen seyn, vielleicht wirkt es so besser. Nun noch von etwas, was mich ärgert, vielleicht hast Du es bemerkt, daß mir so etwas im Hirne spukt. Bettine sagt mir, du wärst noch immer fest der Meinung, du wärst mir hier hinderlich, mir wäre es lieb, wenn Du fort. Gott weiß, die Meinung muß dir sehr lieb sein, oder Dir sehr viel Mühe gemacht haben, weil Du noch daran hängst. Und wenn ich nun nachdenke, nachdem ich zwey Monate in einem Zimmer mit Dir gelebt, wie Du in einem weitläuftigen stubenreichen Hause mich behindern solltest, so sehe ich eigentlig keinen menschligen Grund ein, in zwey oder drey Monaten läst sich doch wohl aller fremde Zwang vom Rocke abtragen. Ja wären deine Verhältnisse zu den Deinen auch stachliger, als ich sie wirklig fühle, so würde mich das nicht zurück stossen, weil ich weiß, daß ihr euch dadurch doch nicht fremd werdet, vielmehr euch immer mehr einander nähert, je strenger ihr von eurer Meinung einander benehmt. Daß Deine Rückkehr mir lieb seyn wird, daran zweifelst du also nicht mehr, aber darum komme nicht, warte Deiner Gesundheit, und die lange Weile selbst scheint eine der namenlosen, aber wichtigsten Apothekerbüchsen; ohne Gesundheit kann nichts entstehen und Du must noch mancherley thun und vollbringen. – Heut büsset die Welt im Sack und in der Asche und ihre melodischen Tropfen spielen schon über die Steine hin. – Daß der Marie ihr Kind sich vor der Mutter gescheut und in die harte Welt getreten, beweist daß es ganz unverständig war und kein lebendiges Gefühl hatte, darum fort damit. Bettine hat mir zwey gesunde Kinder, zwey recht reine liebe Liederchen gebracht, sie zeigen recht schön ihre Natur. Ich gebe mir alle möglige Mühe und Anstand, ihr zu beweisen, wie viel Schönes in ihr untergegangen durch das Herummusiciren im Musiciren, daß reines Leben nur in der beharrligen Flüchtigkeit sich zeigt. Sie verspricht mir alle Tage Melodieen aufzuschreiben, aber – da kommt die ganze Welt zwischen. Ich würde es Deinem Plane so angemessen finden, mit den Worten Hand in Hand auch die Musick auftreten zu lassen und Bettine würde es bestimmt für einen gewissen Kreis recht tüchtig leisten können. Es ist mir recht merkwürdig, daß ich vor drey Jahren Dir dasselbe schrieb, wozu Du sie jezt aufmunterst, drey Jahre sind fast zu lang, um über einen Punkt einig zu werden. Bleib gesund, sobald ein Tag ohne Druck nur wird, werde ich leicht und fröhlisch zu Dir hinüber wuschen.

N. S. Schick doch was Du etwa an Liedern noch bekommen oder gefunden recht bald

Achim Arnim

60 *[Frankfurt, Anfang September 1805]*

Guten Morgen Clemens!
(Guten Morgen Spielmann, wo bleibst Du so lang)

Der Himmel hält ein perlemutternes Schild vor den Feldberg, ich wünschte bey Dir zu seyn, aber da finde ich, bin ich an etwas festgewachsen, was Du noch gar nicht kennst, an eine Kupferstichsammlung, die ich mit einer Art lebendiger, fressender Aetzlust gemacht, für die ich aber noch keine Mappe habe. So hat wohl jeder sein Blaserohr, wenn nur jeder damit treffen könnte, was ich habe ist durchaus und ohne Ausnahme treflig. Noch ein Geschenk habe ich bekommen, was mir recht lieb, Bettine hat ein Lied aus dem Ariel recht schön musicirt. Da Du mich des Unkritischen in der Musik beschuldigst, so steht Hoffmann dafür gut. Es hat ihn sehr erfreut, er hat ein Paar Zeichen und Begleitung etwas verändert und als Bettine ihr gewöhnliges Fechterstück begangen, sie wolle es zerreissen und wegwerfen, ist er ganz wüthend aufgesprungen, hat mit den Füssen gestampft und den Kamm geschüttelt, und die Federn gesträubt. Ich habe sie gebeten die Melodieen zu deinen Liedern auch aufzuschreiben – Die Manschettenblumen, und das andre Lied vom lebenden, schwebenden Garten habe ich glüklig verändert, der Stauffenberger ist jezt auf drey Blättern in sechs Romanzen recht schön, wenn Du kannst schick mir das Gedruckte *Seyd fröhlig u. l. ihr Handwerksgesellen*, ich wollte Deinem Anfange noch ein Paar der Originalverse zuschreiben: Der Himmel ist blau und der Rauch steigt als Kreuz straks hoch quer durch die weissen Wolkenstreifen, ich mache dieses Zeichen, Dir, Deiner Gesundheit, unsrer Befreundung, Dein

Achim Arn[im]

N. S. Sehr merkwürdig ist es mir, daß ich meine Verändertes Zesensches Lied, das Du so schlecht fandest und ich in Heidelberg in den Kasten geworfen, unendlig oft mit besonderm Ergötzen in mir hersagen muß, ich bin wirklig begierig sie wiederzusehen. Ich habe Dir schon einmal von hier geschrieben.

61 *[Wiesbaden, den 7. September 1805]*

Ich habe seit einigen Tagen deinen liebevollen Brief, aber zwischen Baden, ruhen, Essen und promeniren liegt mir sehr wenig Zeit. Dein Brief und Lichtenberg haben mich recht erfreut, der erste spricht mir zu, der zweite spricht mit mir. Waß du mir von meiner Idee als belästige ich dich schreibst, wäre ganz gut, wenn ich würklich diese Idee hätte, ich sagte zu Betine, Arnim ist wohl jezt leichter und fröhlicher, seit ich nicht da bin, und dies sagte ich blos, insofern ich weiß, daß ich in Frankfurt eben keine fröliche Äußerung befördern kann, waß du selbst sagst, und so wären wir dann einig. Gestern Abend war ich ein Stunde von hier zu Biberich der Usingischen Residenz, der Rhein, der Himmel, das Schloß, alles hat mich innig erquickt, und ich habe sogleich an Sophie geschrieben, daß sie hierher kommen soll, es thut mir leid, daß der arme Schelm das nicht sehen soll, ich erwarte sie Dienstag, oder Mitwoch Abend, und da alsdann besonders der Theuerung halben meine Kur, die mein Uebel, wo nicht gehoben, doch gemildert hat, zu Ende ist, so wünschte ich sehr, daß unsre Rheinfarth vor sich gänge, wenn du hier gewesen wärst hättest du manchen Spaß gehabt, Walpurgis die noch sehr schöne von Rüdesheim, ist die ganze Badezeit hier und noch hier, ich habe mit ihr zweimahl getanzt. Die Korrektur darf uns die kleine Reiße doch nicht verderben, und da Alles in ein paar Tagen gemacht ist, so kannst du ohne großen Auffenthalt einen Bogen in Rüdesheim korrigiren. Denn ich möchte und kann mich hier nicht länger aufhalten, Sophie aber würde sehr ungern in Frft sein, und ich kann es ihr selbst nicht zumuthen, sie reißt von Darmstadt grade hierher; wenn sie da ist, will ich es dir sogleich und wünsche dann sehr, daß du erschienst, wo nicht so muß ich ganz resigniren an den Rhein zu gehen, da es täglich kühler wird und ich mich bei meiner durch die Bäder sehr gereizten Haut vor der Kälte sehr hüten muß, sollte es ganz unmöglich sein, daß die Korrektur eine kleine Zeit langsamer gehe, so will ich nach Frft und sie übernehmen, und du kannst während dem mit Sophien und Lichtenberg die Reise machen, ich habe den Fluß ohne dies so oft gesehen, und es ist mir besonders drum zu thun Sophien diesen Eindruck zu geben. Schreibe mir doch ob sich der Druk recht zusammenschiebt, und ob du das Manschettenlied brauchen konntest. Wie weit bist du, es ist mir wahrlich sehr leid, daß ich dir bei der Sache wenig helfen kann; so eben erhalte ich deinen zweiten liebevollen Brief, es donnert und blizzt dabei, und ich stehe vor der Hausthüre und sehe die Tuschmaschiene eine Art Feuersprüzze, durch welche einem das Badewasser par force gegeben wird, morgen früh den 8 7b. [Sept.] auf meinen Geburtstag will ich mir den Hintern Touschen lassen. Es sind dicht hierbei einige Anhöhen, wo man herrliche Aussichten genießt, je näher man dem Rhein kömmt je herrlicher ist das Grün, ich sah gestern bei Biberich noch ein grün, wie ich es mir selbst im Frühling kaum gesehen zu haben erinnere. Lieber Arnim zögre ja nicht, sobald ich dir schreibe, daß meine Frau hier ist zu kommen, denn meine Umstände von allen Seiten erlauben mir keine lange Verzögerung. Der Stille Abend in Biberich vor dem edlen grosen stillen Schloß unter Bogenförmig geschnittenen Bäumen an dem Rhein mit gutem angenehmem Wein und dem schuldlosen milden jugendlichen Lichtenberg ist einer der schönsten Abende, die ich je gehabt, und komme nur her du sollst, du mußt ihn auch so genießen, du hättest gewiß ein herrliches Gedicht da empfangen. Mich machte die Aussicht auf der einen Seite so mild, daß ich allen Kränkungen, die ich erfahren auffliegen ließ im Abendhimmel wie einen Garnerin [?], und auf der Andern Seite faste ich Muth zu ertragen und mich nicht erdrücken zu lassen, von dem, waß mich recht gräslich gepackt hat. Ich habe nie eine solche Wirkung von der Natur empfunden außer damals auf dem Ohstein. Als [ich] nach Hauß kam zerriß ich einen sehr gerechten strengen und wahren Brief an Sophie und schrieb ihr sie solle an den Rhein kommen. Ich kann es jezt noch fühlen, wie diese Aussicht gestern [wa]r. Der Schloßgarten der ehedem von beschnitten[en Alle]en und Baumwänden im härtesten franzosche[n] Geschmack starrte ist jezt mit allerlei englisch[en] Schwärmereien vermischt und macht mir einen unendlich romantischen Eindruck die beschnittenen Bäume haben mich entzückt neben den Trauerweiden, der Garten ist wie eine wunderschöne spanische Prinzessin, welche Schwermerische Augen hat und ihrem Bräutigam, der eben so ist, den sie aber heimlich liebt diplomatisch vorgestellt wird. Ich lese im Bade gewöhnlich die Geschichte Karl des zwölften von Posselt, Karl ist mir nicht lieb, oft erbittert er mich mit seinen Tugenden auf die er wie ein Jagdhund parforce dressirt zu sein scheint, ich erwarte dich bald, gleich nach dem Bad gehe ich wieder nach Biberich.

Dein Clemens.

Waß und wo hast die Kupferstiche her

62

[Frankfurt, nach dem 7. September 1805]

Salve!

Du versprachs[t] mir Nachricht von der Ankunft deiner Frau zur Rheinreise, da ich keine erhalten, so vermuthe ich irgend eine Zögerung. Nächstdem denke ich den Weg zu Dir bequemer in der Luft als zu Lande zu machen, ich will deswegen den Donnerstag noch abwarten, wo die Luftfahrt anberaumt. – Kunze hat den kleinen Jungen angefertigt, er ist recht fleissig radirt, aber das Gesicht ist wie vom französischen Trommelschläger, das Pferd wird denen um so mehr gefallen, die es noch unedler wünschen, je weniger es denen gefällt, die es edler verlangen. Auf jeden Fall wird es sich an seiner Stelle gut ausnehmen, wir wollen uns dessen auch befleissigen. Dein

Achim Arnim

63

[Heidelberg, Anfang bis Mitte September 1805]

Lieber Arnim

Hier vier schöne Lieder von Grimm aus dem Odenwald gebracht, N° 4 ist wunderschön, das erste Volkslied worinn ich den Wahnsinn finde, ich bitte dich nichts daran zu ändern. N° 3. muß geordnet werden, ich hatte keine Zeit dazu. N° Eins ist mir auch recht lieb. Gott grüß euch alter hat im ersten Vers den bösen Drukfehler Blumen*kopf* statt *topf*, wäre ich dort gewesen ich hätte dirs abgebettelt, denn ich habe eine wahre Idiosincrasie dagegen. Laße nur nichts bessers heraus bei der Einschiebung des bekanntesten, auch sollte dies Lied von Pfeffel nicht da stehn, wo wir keins von Göthe, Schiller, oder Bürger aufnahmen nächstens mehr

64

[Heidelberg, Ende September 1805]

Lieber Arnim!

Heute Morgen erhielt ich Betinens Brief nach Wisbaden, es war nicht Uebereilung, es war Instinckt, daß du ihn erbrachst, denn er spricht nur von dir, und ich lege dir ihn bei, um dir eine Freude zu machen, besonders aber bitte ich dich, herzlich in Erwägung zu ziehen, wie sie mich deiner Freundschaft, die mir nun in diesem Leben das einzig Bleibende ist, glücklich preißt, erhalte mir noch lange, ja immer diese leuchtende Säule in der Nacht, diese Wolke im Tag, daß mein oft verwirrtes Gemüth sich sammeln kann, und gern lebt, die manichfaltigen engeren Verbindungen, die mein Herz je gehabt, oder nach denen es gerungen hat, sind fast alle durch irgend einen Dämon geirrt oder zerrissen, aber dein Bild steht so immer rein, frisch, und treulich gegen mir über, ich finde in dir so alles, waß an einem Menschen zu lieben und zu verehren ist, mein eignes Streben schön vollendet, und vieles meiner Natur Versagte durch deine Annäherung mir vertraut, so daß deine Liebe mein eignes Wesen potenzirt, und mir noch außerdem eine Welt schenckt. Es geziemt dem Ueberfluße deiner Seele nicht, jemahls zu bedenken, wie freigebig du gegen mich bist, weil du mir Alles bist, aber ich sage dir gern, wie sehr ich dich liebe, da du mir die Liebe durch deine ununterbrochene Güte abdringst, also Alleluja, Hoseanna, Susanna, Anna. et zetera, zeter mordio!! o Dio! Hier ist heute und gestern alles Himmel und Franzosen, es sind seit gestern Abend zehntausend Mann durchmarschirt, sie sehen aus wie müde Leute, Heute sagte man hier, daß gestern schon ein Östreichisches Piquet in Heilbronn gewesen sei, ich weiß nicht, waß es werden wird, da hier herum keine Festungen mehr sind, so ist es mir sehr wahrscheinlich daß der Krieg im südlichen Schwaben sein wird, Gott halte alle guten Leute gesund. – . Zu meinem allerhöchsten Erstaunen habe ich erfahren müssen, daß unser Bescheidener Liedermäckler, der Studente Grimm selbst ein gewaltiger Dichter ist, und dieses Jahr unter dem Nahmen Persephone einen Musen Almanach bei Mohr herausgegeben hat, in welchem du das Nachgefühl von Klopstok an über Hölty, Mathison, Schiller, Göthe, Schlegel und Tiek hinaus finden kannst. Beiliegende Lieder sind ein zweites geringeres Aufgebot der Engelhard. Das Zweite Lied ist mir um so lieber darin weil das *»Hast du mir mein Nudeltöpfchen brochen«* daraus her rührt. auch das Fünfte ist ein gutes Scherzlied. Mit einiger Verwunderung habe ich im 22ten Bogen, Blühe liebes Veilchen ganz von dir verwandelt gefunden, sollte man uns nicht den Titel *alte deutsche Lieder* vorwerfen dürfen. Gestern trat ein groser langer Mann in meine Stube, der mit einer beinah affektirten Anmuth und Zärtlichkeit sich nach dir erkundigte, er hat dich im englischen Hof, wo er auch logirte versäumt, sagt mir er sei einer deiner besten Freunde, der Doctor Nasse aus Westphalen, als ich ihn bat mir seinen Nahmen dir zum Bericht mitzutheilen, verbat er sich freundlichst waß ich jezt thue, und sagte mit einem spizen Mäulchen, lassen sie mir die Wollust ihn zu überraschen. Ich habe außer manchen andern Büchern für dich eine Schwäbische Chronick M[anu]ss[crip]t erhalten, in welcher, der Möhringer steht, habe aber noch nicht Zeit zu Vergleichen gehabt. Sobald du etwas näheres von Savigny hörst, so melde mir es doch mit ein paar Zeilen. Vorgestern sendete ich einen Grosen Brief sogleich an dich den ich hier vorfand. Die Trommeln und Trompeten ziehen noch durch alle Strassen, Man sagt hie und da Baden werde seine Truppen den Franzosen geben, waß nicht ganz wahrscheinlich ist, dennoch sind die Franzosen von der Regierung durch manichfaltige Manifeste auf freundschaftlichste empfohlen worden, die welche heute Nacht hier waren, lagen alle in der Jesuiter Kirche und den Kasernen auf Stroh, kaum waren sie darinnen so stieg einer auf die Kanzel und predigte scherzhaft, gegen alles Essen von Fasanen, Rebhünern, Pasteten und [d]gl. Schreibe bald deinem

Clemens Brentano

65

[Frankfurt, Ende September 1805]

Lieber Clemens!

Warum an hellem Tage um sich greifen und fühlen was man habe, was man fühle, dem Tage gehört die Ferne mehr denn die Nähe, ihm steht die Welt offen, und was nicht sein, das mag er noch erreichen. Daß wir einander sind, was wir einander waren, das kann uns nicht fehlen, so lange die leichte Luft noch durch uns hin sich wärmt, aber allein soll der Mensch nicht seyn und zweye die einander alles wären, sind doch auch allein, wenn sie nicht eine Welt aus sich bilden, die ihnen doch wie ein Sündenfall erscheinen muß. Die Welt ist da, bilden wir uns daran, über sie hinweg kann niemand setzen ohne unter sie herab zu sinken; also frey und lustig zum Ungewissen, Strebenden, vom Kaufmann lerne Spekulieren, vom Soldaten Ergebenheit, nichts ist besondres zu gewinnen als die Wahrheit, das Wahrste ist die Schönheit. Vertrag dich mit der Welt und sie wird Dich tragen als Sieger über ihrem Kopfe, Ungedult ist ein Selbstmord, die Welt sieht den Ungeduldigen an wie einen Todten und macht ein Kreuz dabey. Ich komme zum Einzelnen, Dir meine Gedanken zu erklären. Ich weiß wenig Leute, die mit einander so mancherley Berührungen haben könnten als Du und Christian, und doch verzweifelt er fast mit Dir fröhlig und leicht umgehen zu können. Er hat keinen Grund deine Ungedult und Verzweiflung über so viele Dinge zu ertragen, Du führst ihn an die Grenze von Mord und Todschlag, wer läst sich dahin immer geduldig führen. Daß er über Kreutzer schimpft, der von seinem Freunde, wie er überzeugt zu seyn glaubt, gelogen, scheint mir natürlich, auch finde ich Dein Verhältniß mit Kreutzer gar nicht so enge und freundschaftlich, daß dich so eine Aeusserung aufbringen könnte. Ich habe den einen Fall der Breite nach ausgelegt, Dich zu überzeugen, daß Dich in vielen deiner drückendsten Verhältnisse, nicht was da erscheint, sondern die wiederkehrende Erinnerung von tausend vergangnen Redereyen aufreitzt. Wiedergeboren zu werden hängt nur von einem frischen jugendlichen Willen, von einem heissen Bade unsrer ewgen Lebenspoesie ab, die alte Stockung der Schmerz hebt sich und die Füsse statt sich nachdenkend einzuscharren werden zum Vorwärtsschreiten bereit. Wo die Erinnerung das Zukünftige schafft, da ist sie ein unsichtbarer Genius, erscheint sie aber selbst wieder da ist ein schreckliches Gespenst. Die Erinnerung, daß Christian wohl manches nur aus Sonderbarkeit behauptet, macht dich bey jeder Meinung von ihm mißtrauisch. Worin liegt aber das Wahre, doch nur in dem Sinne, dem Falschen begegnen zu können indem wir das Wahre herausheben. Die Erinnerung, daß Bettine Dir einmal ganz ausschliessend gehörte, hindert dich, die gute eigene Bildung anzuerkennen, die sie sich gegeben, deine Aeusserungen über sie, waren zuweilen wirklich hart. – Sieh das muste ich Dir sagen, wenn Du mich als deine Einzige Hofnung ansiehst, du öffnest mein Herz damit, fändest Du mich einmal nicht besser, als Du jene andern jezt glaubst, Du würdest es zerreissen. Auch ist das Leben wandelbar, wir müssen es mannigfaltig anknüpfen. Nach so ernsthafter Abhandlung setze ich ein Liedchen, was ich so nebenbey auf einen Zettel schrieb

Fest verschränket
In einander
Liebe denket
Nicht ans Wandern;
Muß den Fuß
Doch wieder lösen,
Und vom Kuß
Den Mund entblössen.

Hebt den Sch[l]eier
Nun als Segel,
Nach der Feyer
Sich zu regen,
Kann zum Stern,
Das Aug nun heben

Steuert fern
In festem Streben

Wo in Gluthen
Alle Wellen
Sich verbluten,
Sich erhellen,
Meer und Luft
Ist unbeschränket,
Goldner Duft
Sie fest verschränket

·/.

Ich habe den 26ten Bogen corrigirt, beym 27ten wird schon etwas Prosa seyn, das Hochzeitlied auf Leopold ist schon abgedruckt und mit geringer Veränderung wunderbar schön, das höchste Lyrische der ganzen Sammlung. Das Register habe ich gemacht es war ziemlich mühsam. Du verwunderst Dich über Blühe liebes Veilchen. Ich glaubte, daß seine grosse Zärtlichkeit im Contrast mit dem guten Morgen Spielmann sich sehr gut machte, ausserdem ist es von allen Postillionen durch ganz Deutschland geblasen, sehr kurz, nicht schlecht und wenigstens 50 Jahr alt. – Ich habe Dir durch Pr. Froriep sagen lassen, daß Savigny in diesen Tagen wahrscheinlich eintrift, seine Frau hat aus Metz geschrieben, ich hoffe daß deine Frau von Froriep den Cottaischen Kalender erhalten, ich schickte ihn allein wegen Göthe's Epilog auf Schiller, der sehr gut das Gefühl einer Schauspielergesellschaft ausspricht, was doch eigentlich der Zweck einer solchen Todtenfeyer im Schauspielhause ist, dahingegen die andern das Gefühl des Publikums ausdrücken wollen, was doch gar nicht auf das Theater gehört. Bring mir doch meinen Gryphius mit und komme bald.

Dein Achim Arnim

66 *[Heidelberg, Anfang Oktober 1805]*

Lieber Arnim!

Dein Brief ist zu schön, zu frei, und allgemein gewesen, um im einzeln ganz wahr zu sein; er ist aber auch alles jenes zu sehr gewesen, als daß sein gänzlicher Irrthum über das Einzelne ihm im mindesten seinen hohen geliebten Werth für mich beeinträchtigen könnten; Waß zwischen mir und allen Geliebten Menschen gebunden oder frei, ewig aufflammend oder ewig versinkend, in manichfaltiger schmerzlicher oder ruhiger Äußerung lebt, (meine Freude ist ganz ruhig geworden) alles das regt er an, sucht er zu ermuthigen, liebt er, er wird ewig der Frühling bleiben, auch dem Kranken der Frühling, ich kann nichts auf ihn erwiedern, als waß wir der Sonne erwiedern, es ist uns wohl in ihr, wie freuen uns sie wiederzusehen, und meine Stube ist traurig ohne Sie, fürchte nie, daß ich aufhören werde, dich zu verehren, denn du bist Scharf ohne Schwerd, blank ohne Stahl, heiß ohne Feuer, Spiegel ohne zerbrechlich zu sein, du bist ein Mensch, du bist die Welt, du bist unschuldig, fromm gerecht, und liebevoll und hast vor musikalischem Dasein nie Zeit eines Allein zu sein. Wenn ich dir sagte meine einzige Hofnung ist in dir, so heist das, ich habe in deinem Dasein, in deinem mir unverschloßenen Munde, deinem mir befreundeten Herzen, in deinem Dasein, das gern mit mir ist, mir gern verzeiht, mich lieben kann, das im Reellen gefunden, waß alle Menschen in der Wissenschaft, Kunst, oder im Genuß unendlich oder endlich (wie sie selbst sein können) suchen oder finden müßen, um gestrebt oder erlangt zu haben. Wie die Leute sagen, daß Jakobi ein drittes gefunden habe, das leichter als jede mögliche Philosophische Luft, ihn über Nachbars Dach und Kirchthurm und Gottes Berge erhebt, so habe ich in dir auch dieses Dritte gefunden, alle Welt kann es mir nicht nehmen, denn du bist es selbst, und kannst nicht anders. Sieh, so was Herrliches habe ich in dir erwischt, und es ist auch so Herrlich, daß es mich gar nicht stört, mich nicht schmerzt, wenn es mich dessen beschuldigt, wovon die Beschuldigung, *die stillschweigende*, zu ertragen oder mich ihrer zu erwehren, mich gewöhnlich so erstickt, oder endlich hervorbrechend in so traurig erzwungene Selbstvertheidigung bringt, daß ich gegen die falsche Beschuldigung kämpfend ihnen, die ich, mich mit einiger Mühe zu erkennen, eigentlich zu wenig interressire, die Worte entreiße, da seht ihrs, so ist er, jezt, jezt eben begeht er die Schuld. Meine Erfahrung hierin ist unendlich, ich weiß, daß es hierüber mich zu erklären, keine Worte giebt, nur Liebe kann das unsägliche verstehen, und beantworten, aber seit es der Geschichte meines Gemüths unmöglich geworden ist, dem blosen Verstand deutlich zu werden, ist es ihm auch unmöglich geworden, sich mit dem Verstande zu verschließen, ich habe wohl Verstand genug voraus zu wissen, daß meinem Herzen oft das lächerlichste Unrecht gethan wird, aber ich habe zu viel Herz, um dieses Unrecht andern oder mir anzurechnen, ich liebe unendlich, und kann nur unendlich lieben, es ist mir keine Minute verlohren, keine vergangen in der Liebe, und alles Untergegangene pakke ich auf wie eine Welt und schaue den lieben Todten ruhig in die Augen, die mich sterben gelehrt haben. Waß du von meinem Verhältniß mit Christian sprichst, ist Irrthum von dir, und trifft mich nicht, ich habe keine Schuld gegen ihn, als daß ich ihn zu sehr liebe, und immer zu viel von ihm verlange, daß ich unverständig gegen ihn bin, indem ich ihm nicht allein meine Ruhe sondern mein ganzes Leben hinhalte, daß er oft zerschneiden müste, wenn ich ihn nicht liebte. Ich halte von unserm Wortwechsel über Schäfer gar nichts, als daß ich, als er mir zum ersten mahl über ihn schrieb, und ich ihm mit Aengstlicher Billigkeit drüber antwortete, schon wuste, er werde wo nicht schriftlich, doch mündlich, wo nicht gegen meine Meinung, doch zur Vertheidigung seiner stolzen Absprache über Kreuzer in einen Wortwechsel gerathen. Ich habe nicht für mich gestritten, nicht für Schäffer, nicht für Kreuzer, sondern für ihn Christian selbst, denn ich fühlte tief, daß er auf einem schlechten Punkt stand, als er mir sagte, er scheiße Kreuzer und Daub voll, und im Zorn dem ersten vorwarf, daß er arm war, und ihn jemand unterstützte, dem er nur durch seine eigne Vortreflichkeit empfohlen ist, übrigens hat Kreuzer eigentlich nichts gegen Schäffer gesagt, dessen Ankunft er freundlich entgegen sieht, er hat nur unvorsichtig geredet, ich habe zu treu und unvorsichtig berichtet, wofür mich die leicht vorübergehende Scene vielleicht noch nicht genug bestraft hat. Daß übrigens Christian am Umgang mit mir verzweifelt, ist nicht gut für mich, da ich noch nicht verzweifle, daß er mich gut genug finden wird, oder daß ich es bin, ich selbst habe, insofern er sich mir nicht verschließt, oder ein wenig Bonapartisch über die Leute Urtheilt, eine größere Liebe und Freude an ihm, als sie seiner Erwiederung wohl zahlbar ist. – . Daß du weiter glaubst, es mache mich traurig, Betinen nicht allein zu besitzen, oder ihr Dasein gefalle mir nicht, ihre gute sich selbst gegebene Bildung gefalle mir nicht, auch hierin irrst du, da ich die ganze Geschichte ihres Gemüthes kenne, da wir beide schon, als uns die Nothwendigkeit enge verbunden hatte, sie ihrer ganz mystischen ich meiner durch Pflicht alle Augenblick sich verständigenden Liebe zu einander mit gewaltsamen unwillkührlichen prophetischen Trähnen ein Todenopfer feierten, da wuste ich schon, war ich schon getröstet über die Natur, der wir unterworfen waren, ich stand unter dem Fenster, aus dem ich herabstürzte und fieng mich selbst auf, ach ich rette mir ja alle Tage das Leben. Wenn ich dich aber zu jenem unrichtigen Urtheil verführe, so ist es nur durch meine, durch unsägliche Empfänglichkeit und Eindrükke bei nicht starkem, nicht gesundem, nicht zu Ordnen geschicktem Gemüthe, sehr falschdeutige Erscheinung. Ich habe z. B. bei meiner lezten Anwesenheit in Frankfurt keinen Augenblik irgend eine Unzufriedenheit weder mit Christian noch mit Betinen empfunden, ich hatte vielmehr eine innere Freude an ihrer Heiterkeit, und das ganze Dasein Christians gewährt mir stets diese Freude, ich war nur still und unvergnügt durch die Empfindung ohne Hülfe das Bad verlassen zu haben und einen schmerzvollen unerfreulichen Winter entgegen zu sehen, es that mir leid, daß ich nicht mittoben konnte, das unseelige Meßgeräusch, das ewige Phrasensingen Betinens ohne Zuhörer, manche häusliche Qual für mich selber, alles das stürmte auf mich, und am leidsten that mir die Empfindung, daß meine Trüblichkeit falsch ausgelegt ward. Wenn mich irgend etwas in Betinens Verhältniß zu andern manchmahl bewegt, so ist bei Gott nichts weniger als Neid, es ist nur Mitleid mit dem schönen herrlichen Ernst, der in der Tiefe ihres Herzens vor dem schäumenden verschwendenden Augenblick nicht sicher ist. Nimm' an, dürfte mich folgendes nicht bewegen; während ich vor Wisbaden in Frankfurt war, habe ich oft mit Betinen über unser ehmaliges Verhältniß geredet, habe mit recht inniger Freude empfunden, wie es sich so wohlthätig für sie in die Verbindung mit Christian und Savigny gelöst hatte, habe durch die Einsicht mancher Briefe Christians und Savignys an Sie mit innerer Beruhigung empfunden, daß alles waß ich je auf dies geliebte Wesen gewirkt, alles waß ich ihr gesagt, dasselbe war, recht herzlich habe ich mich an der rechten Gesinnung meiner Geschwister ergözt, weil sie ohne zu wollen, auch die meinige rechtfertigte, nie im mindesten gekränkt nur bewegt hat es mich einigemahl, wie ich überzeugt ward, daß Christian mein Dasein so nebenbei bemitleidete, oder auch verwarf, oder daß Savigny wunderbar gespannt durch seine intrigante Frau mit mir und Betinen selbst war, alles das übersah ich, das wunderbare Treiben jener um Betinen, das dieser sehr nüzlich gewesene Hingeben, und dabei doch ein drittes tiefes Einsames Getrenntes in dem Herzen Bettinens, an welchem Jene keinen Theil hatten, Sie hatte Urtheil über Alle diese ihre Freunde und Erzieher, Sie wuste waß sie wollten, waß sie erreichen würden. Sie gestand mir ein, daß sie dem Christian gar nicht mehr schreibe, daß er ihr in der lezten Zeit nicht gefallen habe, Sie nahte sich wieder mehr mir, das that mir innerlich leid, denn ich hatte sie nie getrennt von mir empfunden, es that mir weh, daß sie noch immer streitend war, da ich sie nun, als Christian wieder da war, wirklich in einiger Verlegenheit gegen mich empfand, brachte es mich zu einer stillen Betrübniß, daß so wenig Haltung in der vielen Liebe aller dieser Geschwister, so wenig Klarheit, solche Verworrenheit, die sich oft selbst belügen muß, um sich nicht zu wiedersprechen. Da ich nun nach einem geräuschvollen Tag mit wahrer Wohlust endlich die einzelnen Paare verschwinden, die Lichter verlöschen, endlich alle Geigen Verstummen hörte, und die Stille ein einsames Meer meine Seele eine unendekte Glükliche Insel umschloß, legte ich mich Seelenvergnügt zu Bette, einzelne Trümmer des versunkenen gescheiterten heutigen Lebens sah ich an das Ufer spülen, betrauerte ruhig das verlorene, welches vergeudet war, ohne den Göttern geopfert zu sein, und liebte, ehrte das Gerettete. In rechter Gemüthlichkeit schloßen sich die Küßen an mich, das Licht stand bequem, mein Herz gefiel mir wohl, ich gukte in ein altes Buch, meine Frau trat in die Stube, die im Saale eben laut gejubelt hatte, verstummend und kalt, nach einiger Zeit sagte sie »ich weiß nicht, waß ich von dir denken soll« ich »das Beste« – [»]du bist mir unbegreiflich« ich »o laße mich ruhig, es ist mir sehr wohl« – Nun trat sie mir näher, und sagte, höre, das Beste waß du thun könntest, wäre, du giengst zu deinen Brüdern in die Handlung – Wie ein Feuerwerk brannte da alle mein Friede zum Himmel – . Denke dir, meine Bewegtheit, meine Stille in Frankfurt, dachte sie sich, als wäre es Neid oder Geiz nach der Wohlhabenheit meiner Brüder, und focht noch lange gegen meine Mühe ihr diesen lächerlichen Gedanken auszureden, diese Erfahrung, daß die, die mich am genausten kennen müste, mich so komisch erniedrigend misdeuten konnte, trübte mir den folgenden Tag. Genug, zu Viel schon mein lieber, eine Bitte nur ans Schicksal, es erhalte mir deine Zuneigung, an dich, spreche dich freundlich, wie in deinem lezten Briefe gegen mich aus, daß kein Misverständniß ungelöst dein Vertrauen löse, denke das Beste von mir, ich will mich bestreben, daß du dann nie in mir geirrt hast, und fahre fort, durch klare Worte mir das Beste, das Bessre zu lehren, es ist eine Seeligkeit, waß man will, soll, wornach man ringt, aus dem Munde eines geliebten Mannes zu hören. Unendlich gern mögte ich bei der Ankunft Savignys zugegen sein, wenn mir gleich der Anblick seines Kindes eine schmerzliche Erinnerung ist, so soll mich doch die Lust dich und ihn sich nähern, erkennen und lieben zu sehen unendlich beglücken, ich wollte alles Leid vergessen über eurer Bekanntschaft, und du mußt aber auch denken, daß außer jenen etwaigen Rührung, die ich dir erklären würde, alles übrige Traurig erscheinende nur der stille verbißne Schmerz ist, den ich seit der Rheinreiße wieder in dem Fuß habe. – Aber ich rede ja als wenn ich schon ganz gewiß käme, da mich mein Fuß den ich schonen muß, und meine Finanzen, mit denen ich noch schlechter stehe und gehe, abhalten wollen. Am besten wäre es, so, du schriebst mir so bald Savigny da ist, aber so gleich, dann reißte ich mit der Diligence hin, und wenn er schon in Trages wäre führe ich mit dir dort hin, da ich jezt gar arm und miens bin. In jedem Falle, schreibe mir so gleich seine Ankunft, und sage ihm, daß ich *Bücher* u Brief erhalten hätte, die Ursachen meines Nichtschreibens lägen ganz ausser meiner Schuld und ich wolle mich rechtfertigen. Sophie dankt für den Allmanach, ich werde nie Vergessen, daß Froriep bei mir war, durch die merkwürdige Nachricht, daß Jean Paul wahnsinnig geworden, und in Sicherheit gebracht worden! – Voß war gestern bei mir, er sprach, daß Göthe an einer gänzlich veränderten Ausgabe seiner Werke fleisig arbeite, und daß er Voß sich die lezte Strophe im Epilog auf Schiller nicht verständig[en] könne, waß der lezte Wille sei, doch wohl nicht für die Versorgung der Kinder, auch ist ihm, waß mir das liebste »waß uns alle *bändigt*, das Gemeine« nicht deutlich, nähmlich das bändigt, sei zweideutig. Voß soll sich sehr hart gegen dich bei der Rudolphi über dich ausgelassen haben, weil diese ihm erzählte, auch du habest von den *Nibelungen* gesagt, sie könnten uns gewissermassen, waß den Griechen der Homer sein, er sagte unter andern, daß heiße einen Saustall einem Pallast vergleichen, *waß uns alle bändigt das Gemeine!* Herr Voß. Lieber, Lieber dein

Clemens.

Theile mit keiner Seele mein reines Vertrauen reine Seele!

67 *[Frankfurt, Anfang (?) Oktober 1805]*

Lieber Clemens!

Du siehst auf dem Titel den Inhalt unsrer hiesigen Beschäftigung, der Pilger auf der Landschaft bin ich vor mir über zieht der Fuhrmann und sein Wagen der Predger und sein Kragen alle zusammen miteinander ins Hünerloch hiein, über mir strahlt die Sonne durch die gewaltige Sonnenstadt, die wohl jeder im rechten Blicke Morgens einmal sehen kann. Hinten schliesst der Allvater Okeanos die Welt und die Englischen Schiffe blokiren uns darauf. –

Du hörst also daß wir froh sind, daß wir viel Pulver verschlissen ohne etwas zu treffen, sprechen ohne einander zu hören, daß die Uhr aufgezogen ist und die Stunden schlagen. – Ich wartete auf Dich in Fr:, komst du vielleicht mit der Günderode, ich bin mit Klotilde hieher gefahren? – Dein Brief ist mir lieb, sehr lieb gewesen, ich hätte ihn gern Christian und Bettinen gegeben, aber dein vertraulicher Wille ist meine höchste Gewalt. Doch kommt ihr mir unter einander vor wie zierliche Tänzer die immer in den kleinen Ankleidekammern beym Probieren bleiben, sie sehen von einander nichts als das Tupeh, was über die niedre Wand hinaus springt, lachen und spotlen über einander und wollen nicht zusammen tanzen. Daß alles was du thust in Dir eine gewisse Rechtlichkeit hat, Lieber, daran habe ich keinen Augenblick gezweifelt ich hätte Dich sonst ja für schlecht gehalten, aber ich wollte Dir nur zeigen, daß Du wie ein Dichter, der statt seiner bedeutenden Gedanken einen Gedankenstrich setzt, den andern nothwendig falsch und einseitig erscheinen must. Zwischen uns ist darüber kein Streit, wo ich Dich launig hervortreten sehe da interpolire ich in der unendlichen Lebensreihe, mir genügt diese oder jene Conjectur. Eine der weitläufigsten Conjecturen brauchte ich, Deinen Widerwille gegen Gundel zu erklären, doch ist es mir noch nicht ganz gelungen, ich habe sie eben so unbefangen, annehmlig, gefällig widergefunden, dabey viel gewandter, und in zärtliger Sorgfalt sehr ergeben für Mann und Kind, mir bleibt allein der reine Scherz in ihr zur Erklärung des ganzen Phänomens. Ich glaube du hast sie eigentlich nur wenig und in einzelnen Momenten gekannt, deine andern Schwestern waren Dir lieber, Du warst abwechselnd entfernt, es war dir wie in einem Bade, das so langsam zufliest, daß das Eingeflossene ehe es voll immer schon wieder erkaltet. – Mit Savigny lebe ich sehr einträchtig, er zeigt mir in stetem Fortarbeiten die flüchtigen Sohlen der Zeit, deren Kleid vor mir hin rauscht und flattert. – Viel Liebes Deine[m] Fluß, Du Lieber mache, daß ich Dich sehe.

Achim Arnim

68

[Gotha, Anfang Dezember 1805]

Lieber Clemens!

In Meinungen traf ich mit meinem Frühlingswege zu Dir wieder zusammen, ein Herr Rossi mit dem ich die letzte Station zusammengemacht erzählte mir vom Komersen, wie er dahin zurück, wolle, wie er schon dahin zurück wäre, wenn ihm nicht ein Mädken in die quer gekommen, die er geheirathet, was ist mir denn in die quer gekommen, daß ich von Dir fort gekommen? – Ich habe recht viel erlebt unterweges an schlechten Wegen, ich bin durch Züge närrischer Kriegsgefangner Ratzen und Slowaken gefahren, die allenfalls auch in Cooks Reisebeschreibung von den Diebsinseln hineinverkauft werden konnten, viel hab ich gesehn von dem schmäligen Drucke der französischen Freundschaft, ein Händedruck wie Falk Vossen gegeben ihm die Adern zu sprengen. Ich könnte dir viel sagen, wie die Regierungsrethe aus Ellwangen sich mit den Franzosen zanken und wie ihre Frauen sich in Elwangen langeweilen, doch das ist weitläuftig, ich komme zu Gräter. Ein Mann, etwa die mittlere Proportionallinie zwischen Koch und Wieland im Aeussern, lebendig wie ein Triesel, wie alle Sammler ihrer Natur nach von vielen Seiten geschlossen auf einem einzigen Seile tanzend rück und vorwärts, freundlich ohne Einbildung, unglaublich fleissig, unglücklig zerstossen in dem kleinen Gekröse des Lebens ich meine in seinem Ehestande, so hat er mir oft stundenlang erzählt und hat mich oft gerührt, doch das wird auch wieder zu weitläuftig, er ist von einer Frau geschieden, die er pedantisch geliebt, und ist mit einer Frau verheirathet, die er nie geliebt hat. Seine Büchersammlung ist eigentlich nur in den isländischen schwedischen, dänischen Sachen bedeutend, auch zum eigentlichen Sprachstudium hat er recht viel, für uns nichts Ausgezeichnetes ich meine in Büchern. Ein zwanzig bis dreissig einzelne Lieder habe ich von ihm, die sind ∞ gut theils aus der Handschrift theils aus drey Bänden alter und neuer fliegender Bläter und Musikbücher. Zwey Tage hat mein Bedienter und ich vom Morgen bis Abend das weisse Feld gepflügt[.] Der Eingang der Kirche dort zahllose Stufen als ging es zum Himmel, doch ist das beste drin ein Salzwerk, wo der Wind selbst die Gradirung stellt nach dem Winde. Fort bis Anspach. Eine angenehme Oekonomische Betrachtung zwey alte Schulbekannte die sich zwar gut ausgearbeitet, einer malte mit grosser Handarbeit, der andre ein gewisser v Schulz im Ganzen ein tüchtiger Kerl musicirt gar schön und eigenthümlig [–] er hat viel Lieder und Kirchensachen gesetzt [–] wir lebten den Tag wie alte Bursche ohne uns über das Vergangne zu grämen, ohne der Gegenwart uns zu schämen. Wiederum merkliche Lebensgeschichten, Schulz heirathet im Frühling nach mancher Müh und Noth, wiederum zu weitläuftig. Fort nach Nürnberg. Bey Murr wie Kind vom Hause, ebenso bey seiner alten Dienstmagd, die wie eine alte Katze sich freundlich um einen wand. Alle Tage schenkte er mir mehr, seine Gedichte, geschnittene Steine, gegossene Medaillen u. s. w. Aus meiner Sammlung läst er die Muskelzeichnung mit der Handschrift von Michel Angelo stechen. Im Zimmer hängt bey seinem Handtuche sein Altorfer Stoßdegen. Für den Brief an Herrn von Holzschuer danke Stromer, er zeigte mir seinen Dürer, der mir ewig unvergeßlich bleiben wird, was menschliche Hand in fünfzigjähriger Uebung leistet, das Bild ist aus Dürers letzter Zeit. Eben so rein steht vor mir das Hauß des Herrn von Peller [?], er selbst wohnt, wo sonst vielleicht die Küchenmagd mit ihrem Küchenjungen die Herrschaft spielte, alle andre Zimmer sind von einem Tischler künstlich zusammengeholzt, der darüber gestorben, sein Bildniß ist in dem letzten unbeendigten Zimmer. Die Gemälde sind von eigen angestellten Mahlern, so lebte Jacob Balma drey Jahre darin für ihn, die Sammlung seiner Stücke ist einzig. Der Hof des Gebäudes ist mit gewölbten Koridors umschlossen. Bey Lechner habe ich bezahlt, weder er noch Wiesner [?] noch Zeh hatte etwas von Musikbüchern. Bei Zeh kaufte ich das seltene italiänische Gedicht Attila flagellum dei, aus alten Chroniken gezogen. Pfarrer Roth, Pfarrer Waldau, Häßleins Frau konnten mir ebenso wenig helfen. – Wo Roth? – Bey Frauenholz – *Sechs Bände geschriebenen Meistergesang für 12 Gulden*, Holzschnitte bunte italiänische und holländische wie ich sie allein nur besitze und die alte Bergmeisterin in ihrer Modellenkammer, nach denen sie die Tanne so länglich, die Eiche so knorrig zuschneidet. In Erlangen beym Antiquar Camerer war nichts; der Kerl meinte seine Saubibliothek wäre besser als die von der Universität, auch schämte er sich Bücher einzeln in Auctionen zu kaufen, er kaufe nur ganze Bibliotheken. – Hofrath Hildebrandt sagte mir, er habe im Collegio eben von meinen Versuchen gesprochen, ein sonderlicher Umstand weil er sich vor drey Jahren ebenso ereignet hatte, wie ich mich noch erinnere. – In Koburg sah ich die ersten Preussen, und wie ich die Wirthin so eine Liebesgeschichte und die Geschichte einer Wahnsinnigen erzählen hörte und sah den schönen sächsischen Schnit von Nase und Mund, da lachte ich in mir einmal recht herzlich über den Pfälzer-Stolz auf ihre vermeinte Südsee Natur, auf ihre Kastanien die nicht reifen und ihren Wein, der sauer bleibt. – Vor der Stadt sah ich ein grosses leeres Haus am Wege, ich fragte den Roßknecht für wen das gebaut: Ja für die Schwalben. Wie so? »Und sie haben sich recht verwundert als sie das zweite Jahr wiederkamen und haben die Sperlinge drin gefunden.« Es ist ein mislungenes wenigstens unbeendigtes Brauhaus der Regierung. – Um schneller fortzukommen muste ich zwey Ochsen vor meine Extra Pferde spannen, das waren die wahren extraordinären Pferde. Nach drey beschwerlichen Tagen wo ich am naßkalten Winde roth zugeschniten, immer bis eins Uhr Nachts auf der Landstrasse war, da kam ich in das Mohrenland in das Kaiserzimmer; gute Speusen, vielumfassende Betten, Bibliothek, 3 P., Geisler. – Der Band Holzschnitte dient diesem Schreiben zur Grundlage, drey historische Lieder sind schon daraus abgeschrieben, von der Schlacht von Navarra und Pavia. – Bey Galletti war ich einen Abend zum Essen im Klub und zu seinen Entschuldigungen, daß es nicht besser wäre. Bey Becker sah ich Holzschnitte, der Sünder zerschneidet alte Bücher, ich habe für die Möhrin und für den Fierabras Vorbitten eingelegt. Es ist unglaublich wie zerstörend eine äussere Ansicht der Kunst ist, sein ganzer Wunsch ist durch Zussammenstellung die Namen der Holzschneider herauszubringen. Die armen Teufel hatten sich nur gerade verschwiegen, weil ihre Arbeit an sich nichts nur in ihrer Stelle etwas war. – Kries will das Polnische Reich wieder herstellen – Jakobs hat gar liebe Kinder er läst mir ein Stück vom Herzog Reynfried abschreiben, ich will zusehen ob es mir behagt, der Abschreiber klagt über die Schwierigkeit den Apollonius von Thirland [?] abzuschreiben – Ich habe eine Aufforderung für den Reichsanzeiger geschrieben bündig und rechtlich, auch eine Nachfrage nach einigen Büchern. – Bey Geisler war ich zweymal und recht lange, ich zeigte ihm meine Kupfer, ich las ihm vor aus unsrer Sammlung, ein sanftes empfängliches Gemüth, das allein sein Unglück mit Kindern und Kränklichkeit entkräften und niederschlagen konnte. Für solche wer hat die Poesie sie einige Jahre hinauszuheben über ihr Leben, daß sie selig sterben könnten. Seine Frau ist sehr herzlich, sie meinen es beyde recht ehrlich mit Dir und fragen nach Deinen Romanzen? Ich frage nach Dir, daß Du nicht geschrieben, schreib es dem Aerger zu, daß ich so in die Nacht hinein schreibe an Dich, daß ich es selbst nicht wieder lesen kann. Alles ist voll von Soldaten, ich sehe und sehe den ganzen Tag, träume Pläne aus die ich wie Tabacksdampf dann wieder wegblase, ich habe nicht Zeit etwas Vernünftiges zu denken und habe doch nichts zu thun, wenn Dir mein Brief kahl und überdrüssig und unleserlich, denke so ist das Schicksal von Deutschland: Klagen um die mindeste Aupopferung [lies: Aufopferung], Vergessen alles genossenen Guten. Kann ein Land bestehen, wo die Leute um einiger Tage Durchmärsche willen verzweifeln, nun so mag ich nicht bestehen in so jämmerlichem Volke.

Danke Deiner Frau alle Güte die ich von Ihr empfing, laß Dich die Geister des Vergangenen nicht stören, lebe mit dem Lebendigen,

Gotha im December. Dein Achim Arnim

69 *Jena den 16 [und 17. und Weimar, den 20.] Dec 1805*

Wie unter alten Briefen so bin ich gestern durch das alte Jena herumgestiegen, das Paradies wie das alte beschrieben wird, eine dichte Hecke davor, alles öde und tonlos, nur die Saale lispelte leise an dem Gestade vorüber und warf was sie eben fertig machte an Eis mir zu und nannte es Demant wie die Philosophen. Es ist ein wunderlicher Ort, wie Tieck beym Schelmufsky rufe ich in mir närrischer Ort, so verzweiflungsvolle Berge wie Vulkane, so wunderliches Festungszeug was alle Augenblick einem begegnet, die Häuser so lächerlich unter einander. In der Rose war viel Musick – aber Winkelmann fehlte. Nur zwey Studenten sah ich – aber ein Paar tausend Soldaten, die ihr Wesen auf dem Markte trieben. Es gehört doch nicht zu meinen angenehmen Erfahrungen, daß Jena gerade so aus sieht, es war mir doch lieber wie ich es mir dachte, ungeachtet ich es jezt zu meiner Sammlung alter Landschaften rechne. Deine Schwägerin habe ich besucht – es überraschte mich, weil Du sie mir wie ich meine, mager beschrieben, sie sehr stark zu finden, ich war ein Paar Stunden bey ihr, ich erbot ihr meine Sammlung schottischer Romanzen zum Uebersetzen, sonst bin ich mit ihren Angelegenheiten nicht bekannt geworden, sie schien heiter hatte in ihrem Zimmer, das sehr ordentlich eingerichtet frische Rosen; hielt sich viel hinter dem Ofen auf, eine Angewohnheit die ich bey einsamen Gemüthern häufig gefunden; sie wollte recht viel und immer mehr von ihrer Schwester hören, rühmte den Jenaischen Sommer, doch schien alles antheillos an ihr vorübergegangen. Du kennst Jena und das alles besser als ich, aber mich bewegt in diesen Bergen etwas Trostloses, als wäre alles schon eingepackt, weil man täglich die Eisscholle erwartete, die alles sollte hinweg nehmen. Meine Ueberkunft danke ich Göthe, der viel sehr viel Güte für mich hat, er grüst dich, dankt für unsre Sammlung, findet sie sehr angenehm, hat sie gegen viele in Weimar gelobt und wird vielleicht selbst einige Worte darüber in der Jenaer Literaturzeitung sagen. Er hat mich auf alle Tage eingeladen zum Mittagessen, fast über jedes Lied gesprochen, er läst dir viel Schönes über des Schneiders Feyerabend sagen[.] Die Fischpredigt, die Misheirath, der Stauffenberg, das von Procop zwey Nachtigallen, der Lindenschmidt, der Neydhart mit seinen Mönchen schienen ihm am Besten. Er sagte mir die Prinze und Princessin hätten es mit Lust gelesen. Es war mir dabey als wenn eine schöne Königin mit ihren Fingern durch meine Mähne striche und mir den Hals klatschte. Er wünschte unsre Sammlung auch über die ausländischen Romanzen, sowohl die heiligen der Edda als auch die andern altfranzösischen, englischen, schottischen, spanischen ausgedehnt; ich habe nur das dagegen, wenn dies Werth haben soll so müssen es nicht Nachbildungen und Uebersetzungen sondern ganz deutsche eigene Lieder daraus werden und dazu gehörte schon ein gut Stück Leben und man kann jezt sein Leben höher losschlagen.

Jena den 17 Dec

Der Abend gestern hat mich sehr lebendig bewegt, ich hatte den Tag mit Göthe zugebracht, Morgens übersah ich mit ihm von den Bergen der Rasenmühle die unendliche Sternensaat des Schnees, den Mittag sah ich Nostiz ein alter Universitätskamerad, jezt vom Prinzen Ludwig zum Adjudanten erwählt und schämte mich meines trägen Lebens [–] den Nachmittag sah den grossen Codex durch, fand aber nur wenig [–] den Abend aß ich im Schlosse mit dem Herzog, dem Prinzen Ludewig und Jagemans, der Prinz war herrlich in Hoffnung und Zutrauen, ich trank ihm zu Glück und Sieg und ein schönes Reich im Süden, nachher bot ich ihm meine Dienste an, wo er mich brauchen könnte. Ich habe das gesagt ich weiß nicht wie, vielleicht war es der Kerl der hinter mir steht nach Deiner Ansicht und mir zuweilen aus den Augen sieht. Nun laß ich es ruhig seinen Gang gehen, der Prinz war sehr freundschaftlich, ob es vorübergehen wird wie so manches, was ich in meinem Leben bedeutend glaubte, – ich habe gethan, was ich nicht lassen konnte. Er hat mich zu sich gebeten in sein Hauptquartier, in ein Paar Tagen bin ich dort. Sey so *stumm* über das, was ich Dir schreibe, wie meine Ahndung über das, was ich eigentlich will, nach meiner Gemüthsart mag ich mich nicht im Gerede der Menschen finden, wo ich nichts leisten kann da werde ich auch nicht dabey seyn, meine gute Zeit in feindlichen Kantonirungen zu verderben habe ich auch nicht Lust, der gute Wille des Prinzen hat auch keinen freyen Spielraum, vielleicht ist das Ganze nur ein leeres Spiel, daß ich mich nicht verwundern soll, warum die Wolken Tag und Nacht ziehen. Wenn wir fliegen könnten, wir brauchten einander nicht aus dem Wege zu gehen, so steht mir viel im Wege

Weimar den 20ten

Waffenstillstand – Winterschlaf, ich gehe nicht ins Hauptquartier, woher der Prinz bald zurückkehrt, sondern nach Halle zu meinem Troste. Ein andermal mehr von Göthe, von seinem Sohne habe ich Schritschuh laufen gelernt, von ihm alles übrige ertragen und entsagen, ich habe ganz lustig ein Paar traurige Lieder geschrieben[.] Ein Tropfen Essig in blaue Tinktur und sie wird roth. Meine Adresse ist im Viereck n 4.

Dein Achim Arnim.

Da bin ich
A. Arnim

Inschrift und Räthsel
Verschonen der kalten Küche, Sterne
und Rasen's,
man bitte auch keine Blüthen abzureissen

Genio almo, bey dem ich esse. *Er* ist wohlauf.

70

[Heidelberg, den 23. Dezember 1805]

Lieber Bruder!

Zürne nicht, daß du keinen Brief in Gotha gefunden, ich hätte gar gern geschrieben, aber es war mir wirklich unmöglich, da mich in der lezten Zeit Viel Kummer und Sorge getroffen haben. Meine Frau hat den Spiegel den sie beim Juden mit deinen Pistolen erkauft, in meiner Abwesenheit selbst aufgehängt, und sich dadurch an ihrer Frucht Schaden gethan, davon erfuhr weder ich noch Arzt etwas, biß nach einigen Tagen die Todengeburt erfolgte, du kannst nicht glauben, wie mich dieser Fall betrübte, es ist als läge ein Fluch auf meinem Samen. Sie befindet sich beinahe hergestellt. Nun meine Sorge, jenes war der Kummer!

sie folgten sich dicht auf dem Fuß, du weist, Voß hatte von einem gewissen Radlof gesprochen der von Leipzig kommen und ihm an seinem Wörterbuche helfen würde, dieser kam in äußerster Armuth an, und hatte weder Kraut noch Wurzel zu nagen, da er selbst sein Manusskript von Wurzelwörtern, und jenes von einer Gramatick in Leipzig versezt ließ, zum Unglück hatte Voß seinen Lusten zum Wörterbuch verlohren, und dieser Mensch war in der Hofnung gekommen, Voß werde seine Papiere um ein geringes in Leipzig auslösen, und sich ihrer bedienen, aber Voß will das nicht, sondern wollte ihm nur Freitische ausmachen, und einige Schüler im Latein und Abc verschaffen, der Mensch gerieth in eine hölzerne Verzweiflung, und entschloß sich endlich Frohreichs ehmalige Stube zu beziehen, und von meinem Ofen in dem Stübchen, daß du eingeweiht hast zu profitiren, wunderlich einseitig und Wortstarr höre ich nun diesen Sprachbereicherenden Armenschelm mir seit 10 Tagen im Rüken klagen über sich und Lampe und Adelung und Voß, bald weint er über eine Collecte, die Kreuzer gemacht, bald macht er die abgeschmacktesten neuen Wörter, bald nein immer spricht er, dies sei ihm nie geschehen, seine höchste Noth aber ist, daß man den Absoluten Genitiv nicht annehmen wolle; er will immer sagen: *Geschlagen der Russen* rükten die Franzosen vor, bedenkt aber nicht, daß der absolute Dativ ihm nötiger ist. Ich mußte den Kerl mit der Wurst von dem Küchenfensterchen weg thun, und habe ihn mit dem blassen Kapuziner ersezt, um diesem Mann kein Aergerniß zu geben. Wenn er nur erst seine Papiere von Leipzig und einen Buchhändler dazu hat, dann soll es, so schwört er unter Thränen, heißen: Geschlagen des Adelung rükte Radlof vor. Du glaubst nicht, waß dieser dürre Schatzmeister der deutschen Sprache (so nennt er sich) der wie ein hagner Greif versunkne Schätze hütet, mir für einen Sorgen Stuhl aufgeschlagen hat, denn er hat eine Ansicht von der Poesie ärger als Gottsched, und ist starr und eigensinnig und so arm in seinen abstrakten Kenntnißen, daß er mich auch gar nichts lehren kann. Hoffentlich aber wird er sich bald erholen, und dann Gott befohlen, acht Tage lang bin ich von Morgen biß Abend in seinen Geschäften gelaufen, habe zwischen ihm und Voß hin und her gedollmetscht, und bin an Leib und Seele müd. Er gleicht in seiner Gesichtsbildung dem Winkelmann sehr, waß mich sehr wundert, da sie doch sehr verschieden sind, biß auf die großen Erwartungen von sich selbst. Der eine will Dichter machen, der andre Wörter ect. Seine toden Worte nun, und meiner Frau unglükliche Silbengeburt machen meine gute ehrliche Entschuldigung meines Stillschweigens, an dem noch dessen Geschichte nichts Gut ist, als daß es dir leid thut, *theurer lieber Mensch!* So fängt meine Antwort an. Deinem klaren vollen und lebendigen Schreiben fehlt nichts, als daß ich es nicht an deiner Seite erlebt habe. Die schönen Sachen, die du alle gekauft hast, wenn werde ich Sie je zu sehen kriegen, denn deine Sammlung, die Schneeflokke an deinem Bart wird endlich wie ein Lawine das Thal füllen, und unbeweglich werden. Es ist etwas gar herrliches an dir, daß du und die andern Menschen sich so wohl gefallen. Recht sehr hat mich deine zwar sehr kleine Schilderung von Murr –, Murrs Magd und Murrs Magd Murner gefreut, ein solcher Park muß von unsres Gleichen besucht werden, um zu gefallen, aber diese Familien gehören zu deinen Alten Landschaften. Ueber die Meistersänger die du gekauft, sage sind es von den bößen Stollen, waß das seltene Flagellum angeht, sende ich dir hiebei eine gute Litterairnotiz, und bitte dich mir zu schreiben, ob das Ding gar nicht Niebelungerliedermässig ist. Befestige die Notiz doch in dein Exemplar zu meinem Angedenken. Wie glüklich wäre ich, wenn ich die schönen Lieder, die dir wieder zugeflossen sind, und noch zufließen werden, einmahl beschauen könnte, zwei Lieder habe ich wieder, ein schönes von Grimm, und das »Wo soll ich mich hinkehren, ich armes Brüderlein« ganz aus einem Faßnachtspiel. Auch habe ich einen weitläufigen Brief, den ersten vielleicht auf deine Aufforderung im Wunderhorn, von einem gewissen Herrn Hofgerichtsadvokaten Koelle in Tübingen erhalten, den ich dir hier beilege, um, solltest du zum Vortheil unsrer Sache bei ihm noch irgend etwas anregungswehrt finden, waß ich nicht bereits schon berührt, es von dir allmächtigerem besser geschehe. Ich schrieb ihm, daß Sekkendorf sich bereits an uns geschloßen habe, und forderte ihn auf, waß er hat auszuliefern, alles das auf eine so listige liebreiche und anmuthige Art, als ich es der Tebelholemer je schriftlich gekonnt habe. – Noch stehe ich in Erwartung seiner Antwort, waß er unter Auswechseln versteht, ist mir nicht klar, da er nichts brauchen kann, waß uns nichts nüzt. Sollte er mir übrigens etwas mittheilen, so wäre es doch nöthig, daß ich eine Notiz (Verzeichniß) von deinem neuen Vorrath hätte, damit ich nichts nehme, was wir haben. Zimmer ist mit einem Plakat unlängst aufgefordert worden, den Knaben Wunder*hold* zur Zensur zu liefern. Ich möchte auch deine Ideen über das Wann und Wie der Fortsezzung erfahren, sollte auf eine Anfrage von dir Zimmer einst nicht mehr wollen, so wäre es doch gut irgend einen andern gewonnen zu haben; ich sage dies nur, weil für alle, die uns irgend etwas mittheilen dürften, das Wissen der Erscheinung doch eine Art gerechter Forderung werden, und mancher Gelegenheit suchen möchte, seinen Vorrath selbst zu Tage zu fördern, wenn er einer großen Verzögerung entgegen sehen müste. – . Deiner Aufforderung im Reichsanzeiger sehe ich entgegen, recht lieb wäre mir es gewesen, wenn du mir auch deine Adresse dabei abgedrukt hättest, weil ich würklich nicht weiß, wo ich dir nun hinschreiben soll, und ob dich dieser Brief trift. – . Stromer hat sich sehr gefreut, daß dir der Holzschuersche Dürer so wohl gefallen, deine Äußerungen haben mich recht begierig darauf gemacht. Wo läst Murr dann deinen Angelo stechen? wohl bei seinen Handschriften, er ist also wohl eine grose Seltenheit. Endlich habe ich in einer Rezension von Aretins Journal gelesen, waß Kochs Dozén und mein Dózen übers Heldenbuch endeckt nehmlich aus einem alten Bruchstücke des Rosengartens im Münchner Vorrath daß der Stoff des Heldenbuchs, wenigstens Rosengartens um wenigstens 300 Jahr älter ist als Ofterdingen, sein jezt angeblicher Dichter. – Voß sagte mir neulich: Gestern erhielt ich ein Paquet mit Heines verhaster Hand überschrieben, ich erbreche es, und finde A.W. Schlegels Elegie *Rom*, keine Zeile dabei, eine seltsame Empfindung, ein Schlegel macht mir durch einen Heine ein Geschenck, bei dessen Durchlesung nur die Vortreflichkeit der Hexameter mir einen kalten Fieberschauder erregten, da ist auch kein Jota zu bekrittlen, und das heist recht die Sprache in Ketten und Banden schlagen. Er hatte einen innerlichen Verdruß an der Vortreflichkeit der Verse, und ich erwiederte ihm, daß ich nicht zweifelte, Schlegel habe gewiß deswegen mit geschwizt über diesen Versen, um ihm, der doch so sehr am Schwizzen leide, einen Fieberschauer zu erregen. – Uebrigens finde ich jene Elegie nichts weniger als hart, ihre Lektüre hat mir viel Freude gemacht und meine Unwissenheit allein dieselbe gemindert, ich finde sehr schön wie er mit weiser reicher Oekonomie die ungeheure Menge des Stofs in einzelnen schönen Geschichtsflächen abdistichirt, und glaube, daß diese Elegie in einer Reihe von Basrelieffen, eine herrliche Dekoration eines römischen Haußes wäre, der Übergang auf die Stael ist durch die ganze schöne Wendung auf die Empfindung sehr gemäsigt und schön die Götter werden in ihr zu Sonnen, zu Klima, zur Menschlichen Handlung, suchen sich in Marmor und Farbe nochmahls zu verschanzen, so zum irdischen Simbol versteinert, leiden sie menschlich, und endlich führt er uns vom Sonnengott über Ruinen zum Sonnenuntergang, stekt sich bei Madam Stael ein Licht auf und da dies Abgebrant ist, weil sie die Lichtpuzze vergessen haben, sieht er nur noch Nekers Todenlampe aus dem Kellerloch. – . Hast du die Musikalischen Liederbücher im Reichsanzeiger auch aufgesucht? Waß mich am mehrsten ärgert bei Bekers Holzstichwuht (Holzwurmstich) ist, daß er eben die Mörin und Fierrabras mir zuvor meinem guten Freisinger Antiquar abgejagt hat. Es wundert mich, daß du mir gar nichts von der Panzerschen Bibliothek meldest, sie enthält viele einzeln gedrukte Lieder von den ältesten, da der Diakonus Roth so viel ich weiß doch den Katalog macht. Ich bin auf die Idee gekommen demselben zu schreiben, ob die Erben nicht eine Parthie der Samlung im Ganzen außer der Auktion veräußern sollten, und erwarte seine Äußerung, um dich von dem, waß zu erhalten wäre, u von der Forderung zu unterrichten, um alsdann um deine Mitwirkung anzusuchen. Der spanischen Novellen zweiter Band ist endlich da, dabei meines Verlegers Klage über schlechten Abgang, weswegen ich in der eleg[anten] Zeit[ung] eine Anzeige gesendet weiß doch nicht, ob sie aufgenommen, ich hoffe sie werden dich angenehmer unterhalten, als die ersten, denn ich habe sie freier gehalten, die erste sogar hie und da mit einiger Liebe behandelt, wenn du Sie hie und da empfehlen und so etwas zu ihrer Abnahme mitwirken kannst, so bist du uns sehr gefällig. Die Fiametta brauche ich dir nicht zu erinnern, aber an etwas anderes erlaube mir deinen Hyderköpfichen Gedanken wieder anzuknüpfen, die englischen Balladen für die arme Schubert, die oft mit dem mehr als Sie eigensinnigen Hunger kämpft. Könntest du vielleicht den Räumers auch dazu gewinnen, du kannst von ihm ein sehr geringes Honorar begehren, und ihm eine gute Uebersetzung versprechen, ich meine so etwas müßte gehn, In jedem Falle sende uns das Buch zu, etwa mit Buchhändler Gelegenheit an Mohr in Frft meine Adresse eingeschlagen. Wenn nur das Wunderhorn gut geht, damit sich mehr Gutes daran anknüpfen kann, ist es dir dann ganz unmöglich dem Freimüthigen eine vortheilhafte Sottise einzunöthigen, etwa durch Robert Levi. Recht begierig bin ich auf einen Brief von dir über Göthe, ach ich beneide dich um manchen Theil deines Lebens! den ich nur dir gönne, den nur du verdienst. Ich habe mit wahrer Andacht deinen Befehl [be]folgt, gleich nach deiner Abreiße, den armen Heinrich, und die Ro[m]anzen vorgenommen, und es geht einen langsamen Schritt, doch geht es, lieber wann werde ich wieder so schnell mit dir durch die Gassen gehn! Ich denke auf Michälis, wenns zuschlägt, die Italiänischen Kindermährchen für Deutsche Kinder zu bearbeiten, Mohr wills nehmen, ich will wo möglich die kleinen Bilderchen selbst dazu kritzeln, in nüchterner Klarheit, sonst können sie nicht werden, waß ich will und waß der Zeitliche Buchhändler muß. Von Marburg habe ich noch keine Zeile gehört, wenn gleich geschrieben, die Leutchen stecken warm untereinander. – . Die Lage Deutschlands ist so, daß sie kaum verdient dir am Herzen zu liegen. Im Kriege hat Bonaparte doch etwas bewunderungswürdiges, wenigstens sein Glück. Ueber dein Vaterland scheint der Friede parforce kommen zu wollen. – . Hier sa[gt] man Frft a/m würde Badisch werden, dann hätte der Doktor seinen Prozeß gewonnen. Alle, die dich kannten denken dein mit großer Liebe, und grüßen dich, besonders Fries, dem ich täglich gewogner werde, an die Stelle – Friedr. Heinr. Jakobi ist hier – ist seit einigen Tagen gekommen – Horstig predigt den zweiten Feiertag. – Uebrigens muß ich schließen, um dir den Brief nicht länger zu entziehen, der so irren muß dich zu treffen.

Dein Clemens.

Bedenke, daß dein Bild vor mir hängt, dem ich die Lippen nicht erbrechen kann, lieber, deine Briefe sind mir alles. –

Heidelb. den 2[3. December 1805.] Clemens

1806

71 *[Heidelberg, den 1. Januar 1806]*

Geliebter Bruder! mein Herr und Freund!

O wie herrlich ist die Sonne, die allen den Tag giebt, vielen ein Gott ist, und auch in meine kleine Kammer über des Nachbars dürre Mauer einen Strahl wirft, und dieser Strahl ist mein, an ihm kann ich die ganze Sonne ergreifen, in diesem Strahl ist all ihr Wesen zu erkennen, dieser Strahl erquikt mein Herz, entzündet mein Leben. und macht mich theilhaftig alles Lebens durch den Muth, ein Leben zu ertragen. Nicht eher kann ich mich an dem Inhalte deines Briefes erfreuen, als ich dir herzlich für dein Schreiben selbst danke, denn daß du schreibst ist ncch herrlicher und schöner, als waß du schreibst; weil nur eine Seele von solcher Wahrheit und Treue, es wagen darf, so in Enthusiasm fürs Ganze zu brennen, ohne Gefahr zu laufen, je ein Werkzeug des Größeren Theils zu werden. Lieber Bruder, in dem Augenblick, da ich deine Anwandlung dem Prinzen ins Feld zu folgen, laß, fühlte ich mich fest entschloßen, dir ins Feld zu folgen, ich sah mich schon deine Waffen putzen, dein Zelt hüten, dir den Bügel halten, ich sah dich auffliegen und sinken, ich sah deinen Ruhm in meiner besten Liebe brennen, und sah das Geheimniß der herrlichen Seele vielleicht in Ruhmloser Schlacht herrlich zu sterben mit meinem Tode gefeiert und deinen Lauf mit meinem beschlossen. Es ist nicht, als dünke ich mich würdig dein Gefährte zu sein, nein es ist, als sei es Recht, daß du so geliebt werdest, wie ich dich liebe, und muß, denn ein solcher Mensch, dessen Tugend kein Rausch berauscht, der im Tode nicht Abschied nimmt, sondern spricht, laß mich sterben, ich bin bei dir, bei dem bin ich auch, ewig bin ich bei ihm.

– Aber es ist Waffenstillstand, und wohl Friede, und so darf ich ihn dann auch segnen, denn Alles hat zwei Seiten, lieber Arnim, der Kerl, der hinter dir steht, steht hinter manchem braven Soldaten, aber nicht oft hinter dem Dichter, und dem Gott des schaffenden Friedens, laße ihn um Gotteswillen hinten stehn, und hole ihn nicht mit Gewalt hervor, er ist nicht umsonst hinter den Stuhl gestellt, Göthens Dasein, das sich so from entzückt, ist es nicht herrlicher, größer, ewiger, ich möchte sagen tapferer, als jenes des herrlichsten Siegers, und ist denn die Lage unsers Vaterlands so schrecklich, da es des Tods seiner Götter bedarf, um es zu erlösen, es ist etwas entsezliches, in einer Zeit, wo nur die Idee siegt, mit den Waffen in der Hand zu sterben. Wem thut dann Frankreichs Sieg weh, schönen Seelen, die nach dem Ideal eines Staates schmachten, du glaubst doch nicht, daß sie dem deutschen Kaiser, oder irgend einem andern Herrn wehe thäte, denen ist sie wo nicht gesund, doch angemessen, und ich versichere dich, wenn das Schwanken deines Vaterlandes zwischen Krieg und Frieden gleich nicht aus ideellen Ansichten hervorgehen mag, so geht es doch hervor aus dem waß einen Staat in dieser Zeit allein charakterisirt und hält, aus dem richtigen Bewustsein seiner Kräfte, und der Erkenntniß, sie da und dann zu Gebrauchen, wo es sich geziemt. Die Staaten sind in dieser Zeit Egoisten, wer der klügste ist, dessen Ich ist das Liebenswürdigste, für sich selbst. Aber ich glaube nicht daß die freie herrliche Seele, die nach Gottes Ebenbild erschaffene schaffende Seele für diesen Egoisten sich wagen darf, ja es ist ihr allein erlaubt alles, waß der Egoist brach und dürr liegen läßt mit listiger Kunst, zu veredlen, und in dem Meere des Staats grüne Inseln hervorgehen zu lassen, die eine Zuflucht der schönsten Gesinnung sich endlich vereinen und eine unsichtbares Vaterland hervorbringen, das endlich gereift in der Zeit, biß zur Ueberschwenglichkeit, eine schöne Heldenseele gebähren, *aber auch ernähren kann*, und dann seelig die Nachkommen. O Arnim erkenne deine Kraft, und deine Zeit, sieh Göthen an, werde waß du kannst, auch der edleste Wein, ja Gottes Blut, berauscht nur zur Thorheit in diesen Tagen, so vieles geht unter im Erguße eines Kriegs, spreche aus waß ewig im Menschen ist, aufgelöst in deinem Blut, oder zerstreut in der Verblutenden Geschichte, gieb es dem ordnenden Gedanken, dem lebendigen Wort, daß es wie ein Blitz, einer Minute und ihrem Leben die Grube vor den Füßen, und den Hofnungsvollen Himmel erleuchte, oder unsichtbar wie die ganze elektrische Masse der Welt lebe und wirke in der Werkstatt Gottes. Doch ich will nicht weiter so reden, denn mir fällt ein, daß Anton einen Regenschirm einen Wellenbaum genannt, und wenn ich überlese, waß ich geschrieben, ist mirs, als höre ich einen Regenschirm, welchem durch Antons kühnen Gedanken der Kamm gestiegen, und sich mit einer tüchtigen Eiche, die Anton mit einem Regenbogen verglichen hat, in Unterredung einlasse. Also halte mir meine Rede zu gut, und glaube nur, daß ich dich unaussprechlich liebe; wenn ich auf unsre neue poetische Kunst sehe, so muß ich immer dein gedenken, du bist so menschlich, gefällig, gütig, gedankenvoll, überschwenglich produktiv, so gar nicht eitel, so vielseitig, hast solche Liebe an unerkannter Kunst, stehst mit allen so versöhnt, bist so sicherstellig, und segenbar, und hast frei von Eigendünkel dennoch keine Ohrfeige von der Philosofie bekommen, auch bewegt sich deine Lage so frei, und kaum betritst du die Dichterbahn, so begegnet dir der beste lebendige Meister auf der Chaussee, wollt ich sagen Kunststraße, und bietet dir tröstend und freundlich die Hand, dir, dem alle abgeschiedenen großen Dichter geliebt sind, ist Göthe befreundet, von dem kein Jüngling dieser Zeit sich des Vertrauens rühmen kann, den selbst die verehrende Lesewelt stolz nennt; lieber Arnim, sei doch eine Minute eitel, und bleibe ein Dichter; Göthe hat einstens zu Friedrich

Tieck gesagt, er wundre sich, daß Preußen keinen Dichter habe, als Rammler, Gott segne dich, lieber, rette doch dein Vaterland, steige auf dein Flügelroß, und mache eine Bresche in Göthens Litterairgeschichte. – aber waß du thust, liebe mich, sieh, es hat dir ja noch immer Segen auf deiner Treue zu mir gelegen, ich kenne dein Herz, nie eine Minute habe ich an dir gezweifelt, und wenn alle Pläne scheitern, so kann nie wanken, waß deine unschuldige Tugend planlos in mir entworfen, diese grose Liebe zu dir. So lange ich lebe, ist nie heimlich oder öffentlich etwas von mir gesagt worden, waß mich innig erfreute, waß mich erweckt, und ermuntert, als von Reichard in der gütigen Rezension des Wunderhorns, wo er uns *zwei reine innig befreundete Dichterseelen* nennt, so bist du dann mein Freund, so ist es dann schon der Welt bekannt, so bist du dann nicht dagegen, daß es gesagt wird! lieber Arnim, und doch, doch wollte ich nicht erbittern, nur gerne vergehen, wenn du dich von mir wenden müßtest, um herrlicher zu sein, aber du kannst es nie werden, als du es in meiner Liebe bist. – .

Ich habe heute zum erstenmahle Nachricht von Marburg erhalten und zwar einen Brief von Betinen[,] von Savigny habe ich noch nichts gehört. Betinens Brief ist klarer und ruhiger, als irgend einer ihrer Vorhergehenden, aber er hat in sich etwas Trauriges, das durch seine Leidenschaftlosigkeit noch trauriger ist. Es ist so waß über reifes, mit den geistvollsten, schönsten, blühendsten Reden, mit voller Fantasie, Erfindung, Ordnung und Darstellung sagt sie das sie zu dichten keinen Muth habe, daß sie ruhig sei, aber nicht glüklich daß sie einsam sei, aber nicht gesammelt, sie hat den Willhelm Meister wieder gelesen, und sagt folgendes: Als ich ihn zum erstenmahle laß, hatte mein Leben Mignons Tod noch nicht erreicht, ich liebte mit ihr, ich nahm mit ihr keinen Antheil an dem übrigen Leben des Buchs, sah nur ruhig zu, ergriff alles, waß die Treue ihrer Liebe angieng, nur in den Tod konnte ich ihr nicht folgen. – . Jezt fühle ich, daß ich weit über diesen Tod ins Leben hineingerückt, aber auch um Vieles unbestimmter bin, schon so früh drükt mich mein Alter, wenn ich daran gedenke. Das schöne Erdbeermädchen ist jezt bei uns, es hat gestern zum erstenmal in meiner Stube geschlafen, und grüßt dich. Ich habe angefangen eine Decke über Arnims Taufgedicht zu sticken, mit zwei schönen Kränzen von allerlei bedeutungsvollem Laub. Seine irdischen Lieder werden heilige Martirer unter meinem Musickstudium, wäre ich denn nur auch so glücklich ihre Seeligkeit durch das Nachspiel auszudrükken, allein Seeligkeit, hat nie eines Menschen Ohr gehört. Wir leben auf unserm Berg sehr einsam, selbst Christian, der Tag und Nacht studiert sehn wir selten. – Dies ist etwa waß dich im Briefe interessiren kann, über das Weitere verstehn wir uns: Wenn nur das Erdbeermädchen nicht transzendirt. – ich will von neuem bitten und flehen, daß Betine dichtet, und auch das Erdbeermädchen soll angespannt werden, einige Lieder zu liefern für uns. Außer Reichard hat auch der Herausgeber des nordischen Merkurs eine entzückte Rezension des Wunderhorns in seinem Xstück gemacht. Als Proben hat er abgedrukt, die Christliche Hausmagd, Schlachtlied, und Hallunke wehre dich, vielleicht, weil diese Drei so allgemeine Bedürfniße der Zeit berühren; Deine Anzeige im Reichsanzeiger habe ich gelesen, ist die Anfrage um alte Liederbücher im nehmlichen Blatt, auch von dir? Ich habe von dem Tübinger Herrn Koelle immer noch keine Antwort. Nechstens will ich in den schwäbischen Merkur eine Anzeige drucken lassen, auch an den *Hebel* will ich schreiben. Wie wär es, wenn du an Winkelmann schriebst, er ist mit Eschenburg bekannt, der bestimmt alte Notenbücher hat, und dann schreibe auch an Wilhelm Körte in Halberstadt, Gleims Neffe, der dessen Briefschafften herausgegeben hat. Dieser Mensch ist überaus dienstfertig und litteraturhitzig, auch hat Gleim, der auch Volksliederisch war, vielleicht welche hinterlassen, oder kann dir dieser wenigstens viel vom Harze verschaffen. Weiter könntest du Franz Horn in Bremen aufmuntern, dort ist eine alte reiche Stadtbibliotheck. Hast du Horns Sprachgeschichte gelesen, das sind also Vorlesungen über deutsche Poesie? ich bin erschrocken, daß im ganzen Buche nichts steht, waß ich und du nicht weiß, man meint das Buch wäre auf meiner Bibliotheck geschrieben aber es ist doch ein recht hübsches Buch. Ich lese das Wunderhorn jezt erst recht fleisig durch, und mit vieler Freude, über die eigenthümlige Undeutlichkeit vieler Stellen deiner Abhandlung, lieber verzeihe, zerbreche ich mir selbst Schamroth oft den Kopf, aber so viel schönes heilt mir schnell die Wunde, und das Schöne heilt sich hinein, das ist der Vortheil des Kopfbrechens. Deine Einrichtung des Stauffenbergs ist wahrlich ein Meisterstück, ich habe sie wieder ohne nur ein Splitterchen zu vermißen gelesen, o wäre nur so die ganze Fülle zerronnene Fülle alter Gesänge wieder gestaltet. Der Thedel von Walmoden ist, (habe ich dir vielleicht schon gesagt?) auf der Göttinger Bibliotheck handschrif[t]lich, der gebe vielleicht so gedrängt ein Pendant des Staufenbergs. Wenn du dort keine Gelegenheit hast, dir ihn abschreiben zu lassen, so will ich es durch Wilken besorgen. Für Schlesien treibe Redel, für Dessau Raumer, für Bärwalde deinen Prediger, für Ziebingen Burgsdorf an. – . Daß sich Göthe grade für die gemeldeten Lieder interessirte ist mir *sehr charakteristisch.* Hast du je im 8bre. der J[enaischen] L[iteratur] Z[eitung] die Rezension der Riepenh[ausenschen] Lesche von ihm gelesen, waß er über die kleine Schrift mit Seitenhieben auf Tieck sagt, hat mir für Tieck etwas trauriges und ist wie ich empfinde sehr hart, jezt verstehe ich auch Tiecks Wiederwillen gegen Eugenie. – Noch fällt mir ein, daß du dir den von *Körte* heraus gegebenen Briefwexel Gleims, Heinses, und Johann Müllers kaufen sollst, Gleim erscheint wie ein liebender Engel darin, und Heinse giebt einen wunderbaren Dichterleichtsinn jener Zeit zu verstehn, vieles in Jenen Briefen hat mich mehr als der romantischte Roman erfreut. Deine Schilderung von Jena ist zum Greifen getroffen, nun denke dir in dem Paradiese den verzweifelnden Clemens an der Seite der Pirmonter Wasser trinken und pissenden Veit spazieren. In diesem Paradieß habe ich meine Frau zuerst gesehen und Savigny kennen gelernt, da hat Winkelmann seine Revolution von Westphalen, den jezzigen Untergang Oesterreichs, die Schlacht bei Austerliz, und das Wunderhorn entworfen. – . Jette Schubart steht also auch hinter dem Offen und lacht, das schrekliche geschminkte Studenten Produkt, du kennst die festen Haarknollen, die sich im Magen sich selbst lekender Thiere vorfinden, eine solche Gemsen kugel Jenas ist dies Geschöpf, die kein Perükenmacher auskämmen kann. – . Warum hast du Coll nicht gesehen, der hätte dich vielleicht doch interressirt. Etwas sehr groses könntest du mir erweisen, wenn du mir nach und nach von allen neu gesammelten Liedern eine Abschrift machen ließest, damit ich nicht umsonst fortsammle, wo nicht wenigstens ein recht treffendes Register. – Ich arbeite jezt am armen Heinrich und den Romanzen so stille hin, *Zimmern* habe ich beides vorgelesen, er interessirt sich lebhaft dafür und will es drukken, das ist mir ein Trost, und ich arbeite nun lieber daran. Ich lebe jezt häuslich sehr ruhig, Sophie ist oft recht liebvoll gegen mich, aber über eine wunderbare Trauer, die sie bei dem Blick auf ihre Geschichte dann und wann erstarrt, habe ich keine Gewalt, da ist alle Liebe verlohren härter, hülfloser, starrer kälter, giebt es keine Trähnen, als die traurenden Frauen, die keinen Gott haben, ich habe neulich nach Stundenlangem Flehen nichts erfahren über die Ursache solcher Trähnen, als: dich trifft meine Trauer nicht, ich traure über mein verlohrnes Leben, ich traure, daß ich Nichts bin, und daß ich noch nicht genug gedehmütigt bin, und das kommt manchmahl mitten in den freundlichsten gegenseitig liebevollsten Tagen, ohne alle Veranlassung, ach Gott, wie glücklich wäre der Mensch! Wenn er nur gewiß genug wüste, daß so etwas Verstopfungen im Unterleibe sind! Vor kurzem war es die Eifersucht auf die Fries, die sie quälte, jezt ist es die Eifersucht auf dich, und dies lezte freut mich für mich, denn ich will dich immer mehr lieben. Jezt eben sehe ich, daß ich dir lezthin die Litterairnotize wegen dem Flagellum Dei zu schicken vergessen. Hiebei izt liegt sie. Von Marburger Auction scheinst du Viel erhalten zu haben, ich erwarte es. Lebe wohl, schreibe bald, deine Briefe sind mir die Aussenwelt. Kreuzer Daub, Fries, Rudolphi, alles liebt und grüßt, ich lebe für dich.

Dein Clemens.

1 Jenner glükseelig neu Jahr.

Quadrio nella Sua Storia d'ogni Poesia vol II. pag. 588. Nicolò da Casola, Bolognese; o Nic. Casolio, come il chiama Giambatista Pigna, fioriva a tempi di Giovanni Boccacio. Scrisse egli un gran poema in versi provenzali nominato, *il foresto*, di cui fa menzione Alessandro Sardi, in suoi Discorsi sopra il Dante, asserendo, che il Casola lo scrisse in ottava rima, e in lingua provenzale. Questo Poema *Foresto* e lo stesso colla *Guerra d'Atila* composta dal *Casola.* Lestratto del Quale in Prosa italiana fu a tempi di Giambatista Pigna nobilmente Stampato in Ferrara da Francezco di Rossi da Valenza 1568 in 4° – e in Venezia per Domenico Farri 1569. 8° coll titolo La Guerra d'Attila flagello di Dio di Tomaso d'Aquilea tratta dal Archivio de Prencipi d'Estima quel nome d *Aquilea* e finto, e il vero autore fu il Pigna stesso, e fu, estratti tutti quei raconti del Casola, e messili in favella italiana, ne fece gran uso nella sua Storia publienta due anni apresso, alla quale fece precorrere questo libro, per fargli conseguire maggior credito d'Antichità. Ma anche quest opera Originale o sia Poema in lingua Provenzale dettato, e tuttavia in essere in forma voluminosa, come attesta il Fontanini; e fu composto, quando Bologna fu venduta d'ai Pepoli a Giovanni Visconti Arcivescovo di Milano. nellanno 1350 per lo Stromento dato in luce da Cherubino Ghirardacci.

Un altro libro provenzale in prosa della *Guerra d'Atila* Serbarsi in Padova pressi canonici regolari lateranensi scritto secolo XIV. del. quale l eroe si chiama *Panducco* e non *Foresto.* E verisimile, che da Amendue sia tratto il seguente Poema italiano *Atilla flagellum Dei, tradotto dalla vera Cronica per Roco degli Arminesi, Padovano, dove si narra come detto Atila fu generato da un cane, e di molte destruzioni fatte da lui all italia. Padova 8° Sono* canti tre in ottava rime

72 Abgegangen an meinem Geburtstage
[Berlin,] den 26 Januar 1806.

Lieber Clemens!

Schon wieder ein Plan untergegangen, weil er zu früh bekannt wurde! Wenigstens schreien konnte es doch noch nicht, und das tröstet mich, mich tröstet noch mehr, daß Du muthig für die Kinder Mährchen aufschreibst, um die Kinder zu vergessen. Lieb und werth ist mir das Unternehmen, und wie gewöhnlich im Liebeswerthe, weil ich es auch gehabt hatte einmal, vielleicht könnte ich dir dazu ein Paar sonderbare Erzählungen schicken, die in veränderter Gestalt doch dieselben wie Karten durch ganz Deutschland ausgespielt sind. Mich hat das alles fähig gemacht, deiner Frau einliegenden Trost aufzuschreiben, meine Trauer ging mir von Herzen so mein Trost, er ist aber nur ein Recept und du bist der Apotheker. Die Magenmorsellen guten Lobes, die du mir giebst, das Zungenschlagen und Mähnenstreichen es macht mich unruhig in meinem Stall und ich stosse so schon zuweilen an die Decke, wenn ich gelobt werde muß ich es gleich verarbeiten, so habe ich mancherley geschrieben in diesen Tagen und es hat sich alles so natürlich gemacht wie das Kreuz der Fußwege über meinen Dönhofschen Platz, an dessen vier Ecken vier Strassen sind, das Kreutz ist wie abgemessen, aber die Leute die es gemacht, haben nicht daran gedacht. Daß ich dich wieder lobte, dir wiedersagte, wie ich an Dich denke, das thue ich einmal nun nicht und habe das mit den verruchten, eigensinnigen Mädchen gemein, mich lieber in die Widerpart zu werfen als etwas einzugestehen, was doch wahr ist. Denn sonst müste es der Teufel seyn, daß ich Dir nicht eben so viel Herrliches über den neuen Theil deiner spanischen Novellen sagen könnte, als irgend aus Deinen Heidelberger Raritäten zu mir hergeströmt. Du Werber aus Bingrelien, wie kannst Du uns arme einsame Junggesellen im schmalen Bette bewirthen mit süssem Zuckerbrot, das aber hoch in der Luft an einem Magneten hängt wie Mahomeds Leichnam, mit Wein, wo bey Purpurlackofen [?] geschrieben, mit gewässerten Taftnen Unterröcken, die aber wie Spinnenreif im Anhauche zerfliegen, mit tausend Siebensachen die du nur allein verstehst uns in die Furie jagen. Lieber, die Erzählung ist so himmlisch wollüstig, daß sie auch den Liederlichsten, wenn er nicht stupid dabey, einen ewigen Ab-

scheu gegen alle Hurenhäuser einflössen muß. Wo die Gestirne nicht so stehen wie in der verruchten Doppelnacht, da ist es miserabel, hier sind alle Weiber auf einen Hexameter (keinen kalten wie der Schlegelsche zum Glück) eingerichtet, den dichtet sich jede, so wird jede zur Hexe! Hier ist kein Sonet wie das letzte. *Ungläubig* etc und das erste. *Fromm* beyde wunderschön. – Aber das Flämmelein (und darin muß ich deiner Frau recht geben) ist doch nur ein Flämmelein gegen diese zierliche Schlangenflamme, die mit ihrem Schwanze einen Knoten schlägt. Wegen dieser Fiametta habe ich mit Reimer gesprochen, ihm schien das Unternehmen lieb, nur wollte er auf jeden Fall vorher das Manuscript sehen; auch wenn er es nicht nehmen könnte, so meinte er, daß es gar nicht fehlen würde, es hier gut abzusetzen. (Schlegels u. s. w. haben ihn sehr mit Vorschüssen sitzen lassen, so daß er etwas seine Unternehmungen im ganz Gewissen beschränkt.) Bis Ostern meinte er vorläufig würde es an Druckzeit nicht genügen, doch vielleicht. Wenn Du also nicht sonst schon das Manuscript *verkümmelt* hast, so schick es mir. Ueberlege noch einmal mit kaltem Geblüt, welcher Name vorstehen soll, ich bin noch immer zu allem bereit, aber auch Reimer meinte, der Name deiner Frau würde besser thun oder der Deine, das merkwürdigste dabey ist immer unsre Vormundschaft über das arme Kind, ganz wie in der alten Komödie wird es verheirathet. Und das Erbbeermädchen, (das ich mir nun einmal wie die Appelrose in Halle denke) giebt die etwa auch Freyens vor? Christian arbeitet so fleissig? O Saperment! – Fort zum Ernsthaften. – Deine Frau ist eifersüchtig, und Betine klagte – Weil Deine Frau auch auf mich eifersüchtig ist, so muß ich ihr zur Beruhigung Reichardts Grundsatz bekannt machen, daß jede Frau sich unglücklich fühle, die nicht etwas zu beklagen, zu bekümmern zu besorgen hat. Das wäre also beseitiget. – Betinens Worte thun mir weh, es ist ein schmerzliches Beziehen aller Welt auf sich, wodurch alles gesunde Weltleben zerrissen wird, wenigstens die schöne Decke verliert, worin es nackt und warm schlummert. Es liegt eine Ergebung in dieser Gewalt, du würdest es vielleicht Frömmigkeit nennen, doch ist es die nicht, es ist auch kein Uebel, nur ein Unglück. Wie ist es euch allen ergangen, ihr habt das meiste einer durch den andern früher verachten als kennen gelernt, bis euch in dem meisten nur noch das lieb war, was ihr darüber gedacht, was euch davon absonderte und losriß, das Sonderbare, was auch in eurem Hause genial und fantastisch genannt wird. Wie du dich in schöner Erfindung davon losgearbeitet, daß ist dir vielleicht nicht einmal deutlich, ich fühle es recht wohlig, wenn Du mit Ruhe und Klarheit über die Deinen sprichst, aber nur wenn Du mit andern, mit den Deinen zusammen ist es ärgerlich, wie sie dich wieder untertauchen in der Geselligkeit, daß Du bald keine schönere Pflicht kennst, als Bostels Einfälle und was sich sonst ergiebt ganz kalt zu recensiren, eine Zugluft die auch mich zuweilen angeweht hat. Ich weiß, ich sage dir nichts Neues, warum wäre es Dir sonst in Deinem Hause drückend, wo Dir sonst viel mehr geistige Berührung als irgend sonst. Ich spreche hier nicht wie der Beobachter an der Spree, ich hab das ganz leidend gefühlt, was mir im eignen Hause in veränderten Grössen thätig auch zum Ausrechnen aufgegeben. Keine deiner lieben Leute ist so fähig noch sich von dem sonderbaren Grübeln loszureissen als Bettine, was habt ihr mehr und besseres mit einander gewollt, jene erste gewaltsame Stimmung hat sich ins Gleiche gezogen, was ihr fühlt verliert die unmittelbare Blendung, was ihr thut trit rein hervor; schreibe ihr und weil du den Umgang vieler scheust und sie ihn entbehrt, schreib ihr von deinen Büchern, die dir lieb, daß sie nur einen sieht und kennt, der mit Herzlichkeit etwas ergreift, ohne daraus die Welt wissenschaftlich zu construiren. Christian wird sie immer mehr bekümmern, er glaubt sie ein für allemal in Ordnung gebracht zu haben, während er selbst an den Felgen den grösseren Umschlung desselben Rades erfährt, dem sie an der Nabe angeflochten. Zeige ihr die menschlichen Dinge recht nahe und treu, zeig ihr wie viel herrlicher es ist, ein Lied aus c dur ganz und vollendet spielen zu können, als systematisch alle Lieder auf c dur zu bestimmen, ein Lied rein und klar aufzuschreiben, als zehne in den Wind zu komponieren, daß es gar nicht darauf ankömmt Homers ganze Weltgeographie zu übersehen, wenn uns das Bild des alten Iliums, des Lager, die Flüsse rings nicht gegenwärtig, du wirst sie leicht von dem grossen Scheine des Talents zu dem in ihr liegenden genügsamen und feurigen Brennpunkt zurückbringen. Nur weil ihr die Dinge so fern stehen, wird sie von allen in ihren Beschäftigungen gestört, hält weiblige Arbeiten gewöhnlicher Art für sich zu gering und traut sich keine Kraft zu ernsteren Bemühungen [–] vielleicht geben jene die Kraft zu diesen [–], nur diese Ferne raubt ihr die Anhänglichkeit an andre und jene Zutraulichkeit, worauf die Künste und die Menschen ihre Häuser bauen. Es ist eine Leidenschaft in Menschen, ich weiß nicht wie sie heissen mag, aber es ist eine Art stiller Erhebung, die nur lauert, wo etwas zu ergreifen und auszubeuten ist, ohne diese verliert sich auch die schönste Leidenschaftlichkeit in Mißton und Ueberdruß, und der vergnügteste Augenblick macht sich in doppelter Langeweile doppelt bezahlt. So weiß ich, Bettine ist mir freundlich gesinnt, sie hält etwas auf mich und doch wäre es ganz zweifelhaft, wenn ich ihr dies oder Aehnliches schriebe, wie sie es aufnehme, wäre Christian dabey sie fände es lächerlich, sentimental, flach, wenn sie allein vielleicht zu hart, in jedem Fall würde sie statt den Eindruck zu empfangen, ihn messen, sie würde sagen, was sie dabey gedacht und wie ich darauf gekommen.

Nun noch ein Wort über den Schluß meiner Reise, der Zufall hat sie polarisch construirt, sie hörte in Giebichenstein ihre letzte wie ihre erste Stunde schlagen, wie Dokt. Luther in Eisleben geboren und gestorben, Nelson vor Cadiz zuerst commandirt und gestorben. Meine Pläne eines äussern Wirkens habe ich da von meiner am Hügel mir errichteten Steinbank in die Saale geschüttet, sie mögen ins Meer fliessen, wenn sie nur über das Wehr kommen. Zehn schöne Tage blieb ich da von Weihnachtlichtern erhellt. Auch mir wurde beschert, Louise die älteste Tochter gab mir in einer gehölten Nuß mit einem rothen Bande gebunden eine zierlich fein geschriebene Musik zu einem Liede des Ariel, sie hat noch drey daraus überaus schön componirt, mir war die Nuß wie eine Weltkugel im Planetario, wo die Frucht sonst ruht, da war die Blüte. Von der jüngeren (Rieke) erhielt ich einen zierlichen Ball, möchte ich so glat über die Erde rollen. Die andern schenkten mir wunderlichen Confekt, Mörser, Kronen, Scepter von Marzipan. Ich ließ einen Bienenkorb von Marzipan machen, viel Bienen schwebten an Dräthen umher, ich summte dazu und hatte drauf geschrieben: Den Geselligen. Die Nacht träumte mir, ich sey ein hölzerner Nußknaker, du kennst die Art die wie Soldaten ausgeschnitten, denen man die Nuß in den Hals laufen konnte, wären nur immer so musikalische Nüsse zu knaken, ich möchte mich bey dem Regiment anwerben lassen. Von Morgen bis Abend las ich ungedruckte französische Memoiren einer Preussischen Princeß vor den Damen, unendlich rührend, die Schwester Friedrichs II der drin wie ein gejagter Wallfisch mit tausend Harpunen im Leibe, sich immer wieder durcharbeitet, ein Bild der Zeit wie es keins giebt und um so ergreifender, weil der Character der Frau aus drey sehr einfachen Elementen zusammengesetzt leicht abgesondert werden kann, etwas Stolz, etwas Eigensinn und eine Einbildung von Klugheit die sie auch zuweilen in hoher Besonnenheit bewährt, übrigens eine schändliche, stumpfe Roheit in allen Verhältnissen, daß man unsre Zeit tausendmal segnet, die ein so widriges Gemisch von Schorf und Läusen, von Barbarey und Sittenverderbniß, nicht mehr ertragen würde. Noch las ich eine kleine Komödie von Lenz aus den siebzigern *der neue Menoza* Leipzig Weygandsche Buchhandlung, die Dir unendlich viel Spas machen muß, kaufe sie und schreibe mir davon.

1) Sterndreherlied. 2) Magdeburger Fehde 3 Liebesfehler 4 Grosse Schneiderromanze 5) dito (6) Wettstreit des Buchsbaums mit dem Buchbaum. 7) Kein Feuer keine Kohle kann brennen so heiß als zärtliche Liebe von der niemand weiß 8) Schlacht von Navarra und von Pavia 9) Es flohen drey Sterne über den Rhein, es hatte eine Witwe drey Töchterlein 10) Der Bremberger 11) Hammen von Reystadt und Peter von Zeytenen 12) Dorotheens Rosenkörbchen 13) Sultans Töchterlein ganz 14) Die Gräfin von Orlamünde 14) St Georg. – Dies sind ungefähr die besten längeren historisch-romanto-völkero-liederischen Sachen die Du noch nicht kennst, von andern eine grosse Zahl, die aber ohne ganz abgeschrieben zu werden, nicht kenntlich, und zum Abschreiben fehlt mir für den Augenblick die Zeit, da ich wirklich daran gegangen bin, die Sterne in meinem eignen Planetario poetico zu putzen, daß sie frisch brennen. Ich gebe immer noch nicht unsre Liederbrüder auf. Kölle verdient ein Kreutz in unsrer Ehrenlegion, aber

bis jezt nur ein kleines was er schreibt ist unbedeutend: der Zusatz zum Da droben kann ich nicht loben, die drey Grafen wir noch nicht antrafen, den Jäger haben ich besser schon aus Gräters Gehäge. Uebrigens scheint der Mann so eine Seckendorfische Natur zu haben, er will die Kartoffeln mit der Schale und allem Dreck fressen, der sich vom Boden angehängt. Die Strophen aus dem Liede des Grafen von Gleichen mögen gar köstlich seyn, und ich bin schwanger danach. Das Spottlied ist auch schätzbar, weil es von einem schwäbischen Contingentssoldaten, was ungefähr soviel heist, wie bey uns ein verdorbener Stückknecht. Von Winkelmann kann ich dem Kölle weiter nichts sagen, als daß er mit dem König von Schweden über die Elbe zurückgegangen und die Westphälische Revoluzion noch ein Paar Stunden aufgeschoben, Robinson hingegen ist zu Bonaparte gefahren ihm täglich beym Abtrit seine Uebersetzung von ungedruckten Werken vorzulesen. Uebrigens suche ich die Zeitgeschichte von mir abzublasen wie den Dampf einer fremden Pfeife, ich habe von Pistor eine Drehbank gekauft und will mir bald meine eigne Welt drehen. Diese Nacht war ich in der Redoute, die Königin war sehr zierlich als Titania gekleidet, diamantne Strahlen um den Kopf, unter dem schönen Nacken vier goldne mit Diamanten besetzte Flügel, ein diamantner Blumenstab in ihrer Hand. Das Publikum fand ich durchweg entweder stumm oder grob, wie es jezt in aller Welt der Fall ist. Der Speisesaal war mit Orangebäumen umgeben von denen künstliche Blättergehänge bis zur Spitze des Saals verschlungen hinaufgeführt, die Erleuchtung war künstlich in ausgehöhlten Citronen, die mit Oehl gefüllt, der Hof sah übrigens aus als wenn er das ausgeschnittne saure Zeug hätte fressen müssen, sie hatten es alle bis an den Hals. Ich schliesse nicht, weil ich Dich nicht in meine Arme schliessen kann.

Achim Arnim

73 *[Heidelberg, um den 15. Februar 1806]*

Theurer Junge!

Ich habe deinen lieben Jüngsten Brief, der mich so erlabt, wie alles, waß von dir ist. Ich würde dir augenblicklich geantwortet haben, wenn ich nicht in den lezten Wochen in so unseelige Viele Korrespondenz gefallen wäre, worunter einige weitläufig ist, daß ich ermüdet dir nicht zu schreiben wagte, um dich nicht gähnen zu lassen, aber ich kann es nun nicht lassen, es mag ausfallen, wie es will, ich habe ein ganz eignes Gewissen apart für mein Verhältniß zu dir. Nun wäre dann, vor allem ein wenig vom Wunderhorn zu klatschen, das so manichfach beklatscht wird. Die an Pedanterei gränzende Rezension Falks, der mit schlechten Todenmasken verstorbener Dichter Puppen spielt, ist merkwürdig, weil er blos die Abhandlung rezensirt, und am Ende dich so ganz prächtig gekrönt entläßt in diesen seinen Ersten Blättern kann er die Sonnenflekken vor seinen Augen, die er in deiner Abhandlung holt, noch gar nicht los werden, und erwähnt deiner Sätze noch zweimal am dritten Ort. Das Lied von Prag, das ihn geärgert, rettet Göthe in seiner herzlichen, herrlichen, Jungen, Rezension, in der mich das Wort Kapital besonders ergözte, du glaubst nicht lieber, wie ich es dir danke, daß ich so glüklich neben dir aufgetreten bin, und daß unsere Gesellschaft, so gute Gesinnung für unser Buch erwekt hat. Ich wäre glücklich, wenn ich dich hätte Göthens Rezension lesen sehn, wie muß dir daß Herz gehüpft haben, das liebe musikalische Herz ist wohl nicht leicht in adlicheren Tackten eines frohen Selbstgefühls getanzt. Zimmer hat eine kindische Freude über die Rezension. Auch in der Aurora steht eine günstige Anzeige dafür von Dozeeen, mit dem ich brieflich alte Bekanntschaft erneuerte, er hat mir zwei unendliche Briefe geschrieben, alle seine Arbeiten und Pläne mitgetheilt, dies ist ein gelehrter und fleisiger Mensch, und mit dem besten Willen. Waß das Wunderhorn angeht, habe ich ihn zur Theilnahme aufgefordert, und er hat sich auch mit seinen vielen alten Liedern angeboten, aber doch nicht ganz klar, da er eine deutsche Anthologie herausgeben will, die in ihrer Folge ganz historisch darthun soll, wie das deutsche

Lied in Sprache und Art und Kunst unter allen äußeren Einflüßen sich fortgebildet hat, sein erster Band soll blos altdeutsche Volkslieder enthalten, der zweite lauter Hans Sachs, dann Reformations und Kriegslieder, und dann gehts auf Opiz los u.s.w. und zwar alles ohne eine Silbe verändert. Der Plan ist ein sehr guter und dieser Mensch ist fleißig und Sinnvoll, wenn gleich ohne gute Prosa. Außerdem kommen von ihm Ostern Miscellanien zur deutschen Sprache heraus, welchen eine Parthie Volkslieder beigefügt sein werden, und auch in dem ersten Heft von Aretins Beiträgen dieses Jahrgangs werden alte Lieder von ihm stehen; bei allem dem aber schickt er mir ein Verzeichniß von Anfangs Zeilen von etwa 20 Liedern, die er ganz, und 18 wovon er den ersten Vers hat, daraus soll ich nun wählen, zugleich bittet er mich ihm wieder mitzutheilen, und klagt, daß er so wenig habe, alle die Lieder die er verzeichnet scheinen aus gedruckten Liederbüchern. Weiter giebt er mit Koch den dritten Band der Müllerschen Sammlung ganz heraus, wozu er ein Heldengedicht, Alexander liefert, und überdem hat er eine kritische Handausgabe der Niebelungen, Parzifal, und Titurell in der Arbeit, und ein enormes Glossar, und eine alte Evangelien Harmonie, und mit allen diesen Sachen ist er schon auf dem Sprunge, das heiße ich geschanzt, er hat dem Bonaparte in der Münchner Bibliotheck ein Gedicht überreicht, das must du *Koch* sagen. Der Schuft, Herr Koelle, hat mir nicht wieder geantwortet, aber ein dritter Liedersammler, nach dessen Liedersammlung wir uns früher so sehr gesehnt, ist recht wunderlich allhier erschienen. Du erinnerst dich wahrscheinlich eines Briefs im Bragur von einem Namens Röther in Studtgard, er schreibt Gräter, daß er seit 10 Jahren Volkslieder sammle und es wieder erwarten weit gebracht, ect dieser Brief ist von 95. Neulich zeigte ich ihn Zimmer und forderte ihn auf sich in Stutgard nach ihm zu erkundigen, da trat ein Landprediger herein, der das W[under]horn lange mit seltsamer Leidenschaft betrachtete, und sich kaum davon trennen konnte (es war ihm zu theuer.) Einige Tage hierauf schickte der selbe Mann, der Pfarrer 6 Stund v. hier zu Aglasterhausen bei Mosbach ist, an Zimmer ein Vollständiges Manusskript von Volksliedern zierlich geordnet, und bevorredet zum Druck, er ist der selbe Röther, hat aber in dieser Sammlung nichts als waß man in Flugblättern findet, woraus sie ganz besteht, und wenig bedeutendes, ich habe ihm nun geschrieben und das Wunderhorn geschickt, und hoffe zur Auswahl zu erhalten, waß er hat, das sein Erbieten von Zimmer abgelehnt ward, versteht sich. Weiter bin ich jezt einem wahren Schatz auf der Spur, zu St Gallen in der Bibliotheck stehn an die 12 Handschriftliche Musikalische Liedersammlungen die Tschudi zu seinem eignen Gebrauch gemacht hat, schlage das Verzeichniß in *Tschudis Leben und Schriften* von Ildefons Fuchs St. Gallen bei Huber und Kompagnie 1805. nach, in einem Buch, welches dir nicht fehlen darf, Ich werde nächstens an den Herausgeber schreiben, ob man nicht abschriften erhalten kann, hast du irgend einen nähern Weg, so schlage ihn mir vor. Drittens habe ich so hie und da wenigstens 12 sehr vorzügliche Lieder, nebst vielen andern, auch aus der Dietmarsischen Kronick drei vortrefliche, und noch mehrere Wege gehe ich. Ich lege dir hiebei die Melodie, ach in Trauren, durch Horstig von dem Bergjungen gesezt bei, man kann aber unsern Text nicht darnach singen, und ich schreibe daher den alten Text zu, die Weise ist vortreflich. Ich habe auch es Ritt ein Ritter wohl durch das Ried von ihm, aber es besteht aus unserm Text und dem Ullrich und Aennchen genau Verbunden. Wann mein lieber glaubst du, daß wir eine Fortsetzung geben könnten, oder erwartest du auch eine zweite Ausgabe, und wie würdest du bei dieser zu verfahren wünschen, waß gedenckst du bei der Fortsezzung selbst von der Art des ersten Bands abweichenswehrt. Der Freund Dozeen ist ein entsezlicher Mann, so eben wieder ein langer Brief von ihm, mit unsäglichen Notizzen, Dienstfertigkeiten und freundlichem hin und herreden, auch seine Anzeige in der Aurora vom Wunderhorn beigelegt, die freilich besser sein könnte, er ist auf die Abhandlung bös, lobt die ganze Sammlung, und hängt am Ende als Probe, das Wunderhorn, und ein Erbsenlied von H. Sachs an, welches gar nicht in der Sammlung steht, auch nennt er jenes frühere Lied auf grade wohl von Herrn Brentano. Zugleich schickt er mir einige 6 Lieder worunter Soldans Töchterlein ganz, das du auch hast, ich muß sagen, mir scheint unser Fragment nicht schlechter. Von diesen Liedern ist kaum eines brauchbar, die Aurora welche nicht fort kann ist erst am 8bre 1805 im 25ten Stük mußt du die Anzeige suchen, und merke nun auch auf die folgenden Stüke dieses Blatts, da er sagt, daß er in einigen Tagen wieder einige Lieder in die Aurora rükken will. Zugleich meldet er mir, daß er Forsters frische Liedlein ertappt, und sagt, er zweifle nur gar nicht mehr seit er diese Sammlung durchlaufen, wie sehr es an einer Charakteristick der altdeutschen Lieder fehle »Arnim schweift immer unter freiem Himmel, da man doch hauptsächlich von dem regen Leben der damaligen Städte ausgehen sollte,« so klebt der arme Schelm immer an dem historischen, er will nicht wissen was sie schönes gesungen, er will nur wissen, waß und wann sie gesungen, und auch er wird die Kartofflen mit samt der Montur auftragen, weswegen wir, von seiner Küche nichts zu fürchten haben. Dozen schreibt mir, ein Corektor seines Aufsatzes in der Aurora habe ihm gesagt, daß bei *Pastor Witte in Lokau bei Halle in Sachsen* ein groser Vorrath Volkslieder verborgen liege. Da dieser Ort in deinem departement liegt, so thue dich darnach umsehen. Noch etwas drollichtes steht in D[ocen]s Brief, nähmlich er wollte mir ein Lied schicken, klagt aber, daß er das Blättchen im Wunderhorn habe liegen lassen, und dieses habe Jakobi sich von der Bibliothek holen laßen, also ist sein Exemplar, das der Bibliothek und Jakobi (Friedrich Heinrich) wird nebst München dieses Exemplar haben, er klagt mir, die Bairen wären mit ihren Entschädigungen gar nicht zufrieden, und waß das wissenschaftliche angeht in München sagt er folgendes B[ei]spiel, daß man vor wenigen Tagen noch für die Zentralbibliothek, die Prachtausgabe von Wieland, den Wienernachdruk von Lessing, Göthens, Schillers schriften aber nicht anschaffte ect. Vor einigen Tagen laß ich in einem alten Buch, daß Arnim und Hermann dasselbe sei, und daß die alte Gottheit, die sogenannte Irmensäule auch Arnimssäule heiße, das freute mich sehr, weil du ohne es zu bedenken deine Vorfahren im Ariel besangst. Ich habe ein Heldenbuch nebst mehreren andern Büchern für dich gekauft, die ich dir nächstens zuschicken will, wenn noch einige schöne Sachen, die ich erwarte, dazu kommen. Das Gedicht, mein lieber, das du meiner Frau gesendet, ist nach meiner Empfindung das klarste einfachste, genialste zierlichste, waß du vielleicht je gemacht, unter den Göthischen Römischen Elegien wäre es die beste, wenn sie drunter stünde, ich glaube man kann einem Manne nicht herrlicher condoliren als mit einem solchen Liede an die Frau, wie zierlich! wie neu! wie delikat! wie keusch! welche leichte Hand an der kizlichlichsten Stelle, so apetitlich kann selbst Loder mit der silbernen pincette nicht praepariren. Dieses ist das erste Gedicht aus Göthens Schule, das den Meister erreicht und übertrifft.

Du puzzt die Sterne des Planetanarii poetici, Gott segne deine Hand, daß die Welt singen möge von ihnen »wie schön leucht uns der Morgenstern«. Aber daß ich ein Wort mir ein gar liebes wichtiges Wort aufhebe, waß du dabei gesprochen; du sagst, daß du noch zu*weilen an die Liederbrüder dächtest*, wenn du wüstest wie theuer mir von je der Gedanke war, und da ich selbst nicht viele Lieder habe, würden sie deine Sammlung nicht drücken, ausser deiner göttlichen Gesellschaft selbst werden meine Lieder wohl nie den Tag erblicken, weil ich mit so kleiner Zahl nicht auftreten mag, doch laße deine Absichten durch meinen Wunsch nicht beengen, und folge deiner Gesinnung, die mir ewig wie deine Freundschaft das Herrlichste sein wird. – Waß du mir von und über Betinen geschrieben und waß du zugleich disgressiv über das ganze Wesen der Familie im Gegenseitigen geschrieben, halte ich für wahr und daß du dies Alles so weißt und fühlst, und doch jedem von uns, wie es ihm gebührt, treu und huldreich bist, das gehört ja zu deinen beinah mehr als menschlichen Seelen Tugenden, deren mir keine entgeht, wiße, lieber, daß auch nicht ein Wort von alle dem, waß du mir hierüber schriebst, mir in dir unbekannt war, ich habe nie aufgehört, dich unter uns, ja selbst oft in deinem Verhältniß zu mir zu bewundern – dies ist kein Weihrauch, den ich dir streue, waß ich sage, ist der Beweiß, daß ich dir vertraut bin, daß ich um dein Herz weiß, und daß ich dir gestehen darf, daß ich so, und nicht anders um es weiß, deinen Rath mich auf eine *bestimmte* vertrauliche Art mit Betinen zu unterhalten habe ich instinktmäsig früher schon begonnen, aber ich hoffe wenig davon, nicht ich, ein Mann, ein geliebter liebender

Mann mit allen Werkzeugen Leibs und der Seele wird sie so ruhig machen, wie nach *Reichard* die Weiber sein müssen, um sich wohl zu befinden; mit der Gundel war es noch ärger, da war ein Streben und Ringen nach Wissenschaft und höhern Genüßen, aber ich lobe mir das alte Sprüchwort *»der Sache einen Stiel finden«* bei Savigny hat sie endlich den Stiel gefunden, woran sie die ganze Wissenschaft und Kunst wie eine Eierkuchenpfanne zum Feuer bringt. Meline war auf den Tod krank an einem Nervenfieber, sollte die schwere Arbeit der zarten Jungfrau, das Nachtwachen ect. mit dem Kinde nicht dazu beigetragen haben. – . Ich ziehe Ostern aus in ein wohlfeileres, engeres und artigeres Quartier am Paradeplatz zu einem Stillen Weinhändler von einer feurigen Weinnase. Zu der Himmelschreienden Contribution der ganz zerknirschten Frankfurter habe ich 500 fl. beitragen müßen. In unserm Hauße haben die Ganze Zeit 16 Gemeine und ein Kapitain gelegen, so war die Stadt muthwillig angefüllt. Bei Zimmer liegt auch jezt eine berliner Zeitung, es macht mir immer eine seltsame Empfindung, die Anzeigen zu lesen von allerhand Sachen, die in deiner Nähe zu haben sind, und von dir gar nichts. Der Mahler Runge von Hamburg, den du durch Tieck kennst, und der ein guter Bekannter Zimmers ist, hat dem lezten über das Wunderhorn geschrieben, aber mit einer ganz eignen Rohheit und Geziertheit zu gleich, dieser klagt über den zerknikten Hauch der Mundarten, besonders der lieben platdeutschen, in welcher er so viele aus diesen nähmlichen Liedern leider schon unverhochdeutscht gehört, zugleich aber schickt er ein paar Märchen in Prosa (plattd[eutsch]) an Zimmer, die er so aufgesezt, wie er sie in seiner Jugend gehört, in Ihnen soll der höchste Triumph plattdeutscher Möglichkeit gefeiert sein, es ist wahr, er hat sie vortreflich erzählt, aber leider habe ich in meiner Jugend, dieselben, von der nehmlichen schwäbischen 80jährigen Amme, die mir die Schlangenköchinn sang, hochdeutsch gehört, und Sophie hat sie in Altenburg gehört, der Unterschied ist, daß in meinem Exemplar eine goldne Kette an einen Vater, und ein paar Rothe Schue an die Tochter; in seinem aber ein paar Hosen und ein Wek verschenkt werden, das wäre also der Blüthenstaub der dem Märchen abgestreift ist, oder der Dreck der drauf geschmiert worden? Dies wäre eine Untersuchung für Dozen. Den neuen Menoza habe ich mit grosem Vergnügen gelesen, das Ding ist mir besonders merkwürdig, weil es ein rechter Gegensatz der neuen Genialität ist, die so unendliche Dekoration und Farbe und Klimata und Ironie und all den Teufel braucht und dies wie einfach, ein Gartenspalier, ein Zopf, ein Leipziger Magister, ein Zinnerner Pistopf, einer von Dresdner Porzellan, ihre Tochter, und einer von rothem Kupfer grün angelaufen, die Diana, dann noch ein Prinz wie Nichts. Und das Ganze rumpelt und rauscht und ist doch so leer und so voll. Nimm dagegen die Modernen Dramen etwa Pelegrin, Bernhardi, waß eine Menge was eine Pracht, aber wie leer und tod. Ich finde in dem Dinge ein Verhältniß zu Göthens Geschwistern, ich glaube am Ende sind sie zu gleicher Zeit geschrieben. Biderling und seine Frau und der Graf, nebst Zopf, und dem Vater des Bakalaureus sind die besten Figuren, erster ist vielleicht nie so herrlich dargestellt; Sehr schlecht ist die verliebte Scene zwischen Tandi und Wilhelmine auf dem Sopha, das lustigste ist, wie Biederling den Grafen an die Erde schmeist, und das beste am ganzen Stück, ist der Dicke Kerl der nichts sagt, und thut als: ich will sie uffrennen, (die Thüre) das kann ich mir unendlich komisch dencken. Daß die Scene in Naumburg und Dresen, sage Dräsen, wechselt ist mir nicht eine der kleineren Trefflichkeiten des Stücks. Soeben erinnere ich mich, daß in Schloßers kleinen Schriften 1ter B. ein Aufsatz steht »Prinz Tandi an den Verfasser des neuen Menoza« und lese ihn, er ist zum Trost Lenzes geschrieben, der sich in einem deutschen Journal über schlechte Aufnahme des Menozas auf der Bühne und im Publikum beklagte. Diesen Aufsatz muß man lesen, um den literärhistorischen Eindruck des Buchs völlig zu geniessen, wenn man es bereits selbst genoßen hat, ich habe bei diesem Büchlein so recht empfunden, wie das ganz vollendete Kunstwerk nie anders kann verstanden werden als der Meister es verstand, das blos geniale Produkt aber, welches mehr dadurch auffällt, wie es zusammengehängt, denn als was es eigentlich bedeutet, kann alle Augenblike anders verstanden werden, kein

Mensch wird je drauf kommen, ein Schäkspear oder Göthesches Stück für komisch oder tragisch zu halten welches es nicht sein sollte, aber Prinz Tandi sollte, wie ich aus Schlossers Aufsatz merke ein rührendes edles Stück sein, und war es auch Schloßern und jener Zeit, mich erhält es in stetem Lachen und wo es platterdings nicht komisch ist, ist es mislungen und wiederlich. Schloßer tröstet ihn daß es auf dem Theater nicht gut aufgenommen worden sei, während dem Weißes, Engels, Gibels, und Stephanis schlechte Stüke verschlungen würden, und jezt weiß man nichts mehr von dem armen Lenz, da die Welt jene zwei ersten verehrt, Lieber Arnim, wie manch herrlicher Kerl mag bei Austerlitz geblieben sein? Wäre es nicht ein recht schönes Beginnen die Werke des guten Lenz jezt zu sammeln und heraus zu geben, jezt, da er eher ein Publikum haben mögte, um ihm nach dem Tode doch eine Liebe anzuthun, mir liegt in diesem Gedanken etwas sehr braves, ja etwas Christliches. Koch hat nicht ein Wort von ihm im Kompendio. Es ist schade, daß du nicht von Göthe ein Verzeichniß seiner Schriften erfragt hast, weiß Reichhard waß von ihm. – . Da ich Kochs Kompend[ium] nach ihm durchsuchte fällt mir folgendes auf, dem du bei Koch für unsre Sammlung nothwendig nachspüren mußt, ich glaube der Kerle muß noch viele Lieder haben. z. B. pag. 142. 1ter Band g) ein Lustig ernsthaft ect. (schweizer Volkslieder) davon spricht er, als wenn er es hätte, oder wenigstens weiß, wo? Dann pag. 48. 2terb[and] b) ist auf der berl Bibl sollte gar nichts drinne sein? Dann p. 99 2terband. wenn er die Blätter nicht mehr hat, wer hat sie? und 100. Johann Ballhorns abc. scheint er auch zu haben, lieber darum bemühe dich doch. Mit Lenz zugleich soll Göthe einstens *Lustspiele in der Manier des Plautus* herausgegeben haben, die sehr originell sein sollen, ich habe diese Nachricht wie den Menoza selbst, von unserm hiesigen Aestetiker Schreiber, der ein sehr guter Mann ist und schöne alte Kupfer hat, er ist ausnehmend dienstfertig und sammelt jezt für unsre Lieder. – . Sophie läßt dir sagen daß sie nächstens mit der Fiametta fertig ist, und sie alsdann dir zu deiner Disposition zusenden will, sie legt dir zugleich eine Antwort bei.

Wenn du es im Drechseln so weit bringst als ihm [lies: im] Zeichnen so mußt du der Engelhard ein Spinnrad drehen, apropos Spinnrad, meine Frau spinnt jezt alle Abend, und kann es sehr schön, apropos Engelhard, diese tritt bereits als Dichterinn allgemein auf, und Herr Kaufmann ist zu ihr bestellt worden um fürs Taschenbuch der Grazien zu sammlen, dies ist buchstäblich wahr. aber der Brief liegt schon lange schreibe bald dein

Clemens.

74

Berlin den 17 Feb 1806.

Lieber, Immerlieberer!

Funf Bogen sind vor vierzehn Tagen etwa an Dich abgegangen, ich erwähne ihrer, weil ich wohl von Dir ein Paar Worte darauf hätte hören können, ungeachtet ich auch noch recht gut abwechselnd von Deinen beyden früheren Briefen lebe und von meinen Erinnerungen. – Göthe's Urtheil in der Jenaer Zeitung habe ich mit einer eigenen Demuth gelesen, ich verehre seinen herrlichen Willen für alles an sich Lobenswerthe und wenn er in diesem Willen uns besser sieht, so hebt er uns an sein Auge an dessen Glanz wir unsre Strasse weiter erhellt sehen, er ist der einzige Feuerwurm in dieser Kimmerischen Nacht der Gelehrsamkeit, und genauer betrachtet wird es ein hoher Wandelstern. Was habe ich in der gelehrten Sorte hören müssen! Ist dir niemals ein Cosmolog begegnet, er behauptet in Persien gewesen zu seyn wenigstens auf dem Kaukasus, in Gize ist er wie in Berlin bekannt, er hat nichts mitgebracht als eine Persische Inschrift auf seiner Flöte von seinem Lehrmeister, er hat mit soviel tausend Leuten gelebt daß er drey Pelze über einander von fertigen Redensarten hat, er schimpft hier die Jüdinnen aus und langeweilt sich wie er sagt, um sich selbst aufzufressen. Sein jeziges Leibinstrument ist das Brummeisen. Und denke Dir dieser wunderliche Abentheurer hat in dem Stirnbau und in der Art zu erzählen deckende Gleichheit mit Humboldt. Burgsdorf ist hier und alle Schuhe voll Ziebinger

Sand, ich meine voll schreckliger Ansichten, daß nichts ist und nichts werden kann, das schüttet er einem hier in die Augen.

Ich habe aus Heidelberg einen Brief von Savigny erhalten und kein Wort von Dir. Du Wortkarger, hättest du auch uns auf den Umschlag geschrieben: En pro rebus amoris, antidotum doloris, hoch hoch vivat, hoch hoch vivat aeterna sanitas! Ich freue mich des Kaufs den Savigny gemacht hat. Im März ist hier eine grosse Kupferstichauction, die Sammlung des Kupferstechers Meil, ich schicke Dir den Katalog nicht, weil er sehr dick, wahrscheinlich auch alles theuer bezahlt wird. Von Koch habe ich wieder allerley zu den Volksliedern bekommen, auch Hagen hat mir einige geliefert, er hat den Bergreihen, woraus Nikolai den grösten Theil des feinen Almanachs ausgeschrieben, er hat doch ziemlich gut ausgewählt, denn in dem Reste sind nur wenige noch etwas werth. Horstig hat ein hübsches Lied unsres Bergknaben in die musikalische Zeitung geschickt, das der Junge uns nicht gesungen, die Musen haben immer ihre Tücke im Genicke. Hast Du ein Paar Bemerkungen von mir über das Frankfurter Theater gelesen, ich schrieb sie während einer langweiligen Caffevisite, die in Giebichenstein eintrat, dabey ein vier Briefe an Kestner, Wedekind, Winzingerode und Finkenstein um Nachrichten von den Theatern. Von Fr Schlegel habe ich einen Brief, er ist sehr zufrieden mit unserm Werke wünscht aber recht viel historische Anmerkungen, er empfiehlt mir seinen Lother und Maller, ein braves ernsthaftes Buch, bey aller weitschichtigen Unbestimmtheit, und in der freudelosen Rede doch recht anmuthig, sanft unterhaltend und voll schöner Geschichten.

Von Schleiermacher ist eine Weihnachtsfeyer erschienen (Halle Schimmelpennink) wie ein Waffeleisen prächtig dialektisch, das Darstellende darin ist schwach, du must es aber lesen, es ist ganz antikischer Art. Mir trat es sehr lebendig hervor, weil ich den Schluß seiner Schrift am ersten Weihnachtstage von der Kanzel herabfallen hörte aus seinem Munde. Ich habe manche von meinen Liedern in Ordnung gebracht, ich möchte es Dir gern vorlesen, die

Pistor hat nen Sohn, das alles könntest Du hier finden. Doch muß ich dabeysagen, daß ich übermorgen nach Strelitz reise meine Tante wiederzusehen, die ich sehr verehre, es schmerzt mich dessen ungeachtet den goldnen Adler zu verlassen der mir Hirsch und Rhe zum Frühstück ins Zimmer schickt, daß ich mich oft in den kleinen Schmerzenreich hineinträumen könnte, würde ich nicht öfter den grossen Frohreich gewahr. Dem hat mein Onkel ein prächtigen Namen gegeben, den meine Großmutter auch mir sonst wohl gegeben Hemkengriper, das heist einer der Heimchen aufgreift, also die Landplagen Ja die Landplagen ergreifen mich nun selbst, da ich sie nicht mehr ergreife, Lieferungen, Verpachtungen, o Sakerment und bey dem allen habe ich vorige Nacht in Reimers bis drey Uhr Ringeln gespielt Turnieren Mehlschneiden, daß wir alle weiß wie Müllerknechte nach Hause kamen. Diese Art prächtiger gesellschaftliger Skandale ist doch nur Berlin eigen, sie ist dessen poetische Seite. Ihr armen Teufel in Frankfurt müsst jezt sehr bluten, dein Bruder sollte seine Comödie von Blut und Geld herausgeben, beym Himmel hätten wir noch so viel wahres Blut in der Nation als es mir warm in die Backen läuft, es müste doch anders gehn. – Meine Reiseanstalten hindern mich Dir mehr zu schreiben, Deiner lieben Frau erinnere mich recht gefällig.

De[in] Achim Arnim

Frage doch Zimmer ernstlich, ob er den zweyten Theil dr[ucken] will zu Michaelis, nach Göthes Aufforderung habe ich [keine] Ruhe mehr.

75 *Neustrelitz den 12 März [1806]*

Lieber Clemens von Göttingen,
lieber Clemens von Frankfurt,
lieber Clemens von Heidelberg!
Bitt für uns!

Von meiner Krönung durch den Papst Falk und von meiner Geisselung durch den Bettelvoigt Dozeen weiß ich nur aus Deinem Briefe, wo die Rezension des ersteren steht, kann ich nicht einmal daraus erfahren. Daß mich Dozeen bedauert, mich einen armen Schelm nennt, darin kann er vielleicht recht haben, wirklich ist es meiner Vergeßlichkeit zuzuschreiben, daß ich eine Darstellung des älteren städtischen Lebens, die zum Theil lange geschrieben, theils im Kopfe fertig meinem Aufsatze nicht eingefügt, ich würde dabey insbesondre auf den Bremermarktplatz geführt haben, wo ich die vollständigste Sammlung Volksbücher und Lieder fand und an den Haven mit Rücksicht auf die herrliche Erzählung im Musäus, ich hatte mir sogar vorgenommen, bey dieser Gelegenheit etwas über ihn zu sagen. Ich will es nachholen, wenn unser Buch eine zweite Auflage erlebt. Hagen danke ich mehrere Beyträge, er hatte von Nikolai die Sammlung Bergreihen, woraus er den feinen Almanach grossentheils zusammengeschrieben. Prediger Witte wird entweder durch mich oder Reichardt abgetrieben. Hier in Mecklenburg erwarte ich wenig, doch vielleicht etwas. Ich bin auf einem neuen Schauplatz, Morgens sehe ich auf den Hünerhof meines Onkels, Abends auf den Hof des Herzogs. Ich habe sehr schöne Beobachtungen gemacht über einen rasend verliebten Puthahn, einen tapferen Kapaun, insbesondre über die Kriege zwischen ungleichen Geschlechtern der Thiere, so daß ich die Eroberung von Amerika oft vor mir sah, über die Ungeschlachtetheit junger Hähne, die billig alle geschlachtet werden sollten, wenn der eine trit stösst ihn gewöhnlich der andre herunter. Am Hofe brennen nicht viel Lichter Abends, aber mich erfreut ein sehr angenehmes Hoffraulein der ich gern in die Augen sehe, ein Mädchen wie glänzender brauner Atlas ohne zu blenden, ohne zu stören, nicht *unter*haltend aber unter*haltend*, zufrieden mit allem ihr Scherflein immer zugebend zu allen, ungefähr wie Fräulein Neubrunn im Wallenstein, ihr Pompadur ist aus Nelken und Perlen geflochten, so ist sie selbst, ich mag nicht eben bey ihr seyn, wenn ich aber bey ihr bin ist es mir noch nie leid geworden. Ihre Schwester eine Frau von Bose hat deine Frau in Dresden gesehen und zu einem Pastetenbecker von der Gallerie aus hingeführt, so berühret sich die Menschheit, und so bist du durch Deine Frau mit allen hier wieder verbunden, sie wird Dir vielleicht von dieser echten

Dresdnerin erzählen können und weiß sie nichts mehr von ihr, so denke dir eine vornehme Kammerjungfer, so sind die Dresdnerinnen. Doch mehr als der Hof beschäftigte uns eine Comödie, man ist hier in einer Art Wohlhabenheit und Stolz viel unabhängiger von dem Hofe als in den meisten kleineren Höfen. Der Blaubart sollte gespielt werden, ich hatte es angegeben, aber an dem Clausnarren scheiterte der Plan, weil alle die mitspielen sollten viel zu groß, der hatte uns zum Narren, die Rollen waren sonst vertheilt, vielleicht spielen wir jezt die Eugenie. Daß so etwas hier leicht geht, da hat ein Doktor Beckendorf vorgearbeitet, der seine Zeit von der Universität her bey seinen Universitätsfreunden vergessen hat und von ihnen zu einem Göthe für den hiesigen Erbprinzen bestimmt wurde, der aber den Angelhaken zu früh fühlte, ehe er noch angebissen, auch fehlt es ihm wohl auch nur zu dem Amte Göthes an Lust und Betriebsamkeit. Sonst hat er ein Liebchen wie Göthe, gilt bey den meisten entscheidend in seiner Meinung, worüber sich die schöne Dresdnerin beklagt, weil sie so etwas von sich erwartet hat, Politick ist sein Wesen, aber als Hanoveraner und in der kleinen Stadt, ist es eine ganz kleine Hannöversche Politick geblieben, er hat die Damen zu einem Haß gegen Bonaparte aufgetrieben, daß sie krank werden von einem Lobspruch auf ihn, nicht aus Kränkung ihrer Meinung, sondern weil es sie unglücklich macht, daß ein andrer so denken kann. Er hat neulich eine Cantate geschrieben auf die Promotion eines Cammerjunkers von Jasmund zum Kammerherren, sie hatte sehr viel Komisches unter andern ein Rezitativ des Hofes: Ja es geschieht ein grosses Stück, der Herzog und der Prinz regieren! Der Prinz ist ein lustiger Kerl, der sich schnell emporgeschwungen. Wie er den Schlüssel empfangen singen alle parodirend auf Ramlers Tod Jesu: So steht ein Grenadier, den Besenstiel im Rücken u. s. w. Alles das wurde nach einem Mittagessen dem neuen Kammerherren abgesungen, der ein wunderliches Streittalent ist, wie man dergleichen fast nur in diesen Gegenden findet. Er behauptet, man schösse am sichersten, wenn man nicht sieht, was man schiest, er will mit zehn tausend armirten Widdern die Welt erobern, ein Kerl voll Witz und Produktion, macht trefliche Flintenschlösser macht alle Vögel nach, schnupft immer Spaniol, fantasirt immer auf dem Klavier bekannte Sachen, will aber nie nach einem Komponisten spielen, wird von seiner Frau angebetet und steht unter ihrem Pantoffel. Reden und Spielen ist der Mittelpunkt alles Lebens, das Disputiren wird mit echt spielendem Witze getrieben, ich habe wohl schreien hören: Lieben Leute, um Gottes Willen, lasst mich reden. Der Herzog ist in ewiger Eile weil er jeden Augenblick einen Schlagfluß fürchtet, spricht man mit ihm etwas lange, so drückt er beyde Augen zu wie ein Papagey, daß man ihm den Kopf krauen möchte. Sein Bruder, auch ein Feldmarschal hat sich zu seiner eignen Puppe gemacht, ein kleines Haus, kleine Mobilien, kleine feine Schüsseln eingerichtet, alles um es in eine Haselnuß zu packen. An Geschichten ist die Stadt übrigens arm, es wird daher viel erfunden und gelogen, es ist so ein fester Ehestand im Ganzen und eine Kunst sich müssig zu machen, daß ich kaum weiß, ob jener so viel werth ist, als diese schadet. So kommts denn, daß wir uns häufig im Hause von der fernen Weltgeschichte unterhalten so gehen unsre gemeinsamen Bekannten vorüber, so hör denn eine himmlische Geschichte von Seckendorf, dem gelehrten Hannepampel. – Es giebt keine Frau in Regensburg, die er nicht einmal sehnlich und schmerzlich geliebt hätte, wenn ein andrer bey ihr glücklich war, wie ein junger Hahn auf meinem Hofe schon wieder den andern stören will und heftig heranläuft, während der Erfahrne mit grossem Anstande die Henne trit. Er liebte die Gräfin Colloredo, Bassenheim war bey ihr glücklich und er muste ihnen Spas vormachen. So führen sie ihn in der grösten Hitze, wovon er kein Freund auf ein Dorf, da bildet ihm heimlich Bassenheim ein, die Colloredo wünsche Pfauenfedern von den Pfauen, die da herumlaufen. Die andern gehn auf ein Giebelzimmer und erfrischen sich, er schleicht den Pfauen nach, der Pfau flieht, Seckendorf durch alle Gärten über alle Zäune durch Staub und Sonnenstrahl nach, bis er über einen Kohlkopf stolpert über den Pfau herfällt und ihm so unter grimmigen Bissen drey Federn ausreist. Das sehen die alle vom Giebel, er kann aber nicht sehen wie sie lachen, so läuft er den Bauern gerade entgegen, die auf ihn zukommen ihn für den

Frevel auszuprügeln, hier trit er als Redner auf, es gelingt nicht, er soll ins Gefängniß, endlich kommen ihm die Männer vom Giebel zu Hülfe, sagen er sey verrückt und das wäre seine Lust sich mit Pfauenfedern zu schmücken[.] Er kommt befreit zur Colloredo und überreicht die Federn, sie will ihn darauf gar nicht ansehn, nennt es grausam, ein schönes Thier so zu beschimpfen und schenkt die Federn dem Bassenheim. Unterweges im Kahne neckt sie ihn so viel, daß er endlich mit Entsetzen sie bey der Schulter fasst, und ihr versichert, wenn sie nicht gleich schwiege müste er sie ins Wasser werfen, sie ist eigentlich ein Gänshen aber nicht im Schwimmen, zittert, wird blaß, die andern Lachen, Seckendorf hält eine wohlgesetzte Rede über verschmähte Liebe. – Ich finde die Geschichte so schön, daß sie sich ohne sonderliche Anstrengung als Novelle erzählen liesse, man müste noch hinzufügen, daß er eigentlich nur alle Weiber liebt, um ein Frauenreich in Griechenland zu errichten.

1 Wenn Du die Fiammetta schickst, *schreibe mir bestimmt die Geldbedingungen, die Art der Herausgabe, ich meine in Rücksicht auf Zeit und Namen.*

2) Die Liederbrüder könnten sehr bald herauskommen. An Bettine habe ich geschrieben, mir ihre älteren und neueren Melodieen auf Deine und meine Lieder gefällig mitzutheilen, sie scheint aber jezt sehr beschäftigt, auf zwey Briefe hat Sie mir nur vier Zeilen geantwortet, die von nichts als Nachsicht Bescheidenheit und schlechtem Produkt sprechen bey Gelegenheit einer Melodie, die sie mir sendet, der Brief hätte eben so gut an Ramler oder Nikolai geschrieben werden können, ich habe ihn nicht eigentlich verstehen können, wenn Du ihr nicht vielleicht meinen Brief an Dich zu lesen gegeben. Ungeachtet ich darin nach bestem Gewissen gesprochen, so wäre es mir nicht ganz recht, weil Du und ich zu ihr selbst anders gesprochen hätten und jeden Brief, eigentlich nur der versteht, der ihn schreibt und der ihn empfängt. Ausser den Melodieen Deiner Schwester würden Reichardts, seiner Tochter, Deine und meine Melodieen darin ihren Platz finden. Schreib

Deine Lieder ins Reine, jedes einzeln wie die Volkslieder um sie leicht ordnen zu können, Horstig würde Dir sicher die Melodieen gern und gut aufschreiben. Ich denke gleich bey meiner Rückkehr in Berlin mit Reimer davon zu sprechen.

3) Die Memoires secrets sur la Russie sur la fin du regne de Catherine Paris. Ponyent [?] an VIII II vol würden Dir manchen Spas machen, voll niederträchtiger Anekdoten, die einem die Zeitgeschichte sehr klar machen, daß wir die Bestien nicht bekehrt haben, dafür müssen wir leiden.

4) Hast du den Cid gelesen von Herder? Er steht in der ersten Lieferung seiner Werke und wird dir viel Freude machen, hin und wieder hat ihm Herder wohl Mantel und Kragen umgehangen, oft ist die Dikzion gar zu nachlässig und unbequem im Lesen, die liebste Romanze ist mir wie er sich zur Hochzeit aus putzt, und dann wie er die Kisten mit Sand zum Juden schickt, ferner wie er todt gegen den Feind reitet, die Spanier haben ein eigen Talent, jedes *Ding* mit seinem eigenthümlichen Geruche zu bewahren und einzumachen, und darin bin ich ganz mit ihnen einverstanden, daß ich lieber Schweis als Seife riechen mag.

4) Hast du von einer Weimaraner Wochenschrift gehört, wo viel aus dem Leben Schillers ausgeschwatzt? Von wem ist sie?

5) In diesen Tagen habe ich die gröste Sammlung wendischer Alterthümer gesehen, die jezt in der Welt vorhanden, sie gehört dem Herzog von Meck: Strelitz und ist in dem Schlosse zu Prillwitz aufgestellt, wo der grössere Theil gefunden. Sie ist ganz aus dem Grabe aufgestanden, und besteht aus Graburnen von Metall und Erde, und dem was man den Helden ausser der verbrannten Asche mitgegeben, abscheuliche Götzenbilder, Waffen, den Weibern Spindelsteine und Schmuck. Die Götzenbilder sind wie zufällige Naturspiele in wunderlichen Gestalten, so sind diese in Metall gegossen, einzelne gute Gesichter, vielleicht römischen Ursprungs sind in die Gußform abgedruckt,

ausserdem einige römische Arbeiten die ich mir abformen lasse. Die Gegend wo der grössere Theil gefunden ist wahrscheinlich das alte Rhetra, wo Radegast seine besondre Verehrung fand, wo einige alte Schriftsteller erzählen, daß er seine Tempelstadt gehabt, eine schmale Brücke führte zu seinem Tempel, der auswärts mit Hörnern und Zeichnungen wild verziert, im innern waren in dunkler Erleuchtung die Götter groß von Gold auf einem Purpurlager, sie schienen die Eintretenden anzusehen, über jedem stand der Name und seine Zauberformel. Die Gegend ist jezt die ausgezeichnetste in Mecklenburg, manche Wölbungen von Hügeln über einander, waldige Eylande in dem grossen See; sie gleicht dem Chimborassa nach Humboldts Bilde.

Ich lege eine kleine Elegie bey, Deine Frau wird sie als eine Gegendevise nicht vers[ch]mähen, der Zufall giebt es, ob man die rechte gerade aufbricht, es sollte erst auf euch passen, auf eure kleinen Streitigkeiten, aber der Zufall stellte es auf seine eignen Füsse, so must es jezt für ein historisches Bild gelten, was erst Porträt war, wenn ich nun selbst so viel Fehler daran eingestehe, so wird sie mir nebenher gern noch verzeihen, daß es weder so artig noch zierlich ist, wie sie mich mit rückprallenden Pfeilen geschossen und du, daß ich soviel Worte über den Spas mache.

Gott grüß Dich. Dein A. Arnim.

76

[Heidelberg, den] 18 März 1806.

Geliebter Junge!

Keine Nachläßigkeit, keine Unterbrechung meines Gedankens an dich, sind die Ursache, daß dir meine Briefe ein seltneres Gut sind, (du wirst meine Antwort auf dein vorleztes erhalten haben) aber ich habe in der lezten Zeit so vielerlei Briefe zu schreiben gehabt, und zwar manche künstliche, auch hat mir die Korrespondenz mit Dozen, der ein wahrer Bötticher ist, und dessen sämtliche Briefe ich dir hier beipake, damit du begreifen möchtest, waß es für eine Noth ist mit diesem Correspondent, viele Zeit weggenommen, in der ich das ewig neue Geschäft Fiammettisch hätte fortsezzen können, dir zu sagen, wie ich dich liebe, wie du ewig jung sein wirst, wie diese Liebe, denn wenn ich mein Leben recht betrachte, so ist es ein wunderliches böses Fuhrwerk, und besteht aus zwei Leidenschaften die eine zieht mich, das bist du, mein Geliebter Vorderwagen, mit Deixel und Roß, das andere ist jene wunderliche Liebe in Jena mein Hinterwagen auf den meine Ehe als Koffer gepackt ist, und diesen ziehe ich, denn ich sitze leider nicht in dem Wagen, sondern ich bin der unglückliche Langwied, wie es unsre Kutscher nennen, der das Gestell verbindet, und darum habe ich keine Gegenwart, ich meine so sieht das Ding aus

das Hündlein auf meinem Bauch ist die Poesie, des Kutschers Hündlein, den du an der Nase und dem Lorbeerkranz erkennen wirst.

Ich habe nun wegen Liedern auch nach Wien an Leon bei der Hofbibliothek geschrieben, der auch dem Gräter viel geschickt, dann weiter nach St. Gallen an Tschudis Biografen (du wirst dies Buch nach meinem lezten Brief gekauft haben) wegen den dort befindlichen Tschudischen Liedersammlungen. Da ich in Halle war, studierte dort ein kleiner St. Gallner Meier genannt, Bartholdy kennt ihn auch, frag diesen doch, ob er nicht weiß, wie seine Adresse ist, und ob er in St Gallen lebt, außerdem habe ich mich noch an Himmel und Erde gewendet, aber es ist bis jezt nichts erfolgt, als viel Regen, und einige ordentlich erschreklich heise Tage, und zwar besonders gestern, wo mehrere Blütenbäume plötzlich aufbrachen, auch hat Heidelberg gestern nach einer Prophezeiung untergehen sollen, und ich glaube, daß es wirklich geschehen ist, denn in meinem Kopfe und meiner ganzen Seele ist es heute wunderbar oed und dunkel, nicht gar traurig, aber beinahe furchtbar einsam und leer, es ist als hätte mein Genius von dem Untergang gehört, und einstweilen alle Möbel aus meiner Seele geflüchtet. Verzeihe daher dem aschgrauen Antlitz dieses Briefes, und bedenke, daß ich so wenig anmuthende Berührung habe, aber in diesem Augenblicke schreien alle Hähne der Nachbarschaft, und so tief und röchelnd wie Drachen, ich stehe vor dem alten Zauberkasten, der dein Stehpult war der Himmel ist so grau, als wäre er lauter Asche und Krapp für Fries, der dich herzlich liebt und herzlich grüssen läßt. – .

Savigny hat mir viel schönes geschrieben, von den Kupferstichen die er für dich gekauft, er möchte gar gern, daß du sie nicht mögtest. Er hat für sich selbst eine Sammlung schöner alter Handzeichnungen und ein Marmornes Hautrelief. Adams und seiner Familie Arbeiten für sich gekauft, welches sehr schön sein soll. Betine war in Kassel mit Jordis und Lulu, ihre Beschreibung von dem Eindruk der Gallerie auf ihr Gemüth ist sehr rührend, sie hatte keine vorher gesehen, auch war sie oftens bei der Churprinzessin und in adlichen Societétén, und macht mir eine recht lustige Beschreibung von dem meschanten Zeug, das dort geschwäzt werde »z. B. Wenn Clärchen im Egmond doch nicht so gemein wäre, ärger als eine Kammerjungfer, und seine Romanzen wie fade, der neue Amadis z. B., hätte er doch Wielands neuen Amadis vor Augen gehabt[«], – pumps stürzt ein Gemälde in der Nebenstube von der Wand, die Rezensenten werden blaß und stehn stum mit offnem Maul, Betine lacht laut, und ruft: da ist der Geheimeratt, da trit Göthe herein ect. – . Ich lese in diesem Augenblick den Briefwexel zwischen Heinse Gleim und Müller, der heraus ist, da ich dessen zu lezt erwähnte, kannte ich nur einen Auszug in der Isis, du kannst nicht glauben. wie mich das Buch bewegt, wo alles wahr drin ist, Heinse wird einem gar lieb, und nun Gleim erst, der ist ein rechter Engel, hätte ich gewust, daß das so ein guter Mann war, ich hätte ihn in Halberstadt besucht. Wunderbar verwirrend ist mir diese Lektüre, denn oft meine ich, ich schriebe dir alle diese freundlichen Worte, dann aber kommen so unzählich oft die Worte Elisium, Grazienheiliger, Charitinen, als heutzutage

Universum, rein Menschliches objektiv und Subjektiv, und da merk ich dann dran, daß diese lieben Leute nun tod sind – und das erschreckt mich; sehr lieb ist mir es jezt, daß ich Heinse gekannt habe, er war bis in die lezte Zeit derselbe, und ich glaube er hat vielleicht klasischer gelebt als gedichtet; lese diese Briefe doch recht bald; Heinse im abgebranten Dorfe ist gar rührend, und wie er sich immer schneller vollendet, wie kräftig und glühend, wie ihn die Düsseldorfer Gallerie entzündet, wie Göthe noch als göttlicher Fremdling blos begeistert gleichsam mit dehmütiger Besoffenheit erwähnt wird, recht bald, gleich muß du es lesen, der alte Wieland damals schon fatal, Jakobi damals schon eine Art Superintendent aus dem Himmel, diese Briefe sind in Bezug auf Heinse ein schöneres Buch als Ardinghello. – . Heinse ist mir einer der Wunderbarsten poetischen Naturen, und bescheiden war er, da ich ihn kannte, war er noch so bescheiden, er konnte mit Handwerkern zusammen leben, ich weiß nicht warum, aber ich habe ihn gar lieb; – . Der Pfarrer Bang ein Freund von mir und Savigny schreibt mir, er habe in Göttingen mit einem Berliner Pitzger zusammen studiert, der jezt warscheinlich in Berlin bei der Kammer angestellt sei, dieser habe damals viel für Volkslieder gesammelt, und die Bergkreyen habe er eigen gehabt. Sieh dich doch einmahl nach dem Menschen um. Dozen hat sich auch an Koch gewendet um Lieder. Ich habe mit Zimmer gesprochen, ob er Michaelis den zweiten Band drukken wolle, aber er schien keinen bestimten Wunsch dazu zu haben, weil er noch nicht wissen könne wie viel er abgesezt vor der Abrechnung zu Leipzig, weiter stehe doch zu wünschen, daß wir mit diesem zweiten Bande so viel als möglich das Beste, waß noch vorhanden ist, erschöpften, und dazu gehöre doch noch einige Zeit, um allem auf die Spur zu kommen! Nun hat er zwar, waß das Leztere angeht nicht ganz Unrecht, aber er selbst sagt es doch eigentlich nur, weil sie durch Voß seine Sachen und vieles andere sich zu sehr gestekt haben, dennoch glaube ich, daß er keinen Anstand nehmen wird, wenn du es bestimmt begehrst, mir selbst wäre es sehr lieb wenn er Michaelis erscheinen könnte, nur sehe ich nicht recht ein, wie es zugehen könnte, wenn wir nicht selbst wieder zusammensteckten, erstens um uns in mancher Umbildung gegenseitig zu unterstützen, zweitens um der Auswahl selbst wegen, drittens der Lust wegen, viertens der Liebe wegen, fünftens meinetwegen; ach lieber, lieber Junge! es geht gewiß nicht anders, und dann mußt du mir ja auch alle deine Lieder vorlesen, ehe sie gedrukt werden, und ich dir die Abschrift der meinigen geben, wenn du sie anhängen willst, dann müßen wir für beide Bücher die Vignetten erfinden, Arnim mir fehlt meine Seele, ich bin ein ledernes Fantom. Ich möchte auch wegen der Volkslieder ein Zirkular drukken lassen, in Briefform und es verbreiten, dann möchte ich durch ganz Deutschland reisen und sammlen, ich möchte so viel und setze hier angenagelt, die Frfter Contribution, und die vielen *Büchern!* Waß das Zirkular angeht, könnte vielleicht vieles durch bewirkt werden, wenn es zwekmäsig an Landprediger in den waldigen, und gebirgigen Gegenden Deutschlands verbreitet würde. Auch bitte ich dich noch mals recht dringend, nach Braunschweig an Hoyer zu schreiben, der dir vielleicht lieber und besser beistehen wird, aus Eschenburg seiner Sammlung Etwas zu erwischen, und an Franz Horn nach Bremen, sodann an Körte nach Halberstadt, der dort die grose Bibliothek Gleims kommandirt, welcher gewiß Volkslieder hinterließ, da er dergleichen sammelte und nie heraus gab, weiter suche die verschiedenen Gutsbesitzer die du kennst, zu entzünden, daß sie ihre Prediger antreiben. Ueberhaubt glaube ich, daß sich unendlich viel für die Sache thun ließ, wenn wir beisammen wären, und es recht mit Ernst und im Großen angriffen. Wenn ich zwei Flüglein hätt! Das aber nicht kann sein – Arnim, Arnim! Wo will es in der Zukunft hinaus, wenn ich mich nicht in unbeweglichern Zeiten an deine Brandmauer anbauen kann, wie ich es an dein Herz gethan! – . Die arme Hulda leidet unendlich viel an den Augen, und zwar mit einer recht englischen Gedult, sie ist beinahe seit vierzehn Tagen, so gut als blind, und heut ist ihr ein sogenanntes Haarseil ins Genicke gelegt worden, welches zwar etwas weniger, als das gewöhnliche Hängen schmerzt, aber auch wohl nicht soviel helfen mag. Gestern bin ich mit Sophie bei einem sehr närrischen Kerl von Taschenspieler gewesen, der in Neuenheim in dem Saal der Kaffe wirthin, vor einer Menge Damen und Studenten seine Possen machte, ein paar Baurenjungen waren die Kadaver an denen er seine Künste präparirte, bald stekte er ihnen unvermuthet Sperrhölzer ins Maul und machte sie zugleich lachen, oder zog ihnen die Hemden aus dem Ermel, oder schnitt ihnen scheinbar Löcher ins Hemd, waß gar lustig war! – Ich habe jezt erst den Chemiker Kastner kennen gelernt, er ist ein recht geistvoller lieber Junge, zweiundzwanzig Jahr alt, und hat schon ein paar Fabriken regiert, er laborirt gar geschickt, und hat auf der einen Seite das Universum so gut in der Apothekerbüchse als irgend einer, während er auf der andern Arkana an Fabriken verkauft, und Geld verdient. Er hat eine Zeitlang mit Ritter zusammen gelebt, und klagt auch über seine schmuzzige Genialität, und sein groses Talent, die Leute um Geld zu prellen. Die Veit ist doch ein merkwürdiges Weib, Kastner versichert mich, daß ihm Ritter zugeschworen, den Veitstanz so ritterlich getanzt zu haben, daß sie selbst sich endlich überwunden habe geben müssen, pfui! pfui! So eben lese ich durch Zufall in Spaziers Wanderungen durch die Schweiz, Gotha 179 und finde ein paar Schweizer lieder abgedruckt, unter andern mein Is äben ä Mänsch uf Erden! auch das Bruchstük eines grosen Kriegslieds, er klagt auch über den Mangel eigentlich grosherzige Volkslieder in der Schweiz, und erwähnt, daß er ein Lied, wo eine Frau in der Abwesenheit des Mannes einen Bettler einlasse, von dem ihm erzählt worden, umsonst gesucht habe. Dies ist wahrscheinlich unser Bettelmann aus Ungarn. Spazier scheint sich wirklich mit einigem Ernst darnach umgesehn zu haben, und seine Anzeige macht mir wenig Hofnung, dennoch schreibe ich heute einen vierten Brief in die Schweiz nach Altorf, an einen Freund von Georg um zu sehen, ob von da wo du deinen Tell abgeschrieben nichts mehr zu finden ist, aber Gottseidank ist vielleicht dieses Tellenlied das Einzige Ähnliche das von dem Brande gerettet ist. Auf der Anspacher Schloßbibliotheck sollen viele altdeutsche Sachen gelegen haben, sind sie auch an Bairen gekommen. Lieber Junge, welcher fatale Blick von deinem Rausch in Weimar bei Prinz Louis biß zur Übergabe von Wesel, so ist dann keine natürliche Gränze mehr, und es erregt eine fatale Empfindung daß Preußen das Loch öfnen muste; o sässen deine braven Ukermärker, wo anders nur näher bei mir! Gestern Abend war ich bei Voß, er und sie laßen dich herzlich grüßen, die Frau habe ich unendlich lieb, mir ist nie eine solche Vollendete Natur gegenwärtig geworden, doch du kennst sie vielleicht noch besser als ich, daß sie und Louise Reichard sehr vertraut zu sein scheinen, welches meiner Idee für die leztere eine gar schöne Bestimmung giebt. Nun will ich dir noch zwei Schwanz Geschichten erzählen, die Voß und ich gestern miteinander ausgewechselt haben. Ich erzählte die Geschichte von dem Hündlein zu Bretten, wie folgt. Es ist in Süddeutschland ein altes Sprichwort, um Undanck gegen Treue zu bezeichnen, *Ihm geht es wie dem Hündlein zu Bretten.* (Bretten ist ein ehmals blühende Stadt der Pfalz, und Melanchtons Vaterstadt) Dort hatte ein Bürger ein Hündlein abgerichtet, in einem Korb Fleisch und Brod bei dem Metzger und Beker abzuholen, es war das erste Hündlein welches dieses that, und das ganze Land hatte die gröste Verehrung vor ihm. Einstens aber als es auf einen Fasttag Fleisch holen wollte, da es Lutherisch war, ergrimmte der katholische Fleischer gegen es und hieb ihm den Schwanz ab, und legte ihm denselben in den Korb, und das heilige Hündlein trug ihn im Korbe mit weinen und blutend treulich nach Hauß. Da aber das Hündlein bald darauf starb, ward es an der Kirchenmauer in Stein ausgehauen, und ist bis heutzutag ein rührender anblick für edle Hunde und Menschen. Hie gegen erzählte mir Voß folgende Geschichte, ein Bürger in Eutin wollte Schweine kaufen, zwei wurden ihm angeboten, von gleicher Güte, aber das eine dennoch um 28 Schillinge wohlfeiler, denn es hatte keinen Schwanz, lange überlegte der Mann, und seine Wahl ward in ganz Eutin überlegt, endlich entschied die Mehrheit für den Schwanz, vermutlich waren die Frauen im Spiel, aber die Sache nahm eine böse Wendung, es hielt sich damals ein Hund in Eutin auf, Nahmens Strom, der Pfarrer, dem er gehörte, war ein Naturphilosoph, und hatte diesem Hunde, um ihn recht treu zu mache[n,] seine eigne (des Hundes Ohren) in Butter gebraten fressen lasse[n.] Dieser Hund Strom nun wurde durch die vielen Reden über den Sch[wei]neschwanz so verdrossen und verwirrt, besonders da er ein treue[r] Freund der schwanzlosen verschmähten Sau war, daß er am folgenden Morgen dem Schwein des Bürgers den Schwanz abiß, und diesen Mann, wie auch die ganze Stadt dadurch in solchen Schreken [brachte] daß Stolberg sich darüber entschloß, katholisch zu werden gäbe das nicht ein paar allerliebste Schwanz Romanzen ich bitte dich, [setze] deine Schnellmuse dran, ich will es auch thun und dann wollen wir die vier Lieder anonym in den Tartarus des armen Falk schicken, d[em] es gar kümmerlich ergehen soll, wie mir Voß sagt, dem e[s] lieb wäre, etwas für Falk zu werben! –

Nächstens mehr, heute habe ich Voßens Bibliothek durch gesehen, [er] hat noch gar vieles, waß wir brauchen können, und ich we[r]de nächstens eine Revision davon anstellen.

Dein Klemens

möchte dir noch mehr schreiben aber das böse Ausziehn, und die Zeit, welche dieser Brief schon geschrieben wird! bleibe dein Ebenbild mein lieber, und habe mich lieb

Clemens Brentano

Meine Frau schickt dir nächstens die Fiammetta.

77

Neustrelitz den 18 [und Karsdorf, den 22.] April 1806.

Lieber Clemens!

Ich studiere jezt in der frischen Sonnenwonne darauf ob ich nicht meine Nase wie ein Puthahn, mir über das Maul herunterlassen kann, daß ich mir das Kinn damit kitzle, marschiren und Federsprützen wie ein Puthahn kann ich schon, seit mir so viele frohe Ereignisse an einem Morgen kamen. Unter den mancherley vielen erhielt ich eines Brief von einem Doktor Hinze in Waldenburg in Schlesien mit einem Dutzend schöner Volkslieder, was helfen die Tietel und zum Abschreiben gehört Lust, drey davon sind vortreflich, die andern wenigstens zu gebrauchen und er verspricht noch mehr, freut sich an unsrer Arbeit und schreibt eine sehr gute Hand. Ich habe ihm meinen Dank mein Wünsche mit der Leichtigkeit des ersten Eindrucks geschrieben und verglich in meinen Gedanken die langen Briefe von Dozeen mit leeren Versprechungen und die wenigen Zeilen dieses Brunnenarztes bey so guter Leistung, daß mir die Stelle von Tieck, »wie auf einer Maue« (sic.), vor mir geschrieben stand: »So wenig es sagen will ein Gedicht hervorzubringen, so viel hat es zu bedeuten eine Abhandlung über ein Gedicht zu verfertigen und dazu haben wir auch die alten Gedichte.« Zugleich kam von Göthe ein sehr gütiger Brief, woraus ich Dir, weil es uns beyde angeht, nur eine Stelle aus hebe: »Durch das Wunderhorn haben Sie uns eine so lebhafte und dauernde Freude gemacht, daß es wohl billig ist, nicht dem Urheber allein, sondern auch der Welt ein Zeugniß davon abzulegen, um so mehr, da diese nicht so reich an Freuden ist, um einen Genuß den man so leicht und so reichlich haben kann, entweder aus Unwissenheit oder aus Vorurtheil zu entbehren.« Zugleich schickte er mir ein Stammbuchblat mit der Inschrift Consiliis hominum pax non reparatur in orbe. Memoriae Göthe. ein wunderherlicher Ausspruch über unsre Zeit, wie der Friede wird, wahrhaftig nicht durch den eigentlichen Willen der Leute!

Dein Brief vom 18 März kam inzwischen wie ein Gott diese ruhenden Zeilen zum Schlusse zu bringen, wovon mich mancherley Treiben und mancherley Gesellschaft, wo ich willkommen mich unbefangen finde, entfernter. Dir fehlt ein Zwischenbrief von mir, wo ich besonders auf feste Bedingungen wegen der Fiametta gedrungen. Mir fiel dein freyliebender Brief aus Erfurt heute in die Hände und ich begrif in dem Augenblicke kaum, wie ihr euch jemals über die Fiametta gestritten, so ist es aber, daß einem das Unbegreiflichste oft das Liebste. Und wie alles sich berührt in der Welt, durch Magnetismus, Elektricität und den Willen Gottes, so muste gerade in dieser Zeit eine reizende Fiametta unsern Hof beleben. Schwarzes Haar und schwarze Braunen decken diesen Kopf voll Liebe, schwarze Augen sehn hinaus, rothe Wangen lügen Farben, aber Liljen und Jasminen spielen kaum in leises Gelb. Von der Tugend spricht die Dame, führet ernsthaft ihre Freunde, aus der

Kirche in das Bette. In der Kirche ist sie heilig, in dem Bette ist sie froh, heilig heist sie in der Kirche, lieblich heist sie in dem Bett. Gar zu dum ist doch der Fürste und die Fürstin ist zu klug, nach der Scheibe schiest der Herre und ins Herz da schiest die Frau. Doch vor allen einen Grafen, liebet sie und er liebt sie. Oftmals reist sie in die Bäder und der Fürst geht auf die Jagd, allerwärts derselbe Kellner, dieser Graf so jung als schön. Doch sie bleibt zu lang auf Reisen und sie wird auch allzu dick, und der Fürst bemerkt, das andre, ihm verdorben seine Frau. Schickt nach Arzten, schickt zu Frauen und sie rechnen einen Tag, rechnen dann den andern wieder und die Rechnung stimmt noch nicht. Muthig wird der dumme Fürste und die Fürstin weichet nicht, wollen sich auf immer scheiden, an den Bruder schreibet sie. Komm befreye mich von Schande, hole mich ins Vaterhaus und der Bruder kanns nicht rathen, was wohl das bedeuten soll. Und er kommt zu ihr gefahren, trifft sie an der Grenze an und sie lachet zu dem Bruder: danket für den Liebesdienst. Aber einig bin ich worden, hab mit Krieg und Haß gedroht, er will mich noch treu behalten, nur mein Kind das will er nicht. Also komm in fremde Lande, heimlich leg ich ab mein Kind, zeige mich an allen Höfen, und mein Bauch der stösst Augen aus. Kann noch durch die Thüre kommen, wenn mir einer kommt zu nah, sag ich daß ichs hab bekommen, weil ich oft in Wochen kam. Frechheit ist der Muth der Frauen, allen zeigt sie sich getrost, und von vielen die sie schauen, wird sie von der Schuld befreit. Im Triumphe kommt sie wieder, und sie braucht den Schaal nicht mehr, leicht bewegt sie alle Glieder, Die Verläumdung straft sie schwer.

Wer das ist kann ich Dir nicht sagen, nur das sage ich, mein Gram war unglaublich, als ich eine Fürstin zwar aus kleinem aber reichlichem Lande, die ich in Lust und Uebermuth flitternd kannte, verlegen hinter einem Theetisch fand, wie sie damit den Berg Gottes zudecken wollte, ich habe sie deswegen hier ganz frech vorgestellt um mir den verfluchten Eindruck wegzuschaffen, eine schlechte Sache schlecht durchführen zu sehen. Darum denk ich sie mir eben, wie sie einem der genauer zusehen will mit dem Bauche beyde Augen ausrennt, wie es hier einem dummen Kerl vor ein Paar Tagen erging, der zum erstenmal Schliesser war. Er hört seinen Gefangnen, rumoren, will zusehen, öffnet die Thüre, in dem Augenblick stülpt ihm der seinen (*»geschissnen vollen«* sic. Schelmufsky,) Nachteimer über den Kopf, der verwundert über seine neue Perüke läst ihn ruhig davon laufen und trägt sich mit seiner Unschuldsprobe dem Magistrat vor. Die Geschichte kommt mir vor wie die Vertheidigung vom General Mack, die ich eben deswegen nicht lesen mag, weil die ganze Sache stinkt.

·/.

Eins verwundert mich immer, daß ich Dir aus Berlin garnichts von einem Dänischen Poeten *Oehlenschläger* erzählt, ein Freund von Steffens, den ich in Halle kennen lernte, der in Berlin bey Reichardt wohnte, mit dem er sich zuletzt entsetzlich zankte, weil Reichardt ihn zustutzen wollte, der ihn so nicht mochte, wie er da war. Er scheint unter seinen Landsleuten sehr geachtet, Baggesen hat ihm seinen Lorbeerkranz feierlich cedirt, ihm ist es aber etwa so ergangen wie der Karschin, die von meinem Großvater gekrönt und mit Erhebung und Wein begeistert mit Lorbeerkranz und allem untern Tisch fiel, wo sie ihren Rausch ausschlief und sich beym Erwachen auf einer Bahre fand, die mein Großvater für alle Betrunkene im Nebenzimmer aufgestellt hatte. (Vielleicht daß ich dies mit Briefen von ihr, die ich jezt besitze, einmal verbinde und bekannt mache.) In Kopenhagen ist er gekrönt in Deutschland aufgewacht, nun recitirt er noch ohne Unterschied allen dänische Verse, dänische Geschichten, und wenn die ersten so langweilig sind wie die letzten so könnte man billig verzweifeln. So gings Reichardt. Er hat mir ein Trauerspiel vorgelesen Hacon Jarl, das manche gut erfundene Scene hatte, die Bedeutsamkeit der Worte schien nicht groß, soweit ich es aus seiner gebrochenen Uebersetzung schliessen konnte.

Deine Schwanzgeschichten sind sehr schön, aber da du eine Mahnung in Dir fühlst sie darzustellen, so habe ich eben deswegen keine, denn eine von beyden müste falsch seyn, zweymal kommt dasselbe nie zur Darstellung wie kein Pommeranzenblat dem andern ähnlich, ein Wettstreit in der Poesie muß wie auf Wartburg nothwendig den Ueberwundnen mit dem Tode bestraft werden und ich habe noch Lust zu leben und keine Lust mit Dir zu streiten, ich wünsche dem Tartarus andre Bevölkerung als uns beyde, schicke ihm sechs baumwolle Schnupftücher, wie die vornehme Dame dem scrupulösen Pater im Godwi giebt[.] Statt dessen hier eine kleine Geschichte über die Bitte im Vaterunser: Führe uns nicht in Versuchung, ohne besondre Beziehung, nur weil ich es heute unter meinen Papieren fand.

1

Mit buntem Pfeil aus weiter Ferne
Durch einen Fingerring zu schiessen
That oft ein Inder leicht und gerne.
Und fern des Ruhmes Wellen fliessen.
Die Perle fällt herab zum Meere,
Die Wellen ringeln bis zur Leere.

2.

Sein König läst den Schützen kommen,
Er hörte von der schweren Kunst
Der Hof ist schon zusammgekommen,
Und er verspricht ihm Gold und Gunst,
Daß er durch seiner Krone Ringe
Auf Königs Haupt die Pfeile schwinge

3.

Das weigert sich der sichre Schütze,
Des Königs Haupt sey heilig ihm,
Nur der da oben lenkt die Blitze,
Der könne noch darüber ziehn.
Der König ruft: »So must du sterben,
Willst du mein Leben so verderben!

4

Daß sicher es vor jeder Wolke
Sich jedem Zufall stellet dar,
Daß unter meinem freyen Volke

Kein Schwerdt an einem schwachen Haar
Mir übern Scheitel ist gehänget,
Daß nichts des Volkes Herz beenget

5.

Für deine Furcht must du gleich sterben!«
Und auf dem Richtweg fragt man ihn,
Warum er Tod statt Ruhm erwerbe
»Die Kunst ist Glück und sicher nie,
Sagt er, sie läst sich nicht versuchen,
Und nur im Spiel läst sie sich suchen.

6

Der Tod das ist der beste Schütze
Wer schiest wie er dem Schwarzen nah,
Er schiest so kalt und ohne Hitze
Im Königs Aug das Schwarz ich sah.
Und diesen König muß ich lieben
Sein Tod der wird euch bald betrüben.[«]

·/.

Von Bettine habe ich auf meine Klagen sehr liebreiche Verantwortungen erhalten, sie hat wohl recht, eine Melodie ist mehr werth als tausend Worte, ich habe nur unrecht daß ich sie nicht singen und spielen kann. Mir macht das gerade soviel Mühe wie Jean Paul, die Unterredung mit sehr geistreichen Leuten im Traume, ich muß mir alles denken, was in den wunderbaren Punkten auspunktirt ist vom Schicksal.

·/.

Ich lese Baggesen oder das Labyrinth (Altona Kaven 1799) das Buch ist zu unsrer Zeit so ganz wunderlich lächerlich, daß ich eine seltene Freude daran habe. Einmal Baggesen, den ich in seiner späteren Natur kennen lernte, sehe ich hier noch Diskant singen, dabey *Kramer*, der ihn in sein menschliches Leben verarbeitet, mit dem er den grossen Beweis führte, welch elend jämmerliches Ding das menschliche Leben und selbst nur eine bey Hamburger Rauchfleisch unverdauete Indigestion von unserm Nikolai ist, ein rechter Hanseatischer Freyheitsmann und doch dabey derb und gesund und miserabel und wichtig, der lächerlichste Karackter um daran die ganze Französische Revoluzion wie Flammen einem alten aufgehängten nassen Hader anspielen zu lassen. Mohr kommt auch darin vor, sage ihm also nichts von meiner Meinung, er kommt beym Galgen da vor im II St. S 112. Die ganze Reise ist so vollständige Darlegung einer miserablen Laune, daß das Buch ganz allmählig bis zum höchsten Schwindel auf den Münster in Straßburg steigt, es wird dadurch rund und ganz, es ist ewig von Schriftstellerey darin die Rede, Göthe allein ist immer vergessen. Die elegante Zeitung, Spazier, reist damals schon mit ihm. Das Ganze heist das Labirinth in so fern der Unterleib wirklich sehr labirintisch, das Schönste und das Gemeinste enthält, es ist mir darin wie einem geängsteten Furz zu muthe, der vor vieler guter Gesellschaft umher sich nicht heraus wagt, aber mit einem Geschrei endlich heraus dringt, so bin ich heute damit fertig geworden und kakle sehr froh der glücklichen Befreyung. Ich wollte ich hätte Heinze, Mit besonderm Vergnügen lese ich hier die Briefe eines Franzosen an meine Tante, den ich in Paris nicht genug kennen lernte, es ist unglaublich was in manchem Winkelchen vorgeht, er wird mit seiner ganzen Existenz für immer in einem Dachstübchen fertig, ist eigentlich ein Prophet und würde sicher eben so fromm, wenn er es Willen Gottes glaubte, sich mit Dreck beschmieren. Du glaubst nicht, wie die grösseren Weltbegebenheiten an Interesse gegen die kleinen verlieren, es scheint das der Sinn unsrer Zeit, die Bewährung des menschligen Unvermögens in der Einmischung darin zu seyn; ich wünsche oft ein Reichsbürger zu seyn, und aller Hoffnung, alles Vorwurfs in mir, was den Staat angeht, überhoben zu zahlen und einzunehmen. Es fällt mir immer die Erinnerung eines tollen Hagen bey uns ein, der sagte betrunken zum Abt Resewitz: Wie können solche Schweinigel wie wir, Gottes Geschöpfe seyn, wir würden ja beten, nun sitzen wir und saufen oder schlafen. Der fromme Resewitz schlief und er gab ihm das zum Segen ins Bette und dabey stieß es ihm sauer auf.

Karsdorf den 22 April

Nun herein! Wo bleibst Du? Dacht ich doch ich wäre in Trages und Du wolltest mir erzählen, wie sich Bostel seinen Körper wäscht; so leb ich hier wieder im klingenden Walde mit meinem knallenden Rohre, oder zu Pferde durchstreif ich die rauhen Berge von Monserate, den Gipfel und Preis der Allmacht Gottes und finde da keine Hirtinnen. Ein grimmer Roreif, wie er hier heist, hat den jungen Frühling zurückgehalten in seiner Reife, wie ein viel älterer Bruder die jüngeren, der Wald liegt voll gebrochener Aeste, von der Eislast gebrochen, kein Klavier und keine Stimme ist in Bewegung, ich singe oft vor mir im Walde, daß die Ameisen in ihre Löcher laufen und die wilden Vögel alte Knochen tragend sich bey mir sammeln. Mein Onkel ist thätig und beschäftigt, er würde die ganze Welt mit wunderbaren Stauden, Bäumen und Blumen bepflanzen, wenn er Gabriel wäre, der Schöpfungsbote, so ist er auf einige Güter beschränkt, die sich wie der Nabel der ganzen Gegend durch Berg und Thal auszeichnen, die er durch Bepflanzung noch mehr absondert, so daß sie wie der Vogel unter den Fischen in dem bekannten Glas Apparate der Taschenspieler aussehn, drum überschreite ich nie seine Grenze. Seine währende Klage ist immer wie viel Noth sie ihm machen, doch ist es ganz sein Wille und seine Freude, er hat mehr Lust am Schaffen als am erhalten, und wenn ich mir nun denke, daß die meisten Völker sich ihren Gott nach ihrer Natur gebildet, so muß er ihn sich als einen lustigen Schöpfer aber unwilligen Erhalter denken. Meine sehr gütige, sanfte, Tante (du hast mit ihr im Briefwechsel gestanden) durch Erziehung, Gewohnheit, Gesundheit von aller wirthlichen Beschäftigung getrennt, durch ihr schwaches Gesicht von der Aussicht, häufig auch vom Lesen abgehalten, läst ihre Freude in einer hübchen kleinen Tochter sich anwachsen, die aber gesund, willkührlich, heftig ihr gemeinhin mehr Besorgniß als Freude macht. Ich suche nach bestem Gewissen mit einer Windmühle diese Thränen und Kümmernisse aus zu pumpen, nicht eben aus Tugend oder Entschluß, sondern um nicht selbst darin zu ertrinken, meinen Onkel begleite ich auf seinen ökonomischen

Kreutzzügen, meiner Tante lese ich vor, der Frühling neht unterdessen wieder das zerrissene Himmelblau an und die Welt mit allen ihren Wonnen steht mir wieder glücklich offen. Wohl denke ich Dich in diesem Jahre zu sehen, wenn die Franzosen von euch fort, nun thut es mir leid, daß ich Dich nicht mehr nach dem Vögeleinsbaum hinaussehend mir denken kann, auch nicht mehr den Karfunkel an deiner Ladenthür, den Affenthaler unter uns. Wenn Du Dich unter dem Bilde eines Wagens vorstellst, dessen Hinterwagen gegen den Vorderwagen zu schwer bepackt, so stelle ich mich wie eine Ziehpuppe dar, deren Fäden sich unter einander verknotet haben, wenn der Fuß fort will, hält ihn der Armstrang oder gewöhnlich der Kopf und Herzfaden

Bettine schreibt mir, daß Du auch nach Trages gehst, wo ihr alle einen Reichstag halten wollt, lasst nur nicht die armen Mädchen alle brüderlichen Aergernisse entgelten, die im Reiche gegeben worden, lasst sie singen und sagen, wie es ihnen in den Mund kommt, Gottes Natur in uns ist doch besser als alle Stümpereyen der Menschen an uns, es ist am ende mehr Seligkeit darin viel zu leiden, als viel nicht leiden zu können. Es werden noch viele Vögel entgelten müssen, daß ich nicht bey euch seyn kann, doch bin ich im Frühling weicher als im Herbst und höre ich nur einen halbweg guten Ton, so schenk ich manchem das Leben, das ich schon auf dem Korne habe. Deiner lieben Frau gieb in meinem Namen ein Violenkränzchen, darin lasse dich mit einflechten, daß ihr das Kränzchen lieb. – Ohne Abschied, ich bitte sehr! –

Achim Arnim

78 *Karsdorf den 1 May 1806.*

Antworte wie gewöhnlich nach Berlin.

Lieber Clemens!

Meine letzte Beruhigung in aller Ungedult ist immer die Gewisheit daß sich endlich alles finden muß, ich meine bey der Auferstehung des Fleisches, der Kopf seine Arme, zwey lange Briefe von mir must du entweder bekommen haben oder dann finden, heute nur ein Wort in Aufträgen. In Strelitz mochte mir immerhin eine Heiraths-Negotiation des Erbprinzen mit der Princeß von Weimar misglücken, nach einem Bilde von Jagemann lieb gewonnen hatte und dem Prinzen gönnte, weil er ganz anständig in Vergleich mit andern Prinzen war, alle Tage mahlte ich sie ihm vollkommner und reitzender bis ich endlich erfuhr, daß er längst einer Englischen Princceß zugesagt war durch Bemühung seines Onkels; heute habe ich eine Negotiation, die mir durchaus nicht mißglücken muß, nämlich mit unsrer Engelhardt. Ich will sie – nein, ich schäme mich nicht –, ich will sie gerne als – Gesellschafterin meiner Tante geben, derselben mit der du Briefe gewechselt, und du sollst das Unternehmen ausführen. Mein Onkel wohnt nach seinem Plane den Sommer auf dem Lande in der schönsten Gegend von ganz Mecklenburg, im Winter in Strelitz, wovon der Bruder der Engelhardt ihr mehr erzählen kann, weil er im lezten Winter dort gewesen, sein Hauß ist reichlich ohne Pracht versorgt, es ist eng aber er ist jezt beschäftigt sich ein grosses zu bauen, sein Hauß in Strelitz ist besser. Meine Tante hat durchaus auch keine Spur von Zwang oder Uebermacht in ihrem Charackter, dies geht zuweilen bis zur Schwäche, sie fügt sich eher in die Launen eines anders, als daß sie andrer Laune bekämpft, sie wünscht nur so weit es sich fügt geselligen gleichen vertraulichen Umgang, eine Vorleserin, da sie bey der Schwäche ihrer Augen eigentlig wenig lesen darf, eine freundliche Mithülfe bey der Erziehung eines kleinen sehr anmuthigen Mädchens von vier Jahren. Sollte sich die E. geneigt finden und warum sollte sie nicht lieber hieher als nach Gotha gehen, so würden die Bedingungen sich leicht finden, der Erstattung der Reisekosten und ein angemessenes Jahrgeld. Du siehst, daß hier ohne Scheu, aber doch mit Anstand unterhandelt werden muß, wenn du es besser findest, überlaß es Deiner Frau, so etwas ist zwischen Frauen leicht ausgemacht. Die Zeit zu eigner Beschäftigung bliebe ihr unbeschnitten, der Morgen; meine Tante steht spät auf und hat eigene Geschäfte, überhaupt gehört sie nicht zu den schnurrenden Kreiseln, die allen um die Beine laufen, daß sie sich mitbewegen müssen, doch würde die E: wahrscheinlich bald sehr gerne bey ihr sein, ihre Kenntniß der meisten Welt, ihre Interesse am Fremden die Kenntniß der innern Geschichte eines älterlichen Hauses, das sich mannigfaltig auszeichnet, vielleich bald Reisen mit ihr dahin nach Regensburg würden sie bald verknüpfen. Mein Onkel ist der einzige Mensch den ich als Kind geliebt habe [–] und ich dieses liebliche Kind bin auch zuweilen hier. So stehts und so laß es gehn und ihr Worte schafft und erfüllet, aber was ihr thut, thut es schnell, alles Schnell ist herrlich, nur die Sünde ist träg, Worte aber sind theuer, wenn die Luft voll Habichte und Geyer schwebt; Jagend und reitend ziehn lustige Zeiten. – Heute Morgen war ein prächtiges Gefecht zwischen den Störchen auf dem Neste unsres Daches, wer aber ist Sieger der da brütet, oder der frey durch die Luft davonfliegen muste, jenem ist alles Hölle ausserhalb dem kleinen Neste, diesem ist alles Himmel ausserhalb diesem Neste, wo er weggebissen worden. Frisch auf wie die Welt

Dein Achim Arnim

Es ist zwey Stunden von hier ein Liebhabertheater bey dem Grafen Hahn in Remplin

79

Karsdorf [kurz nach dem 11. Mai 1806]

Herzbruder!

Drey Briefe von mir sind unterweges, ich wollte mich selbst schon auf den Weg machen, als vorgestern drey Zentner Pferdefleisch und Knochen und einige Pfund Sattelzeug mir auf die Lende fielen und einen fußlangen rothblauen Stempel darauf zurückliessen, der erst wieder abgenommen seyn muß. Ich habe hier manche Gefährlichkeiten ausgestanden, insbesondre ein umgekehrtes Stieglitzenwesen, die Stieglitzen müssen ihre Lebensmittel hinaufziehen, ich muß in die Spitze des Daches klettern, um auf den Abtrit zu gehen, und bey diesem gefährlichen Unternehmen ging es immer leichter oder schwerer doch immer gut ab, und dieses leichte Unternehmen einen braunen Engländer zu besteigen, davon kam ich so schlecht herunter, weil die Bestie überstürzte beym Bäumen und über mich herfiel wie die grossen Bergbroken über die Titanen. Da ihm aber seine Lage auf mir so wenig Spas, machte, als meine Lage unter ihm, so sprang er auf und blieb stehen, ich sprang auf und befühlte meine Knochen, ob alles noch im Zusammenhange, und als ich die Periode noch geschlossen, aber ein Paar Worte mit gedruckter Feder geschrieben fand, so machte ich mir mit Umschlägen einige Schmerzenserleichterung, hatte übrigens den Trost viele Leute erschreckt zu haben und viele mit mir beschäftigt zu finden, ein rechter Schriftstellertrost. Als ich in die Höhe sprang dachte ich an zwey Anekdoten, die du eigentlich nicht kennen must, damit ich das Vergnügen habe sie dir zu erzählen. Die eine von einem Studenten in Jena im Hemde Hose und Stiefeln, der einen tödlichen Stich bekömmt, ruhig den Degen weglegt, seine Weste mit vielen metallnen Knöpfen zuknöpft, den Rock anzieht und dann todt niederstürzt. Die andre von Denon, der von seinem Pferde in Alexandrien fortgerissen auf das Bajonet eines Soldaten stösst und davon heruntergeworfen wird, der Soldat sieht sich nach i[h]m um, setzt seinen Huth quer und sagt: Voila un savant de moin. Denon aber hatte einen harten Thaler in der Tasche, woran recht allegorisch das Bajonet seine Spitze gebrochen und blos als Stoß gewirkt.

Die Kirschbäume blühen ab und mein Bein auch, bald ist jede Spur des Falls verwischt. Es geht so viel unter[.] Gestern ging ich zu einem wunderlichen reichen Grafen Hahn nach Remplin um eine Komödie zu bespötteln, der Mann hat da eine Glashütte in kurzer Zeit sehr zierlich zum Theater eingerichtet, die 2 Logenreihen hängen in Palmen,

Prachtaufzüge und Kotzebue wird da aufgeführt, für die Kunst ist nichts zu erwarten, recht viel für einen heiterern Genuß der Geselligkeit. Von meinem Tischnachbar, einem gewissen Römer aus Braunschweig hörte ich da im Nachfragen die unerwartete Nachricht von Winkelmanns Tode, Näheres wußte er nicht, doch daß er sich nicht irren konnte, dafür kannte er ihn zu genau, hatte ihn noch zu Weihnachten gesehen. Bald war eine grosse Tafelmusick, sie schien mir wie sein Todtenmarsch, ich wollte ihn eigentlich nicht besuchen wenn ich nach Braunschweig kam und doch that es mir leid, daß ich ihn nicht mehr besuchen kann, mir that manches spottende Wort leid, wir haben doch sehr schöne Zeit mit einander gelebt. Es liegt wohl ein vierfacher Thierkreis dazwischen und doch fühlte ich die schönen Tage im Garten wieder, ich sah ihn wie er so ernsthaft sich die Haare aufstrich und wenn die weggestrichen, diese eitle Thorheit, es lag doch eine Stirn voll schöner Hoffnungen darunter, er hat nie die Zeit getödtet, die Zeit tödtete ihn. Ich möchte ihn ehren wodurch, ich weiß nicht wie, denn er hat zuviel in der letzten Zeit öffentlich von sich gesprochen, er soll in der letzten Zeit Gedichte unter dem Titel Vergißmeinnicht herausgegeben haben. Ich fühle es doch tief daß unter glücklicheren Umständen, ohne Veränderung seiner Lebensaussichten, ohne den steten Drang eines Städtchens wie Braunschweig zum schnellen Fortkommen ganz anerkannt also viel scheinen zu müssen, würde das was bey ihm unbestimmte verleuchtende Kraft war[,] gewärmt haben, warum muste er auch der Schule in die Hände fallen, die das Höchste zu erreichen meinte, bloß durch Hinlangen nicht durch Steigen. Manches in seinen Gedichten hat mich gereitzt, die Poesie trat mir in ihm zuerst menschlich auf, keiner meiner früheren Bekannten hatte den Muth dazu, dabey lernte ich an ihm das Fertigwerden im Schreiben kennen, die nachfertigenden Drucker und Lichtpunkte um das Auge zu mahlen, das alle ansieht nach allen Seiten. Ich möchte gerne für ihn etwas thun und wäre geneigt, die besten seiner zerstreuten Gedichte, die so in einem nahen Untergange verfliegen, in unsern Liederbrüdern abzudrucken mit einem ernsten trockenen Auszuge seiner Bemühungen und Hoffnungen ohne Todesscenen, denn die hat er leider sich selbst zu viel und zu früh geschrieben, sammle doch, was du von ihm noch hast, auch aus seinen Briefen wäre wohl manches beyzubringen, unser eigenes Verhältniß zu ihm muß da fast ganz aufgegeben werden, es war zum theil nicht schön, wenigstens unentwickelt, wenigstens nicht schön genug um es öffentlich zu machen, von allen Seiten wunderliche Anforderungen, die das Natürliche zerstörten, nur allein wie er öffentlich gern erschienen seyn möchte, denn seine Heldenstiefeln drückten ihn mehr, als er andre damit niedergetreten; viele sollen gegen ihn in Braunschweig sehr hart verfahren seyn, freilich wohl nicht ohne Veranlassung, aber wer kennt nicht die Philister, sie meinen ganz ruhig zu beleuchten und verbrennen dem armen poetischen Nachtvogel die Flügel, der ihnen ein paarmal ungeschikt um die Ohren geschnurrt – Ich kehre aus denen verschiedenen unruhigen Nachklängen zu dem Theater zurück, das mich mit seiner entsetzlichen Hitze wie eine ferne Zone umfing, die Nachrichten hatten mich so bescheiden gemacht, ich dachte immer daran, daß der von allen so trotzig immer das Wunderbarste forderte, hier nicht einmal das Kleinste mehr unternehmen könnte, daß mich selbst das Schnurwerk einger Damen nicht zum Tadel erwecken konnte[,] auf dem Theater war kein Schauspieler von Talent, der Graf hat Fertigkeit und Sicherheit und machte hübsche Possen, indem er einigen Schauspielern bey vorkommender Gelegenheit allerley Dreck eingeben und Trinken ließ, dagegen sah ich die wunderlichen Gallerien, die Mägde die zur Kühlung ihre Hände heraushingen wie Hunde ihre Zungen, sie sahen mir alle aus wie von tausend Talenten gehetzt, wie sie einander vorkommen wollen; oben dagegen die allmälig verdampfende Furcht, wie sie herabkommen von der Bühne und beynahe auffliegen, weil sie die schweren Courierstiefel mit Pfundspornen abgelegt. Es wurden die beyden Klingsberge und der Gefangene gegeben. Herr Gott wie miserabel kam mir Kotzebue wieder vor bey meiner höchsten gutmüthigen Stimmung muste ich es tausendmal rufen und das Publikum, das sich seiner erfreut.

80 *[Heidelberg, kurz vor dem 20. Mai 1806]*

Mein theurer Bruder und Freund!

Ich stehe in großer Schuld bei dir, Vier Wochen habe ich deinen lebendigen schönen strelitzer Brief, der wie ein Ausschnitt aus einer Meister (Wilhelm Meister) Welt ist, und heute erst wage ich mich daran zu antworten, denn ich bin inzwischen ausgezogen, und da hab ich bis jezt noch eine gewaltige Noth mit den vielen *Büchern ja Büchern* gehabt, dein Bild habe ich auch ein acht Tage herumgetragen und nicht gewust wohin hängen. Jezt hängt es gar schön hinter dem Kasten, aus welchem dir die schönen Lieder ins Wunderhorn gestiegen sind, grade da, wo du standst, steht es, und ich sehe dich, als wärst du bei mir. Die Bäume sind hier beinahe schon abgeblüht, und du bist noch nicht da, lieber bester Bruder, die ganze Welt erwartet dich, und ich, und Elwert, der alte Elwert, der bei mir war, und noch viele ungedruckte Reste alten Gesanges hat, die er uns allein und mit unsäglicher Freude mittheilen will. Der Besuch Elwerts bei mir ist das Neuste, und ich fange damit an, gestern früh, trat ein feiner Mann von etwa neunundvierzig Jahren nebst seinem Sohn in meine Stube, beide zu meinem Schrecken durchaus en Wikse. Er brachte seinen Sohn auf die Universitaet und hat so eine wunderbarliche Wuth auf Lieder, daß er mich unserer *lieder*lichen Berührung wegen bat, ihn nicht Herr Justizrath, sondern lieber Elwert zu nennen. Er ist selbst durch aus so liebenswürdig wie seine Sammlung, aber stelle dir vor, dieser alte Praktikus selbst erkennt unsre Restaurationen und Ipsefacten für aecht, das liebste ist ihm dein Verlohrner Schwimmer, er fragte mich, waß es für ein altteutscher Gebrauch sei, den die Zeile, *so wie auf dem Pokale* ect. berühre, und sagte mir, daß er bereits im Reichsanzeiger darum habe fragen wollen, da erklärte ich ihm dann hin und her wie die Mandelkerne eins der altfränkischten Konfekte sei ect und er war vollkommen zufrieden. Besonders freute es ihn, daß sein altes Liedchen unsern Titel veranlaßt. Er ist einer alten geschriebenen Sammlung auf der Spur, die er mir außer seiner noch Vorräthigen überliefern will. Außerdem habe ich noch zwei geschriebene Sammlungen von ohngefähr 30 Bairischen

Liedern von 1600 bis 1700 durch Mozler in Freisingen, wovon etliche taugen, überdieß einiges sehr gute durch den unermüdlichen lieben Grimm, und eine recht alte Hose voll Kinderlieder, und eine gute Romanze von der alten Frau Hose, der du die Bilder abgekauft, sie ist ein rechtes Wunderthier mit Lieder sammlen für mich, auch werde ich nächstens zu Dossenheim bei einer alten Kräuterfrau, die eine Art von Hexe ist, einen Convent von Baurendirnen beiwohnen, und Lieder abhören. Ein Lied ist mir verrathen, aber leider durch einen Prediger, dem es gestohlen worden ist, ich hätte es um mein Leben gern, der Innhalt ist eine Entführung, die Nachsetzenden sind dem Entführer auf den Fersen und ein Fluß vor ihm, und der Refrain, den der Prediger noch auswendig wuste, heist immer »Hohl über, hohl über! ach wie bleibt der Fährmann so lang!« Das Lied muß vortreflich sein. *Leon* hat mir von Wien geschrieben, und mir alles versprochen, waß er in der Bibliothek auftreiben kann, sein Brief schließt sehr wunderbar, und wie ich es gar nicht von ihm erwarten konnte, da er seinem litterärischen Charackter nach, weder ein Frommer noch ein alter Sünder ist, er schreibt: wie glüklich sind sie zu preisen, daß sie mit dem Hofrath Jung (Stilling) dessen Romane mich von Jugend auf in stiller Begeisterung nähren, an einem Orte zu wohnen, o könnten Sie mich mit diesem Manne in eine nähere Verbindung bringen. – Es ist rührend[:] unser alter Churfürst, den die lezten Welthändel, der Anblick Bonapartes, und besonders die Vermählung mit der fabrizirten Stephanie tief erschüttert haben, hat nach des Kaisers Abreise Jung zu sich kommen lassen, sich einen ganzen Tag mit ihm eingeschloßen und unter bittern Trähnen mit ihm gebetet, mir liegt Etwas herrliches darin, und ich meine in einer Fortsetzung der Eugenie müste dies von ungeheurer Wirkung sein. – . Vorgestern erhielt ich die Nachricht von Winkelmanns Tod, durch Wilken, der sie in Leipzig von Bouterweck gehört, er starb im Februar, an einem schnellen Nervenfieber, so schnell, daß Buterwek Aufsätze von ihm für die Vesta und seine Todesnachricht zugleich erhielt, etwas fatales liegt mir darin, daß ich es so spät erfuhr, es macht mir den Eindruk, als sei er biß jezt unbegraben gelegen. Sein ganzes

Andenken hat mir etwas wiederliches durch den Tod bekommen. Etwas wunderbar Alpisches, Mond Kalbisches, und dann dauert mich der ganze gute Kerl, der vor Klassiken- Studenten- Dozenten-Leben gar nie zum rechten Menschenleben gekommen ist, ich kann nicht sagen, daß mich sein Tod erschrekt hat, aber eben das war mir zu wieder, um den Toden muß man bitter weinen, es muß einem sein, als dem Kinde, dem sein Brüderchen stirbt, oder es muß uns das Leben des Menschen ein Geheimniß sein, und unsre Trauer ein X, aber so fällt mir nichts von ihm ein, als daß ich einmahl auf dem Gartenhause bei ihm geschlafen habe im selben Bett, unter dem grünen Mantel, und daß es Morgens, als ich erwachte, sein groser plumper Fuß dem Mantel hinausstarrte, so daß mir es war als läge ich bei einem Erschlagenen; ich weiß nicht warum, aber ich habe seit der Nachricht von seinem Tod keine Erinnerung von ihm, als diese. – . So eben erhalte ich eine Antwort von Fuchs aus St. Gallen, dem Biografen Tschudis, er will mir alle Weltliche deutsche Lieder, die sich in Tschudis handschriftlichen Musiksammlungen den Bogen um zwanzig Kreuzer abschreiben laßen, auch will er in der Schweiz sich nach Volksliedern umthun. – . Von Göttingen habe ich bereits ein groses Stük des Thedel von Wallmoden erhalten, die Folge erwarte ich in einigen Wochen. – . Die erfreuliche Nachricht gebe ich dir anbei, daß deine baldingerischen Bilder mir von Savigny zugeschickt sind, ich falte sie nun mit den Büchern, die ich noch für dich erkauft zusammen und sende sie dir, du hast einen herrlichen Kauf gethan, und es ist recht schade, daß du nicht alles, waß von Kupferstichen vorhanden war, gekauft hast, denn unter diesen, die du blind gekauft, befinden sich schon zwei Rembrand, ein van Ryn, 3 oder Vier Dürer, mehrere Boheim, und viele Aldegreef, vor allem aber ein zwar beschädigter dennoch herrlicher de Bruyn, Salomon von den Weibern zur Abgötterei verführt, zwei Weiber, eine Kniet, die andere steht, so lieb, edel, und fromm, waß sie anbeteten, muß Gott sein, – , die ganze Sammlung Vetus und novum testamentum besteht meistens aus allen Gattungen, Adam und Eva, Susannen, Judith, Loth, Herodias, Bethseba, in unzähliger Repetition, worauf er besonders gesehen, die

Sammlung liebschaft betreffend, ist durchaus weniger als Etwas wehrt, lauter französische Modedamen aus den fünfziger Jahren, theils mit den Händen, theils mit den Hunden hinter der Ratte her, gar nichts gutes, einiges lächerliche. Ridingers zwölf Blätter vom Paradies, die du wohl kennst, sind in guten Abdrükken auch da, ein mir unsäglich liebes werk, die Thiere so neu, so entzükt, verwundert, erschreckt durch das Dasein, so in sich ersoffen und in einander besoffen, ach wäre ich dabei, wenn du die Sachen ansiehst, es wäre mir gewiß so wohl wie diese Thieren. Die kleinsten alten Blätter lege ich dir in den Brief, um dir eine Freude zu machen. – . Schleiermachers Weihnachts Abend, hat mir und Sophien einen sehr langweiligen Werkeltags Abend gemacht; wie ein Waffeleisen ist es allerdings, aber ohne Teich drinne, und ohne Feuer drunter, höchstens ein Gebäck wie der Juden Osterkuchen, Mazze genannt, ich kenne keine so schlechte Darstellung, wäre die kleine Sophie, von welcher man nicht weiß ob sie 6 oder 16 Jahre ist, nicht in gewisser Hinsicht Betinen, wie sie war unendlich ähnlich, so hätte ich das ewige Singen und Zubereiten witziger Geschencke, von welchen beiden sich sehr leicht sprechen läßt, nicht ausgehalten, einen Gedanken finde ich sehr schön und mir neu »es Gehörte zu Christi Leiden keinen rechten Vater zu haben« das ist sehr kindlich ausgesprochen. Uebrigens finde ich es verkehrt, in der häuslichsten populairsten Form eine Zeitlanges Reden zwischen verschiedenen Kleidungsstücken über heilige Gegenstände zu halten, und am Ende, wo das Beste kommen soll, ganz kauderwelsch das Evangelium Johannis auf das Butterbrod zum Thee zu streichen. Das ganze hat mich als unfrom skandalisirt, und es ist mir, als würden einst alle die Ausgeweideten Kharaktere dem Schleiermacher nachts ans Fenster Pochen, und rufen, wie der Gehängte im Märchen »Geb mir mein Lung und Leber wieder[«]. – . Sehr leid thut mir es für den armen Falk, daß dir seine Elisium und Tartarus so ganz unbekannt ist, jezt wirst du doch wohl deine Apotheose in den ersten Blättern gelesen haben, er wiederholt dich und das Wunderhorn noch oft, und drukte später so gar die Schneider und die Schnecke ab. So wunderlich arm Falk ist, so hat sein Blatt doch eine bessere

Gesinnung als die andern, und man kann ihn recht bedauren, Voß schickt dann und [wann] Uebersetzungen ein, auch der alte Wieland spukt darin, das Ganze spricht immer vom Aristophanes, und biß zur Langenweile vom Kasperle, ohne im Mindesten Witzig oder komisch zu sein, ich weiß durch Voß, daß Falk der es selbst verlegt, beinahe verhungert, und Voß bittet mich und dich ihm doch Beitragen, Fernov schreibt auch hinein, den Freimüthigen sucht er immer zu reitzen und herauszufordern, aber er würdigt ihn keiner Antwort, es ist als wenn einer mit einem lahmen – eine Bordellthüre einrennen wollte. Wenn du dich entschließen könntest ihm Beiträge, launige, satirische, zu schicken so thue ich es auch, es kann ja ganz anonym sein. – . Ich habe jezt hier einen recht interressanten Umgang mit dem Chemiker Kastner bekommen, er ist eine durchaus vertrauliche Studenten Seele, und hat bei sämmtlichen Naturphilosophischen Späßen einen höchst tüchtigen und dabei biß zum Derbkomischen, empirischen Aplomb, ich höre jezt Chemie bei ihm und habe zwar bereits 1 Stunde loß, ob die andern mir auch loß gehen mögen, verhänge Gott, doch ich hoffe es, da ich diese Wissenschaft auch um deinetwegen zärtlich liebe. Er hat ein Jahr lang mit Ritter zusammengelebt, und steht noch in wissenschaftlicher Mittheilung mit ihm, waß seinen bürgerlichen Charakter kennt er ihn wie ich von einer grundschlechten Seite. Hast du Ritters Rede über die Geschichte der Naturwissenschaft als Kunst in der Akademie gelesen, sie ist gedruckt, ich habe sie mit Vergnügen gelesen biß auf seinen Styl, ach das man dieser Leute Wandel kennt, so rufe ich bei ihm aus, wie bei Müller, wenn ich seine Briefe an Gleim lese. – . Waß mein Studieren wollen der Naturwissenschaften betrifft, bitte ich dich um deinen herzlichen Rath, mache mir einen Plan, durch den Irrgarten der ganzen Litteratur, waß soll ich lesen, und bedencke, daß ich nichts davon weiß. – . Vor Vierzehntagen bin ich mit Kastner zu Fuß nach Worms auf dem Sand wie nach klassischem Boden gereißt, O Himmel, welche elende Statt, welch elendes Volk, doch elender noch, die es unterjocht, die Sieger von Austerlitz, diesseits des Rheins, Worms genüber liegt im darmstädtischen dicht um die Ueberfahrt herum ein Gehölz, von welchem die wenigen lezten ungeheuren Eichen eben gefällt wurden, um den Holländern abgeflözt zu werden, es heist biß auf diese Stund noch der Rosengarten, ich habe umsonst nach Rosen gesucht, um dir ein Blatt zu schicken, sie sind alle mit den Helden gefallen, jezt stehen Weiden, und niedres Gestrauch um wenige Eichen, die es erlebten, daß ein Jüngling der Helden unter ihrem Dach gedachte, denen es noch keinen Schatten geben konnte. Die Wenigen Minuten, die ich im Rosengarten war, waren das Sterbstündlein unsres guten Muth, jenseits fielen uns die Douaniers, und die Flöhe des Wirths an, Mehrere alte ungeheure steinerne Särge habe ich hinter der Stadtmauer aufgefunden, vielleicht der Helden Grab, ein Stein liegt auf einer Straße den ein Rieß aus dem Rosengarten herübergeschmissen hat, aber das einzig schöne, herrliche, vielleicht nirgend mehr so ganz unverlezte Denkmal jener Zeit wird in wenigen Wochen als Domaine um 800 livres auf den Abbruch verkauft, ein Tempel noch aus Drususzeiten vielleicht früher her, unverlezt wie er aus des Meisters Händen kam, er steht mitten unter den Hütten elender Handwerker, diese vielleicht schon zehnmahl um ihn her untergegangen sind, er ist ein Oktogon und hatt drei Hallen über einander, die untere halb unterirdische ist mit Knochen und Schädeln erfüllt und wäre eine herrliche Küche für Gall, Dach und die kleine breitbasigte Piramide des Thurms sind, wie das ganze von reinen Quadern, ich kann nicht ohne Zähneknirschen an die Juden dencken, die es zerstören, Ich gebe aber Auftrag, daß mir das Ganze abgezeichnet wird, und sende

dir dann ein Exemplar, es sieht ohngefähr so aus, und hat mir einen unvergeßlichen Eindruck gemacht.

Nun noch eine Anektode aus der lebenden Welt, aber es kommt auch ein Toder drin vor. Morgens um zehn Uhr gieng ich und Kastner vor die Stadt um in einer zwischen

Garten Gelegenen alten Kirche, das Land Volk bei dem Gottesdienst zu sehen, es war Sonntag, heller Sonnenschein, auf einem Kirchhofe sahen wir einige gemeine Bürger und elegante Damen auf einem neuen Grabe in gespannter Unterredung, wir näherten uns, Allgemeines Geschrei, alleweil, alleweil wieder! wir: waß ist denn, ach schrien die Weiber, es klopft, es klopft, er lebt noch, sie haben ihn zu früh begraben, er ist gestern Gestorben, 30 Jahr alt, die Frau hat einen Tanzboden, heute nachmittag halte die Franzosen Ball, er hat unter die Erd gemußt, ach wieder, wieder! Wie lange schon, warum grabt ihr nicht: Ei schon seit 7 Uhr heute früh, die Bürger, waß geht es uns an, wir wollen nicht nach Speier vors Gericht, grabe, er ihn aus, wenn er so vornehm ist wo ist der Todengräber? – Da ist seine Frau, er ist nicht da? Schaufeln her Frau? – So! daß kann ohne Pfarrer nit sein, es geschiehtm ganz recht, es geschieten ganz recht, warum habensen so früh begraben – ach alleweil wieder! es klopft, es klopft. schrien die Weiber. Ich riß die Frau in ihr Haus, sie mußte die Schaufeln hergeben, als ich zurükkam, schrie mir ein Bürger entgegen, ich grabe nicht, lebt er, so habe ich nichts, lebt er nicht, so hab ich auch nichts, ach Himmel dachte ich, so spricht der Mensch nicht, so spricht sein Zustand aus ihm, so spricht der eindärmichte Teufel der den alten Tempel abtragen läßt, Kastner und ich fiengen an zu graben, der Tode war mir gleichgültig, sollte ich ihn zu den Spizbuben zurückbringen, aber ich wollte wenigstens meine Wuht zu ihm eingraben, mir wurde kranck ich gab einem Schlingel 6 Bazzen, der mit einer Schaufel statt dreien grub, nun gab auch Kastner die Schaufel her und setzte sich Arznei zu verschreiben, der Sarg erschien, wir rissen das Obere Brett auf, er war tod, die Hände gefalten in alter treuer Sitte, aber die Nase blutete, die Kerls wollten gleich zunaglen, ich hatte mich indessen bespieen, und riß ein Kreuz aus, und stekte es zwischen Deckel und Kasten, daß er Luft habe, so sollt es bleiben, wir eilten in die Stadt und ließen es dem Maire anzeigen, dann giengen wir ruhig dem andern Thore hinaus nach Mannheim, die Stadt kam in Bewegung, die Offizier ritten hinaus, man lärmte, wir haben wenig gesprochen und da wir zu Mannheim anlangten liefen wir in die Johanna von Montfaukon um die Schlechtigkeit diesseits zu krönen –, Arnim, Arnim, die Zeit ist unendlich schlecht. – Wenige Tage nachher gieng ich mit dem Krappfries über Weinheim Quer durch den Odenwald, so daß wir nach drei Tagen zu Eberbach sechs Stund über Heidelberg am Nekar wieder herab kamen, dort habe ich verschiedene Liederbestellungen gemacht, auch einiges weniger Bedeutendes hat mir eine gar unschuldige hübsche Baurenmagd bei einem Kienspahn diktirt, es war auf dem Winterkasten dem höchsten Odenwalder Berg wo wir übernachteten, Fries trank den Weinkauf mit seiner Potaschesiedern und das Mädchen gieng mit mir in die Kammer mir die Lieder zu sagen, sie saß auf dem Rande des Betts, in dem sie 16jährig mit dem 17jährigten Sohn der Wirthin schläft, die gegenüber mit ihrem 20 jährigen altern Lieben liegt, sie sagte mir, waß sie wuste mit gar lieblicher Scheu, indeßen vor dem Fenster sich einige junge Bursche versammelten, hereingukten, und sie mit dem Anstimmen einer Weidenflöte und einer Maultrommel irre zu machen suchten. Das Alles klingt gar einfältig und ländlich, dennoch aber leugnete der Bauer, der uns führte grades wegs die Bibel, besonders Adam und Eva, er sprach von chinesischer Zeitrechnung, von der Bewohnung der Planeten, von der Zerstörung der Erde durch Planeten rippenstoß, und das herrlichste an dem freihen reichen Kerl war, seine Ansicht der Moral, er sprach nehmlich z. B. Es mag aber kommen, wie es will, so muß der Bauer zahlen, daß ist die *Moral* davon, zu einer schwangern Dirne sagte er »Das ist die *Moral* vom Vöglen« – – von dem Landsturm war es ihm die Moral, daß viele Bauren todgeschoßen werden u. s. w. – Dies sprach er alles mit unsäglicher Ironie. – . Meine Lieder bin ich im Begriff dir abzuschreiben, es sind aber nur sehr wenige, und wenn sie dir zu wenige dünken, so schließe sie aus, ich dachte nicht sie drukken zu laßen, aber ich stehe so gern neben ihr und konnte es auch nur lokal sein, es thut meiner Seele wohl; die Stelle ist mir Ehre, Ich der Stelle kein Schimpf, und du bist ja nicht stolz und hast mich lieb, weil ich dir vertraue, ja ich kann nicht sagen, daß ich viel von dir hoffe, das hieß schon an dich fordern, du hast mir schon alles geleistet, selbst in der Kunst, ich kenne dich im Verhältniß mit dem Kleinsten deiner Lieder, und ihr verführt mich zueinander. Meine Frau hat den Troubadour immer auf dem Klavier liegen, und kann alle deine Lieder daraus auswendig singen, ich gestehe dir auch selbst mit Freude ein, daß ich sie alle, biß auf wenige Gänge, die durch täglichen Gebrauch leicht abrunden sehr schön finde, besonders, so bist du nicht verlohren, dies Lied welches du über die zwei ersten Zeilen eines Elwertschen Liedes variirt hast, will ich jezt mit den Noten für Elwert kopieren laßen. Ich wünschte mit unsäglichem Ernst und Eifer, daß du hier wärst, es ließe sich gar manches Vaterländische poetische Projekt zu schneller Reife bringen, du weißt, wie herrlich und schnell es mit unsern Liedern gieng, nun eröfnen sich erst nach und nach die Quellen die durch sie angeschlagen wurden, es wäre höchst nöthig mit einem Zirkular in alle deutsche Winkel hineinzudringen, und wenn du es mir erlaubst, schreibe ich ein solches Zirkular, und nehme mir die Freiheit deinen Nahmen zu unterzeichnen, auch schiene mir es beinahe hohe Zeit sich ebenso, vielleicht könnte es zwekmäsigt mit demselben verbunden werden, um Volkssagen umzuthun, ehe der Freimüthige, wie beinahe zu befürchten steht, sich dieser alten Eicheln als Schwein anmaßt, die wir aussäeend zu Hainen unserer Nachkommen, die wahrscheinlich in der Sonne pflügen werden, verwenden könnten. Fuchs (Tschudi) schreibt mir es sei ihm ein Leichtes, eine Verbindung unter seinen gelehrten Landsleuten hervor zu bringen, welche alte Volkslieder der Schweiz auftrieben, er verlangt nur meinen Vorschlag und Erbietung, und manche ähnliche Anerbieten stehen mir entgegen, aber ich kann nicht in solchen weitläuftigeren Verbindungen mich ohne deine Nähere Mitwirkung, ohne deine Gegenwart einlassen. Voß wünscht sehr, daß die besten alten Romane wörtlich abgedrukt würden, er hat schöne Sachen, und wenn wir zusammen wären, ließe sich auch da vieles besprechen; – . Ich glaube, wenn du auch recht böß auf Preußen sein könntest, du könntest uns doch nicht besser darum sein, und man weiß, wenn man solchen Gründen heut folgen wollte, nicht wohin, als zu braun atlaßenem Hoffräulein, und da ist man freilich ein guter Bürger, und nimmt sich gerne die Freiheit mit Privilegien zufrieden zu sein. Dein Fräulein habe ich lieb, ich kenne sie, aber ich glaube, sie würde nie mit mir zufrieden sein, du hast schon gewiß viele Lieder auf sie gedichtet, und der seelige Edelknecht wird bald an der Spizze einer Eskadron so wohlberittener Lieder, alle Hoffräulein an den Brunnen treiben, dann lieber Junge sieh zu, ob du nicht endlich Brunnenmeister beim Milchbrunnen wirst, dann Adieu Freiheit; ich weiß nicht warum ich, alle Weiber, die du lieb hast, so unendlich ehren muß, es muß die ernsthafte herrliche Art sein, wie du von Ihnen redest, so habe ich immer eine große Liebe zu deiner Tante gehabt, und dann zur Grassini, und dann sehr sehr zur Luise Reichard, (die ist aber gar groß) und jezt zu deinem Hoffräulein, und endlich zu der einzigen die ich recht persönlich kenne zur alten *Voß*, du kannst dir nicht denken, welche Liebe ich zu ihr habe, mir ist biß jezt kein Weib, in dieser liebenswürdigen Vollendung vorgekommen, für Louisen habe ich noch viel mehr empfinden lernen, da die Voß sagte, ich habe sie sehr lieb, und bin stolz darauf, daß sie auch waß auf mich hält. Sehr leid ist es mir, daß ich Betinen nicht eine Zeit lang hier her haben kann, ich glaube der Umgang mit Voß und ihr, könnten ihr gar lieb und werth werden. Die Novelle von Sekkendorfs Pfauenjagd hat mich und Sophie sehr ergözt, wenn man ihn kennt, weiß man nicht, ob er zu dieser Geschichte, oder sie zu ihm gemacht ist, ebensosehr als die Geschichte gefällt mir die Benennung, der gelehrte Hannepampel, sie ist vortreflich und wäre ein herrlicher Titel zu seiner Biografie. Er scheint übrigens seines Gleichen zu Freunden zu haben, denn jener Herr Koelle von Tübingen, der sich so gar breit machte in seinem Briefe über unsre Lieder, hat mir auf meinen Antrag mitzutheilen einen der lächerlichsten Briefe geschrieben, er will von Sekkendorf abtreten, weil dieser ihn nur als Mittel zu gebrauchen scheine, will sich zu uns gesellen, unter der Bedingung 1°) 6 Autorexemplare 2°) platterdings nicht weniger als zwei Karolin für den gedrukten Bogen Honorar, 3° Soll ich ihm eine Annonce machen, die er *auf seine* Kosten in ein Blatt für Schwaben will einrücken lassen, die Prediger aufzufordern *ihm* Lieder für mich einzuschicken 4° ihn als Mitarbeiter nennen, sollte ich in solche Beding[ungen] schriftlich eingehen, so soll alsbald eine Sendung folgen – Wie unverschämt! und am Ende hat der Kerl nichts – ich habe ihm geschrieben, er möge seine Samlung so bald als möglich drukken laßen. – . Von dem Thedel von Wallmoden habe ich bereits ein Stück abschriftlich aus Göttingen, du wirst dich erinnern, daß du ihn wolltest gleich dem Staufenberg zurüsten. – . Wir sind in unsrer neuen Wohnung recht glücklich, Sophie ist seit vielen Wochen recht liebenswürdig und deine Elegien können wir mit gutem Gewissen lesen, dein neuer Taufpathe hat vor einigen Wochen seiner Mutter schon übel gemacht, und dehnt ihr das Herz schon mächtig aus, du bist und bleibst mein Pathe, und wenn ich selbst mit Stumpf und Stiel sterbe, sollst du die Zitrone hinter mir hertragen. Gestern waren wir mit Fries, ihr und den Maulthieren in Schwezzingen, Kastner und ich standen auf, und ein gar lieber junge von Karlsruhe Fischer, der uns in der Mosche wunderschön Flöte blies, ich habe nie ein solch Echo gehört, das Erziehungsinstitut (Rudolphi) und Thiebaut fanden wir drin, und es floßen beinah Trähnen über dem göttlichen Harmonika ähnlichen Schall, wir waren recht lustig, und die Rudolphi hatte ihre Noth vor meiner Tollheit. Rottmann hat wieder einige Skandala hier ausgehen laßen, die Abbildung ein Prügelei die ein paar Stunden vor her unter zwei Advokaten vor Gericht vorgieng, und 6 Blätter die Abentheuer eines Mahlers – sehr schlecht, die Meisten Figuren sind Portraits, ich wünschte der Mensch würde einmahl geprügelt, er wohnt jezt hier, hat sich in den Lektionskatalog setzen lassen als Zeichner, und läßt seine Schüler seine Bilder illuminiren. – . Primavesi hat wieder 3 Ansichten von Heidelberg bei Mohr und Zimmer herausgegeben. Ich hätte sie dir geschickt, wenn ich glauben könnte, daß du sie möchtest, das einst projecktirte Taschenbuch von Heidelberg will meine Frau in unbestimmter Zeit schreiben, Zimmer will es verlegen, und sie bittet dich, ihr einige Erinnerungen und Lieder dazu aus deinem Cornucopiae fließen zu lassen, ohne deiner Muse einen Kamm vorzuschlagen, auf dem sie pfeifen soll, bitte ich dich, wenn du etwas für diesen

Zweck singen willst, unsere lokale Beschränktheit und die des Büchelchens und seiner Leser zu bedenken, das heist laße Gedanken, und Wort in recht deutlichen bestimmten Kristallen anschießen. So eben senkt sich ein heiliger milder Gewitter Regen und wollüstigem Murren der Götter die im Ungestümen der Mai Lust ihren Becher umgestoßen auf die blühenden Gärten vor meiner Kammer, ich sehe deinem Bilde in die Augen und dränge mich näher an den abentheuerlichen Stehpult. Lieber Arnim, du schautest hier oft nach den Wolken, lieber Arnim behalte mich lieb, laße mich dich wiedersehen, Wann lieber Junge, wann soll ich dir folgen, du magst mich zu einem recht guten Menschen, dein Andenken ist mein Ganzes Denken, an alles gute, schöne, Wahre, liebe, unschuldige! schreibe bald oder besser komme

dein Clemens.

Den Kupfern pakke ich mehrere Bücher, die ich für dich gekauft bei, und lege dir die Nota dazu, es befindet sich das Heldenbuch, der Apollonius von Tyrus, ein Band der ältesten Anabaptisten und anderes darunter ich habe für die Kupfer von Marburg hierher zwei fl. porto ausgelegt, die ich dir mitnotire, du verzeihst es mir, ich muß mich nach und nach zum Haushalt zwingen, die Franzosen und Oestreicher haben meine Finanzen sehr in der Klemme. Ich kann den Theophrast ganz auf Deutsch hier haben, willst du ihn? ich erwarte nur ein Kistchen vom Schreiner und gebe das Ganze dann emballirt der Post. Es sind herrliche Sachen. Zimmer hat auf meinen Rath eine Wochenschrift für Baden unternommen, die nächstens beginnt, wenn du Laune hast, so schicke mir Etwas über den Misbrauch des Tanzes in dieser Zeit, über die Lüderlichkeit des Gesindes, hoho!

81 *[Heidelberg, den 1. und 14. Juni 1806]*

Bester Bruder!

Auf einen Pfingsttag es geschach
Daß man die Wälde und Felde sach
Schön lustig stehen mit Laub und Graß
Und mannich Vogel lustig waß

Und ich in Heidelberg Kirschen aß, Kirschen! Lieber Junge, Kirschen, welche du in Göttingen der Tebelholemer so artlich in die Schnautze stekken kuntest, daß ich dir oft mit groser Liebe nach dem Maul sah; warum bist du nun nicht hier, ich habe mit meiner Frau Pfingsten einen herrlichen Spaziergang gemacht, der allein werth wäre, daß du ihn machtest, um drei Uhr morgens über Ziegelhausen und Schönau (da muß ja horndummes Zeug drin stehn – ich gebe ihnen 6 Kreuzer) durch ein überirdisch schönes Thal nach Nekersteinach wo in einem Halbkreiß um den Fluß auf einem Bergrücken Vier Wunderschöne alte Ruine lauren, Vier Brüder die Landschaden von Steinach genannt, erbauten sie, der die Vierte erbaute muß ein seltsames Genie gewesen sein, sie hängt wie eine Auster an dem steilen Fels, und ist inwendig so nett und Fest und eng und rein, wie aus einem Stück geschnitten, in der Kirche stehen die Vier Landschaden in Stein, jeder eine Harpfe an seiner Seite, denn sie hießen eigentlich Harpfenberger, und erhielten ihres grosen Raubens wegen den Nahmen Landschaden und zwar offiziel vom Kaiser, übrigens haben sie Friedrich dem Siegreichen von der Pfalz immer treu gediend, und bei der UNGEHEUREN Schlacht von Sekkenheim waren sie auch. Uebrigens habe ich dort Etwas erlebt, waß am Rhein nicht zu finden ist, Gesang und Unschuld, auf einem der Schlößer saßen 6 Mädchen auf einem flachen Thurn, der weit über den Neker und Alle Berge hinsieht, und sangen in reinem gleichen Orchesterton eine Reihe schöner Lieder in das sonnige Land hinaus, ich setze mich zu Ihnen, und bat sie sich nicht stören zu laßen, sie machten keine Miene und sangen herrlich weiter, die Lieder, die ich wolte, sagten sie mir ruhig her, und wunderten sich, daß ich manches nicht kannte, darunter ist ein lange

Romanze (schlecht in der Art der Unerhörten Schuknechtshochzeit) von Piramus und Thisbe, die hier als Bauer und Bäurin auftreten, der Löwe ist ein Wolf, er trägt in seinem Rachen ein wülles (wollnes) Lümplein roth. Ich habe mir einige aufgeschrieben, sie nahmen uns so dann in die Mitte und begleiteten uns singend hinab. Da ich Ihnen meine Freude über ihren Gesang erklärte, sagten sie »Sie sind auch recht in die wahre Kitte gekommen« (Kitte, Kette von Rebhünern). – In dem andern Schloß hatte ich eine Szene, wie wir im Rüdesheimer nur trauriger. Das Mekern einer Ziege führte mich in ein Gewölbe, in der Mitte stand ein Bett, eine rüstige alte Frau, die ein Nachmittagsschläfchen gemacht hatte, stand schnell auf, und sprach wunderlich geschwind und leise, es war als sei sie eine Hexe, Welche den für mich unsichtbaren Freund mit der Hanenfeder wohl sehe, sie bettelte nicht, aber sagte sehr ernsthaft und schnell, Mein Kind ist in der Kirch, es hat zammen gelitten, jezt wollt ich mein Mittagbrod essen, es war ein Stük Brod, nun kam die Ziege dazu, und sah gar verdächtig drein, hier in diesem Bett hat mein verstorbner Mann Vier Jahr krank gelegen, in diesem Bett sagte ich? – ja ja sist troken sagte sie, s steht troken, rings in die Stube regnets rein, hier ists troken. Fünfzehn Jahr bin ich hier oben, mein Mann war ein Schuflicker, sagte sie, aber ich hab nie seit der Zeit ein paar Schuh angehabt, ich fragte sie, ob sie keine Lieder wisse, sie sagte, ich habe 8 Kinder gehabt, 5 tod geboren, 2 sind gestorben, und das ich noch habe ist ein Stumm, ich fragte sie abermals, da sagte sie schnell

Ich hab ein Hirsch geschoßen
Davon hab ich ein Hosen
Und wann ich die zerreiß,
Schieß ich Sie dutzendweiß.

Dann fragte ich von neuem, und Sie sagte, Ich habe ein Büchlein, darin steht, daß er in Himmel paßt wie eine Geisbohne ins Balsambüchslein, – wer? Sind Sie Katholisch? – Ja! – der Dockter Luther – dabei lachte Sie und zog aus ihre Kiste ein zerißnes Büchlein gegen Luther vor; dann zeigte sie mir einen alten Kerker neben ihrer Stube. und da ich Sie fragte, waß die vielen Kreuze hinterm

Stubenofen bedeuteten – klagte Sie, daß alle Nacht ein schwarzes Gespenst sich dort sehen lasse. – Wir Verließen sie, und ich dachte deiner, denn dicht neben dem Schloß steht einsam und allein in der ganzen Gegend, eine ungeheure Kiefer wie ich sie in meinem Leben nicht gesehen, und wie sie auch wohl nur so einzeln werden kann, dieser dein herrlicher Vaterländischer Baum wird dir zu sehen viel Freude machen, ich muß sagen, es hat beinah nie ein Baum mir einen so ganz eignen Eindruck gemacht. – . Dein Brief wegen der Engelhard hat uns recht erfreut, wir haben sie gleich zitirt und persuadirt, aber, aber nach mehreren Tagen Bedenkzeit folgende schriftliche Erklärung erhalten, die wir dir mittheilen, du siehst daraus, daß Sie aus übergroser Gemüthszartheit sich nicht entschließen wird. Zu gleicher Zeit melden wir dir folgendes von einer Mademoisell Seidler, die sich nach der Aussage von Madam Voß ganz vortreflich zu dieser Stelle qualifizieren soll, sie ist der Voß von Paulus zu dergleichen Empfelung empfolen, bei welcher Paula sie in der lezten Zeit gelebt, in Jena wo sie her ist und zu meiner Zeit noch war, hat sie stets des besten Rufs genoßen, sie ist einer *sehr großen* Leibesgestalt, dabei sehr sanft, ohne alle Unverträglichkeit, liebevoll und biegsam, sie ist belesen, und ästetisch ohne literärisch zu sein, hat viele Haltung und Charakter, ist in weiblichen Arbeiten ein Genie, und in der Stickerei im ganzen Umfange dieser Wissenschaft als eine Künstlerinn bekannt, übrigens war ihr Vater Stallmeister, und die Tochter ist immer in Jena in der gebildesten Gesellschaft gewesen. Ich selbst weiß nichts von ihr, als nichts Böses, und daß sie so sehr groß ist. Wenn du dich direkte an die Paulus oder an die Voß wenden wolltest, wenn du sie überhaubt willst. Die Engelhard fürchtete besonders wegen ihrem Ruf, wenn sie so plötzlich außer Land und zwar durch dich, über den sie so viele Briefe geschrieben, gebracht würde, auch ist ihr Vater ein sehr prosaisch strenger Mann und würde es wohl nicht zu geben ect., mir ist es leid für sie und für deine Tante beiden wäre geholfen geweßen. Mehr oder weniger taugliche Subjekte wären die Louise Piautaz, Claudinens Schwester, welche jezt bei einer Polnischen Gräfin Tzalinska Erzieherin ist, Sie ist in Berlin, auch besonders Madame Levi bekannt, diese ist gewiß die schätzbarste Person vom Continent, sie ist durch Jugend und Tackt und Würde, und Geist so berühmt, als nur möglich ist, ohne im Freimüthigen gerühmt worden zu sein, ganz vortreflich wäre aber die Günterrode, wenn diese selbst nicht böse Augen hätte, ebenfals muste meine Frau mit unwilligem Wunsch auf Jette Schubart fallen, du kennst Sie, sie ist arm, beinahe bettelarm, voll Talent, voll Fertigkeit, sie ließt gut, kann sehr gut englisch, sie ist mit den besten Schriften vertraut, sie hat Geist, sie hat eine ganz wunderbare Geschicklichkeit zu Handarbeiten, sie ist Sophiens arme Schwester, aber meine Frau wagt doch nicht sie zu empfelen, nicht als betrage sie sich schlecht, aber sie ist so der Welt entrükt, und verrostet in Einsamkeit, und so eigen, Gott weiß. Zwar ist sie in Vielem ganz verwandelt, wie es scheint, vielleicht in Allem, auch hat sie jüngst geschrieben, Coll werde wohl abreißen und dann werde Sie vielleicht Dienste suchen müßen. – Dieses wäre alles – du müstest an sie selbst schreiben, es wäre vielleicht eine grose Wohlthat gethan, sie hungert dann und wann, und doch ists närrisch, man kann sich nur drüber ärgern. – . Ueber dich hat sie wunderlich geschrieben, du wärst ihr wie ein Geist erschienen, sie wäre seltsam beengt gewesen, die Stube dunkel du ein groser Schatten, nur ein sanftes Lächeln, und eine so freundliche rührende Stimme, die sie tief in ihrem Innersten rühre, aber du hättest sie geängstet, Sie hatte denken müßen, du werdest in wunderlicher Angst umher getrieben auf Erden und hattest keine Ruhe – oho – oho – . Uebrigens hättest du ihr englische Romanzen versprochen zum Uebersetzen, und wie alle Menschen, (das heist wie Sie selbst) ihr nicht Wort gehalten. Deine Romanze von der Hofnungsvollen Fürstin hat mich sehr erfreut, wie auch die Geschichte des Gefangnen, der Scherz und Ernst auf des Wärters Kopf zusammenbrachte. Ich habe jezt ein Zirkular wegen Volksliedern drukken lassen, und erwarte es stündlich aus der Drukkerei, ich nehme mir die Freiheit deinen Nahmen auch zu unterschreiben; – da das Ganze eine geringe Depense ist, verspreche ich mir doch manchen Vortheil, wie wäre es, wenn du auch für deinen Umkreiß so etwas drukken liesest,

deine Anzeige im R[eichs] A[nzeiger] scheint doch von geringer Würkung gewesen zu sein. Ich werde meine Versendung aus den Staatskalendern adressiren. Ich glaube, daß es sehr gut wäre, wenn wir durch solche Zirkulare nach allen Winkeln hin arbeiteten besonders in die Gebirgs gegenden, um wo möglich den zweiten Band recht wenigstens in der Gattung vollkommen zu machen. So eben kömmt Zimmer von der Leipziger Messe zurück, er ist mit dem Abgange des Wunderhorns recht wohl zufrieden. Auch ich putze jezt an meinem Planetario Poetiko, für dich, nur habe ich nicht sehr viel zu butzen. Ich habe jezt den Auffenthalt von Winkelmanns † Freund Kohler zu Neresheim in Schwaben (ist glaube ich auf der Landkarte deiner Dicken Fürstin gelegen

ausgemittelt, dieser war eine Zeitlang selbst Bänkelsänger das Fragment vom Einsiedel Kutt in die Höh ist von ihm, ich hoffe dieser Mann soll Hand anlegen. *Weißt du keine Quelle* nach Tirol hinein, oder nach, Karethen Croia ect. nach Windisch Gratz will ich an den Hern Pagliarutschi den a la mode Haarsiebmacher und nach Triest an den Herrn Crampignia schreiben, aus der Schweiz höre ich oft von großem Mangel solcher Lieder, aber ich habe dennoch bei verschiedenen Männern angeknüpft ich glaube dieser ganze Mangel entspringt daher, daß sie so gar nicht wissen, waß man eigentlich will. In mehrere Schweizer Wochenschriften wird jezt eine Anzeige deswegen gedrukt. Ich lege dir hier einen meiner Briefe bei, ich habe 500 Exemplare, wenn das Formular dir recht ist, so will ich dir eine Parthie schikken, die ich dich besonders in Schlesien und im Riesengebirge zu verbreiten bitten muß. *Doch bitte ich dich vorher um deine Erklärung.* Ein Student von Speier hat mir eine kleine Parthie Lieder überreicht, die er für uns mit sehr vielem Sinne gesammelt, einige darunter sind vortreflich und ganz unbekannt. Der alte Elwert schrieb mir soeben, daß er mir bereits Einiges Geschickt haben würde, daß ihn aber die Krankheit und der Tod zweier geliebter Töchter daran verhindert, diese Kinder konnten das Wunderhorn beinahe auswendig, welches überhaubt ein wahres Erbauungsbuch bei uns ist. Ich habe seit langer Zeit keinen Vers geschrieben, bin aber

durch ihre Sammlung wieder ganz angeregt worden, und sende Ihnen daher beiligendes Lied im Volkston das mir mein Herz am Grabe meiner Kinder erleichterte. Ich schreibe dir das Lied hier ab, es hat etwas sehr wahres, und man fühlt, daß Form wie Innhalt dem Mann recht nah stand, man könnte hieraus beweisen, daß die alte naive Liederform in gewißen Momenten zu einer klassischen zu erheben wäre.

Vaters Klage.

Es stehen drei Stern am Himmel,
Die blicken traurig herab.
Zu Berkach an der Kirche
Ist ein neugemachtes Grab.

Ich hatte ein Kind, das war mir lieb,
Sie haben es weggetragen,
Ich muß, so lange ich lebe,
Ums Weggetragne klagen.

»Klage nicht um mein junges Leben
Klage nicht um den schweren Traum,
Viele Schmerzen hab ich gelitten,
Still lieg ich unter dem Aepfelbaum.«

Du liegest unter Veiel und Klee,
Doch zu kühl ist dirs da unten;
Darum thut mir das Herz so weh,
Keine Ruhe werd' ich mehr finden.

»Die Kühlung da unten spür ich nicht,
Auch nicht mein hartes Kopfkissen,
Wenn morgen der frische Tag anbricht,
So scheint mir Sonn auf das Bette.«

Und wenn die Sonn dir aufs Bette scheint,
Wirst du doch nicht erwachen.

So bitterlich Vater und Mutter weint,
Du wirst es doch nicht hören.

Ich weiß einen dürren Haßelstrauch,
Der stehet im Feld allein,
Auf der Hasel sitzt bei dunkler Nacht,
Ein aschgrau braun Käuzlein.

»Komm mit, komm mit!« rufts jede Nacht,
Ich höre es wohl rufen,
Ich hab mein Bündel zurecht gemacht
Und will nun weiter Reisen.

»Wohin soll deine Reise gehn?
Und wann kömmst du denn wieder?«
Ich will nach meinem Röslein sehn,
Das mir so schnell verwelkte!

»Dies Röslein blüht dir nimmermehr!«
Es stehen drei Stern am Himmel,
Ich wollt, daß ich da droben wär,
Mein Röslein wollt ich schon finden.

So singt der arme von Geschäften erdrükte Mann, muß er nicht eine schöne freie Seele haben, lieber Arnim wie wäre es, wenn du Reichard oder Luisen um eine einfache Melodie für das Lied bätest, und es mir bald zuschicktest, es würde für diese liebe Familie gewiß ein rechte Freude sein, und wenn du mir zugleich einen Brief für ihn beilegtest, er hat dich sehr lieb. – Auch der Sohn des Kriegsrath Merk seelig, von dem wir die Göthschen Briefe in Trages lasen, hat mir einige Lieder aus seines Vaters Nachlaß geschickt, die aber meist aus dem Englisch scheinen. An Kosegarten bitte ich dich zu schreiben, er hat gewiß Manches. Die Riepenhausischen Umrisse zu Tieks Genoveva 14 Blatt mit prosaischem Text von dem jungen Schloßer sind nun im Buchhandel, ich habe sie ruhig durchgesehen, und mag sie nicht haben, sie sprechen mich durchaus nicht mehr an, in Frankfurt überraschten sie mich, aber die vielen alten Kupferstiche, die ich seit her gesehen, haben meine Bedürfniße sehr verändert, es giebt Geschichten, deren Darstellung ich nicht anders mag, als mit überwiegendem Charakter, damit ich an sie zu glauben verführt werde, und alle diese Figuren haben keinen Charakter, als Eleganz und die Genoveva ist so koquett, daß sie sogar biß in den Hungertod ihre Toilette gemacht hat, und hätte sie es nur a la Ugolino, so wäre doch Etwas Leidenschaft und Bewegung im Ganzen, aber eine Figur gefällt mir, der einzige Hirt über dem toden Golo traurend, er hat von Allem, waß den Uebrigen ganz fehlt, so viel als ihm gehört. – . Die Jüdinn Seligmann von München sagte vorgestern bei Voß, daß es gewiß sei, daß Tieck katholisch geworden sei, auch werde er sich scheiden lassen, ich kann mir keine andere Ursache denken, als der Kürze wegen weil die Katholicken nicht tieckisch werden und seine Frau sich nicht von ihm scheiden wollte, hast du was davon gehört? Gott segne ihn und mache, daß wenn er Beichtvater wird man ihm ½ Duzzend baumwollene Schnupftücher verehrt, mir ists fatal dabei. – Deinen Kupferstichen habe ich beigepakt folgende Bücher, die ich auf verschiedenen Auktionen für dich um beigefügte Preiße erstanden.

4° Heldenbuch – fl. 4 xr. 13
4° Ein Band Miszellen für Widertäuferei 3 –
8° Homulus tragodi Cölln 1600 – – 48
8° Olving Davidi Fastnachsp 1 – 12
8° Grobianus von guten Sitten – 30
8° Fischards Hexenbeschwörung 1 – 16
fol° Bokatius deutsch – – 5 – 6 –

Anno 1477. 4° Apolonius – – 3 – 16 ist äußerst selten ich ergänzte es aus meinem Exemplar, es fehlten einige Blätter, das Ganze macht fl. 19 xr 21 ich lege dir noch ein Exemplar von Meisters Beiträgen, das ich zufällig doppelt habe, bei. Da ich wahrscheinlich bald in Zwikau wegen Abschreiben alter Lieder auf der dortigen Schulbibliotheck, waß mir vom Bibliothekar zugesagt worden, einige Gebühren zu bezahlen haben werde, so will ich dich dann bitten es mir dorthin zu zahlen. – . Unser guter Philosophus Fries ist von seiner

Brautfarth nach Thüringen zurück gekommen, und hat sein ehmaliges Liebchen des Amtmann Erdmanns Töchterlein aus Altstädt als Frau zurük. Ein allerliebstes Weibchen, so unschuldig, naiv, und innerlich geheim gülden, daß es eine Freude ist, er selbst ist gar artig erwacht neben ihr, es ist ein Ehepaar so lieb und rührend, und wenn es möglich ist seines Gleichen zu produziren, so werden sie gewiß liebe Kinder erhalten. – . Hier studiert jezt ein alter Jugendfreund Winkelmanns, nachdem er schon Jahrelang als Theolog geschloßen hatte, wieder Jurisprudenz, er heist *Knopf*, vielleicht kennst du ihn von Göttingen, er ist ein Solidissimus, und spricht über alles wie über Winkelmann wie gedrukt, von den lezten Lebenswochen Winkelmanns spricht er schrecklich, er soll besonders durch enorme Liederlichkeit und beständige Wunderkuren an sich selbst so matt geworden sein, daß er weder handeln noch denken konnte, zugleich mit den fürchterlichsten Gewissensbissen über viele verlorne Freunde, wie ein Einsamer in seiner Vaterstadt, in Pläne und Windbeutelein verwikkelt. – . Lächerlich ist, daß Knopf die Tugend an Winkelmann darin erkennt, daß er so viele Schaam gehabt habe, keinem seiner frühern Freunde unter die Augen zu treten, ja ihnen sorgfältig auf der Gasse auszuweichen, und ich bin versichert, daß Winkelmann dies aus Hoffarth that. Man müste jezt seine Briefe an verschiedene Studenten sammlen, in denen er von Westphälscher Revoluzion, dem grünen Mantel, und Freundschaft spricht druken lassen als Pendant zu Göthes Winkelmann, ein sehr witziger Winkelmann und sein Jahrhundert ließ sich wenigstens schreiben – . Lebte er noch, ich hätte Lust dazu. Ausser meinen ewigen steten Durste nach deiner Person wandelt mich manchmal noch ein ganzer Privatlusten nach dir an, 1° wenn ich so in den Zeitungen und der Welt die preusischen Nouvellen höre, und wenn ich Preußen so von allen Leuten jezt verachtet sehe, dann wünschte ich ein paar trokne ernste Worte von dir, oder eine schwehrmütige Miene, damit ich weiter zu fragen eine heilige Scheu tragen, oder deinen schönen Unmuth ehren möge, und 2° daß du mir meinen Eifer mit der Chemie ein wenig anfrischtest oder ganz legtest, sie hat mir doch nur dann recht gefallen wollen wie du sie triebst, es ist Kerl, weil dir *haltersman als* Alles gut steht, der Degen, die Harfe, die Leier, das Rasiermesser, der Magnet, und der Schmelztiegel. – Die Voß läßt dich grüßen, der alte Herr geht sehr damit um, sich ein Hauß zu bauen, er hat seine Dedikations Exemplare des deutschen Horatz und Hesiod selbst dem Kurfürsten überreicht, und ist gar vergnügt in Heidelberg. – Murr hat jezt ein Beschreibung von Wallensteins Ermordung herausgegeben, die viel interressantes enthält, besonders daß Wallenstein beinahe vor Podagra auf keinem Fusse stehen konnte und immer Rindfleisch auflegen mußte. Schreibe mir doch, ob und wie viel ich dir von den Zirkularen senden soll, und mache fort, hierher zu kommen

dein Clemens Brentano

1. Juni 1806
Heidelberg

Hier fehlen einige Seiten, die ich dir mit dem nächsten Briefe an dich sende, weil ich sie die Sendung nicht zu verspäten jezt nicht abschreiben kann, und doch selbst muß. Ich war mit Sophie und Hulda zu Fuß in Wallthürn auf der Walfahrt und fünf Stund weiter zu Miltenberg bei Herrn Schwaab. Savigny ist mit Gundel bereits in Nürnberg, wo sie diesen Sommer bleiben, sie will dort niederkommen, ich will auch hin, und du sollst nicht fehlen, wir wollen den zweiten Band dort vollenden. Morgen 15 Juni gehe ich nach Fft wo Christian ist, den Gall zu hören, ich kehre nach Heidlberg zurück. Pfarrer Rother hat mir seinen grosen Vorrath gedrukter lieder, etwa 6 Mal so viel als wir haben gegeben, es ist manches dabei. Auch der Sohn des Merk in Darmstadt mehreres aus Vaters Nachlaß. lebe wohl.

82 *Berlin den 14 Juny [1806].*

Auf Aktenpapier! Geschäfte! Luft! Sakerment schon wieder einer da! – Sieh das geb ich dir zum Gegenruf auf deine Wälder, meine Blätter rauschen auch nur anders, lauter Silberpappeln, Pachtübergaben. Zwey Blätter meines alten

Briefes lege ich bey und möchte Dich gerne von da an schnell hindurch bis zu meinem heutigen Lebenspunkte führen. Bei Hahn war noch einmal Comödie, Weiberehre von Ziegler, Ball nachher, nachher eine schöne thauende Nacht. Nachher reiste ich an die Ostsee nach Warnemünde, ließ mich vom Meerschaum wiedertaufen, fraß Seefisch, ging nach Dobberan, las viele wunderliche Inschriften, schöne Geschichten, neue Badeanstalten, dann nach Rostock wo Termin von Leuten die nicht bezahlen können, herrliche alte Häuser, Spielbänke, Wachsfiguren und Policinelle, auch ein Paar Studenten, die niemand bey Tage sah, aber Nachts wie Käuze zurückerufen hörte. Da nahm ich Abschied von meinem Onkel, den andern Tag in Karsdorf von meiner Tante. Beyläufig gesagt, es thut mir leid, daß *Engel* so *hart* sind, aber warum sie so weitläuftig sind, weiß ich gar nicht, wir verstehen es ja alle, wenn man sagt, ich gefall mich, wo ich bin, recht gut, und weiß nicht ob ich mich gefallen werde, wohin ich komme, wegen der Sei[d]lern habe ich an den Onkel geschrieben, mit der Piautaz hoffe ich hier noch sprechen zu können. Von Karsdorf nach Strelitz, Abschied unter hohen beschnittenen Kastanien von drey freundlichen Schwestern. Vaterland, du bist kein leerer Nahme, es ward gleich anders, Wohlseyn überall wo ich in die Ukermark kam. Ich sah zum erstenmahl Boitzenburg, das Lehen des Grafen Arnim, prächtige alte Burg, mitten im schönsten Garten, an einem See, der zweymal tief in Buchwälder hineinläuft um alle dichte Kronen zu nähren, prächtige Ruinen eines alten Stiftes, eine Meile wie die schönste der Bergstrasse, mit Wallnüssen, Kirsch und Birnenbäumen besetzt. In Prenzlow lebte ich zwey Abende in Geschäften, auf dem Wasser und hörte einmal wieder Quitarre, die Mädchen waren alle vor dem Dunkel sehr graulich, das machte mir den Spas, sie mit Gewalt hinein zu führen. Du liebe Zeit, was einem nicht alles in lichtfreudigen Tagen Spas macht, wie Bologneser Steine leuchtet man noch in die Nacht hinein. Auf meinem Gute fand ich meinen Bruder wir hatten Geschäfte und Streit. Unser Streit betraf eben Preussen, worüber du mich befrägst. Die meisten Leute in Deutschland bleiben in der Vorzeit bey einem Punkte stehen, fortlebend denken wenige, daher der meiste Schimpf gegen unsre Regierung. Daß sie hätte etwas Ausserordentliches leisten können vor einigen Monaten, daran zweifle ich nicht, doch vor allem gehörte dazu ein ordentlicher Kopf zur Führung, oder wir hätten ebenso unsre Kräfte versplittert wie Oesterreich und Rußland. Dazu kömmt noch das völlig Unbildsame der Russen und Oesterreicher, die nie mit einander und mit uns zu einem organischen Ganzen zusammen wirken können. Ich läugne gar nicht, daß ein Talent an der Spitze das alles aufheben könnte, es giebt Leute die besser mit den Zehen schreiben als ich mit den Händen, aber solch ein Talent war nicht da wenigstens nicht da, wo es stehen sollte – Haugwitz war der einzige der dies bestimmt sah, und durch eine höchst kühne Operation vielleicht ganz Europa von einem schnellen Sturz rettete, der einzige Mensch, der in den grösten Verhältnissen Schimpf zu ertragen wuste, der bey tausend Widersprüchen, selbst absichtlichen Versuchen um ihn zu stuzen, gegen alle im Kampfe sich zu halten wuste. Hannover ist wie eine reife Frucht an uns gefallen, jezt findet es sich[,] nun wir hineinbeissen, daß sie sogar schon wurmstichig. Preussen hat ohne Schaden als der einzige feste Punkt in Europa das System des Friedens durchgeführt und das nicht eigentlich aus Absicht, sondern in reiner Nothwendigkeit so daß wir ganz inne werden Göthes Spruch, Consiliis hominum pax non reparatur in orbe. Das ists ungefähr, was ich Dir ganz trocken über uns sagen kann, viele so wie ich haben mehr von unsrer Regierung erwartet, sie schimpfen daher, andre wie Verzweifelte haben uns wie ihr letztes Brot angesehen und darum wie ihr Eigenthum[;] sie schimpfen, andre haben so viel Schimpf auf sich, daß sie davon abladen müssen, andre endlich sprechen es den Engländern nach, gegen die wir den einzigen Fehler haben allzu treulich auf ihre Ehre und künftigen Vortheil unser Handelsgut anvertraut zu haben, ihre scheinheilige kurzsichtige Bosheit wird sich bald strafen, ich bin ihnen von ganzer Leber feind. Doch zum Teufel mit all der öffentlichen Wirtschaft wenn man dabey nicht selbst mitwirtschaften kann, deine lieben Briefe haben mir unsre Schriftsteller Wirtschaft so deutlich vor Augen gebracht, daß ich schon wünschte statt der Briefe die Lieder vor mir zu haben, nur habe ich in diesem Jahre eine grosse Lust nach Wisbaden, ich bin wohler als im vorigen Jahre, aber ich fühle doch meine Empfänglichkeit zu Rheumatismen [–] der vornehme Name für Schnupfen und Diarrhöe [–], wenn ich erst unterweges bildet sich das alles selbst aus, der Fuhrmann frägt dann und in zwey Tagen liegt das Pulverland hinter mir, zuerst nach Bärwalde, das ich verpachte, dann nach Halle, da stehe ich am Rubikon. Um Savignys Abreise nach Nürnberg thut es mir sehr leid, wir waren jezt an einander gewöhnt, vielleicht wären wir einander nothwendiger geworden, in jedem Fall hätten wir uns erlustigt alle zusammen miteinander, nur gar die vielen Wochenbetten in eurem Hause die machen mir schlechte Tage in guter Hoffnung. Dein Liederaccouchement gefällt mir sehr wohl, setz meinen Namen immer darunter, jezt freilich auf der Reise könnte ich manche der Anzeigen vertheilen, aber ich weiß nicht, wo es mich bestimmt treffen kann, bey Reichardt [–] er geht bald nach Petersburg [–] bleibe ich nicht lange, doch soll er gewiß das Lied von Elwert lesen, in diesem Augenblick habe ich nicht Zeit an E zu schreiben. Wenn ich Falk sehe will ich ihm ein Paar Lerchenlieder von mir geben, da mag er drüber hinjagen, er will sie fressen und sie singen ihm. Hagen hat sich ein ganzes Heldenbuch aus Dresden abgeschrieben, er bekommt nächstens die Niebelungen aus München, er meint, daß Freund Dozeen, ein hohler aufgeblasener Scheisser. Niemand arbeitet so ernsthaft philologisch auf alte deutsche Zeit wie Hagen, seine Bearbeitung der Niebelungen, das heist Entniebelung kommt bald heraus, dann wird es Heldenbuch und Niebelungen er kann jezt schwedisch dänisch, dringt gut ins Isländische vor, wenn auch seine Entdeckungen nicht alle so zusammenpassen wie Tiecks, als wären sie zu einander erdacht, so passen sie sicher besser mit der gesammten Natur dieser Dichtungen. Was Du ihm könntest zum Heldenbuche schicken, käme in die besten Hände. Er hat ein sehr wunderliches Familienverhältniß, er hat eine Brabanterin geheirathet, die sonst hier in Hurenhause, neulich aß ich bey ihm, so etwas verwischt sich doch nie, wie Doktor Luthers Tintenfleck an des Teufels Leibrok, der voll Cimbeln hängt. Hopsasa!

Doktor Luther der hier einmal Lermen gemacht auf dem Theater, und mir so viel Durst, daß ich nachher mit Bury ein Paar Bou: Champagner in lauter Gesundheiten ausgesogen. Da Du viel von dem Stücke in Zeitungen lesen wirst, so must du nur kurz wissen, was wir beyde uns darunter denken möchten, eine Darstellung der Zeit. was uns dabey unerläßlich schien[e] und sehr schwierig, davon keine Spur, ausser ein Paar Ausspr[ü]che und Anekdoten, aber sonst als eignes Machwerk von Werner verräth es einen eigenthümlich nachahmenden Sinn, es ist wenigstens ein tausendmal besser, als was so täglich erscheint, sonst ist nichts drin, was ich nicht jeden Augenblick besser hinschmieren wollte. Die Pracht der Aufführung überstieg sich fast. Auf nahes Ansehen Glück zu.

Dein Achim Arnim

Trinklied eines alten Junggesellen.
Melodie von Zelter.

1.

Uns alten Junggesellen
Fällt auch das Freyen ein,
Wenn Schwalben sich einstellen
Und andre Vögelein,
Dann singen wir so in der Still, –
Wenn mich nur eine nehmen will, –
Tridalderil, wenn mich nur eine nehmen will.

2.

Ich alter Junggeselle
Im May zur Witwe ging,
Und stolpre an der Schwelle,
Die Sprache mir verging,
Doch sagt ich ihr so in der Still:
Mein Schatz, wenn Sie mich nehmen will, –
Tridalderil, ich Ihr mein Haus vermachen will.

3.

Mir alten Junggesellen
Drückt sie darauf die Hand,

Und was in solchen Fällen
Schon oftmals angewandt,
Sie sagt mir gleich so in der Still:
Es ist des Himmels ewger Will,
Tridalderil, das Hauß ich doch erst sehen will.

4.

Ich alter Junggeselle
War da im Herzen froh,
Es schien mir drein so helle,
Und brannte lichterloh,
Ich sagte Ihr ganz in der Still:
Wenn sie mein Haus erst sehen will,
Tridalderil, ich ihr ein Fest bereiten will.

5.

Mir alten Junggesellen
Sie giebt darauf den Kuß,
Das Mahl reich zu bestellen
Ich von ihr eilen muß,
Ich sprech vor mir ganz in der Still:
Daß ich nur recht mein Amt erfüll,
Tridalderil, An Essen sey die Hüll und Füll.

6.

Ich alter Junggeselle,
Ich habe eine Magd,
Die kommt nicht aus der Stelle,
Denn sie ist zu betagt,
Da dacht ich mir so in der Still:
Wenn ich für heut was haben will
Tridalderil, so hol ich's selber in der Still.

7.

Ich alter Junggeselle
Ging aus mit einem Sack,
Und kaufte mir ganz schnelle
Zitronen, Zucker, Rack,
Und dachte froh so in der Still:
Nun geh es wie es gehen will,
Tridalderil, Nun geh es, wie es gehen will.

8.

Ich alter Junggeselle,
Ich machte lang nicht Punsch,
Da koste ich so schnelle,
Ob er auch ganz nach Wunsch,
Und sag zu mir so in der Still:
Ey koste nur nicht gar zuviel
Tridalderil, denn du verdirbst dir sonst das Spiel.

9

Wir alten Junggesellen
Vertragen gar nicht viel,
Will Amor sich gesellen
Und treibt mit uns sein Spiel,
Ich sagte immer in der Still:
Wenn ich mein Gläschen wieder füll,
Tridalderil, ich ihm zu ehren trinken will.

10

Denkt alte Junggesellen,
Bald tanzt' ich wie ein Haas,
So gehts in solchen Fällen,
Ganz roth ward mir die Nas,
Da sang ich in der grösten Still:
Das wär doch gar ein lustig Spiel
Tridalderil, wenn ich hier tränke gar zu viel.

11.

Zum alten Junggesellen
Trit da die Braut herein,
Ich wollte mich verstellen,
Allein sie war zu fein
Sie führt mich da ganz in der Still
Auf einen Stich als wie zum Spiel
Tridalderil, wobey ich auf die Nase fiel.

12.

Mich alten Junggesellen,
Sie schimpft dann wacker aus,
Daß ich sie tät bestellen
Zu einem frohen Schmaus,

Und dann voraus ganz in der Still
Mich also gröblich überfüll,
Tridalderil, und nicht die Pflicht als Wirth erfüll.

13.
Ich alter Junggeselle,
Ich sag ihr grad heraus,
Daß sich die Lieb einstelle
Für alte Leut beym Schmaus,
Da sagt sie mir ganz in der Still,
Daß sie doch keinen Säufer will,
Tridalderil, der Hab und Gut verprassen will.

14.
Ich trunkner Junggeselle
Schmiß sie darauf hinaus,
Und über meine Schwelle
Kommt nun kein Weib zum Schmaus,
Ich singe mir ganz in der Still,
Wer noch im Alter lieben will
Tridalderil, den schickt der May in den April.

15
So oft mir Junggesellen
Jezt kommt zum Freyn der Wunsch,
So thu ich mir bestellen
Ein gutes Gläschen Punsch,
Und koste dann so in der Still,
Und trink soviel ich trinken will
Tridalderil, bis mir das Freyn vergehen will.

·/.

83

Giebichenstein den 1 July [1806]

Liebreicher Leser!

Kramer hatte den sinnreichen Einfall als er viele Pakete abschickte zwey Finger statt eines in Tinte zu stecken um das H auf einen Strich zu machen, so hab ich die Gewohnheit auf andrer Leute Briefe von gleichem Orte zu lauren, von meinen Freunden was zu hören. Die Voß schrieb ans

Reichardtsche Haus, daß sie bey Deiner Frau Louisens Lieder gesehen, sind diese da, so ist auch mein Brief und das Wechselche bey Deiner Frau, der Rest der Fiammetta abgeschickt, daß die Reale Handlung real bedienen kann, also alles in Ordnung. Ich habe deine beyden Briefe erst hier mit rechter Sammlung lesen können, Deine Wanderungen rissen mich oft zu dir hin, wie ein Kind das gefallen, den Stein befühlt, wo es lag, so grub ich das Grab auf, kletterte an der Fichte hinauf und raupte sie ab, es ist mir immer lieb, daß ich von so etwas erst höre wenn es vorbey, sonst würde es mir gerade so leid thun, als daß ich nicht beym Ettersburger Theater gewesen, spiele ich doch jezt auf dem Giebichensteiner Theater eine gute Rolle und damit Halle[?]. Aus den Beylagen wirst du die Erfüllung deiner Vaterklagen sehen, Du schreibst so ehrlich daß das Lied von Elwert, sonst würde ich in ein Paar Versen Deine Manier zu entdecken meinen, zwey Lieder von Dir, die Du nicht ableugnen kannst liegen auch dabey, das Sträußlein muß durch die Laute geflochten werden, um ganz gehört zu werden, wozu Du freilich hieher Deine Ohren spitzen must, weil diese wahrhafte alte Laute eben so einzig hier wie Euer Faß in Heidelb: und in Erfurt die Glocke klingt. Nach Sevilla wirst du mit Vergnügen gehen und singen, ich möchte Dir fast die Melodie beneiden, wenn sie nicht ihren bekannten Bekannten auch wie ihren unbekannten Bekannten bedacht hätte, so gut bedachet, daß es regnen und stürmen mag, meine Lieder sind gegen eine Völkerwanderung gedeckt und können nicht untergehen, ich bringe viel davon, wir wollen mit einander uns bewirthen. Ich habe das Hinstarren, so in allerley Erfreulichem, was sich rings um mir ereignet, so in der Angewöhnung, daß ich meinen Brief oft unterbreche und warte auf etwas, daß die Sonne scheint ist mir noch nicht genug, daß der Garten in Früchten blüht ist noch nichts ungewöhnliches, daß ich singen höre wann wie was ich will das ist in der Ordnung, daß ich Wasser fahre wenn gutes Wetter das findet sich und Journale lese, wenn ich bis Halle gehe das macht sich selbst, nein ich laure so, ob mir Gedichte in den Sinn fallen, wenn ich nur Zeit hätte sie aufzuschreiben, aber was nicht das Essen ist, das kriegt der gute Schlaf, oder ich brate mich an dem göttlichen Feuer der Sonne und begiesse mich mit wohligen Gedanken. Nun recht lange wird es mir so gut nicht werden, Reichardt weckte mich gestern, den frischen Mondschein im Silbergrün seines Gartens anzusehen, wohinein die Schatten des Berges eilige Schriftzüge gezogen, ich stand da in weisser Jacke wie ein Porzelanener Abdruck des Mondschein und es that mir neben ihm herzlich leid, daß ich ihm nicht bis ins letzte Vierthel scheinen konnte, wir reisen in ein Paar Tagen von hier bis Hildesheim zusammen, wo wir sein Enkelein taufen helfen. So führe mich denn Schicksal weiter, ich bin dein Ausarbeiter, was du gemeint, in mir erscheint, willst du hier naß, so piss ich was, willst dus hier trocken, so kann ich Feuer locken. Das kann ich, aber Reichardt will Geld, will einmal verdienen und macht einen Versuch auf Russland, er geht über Däñemark und Schweden vielleicht durch die griechischen Inseln zurück. Noch denke ich den Egmont in dem seligen Lauchstädt zu sehen, ich denke es mir so schön, als ich es wohl nicht finden werde, ich war in so unendlich frischem Anbruch des Lebens betrunken, als es mich entzückte, daß ich zum blossen Spas um einen eitlen Studenten nachzumachen, mir unter den Bäumen davor Spornen anschnallte und wieder ab, ich war so ganz fessellos und so ergeben, daß ich mir selbst in meinem durchgeätzten Schlafrocke, wie ein Genius vorkomme, der die Welt umrührt und dem der Spasvogel auf dem Dache immer Pferdeäpfel in seine Retorten wirft. Was vom Leben in der Erinnerung bleibt ist der süsse durchgeschmolzene Zucker, wie in der Kaffetasse, es ist mir damals oft sauer genug angekommen, wie ich mich noch bey tausend närrischen Papieren erinnerte, die ich in Berlin durchstöberte. Mich hat das alles so anmuthig gestimmt, daß mir selbst Aergerniß leicht vorüberziehe, so las ich einen Theil von Arndts Geist der Zeit, du wirst davon viel gehört haben, mir kam es zu weilen vor aus so gewissen bestimmten Zügen, als wenn er hin und wieder meine vielbestritne und vielbelobte Abhandlung vor Augen gehabt, sey es oder nicht, so miserabel habe ich nie meine Zeit verkennen wollen, ich kenne wahrlich beydes recht gut die miserable und die vortrefliche Zeit, die Fäden die reissen und die sich anspinnen, und wenn ich auch selbst nach dem eingeschränkten Kreise meines Wirkens über meinen Staates hätte verzweifeln mögen, ich verkenne auch seine Grösse nicht, und diese Vorwürfe gegen Preussen, das nie irgend eine freundliche Gesinnung von Deutschland erfahren, die ewig verwüstet verkauft worden, die uns nur ein fester Wille aus harter Natur und härterer Unterdrückung aus Noth zur Freyheit herausgehoben, doch zweymal das Verderben von Deutschland abgewandt und immer mit fester Sehnsucht daran gehangen, was zeigen diese Vorwürfe anders als die entsetzliche Uebelthat der Schwäche, die sich auf giebt, weil ein andrer ihr nie ganz helfen kann. Wenn einer ein Schattenspiel gebe in glühendem Abendroth, Comus und Amor gingen drin auf Stelzen, das Volk aber wüste es nicht und hielte es für einen allgemeinen Lavastrom in dem die Engel zum jüngsten Gerichte das Amphitheater aufschlügen und es stände da, wie gewurzelt am Boden, könnte sich nicht trennen von der Erdscholle und die Scholle nicht werfen gegen die Spielenden, lieber, wer ist da besser dran, die das lustige Spiel dafür nehmen, und mit lachen, und so ist Preussen, oder die welche sie verfluchen, weil sie so leichtsinnig in wichtiger Unternehmung sind.

Meine Reise führte mich über Bärwalde, wo ich einen neuen Pächter einsetzen half, mein Bruder hatte da englische Hauswirtschaft eingeführt, die Leute waren sehr verwundert um 4 Mittag zu essen, mir war es lieb um die prächtige Entenjacht dort zu benutzen, ich stecke lieber in Dreck als in Papieren. Dessau sah ich am Johannistage, voll Regen und voll Lustigkeit, nachdem ich mich mit dem papiernen Soldaten auf der Wittenberger Brücke über die wahren Gleise gezankt, mit meinem Knecht übers Fahren, mit den Bauern über verbotene Wege, mit dem Wirth über Prellerey, der kalte Tag machte mich ganz grimmig, so daß mir der Garten der Flora wie ein blutbespritztes Turnierfeld vorkam. – Ich muß eilen. – Dort fand ich ein Sonett von einem Varnhagen, der mit Chamisso ein Paar Musenalmanache herausgegeben, wie dabey stand in der Nacht geschrieben, wo er meiner V. L. Abhandlung gelesen, aber ein halbes Jahr dort schmachtend durch ein Versehen auf der Post, hier finde ich ihn selbst, ein blonder sanfter Mann, zierlich ordentlich, tief im Griechischen, macht sich nicht viel Gedanken, hat ein recht wunderlich Buch geschrieben testimonia auctorum de Merkelio, wo in einem Sonnet ausgemittelt, daß das Frauenzimmer Dortchen Lackenreisser, an die Merkel schreibt, ich hab mich in sein Stammbuch geschrieben, das wie die Lade einer Meistergilde voll Dichterfamilien war. –

– Von Hendel habe ich Hallorenlieder, auch Varnhagen hat mir ein Paar Sachen gegeben, kommst du nicht vielleicht nach Wisbaden? Schreib mir doch nach Göttingen abzugeben bey H. Dieterich, gieb mir besonders Nachricht, ob mein letzter Brief aus Berlin angekommen, ob der Rest der Fiammetta abgeschickt.

Als die kleine Galathe
Ging spazieren an dem See
Fand sie einen Kiesel.

*

Ey sprach sie was machst den[n] du,
Ohne Rast und ohne Ruh
Hier in dem Geriesel.

*

Steckt ihn da ganz ruhig ein,
Ward der Kiesel glat und fein,
Sie vergaß den Kiesel.

So vergiß mich nicht, wenn ich bald ein sehr ordentlicher Mensch werde.

A. Arnim

84

Heidelberg 16 Juli. 1806.

Lieber Junge!

Heut erst, oder vor wenigen Minuten erhielt ich den Giebichensteiner Brief, und ich eile dir augenblicklich nach Göttingen zu schreiben, wo dich Vielleicht der Brief kaum trifft. Wenn du platterdings nach dem langweiligen Wanzen vollen Wisbaden willst, so komme ich dort zu dir, aber wäre es nicht viel herrlicher, wenn du nach Baden giengst, ein Bad, das um kein Haar von dem Wisbader abweicht, am Eingang des herrlichen Murgthals, 7 stund von Strasburg, 18 von hier liegt, wo wir aller wunderliche Schwaben und Bayren und Elsäßer Churgäste haben, umgeben von herrlichen Wäldern, alten Burgen, in tiefer Catohlischer Einsamkeit, wie viel, viel hübscher wäre es dort, wo wir beide noch nicht waren, und wo wir uns herrlich delektiren könnten, denn Schreiber der mein recht guter gefälliger Hausfreund ist, geht nächstens hin, ist von dort, und gewisser maßen der Zizerone von dort, zugleich kommen wir in den lustigen Herbst von Affenthal, ein Herbst, der noch alle alten scherzhaften Pritschen und Hanswursten mit sich führt, und welcher am Rhein in dem von Franzosen ganz überschwemmten Wiesbaden, die ganze Armee liegt dort herum, gar nicht mehr ist. In Baaden ist kein Franzoß – das ist schon, waß sehr angenehmes, ich bitte dich sehr, lieber zieh *Baden* vor, du thust mir eine große Freude mit. wir können dann hier von Liedern und Büchern Mitnehmen, waß uns gut dünckt, und haben großen Spaß. Trift dich dieser Brief in Göttingen, so suche doch herrn Doctor Oken auf, er hat mir viel Gefälligkeit erwiesen, und mir den Thedel abschreiben laßen wo für du ihm doch einen Thaler bezahle, da ich niemand dort habe. – In Cassel suche auf herrn Kriegssekretair Grimm der mit Savigny in Paris war, ein guter Mensch, er sammelt Lieder für uns, auch die Engelhard. – In Marburg Christian bei Weinhändler Zimmermann und Pfarrer Bang. – . Sehr, sehr lieb ist mir die Idee mit Baden, doch halte dich dann nicht lange in Fft auf, und komme gleich hieher, wo du auch einen wunderbaren Kampf ansehen kannst, denn Gall will hier den Akermann ganz ausmerzen, sie sind wüthend auf einander. Gall wird in ein paar Wochen grade wenn du da bist ankommen, er lag in Fft den ganzen Tag in unserm Hauß, und riß Zoten! – . Ich schwöre dir einen heiligen Eid, daß Baden schöner und rein ebenso wirksam als Wisbaden ist, und kein Franzoß ist da lauter wunderliche schwäbische Reichsbürger u.s.w. mir wäre diese kleine Ortsveränderung von ungemeinem Vortheil, wir lernen zusammen ein neues liebes Land kennen, und Strasburg, der Münster! bedencke nur 7 Stunden davon. – . Etwas ängstet mich, hast du denn nicht den Brief von mir mit den vielen kleinen Kupfern erhalten, du meldest kein Wort, deine eigne schöne Sammlung hatte ich auch abgeschickt, aber da ich hörte, daß du kömmst, habe ich in Fft bei Mohr Contre ordre gegeben, weiß aber nicht, ob diese noch Zeitig genug eintraf. Deinen Brief aus Berlin habe ich, doch habe ich nicht antworten können, weil ich dein Aufenthalt nicht wuste. Sophie hat auch alles, und schon an Raumer geantwortet. Rings um Baden habe ich eine Menge Liedersammelnde Männer, und wir können uns dort täglich im Bade ein Parthie vorlesen. Willst du dich ein wenig über Baden orientiren so lasse dir doch in irgend einer Buchhandlung – Baden und seine Umgebungen 1805 von Alois Schreiber geben. Es ist mir sehr bang, daß dich mein Brief nicht trifft und daß du derweil nach dem schmuzzigen Badia Badia Wiss Wiss Wiss abgerutscht bist. Doch das Verhüte Gott, dann müste ich wieder in einem Ort, den ich eben nicht liebe, dich ganz allein lieben, und das ist [vi]el viel leichter als wie der St Isidorus auf der Säule 10 Jahre stehn. Arnim laß dich erbitten, reiße Straks hierher, und ich gehe augenblicklich mit nach Baden, mache mich auch anheischig, so gleich wieder mit nach Wisbaden zu gehen, wenn du den Tausch nicht glüklich preißest. Morgen, übermorgen sind die Empfang Feierlichkeiten des Churprinzen und der Stephanie in Mannheim, ein Vorspiel, das Herr Wedekind in Leipzig von Herrn Mahlmann hat machen lassen, 20 Wagen voll ruinirter Wälder werden der Stadt Schatten geben und den Huren, welche Kränze und Verse reichen, auf ein paar Tage, das kömmt so heraus wie viele Soldaten, die paradiren, aber keine Bürger, kein Vaterland. – . Hast du das *entsezliche libell* gegen Preusen gelesen, Bemerkungen eines Anspacher Rathsglieds auf des Königs von Preußen Beantwortung, der Anspacher Vorstellung – wahr oder unwahr sei Preußens Schande, – waß da drinn steht ist gesprochen so aus dem Herzen, als das vive le roi mancher armen Revolutionsopfer unter der Guillotine – . Antworte darauf – lieber – sage doch öffentlich, waß ich so gern von dir höre, daß du Preußen liebst, und lasse mich unten anhängen, daß ich preußen liebe, wenn Preußen solche Liebe wie deine verdienen kann. Sekkendorf ist in Frft herumgelaufen, stelle dir vor, Bethmann und andere haben ihn dir sehr ähnlich gefunden, und ihn verehrt, und die Günterrode sich in ihn verliebt, Betine ward ganz indignirt über den Lumpen und die Lumpensammler. Gestern schreibt er mir wieder von Regensburg und fragt wie viel Honorar Mohr giebt, ob ich ihm Beiträge in seinen Musenalmanach schicken will, ob ich ihm erlauben will seine wenigen Liedlein einstweilen abzudruken ect. Hast du den Roman, die reisenden Mahler von Ernst Wagner gelesen Göschen 1806, er hat mir gar oft sehr gefallen. – . Nochmals flehe ich sehr gehe mit mir nach Baden, wir erhalten dort einen Mittelpunckt für Bekanntschaften aus dem Liederreichsten Deutschland, ach ich weiß so gar viel schönes von jener Gegend, Lebe wohl schreibe gleich, Sophie kömmt wahrscheinlich im September nieder, und du bist zum Drittenmahl mein Pathe, liebes goldnes Jugend Herz, wie ich aus dir trinken kann! Du sollst dich freuen, waß Sophie mich jezt lieb hat, und wie sie gut geworden ist, wir leben in einer wunder schönen Einigen Ehe seit 9 Monaten

dein Clemens.

Für die Melodien dancke herzlich, ich werde Louisen selbst dafür dancken, Betine sendet ihr ihre Compositionen, und wird mit ihr correspondiren.

Zu Frft in dem äußerst wunderbaren Garten, den Franz diesen Sommer gemiethet hat von einem Zukerbecker Pren ist eine Bildergallerie, und zwar besteht sie aus 3 Ungeheuren Gemählden, Landschaften, und stelle dir vor die eine ist, das Original von dem Kupfer, das du hast, wo links die Burg mit dem Zieheimer im Teiche liegt, recht Kerls gebückt nach Enten schießen und man zwei Reisenden in Rücken sieht, vortreflich erhalten, und sicher Original, thue sachte, sei politisch, du mußt sie kaufen, ich habe 1 halben Tag vor dem Bild gesessen und es dir gewünscht

85 *Braunschweig den 30 July [und Göttingen, den 16. August]. 1806.*

Lieber Clemens!

Heyer ist unverändert wie in Göttingen, sein Backenbart hat noch dieselbe Länge, seine Binde dieselbe Schlaufe, er empfängt und empfindet noch eben so ruhig geräuschlos, ein gottergebner Pracktikus, wie keiner, wohlangesehen und gegrüsst in der Stadt, Arzt der Princeß, hat eine angenehme, hübsche, blonde Frau, die Schwester des Volkmar, ein Kindchen, was ihr ganz ähnlich sieht und eins in der Hoffnung, was noch niemand sieht. Er ist lange kränklich gewesen, hat sich aber allmälig an eine Thätigkeit gewöhnt, die weit über seine Kräfte zu gehen scheint. Wir sprachen nothwendig viel über Winkelmann darum hier nur wenige Worte über ihn zur Berichtigung dessen, was der sogenannte Freund Tropf in Heidelb. gesagt. Er ist keinesweges toll gewesen in der letzten Zeit, sondern an einem Tiphus gestorben, den freilich seine Art von wilder Praxis gefährlicher gemacht hatte, er hat sich auch eigentlig nicht durch Liederlichkeit so geschwächt, denn das soll eine Redensart gewesen ungeachtet er freilich auch nicht keusch gelebt, sondern durch sein alles Ritterisch nachgebildetes ungewöhnliches Leben, langes Arbeiten für einige Tage, Hungern, dann Schlafen, Trinken, Fressen für den folgenden, Verliebtthun, Verzweifeln, eine Menge künstlicher Empfindungsmanege, dazwischen Kränkung in Wahrheit, verkehrte und verfehlte literarische Bemühungen [–] während sein Körper das letzte halbe Jahr schon kränkelte [–], Collegia zu lesen, von denen er fast nichts verstand, wie Botanick. Heyer ist nie mit ihm eigentlich entzweit gewesen, aber entfremdet, er hat ihn auch in der Krankheit besucht. Er ist immer damit umgegangen, alle alte Medicin umzustossen, die neue hat ihn umgestossen, schade, recht schade, das verfluchte Lesen hat ihn doch auch vernichtet, Tollheit über Tollheit wenn Jugend lehren will, hättest Du ihn nur öfter über seine Collegia aufgezogen, über sein Großthun, er hat es wohl gefühlt, wie nothwendig Du ihm warst, aber es sich nicht auslegen können, du meintest dagegen, er wolle und könne Dein Freund seyn.

Steffens wäre eigentlich auf demselben Wege des Untergangs, wenn ihn nicht seine schöne Frau darin aufhielte in ihren weichen Armen; sie wollen keine unbewußte Empfängniß, nein, sie setzen sich Tag und Stunde wo sie erfinden wollen. Das bringt mich zu Beireis nach Helmstädt, bey dem ich vorgestern einen recht sonderbaren, närrischen Tag zugebracht habe. Ein kleines wunderliches trocknes Männchen, ganz wie ein Gelehrter aus der *kleinsten* Reichsstadt der Welt [–] er ist aus Mühlhausen [–], ein direckter negativer Gegensatz zu Göthe, alles Formel er sagt, in 36 Definitionen steckt alles, die giebt er in der Logick. Wahrscheinlich ist der Fuchs dabey so listig zu fordern, alle Bedingungen zu kennen und die Mittel zur Ausführung denn so etwas liegt in seiner Art, er hat Menschenkenntniß und sucht jedem beyzukommen, das heist ihn zu verwundern[.] Er schimpft ewig auf Halbwisserey und auf die jezige Zeit, er kennt auch nichts davon, und darum ist er grossentheils höchst unwissend worüber ich dir närrische Beyspiele erzählen kann, denn ich machte mir den Spas ihn auf die Probe zu stellen. Was ich will das habe ich, das danke ich alles meinem Kopf, verdienen die heutigen Chemiker wohl einen Groschen? So ungefähr spricht er. Das hat er mit Bonaparte gemein wirklich zur Verwunderung viel zu besitzen, und jedes nur darum, um darüber das Wunderbarste zu lügen, so sichtbar zu lügen, daß er 800 Frd'or sagt, und zum Belege einen Brief zeigt wo 400 Frd'or steht. Er hat herrliche Gemälde deutscher Schule, einen jungen Dürer, mit rothem Käppchen, durchaus einzig herrlich, dafür schreibt er auf einen andern Raphael Urbanus pinxit mit derselben Hand, die hinten lateinische Disticha geschrieben, belegt es dann mit einem Auctionskatalog oder zeigt aus irgend einem schlechten Kunstbuche daß ein Stück dieses Gegenstands irgendwo existirt hat. Die Gemälde an sich sind ihm ganz verloren, er schätzt nur, wenn Leute darüber weinen, Hunde sie anbellen, er hat auch nicht eine Idee, wie die Mahler gemalt haben, denn bis zur gröbsten Verwechselung steht seine Lüge[.] Er ist in allen Welttheilen gewesen und darüber lächerlich angeführt worden von Leuten, die behauptet ihn in fremder Gegend gesehen zu haben und mit ihm abentheuert, in Neapel hat er ein wildes Pferd geritten, das sich vor seinem Schatten gescheut, indem er es gegen die Sonne gestellt, ausserdem behauptet er nicht herunterfallen zu können, weil er gründlich die Theorie des Gleichgewichts studirt hat. Er schimpft ewig über Halbwisserey unsrer Zeit, hat seit dreissig Jahren nichts gelesen, denn spricht er von Frieden, so spricht er immer noch vom Türken. Seine Gelehrsamkeit sind auswendig gelernte Definitionen, ich sagte daß er in 36 Sätzen die gesammte Weisheit zu fassen wisse, wer diese begriffen, kann alles erfinden, die letzte Stunde wird dazu angewandt, so brachte einer eine Flinte heraus 3 mal 36 Türken zu schiessen, immer durch 3 zugleich und 36 Schüsse, der Mechanicker wurde aber nicht damit fertig. Er spricht immer dreymal schneller als andre Leute, denkt immer an drey Dinge zugleich, bittet deswegen um Entschuldigung, wenn er sich verspricht, er liest 12 Collegia, das hat ihm die Zunge abgenutzt, ein Bissel dünner Kunst Wissenschaft sagt er ist da um dem menschlichen Verstande Ehre zu machen, ich weiß aber wohl, daß es mir viel Mühe machen würde, alle seine Ehre zu erzählen, ich hab ihn ordentlich schmachten lassen bis er eine Gelegenheit fand mir seinen Demant zu zeigen, ich habe ihm falsche Definitionen gesagt, ihm Mittel gesagt Diamanten zu machen, zulezt ihm versprochen, wenn ich welche fände, sie ihm zu schicken, ich muß verdammt ehrlich aussehen, daß er mir alles geglaubt, sonst hat er wirklich schon viele zum Wunderhause hinaus geworfen, die spotten wollten. Sieh und dieser selbe Mann, der sich rühmt alles zu haben, was ihm in der Welt lieb, hat nicht Frau nicht Kind, keinen Garten, elende schmutzige Zimmer, magre Katzen im Hofe, schlechten Wein im Keller, isst grobes Brod, stinkende Butter, alles ohne geizig zu seyn, blos Richtung seiner Natur in das burlesk Wunderbare, ein wahrer wissenschaftlicher Donquichote, der aus seiner Wade ein Stück ausgeschnitten um daraus ein unsichtbares Präparat zu machen. Ich erzähle dir mehr, heute bin ich eilig und nicht recht wohl, ich leide an Durchfall und schwitze unaufhörlich, doch geht es heute schon besser.

Ich bin ziemlich wohl, noch ein Wort von Helmstädt. Beireis hat mir Paar platdeutsche Manuscripte gegeben, woran aber nichts ist, dagegen fand ich den Thedel von Wallmoden, mein Bedienter schreibt ihn ab. Hier habe ich Kampes Haus kennen gelernt, worin recht viel angenehmes Wesen, unter andern ein blondes Fräulein mit schwarzen Augenwimpern. Zu Eschenburg gehe ich eben und morgen nach Wolfenbüttel. Beym Prediger Witte in Bachau habe ich nichts gefunden für uns, sonst aber viel Spas. – Von Eschenburg erhielt ich mancherley, in Wolfenbüttel habe ich wohl hundert Musikbücher durchsucht, in den meisten Wiederholung gefunden, auch eine andre Ausgabe der frischen Liedlein, sechs Lieder überhaupt nur aus allen abgeschrieben

Göttingen den 16 August.

Viel hunderttausend Dank für Deinen Brief, den ich bey Dieterich gefunden (vom 16 July) er traf mich in gedankenvoller Zeit. Mehrere meiner hiesigen Bekannten fand ich verreist nach Liebenstein, es ist noch derselbe Ort, der Wall wo ich Göthe sah, mein Gärtchen wo aus den Winkeln heraus noch rothe Ebreschen in die Welt hängen, ich sehe alle Gänge, alle Gassen, wo ich taumelnd umwandelte, ein glücklich gequälter Geist, die Berge hängen voll tiefer Wolken, der Heymberg ist grüner, die Büsche grösser, die kleinen Mädchen erwachsen, der saure Wein süß gealtert, und doch will mich das alles nicht füllen, das neue Kriegswesen, was mich so unerwartet in Hannover wie Schnee in den Hundstagen überfiel hat mich so erkältet, wegblasen mag ich den Schnee nicht, Menschenhand soll sich darein nicht mischen, ich würde sonst eher noch erfrieren, des Himmels wärme muß ich weghauchen. Drey schöne Tage hatte ich in Hildesheim zugebracht, ein guter Freund von mir, Kriegsrath von Schulz, war da achttägig verheirathet mit einer Hildesheimerin, ich fühlte es, daß seinetwegen alle die Indemmnitäten in Deutschland gemacht worden, er lernte sie durch die Preussische Besitznehmung kennen, alles noch neu Huth und Schuhe, fröhlig auswandernd ins neue Vaterland, was sie verläst alles vergessen, so gingen wir wie Böcklein über die wunderschönen buschigen Berge bey Hildesheim, tausendmal sagten wir ihr, sie möchte sich die wogenden netzartigen Heckenfelder noch einmal unter sich ansehen, statt gelben Waizen sähe sie bald gelben Sand, sie war in ihren eignen Flitterwochen wie geblendet. Reiner habe ich nie von dem Feuer brauner Augen alle Zuge um und auslaufen sehen als an ihr, ich dacht in mir wie der Schweizer bey der Kastanie, das muß ein artliger Schnider seyn, der ihr so ein feines Häutlein so ohne Noth und so weich hat annehen können. Redtel hat sich gleich frisch weg mit ihrer Schwester versprochen, will aber noch ein Jahr warten, in der Zeit soll sie was lernen und er will was werden. So strichen wir herum, das ganze Haus war mir gut Freund, ich ließ jeden allein, der allein seyn mochte, war lustig mit jedem, der gesellig seyn mochte, so sahen wir um uns, alles war zur Erndte fertig, da komme ich nach Hannover und wie Heuschrecken flogen die Neuigkeiten. Nicht daß ich den Krieg überhaupt für unser Land fürchte, es muß sich zeigen, ob es Kraft zu leben hat, sonst fort ausgewischt, fort mit uns, nur jezt in diesem blinden Zutrauen unsrer Regierung auf Bonapartes wiederholte Versicherungen, die Armeen zerstreut, ich brachte eine schreckliche Nacht zu, die Vorstellungen verwandelten sich, der gute Morgen war mir nicht gut, mich loszureissen von so viel schönen Reiseplänen war mir schmerzlich, wie oft rissen mich schon solche Zufälle aus meiner Bahn, ich tröstete mich, daß es oft schon über mir ergangen, daß die Entscheidung kürzer als man denkt, es floß ein Zutrauen in meine Seele und sehe ruhig dem Ende der Welt zu, wo der Antichrist die ganze Welt nach seiner Pfeife tanzen läst und das Häuflein der Gerechten nicht bezwingen kann! – Die Anspacher Klageschrift zu beantworten, wie Du von mir verlangst, würde ich nur dann thun, wenn sie von der grösseren Zahl Anspacher unterschrieben wäre, besonders hätte ich die Namen derer verlangt die Gut und Blut dran setzen wollten, sie hätten es thun sollen und sie wären gewiß nicht verlassen, das läst sich überhaupt bey Vertauschungen sagen, entschlossen treu verbundene Völker lassen sich nicht vertauschen, sie können nur bezwungen werden. Ich will unsern Minister nicht entschuldigen, gewiß ist es aber, daß Anspach bey jedem Kriege ganz vertheidigungslos ohne militärische Position ohnedies eine Raubkammer für den Feind gewesen wäre, eben so Neufchatel, nicht ebenso das Clevische, das wirklich mit uns verbunden war, Anspach war es seit zehn Jahren durch ewigen Vortheil, Neufchatel war eigentlich nie verbunden, die uns keine Soldaten stellen konnten keinen Anspruch machen auf Schutz im Kriege, es kommt vielmehr endlich zu tage, daß solche privilegirte Provinzen, für den Staat und für sich ein Unglück sind, so glücklich sie sich preisen mögen. Wenn Krieg kommt so kommt er vom Clevischen, da ist Unrecht geschehen, es kostet vielleicht viel, aber ich habe auch jezt viel Zutrauen[.] Offiziere und Soldaten jubelten als es hieß gegen die Franzosen, sie glauben sich so beschimpft und vernichtet, durch die bisherigen Verhandlungen unsres Königs, daß sie nur in Blut sich zu reinigen meinen. Hast du *sechs Dialogen über Krieg und Handel* gelesen, sie sind von dem älteren Raumer in Berlin, der dir so wunderlich erschien, voll hübscher Dialektick, berühren besonders manche Aeusserungen der Trägheit. Noch etwas, was mich in diesem Augenblick von jeder Schrift gegen einzelne abhalten würde ist mein Gefühl von dem Unglück, was so politische Meinungen einem Einzelnen als Eigenthum übergiebt, nur Volksmeinung ist etwas werth, die zum Entschluß, zum Zusammentreten kommt, alles andre ist wohl gut zur Untersuchung, zu der mir aber Ruhe und Zeit gebricht, die Volksmeinung will eigne Erfahrung, fremde gleichzeitige ist ihr wie alte Geschichten nur in den höheren Klassen verständlich und lebendig und ich glaube, daß jezt eher als vor 9 Monaten der Zeitpunkt zum Kriege ist, wo freilich wenige Märsche nach der Austerlitzer Schlacht das Hauptcorps der Franzosen zerstört hätte. aber wer kann die Folgen davon bey Rußlands und Oesterreichs Eifersucht bestimmen. Jezt stehen wir allein, ganz verlassen, ohne Rücksicht denn es geht auf Leben und Tod, der aber den Morgenstern hält wird uns nicht fallen lassen oder er giebt uns einen Leichenmarsch, daß alle Völker mitweinen sollen zur letzten Ehre.

Ich habe aus Winkelmanns Nachlasse meine Briefe und Deine und Savignys, beyde versiegelt und dein Stammbuch erhalten, ich bring und schick Dir alles, schreib es doch gelegentlich an Savigny.

– Deinen Brief mit Kupferstichen habe ich erhalten, schreib es nicht meiner Gleichgültigkeit zur Schuld, was nur Drang der Zeit war, ich danke für diese wie für den Büchereinkauf, ich freute mich auf so vieles in Deinen Gegenden; wenn ich dahin komme wird mir Baden so lieb wie Wisbaden, da du es vorziehst. Baden ist nur überaus ärmlich, schmutzig und von Frankfurt entfernter, die Abwesenheit der Franzosen ist freilich viel werth, der Rhein doch noch mehr. Dein Auftrag an Oken soll erfüllt werden, schade der doppelten Bemühung wegen des Thedel von Wallmoden. Hier auf der Bibliothek habe ich bis jezt noch nichts gefunden, bey Forkel sollen noch Musikbücher stecken. Blumenbach interessirt sich sehr für alle diese Sachen und erzählt mir unter andern, daß in der Bibliothek des Chorherrn Wick auf der Chorherren Bibliothek zu Zürich ein ganzes Zimmer voll Liedersammlungen, wäre doch das mein Gasthoff! Abend singen mich Commersch Köre (Heinse) ein, heute Morgen weckte mich ein geistlich Lied aus der höchsten Spitze des Hauses, wo die Schwalben nisten von einem alten Weibe (Jakobi) durch die Nase gesungen! – Wäre es doch schon entschieden, ob ich zu Dir kann!

Ludwig Achim Arnim

Ich habe Heinses Briefwechsel mit Lust gelesen, es ist so ein freudiges Hinaussetzen aus seiner Zeit darin, die auch der unsern noch in lauter Wollust den Tod geben könnte, der Brief an Wieland gehört als Dedikation zu Götter Helden und Wieland, unter den übrigen ist wohl der Brief Heinses an Gleim vor dem Peterstage das Herrlichste für sich, in ihrer Verbindung sind alle sehr lieb. Bey Müllers Briefwechsel ängstet es immer, warum sich die beyden Leute schreiben, da sie einander kein Wort verstehen, der Schwytzer und der Halberstädter Doctor, Jakobi beweist in einer langen eignen Schrift [–] einer Art Knochenbeylage [–], daß er wirklich mit den Papieren seines Freundes viel nachlässiger umgeht als mit seinen eigenen, übrigens kein Spitzbube sey, aber sehr niederträchtig und bornirt von seinem Freund Heinze urtheilen kann S 47.

Bey Doktor Forkel habe ich viel durchblättert und manches gefunden, von Blumenbach und seinen Töchtern erhielt ich auch einiges, auf der Bibliothek den Mons Veneris woraus ich die Braut von Bessa abgeschrieben, jezt sehe ich die grosse Sammlung von Kirchenliedern durch und erschrecke über die ewige Wiederholung. Ueber Wiedertäufer habe ich manches excerpirt, ungeachtet ich unruhig bin, lebe ich meine Tage hier nicht ohne Genuß, nicht ohne Wirksamkeit. Eine frohe Bekanntschaft war mir Schlosser, aus Frankfurt, ein Vetter dessen der in Jena war und über Hundebellen dissertirte, der unbefangenste, geniessendste in der neuen Manier, ein vollständiger Kerl, der mit der Welt ordentlich lebt und mit schöner Neigung das mit ihm erwachsende Talent der Reipenhausens [lies: Riepenhausens] schätzt. Ich habe bey ihm die Genovefa wiedergesehen, allerdings hat sie das reich eigenthümlich individuelle der alten Bilder nicht, dafür hat sie einen Reitz, ein Zusammenstimmen, ein Aufopfern des Störenden was doch auch wieder ein Talent ist und was sehr viel sagen will, sie stehen zu den Bildern jener Zeit, wie Tiecks Dichtung, zu den ältern der Art, sie haben also *geleistet*, was sie wollten und das ist entstanden und lebt unter uns, ist also unsre gute Sache. Sie haben die zweyte Seite der Lesche geschickt, sehr brav, sehr überlegen der ersten, die erste hat aber so schlechten Absatz gehabt, daß diese wahrscheinlich nicht herauskommt. Die Armuth in Deutschland, die sich immer noch versteckte, kommt jezt gewaltig zum Vorschein. An Oken habe ich die dreyzehn Groschen bezahlt, ich war den ersten Tag über ihn verwundert, ich dächte es käm ein verregneter Chorschüler herein, so demüthig langte er seinen spitzen dreyeckigen Hut vor[,] ich meinte um etwas zu bekommen. Das hat sich aber sehr geändert, ich kann nicht zu ihm kommen, ohne daß er aufwixt. Er freut sich seiner Wissenschaft in voller Unschuld des Studentenlebens, futtert jahrelang Schnecken um sie einmal sich karnipeln [?] zu sehen, überhaupt ist die Zeugung sein Lieblingsfach, er will in dieser Absicht eine Reise zu Dir machen, weil Du das so hübsch periodisch treiben kannst, daß du fast keinen Tag vergebens hingehen läst. Es ist mir ordentlich lächerlich, daß Deine Frau in der Zeit von anderthalb Jahren dreymal wird geboren haben, sogar meine Trauer über Deine verlornen Kinder kommt mir lächerlich vor, du bist wie das alte Liederbuch vom Igel, der sich rühmt in aller Demuth immer ein klein Igelein hinter sich zu setzen, ich merke inzwischen, daß ich gemein werde, die Studentenwirtschaft ist in der Luft ansteckend. Es thut mir sehr leid diese Zweifelhaftigkeit, ob ich dich sehe, aber doch halte ich es für besser wegen der ankommenden schreienden Fremden, daß Du zu hause bleibst, darum habe ich meine Antwort verzögert, es ist knappe Zeit, hochbeinigte, stelzfüssige, wegen der vielen abgeschossenen Beine und doch kann ich die Hofnung nicht aufgeben, Gevatter bin ich wie immer, auch Gevatter zu stehen [auf] zwey gesunden Beinen. Bey den Beinen fällt mir ein, daß ich gestern mit dem einen im Wasser bey der Stegmühle gesteckt habe, ich war mit den jungen Mädchen (Blumenbachs und Heyers) dahingegangen und wollte ihnen ein Ziklein holen, den Abend begegnete es mir bey Dieterichs, wo ich aß, Stücke vom Freymüthigen im Ariel eingewickelt zu finden, damit Du aber nicht stolz auf mich siehst, wisse, daß es Deinem Ponce eben so ergangen, das hat mich in eine so angenehme Lustigkeit gesetzt, daß ich mit besonderm Vergnügen heute in meiner Fensterscheibe eingeritzt finde: Vivat wer ohn allen Ekel, auch den ärgsten Gassenrekel, voller Läuse Schorf und Dreck fuchst ins Teufels Namen weg[.] Das ist unsterblich, das hallt jedem nach, das strahlt mir hier sogar mit dem Lichte herein, das sich über Schönheit und Häßlichkeit *gleich* ausbreitet – das muß einen verteufelten Geschmack haben. Weil ich bey der Sorte bin, lege ich ein Lied bey, das in Berlin zur Schlittenfahrt der Gensdarmen gesungen worden, Luther und Theobald sassen im Schlitten, die im Wernerschen Stücke Weihe der Kraft abgedankten Nonnen ritten vor, alles wurde in einem Hurenhause abgesetzt. Der König hat zur Strafe einige versetzt, die übrigen setzen lassen. Ein andermal schreibe ich Dir von Klingemanns miserablem Luther und von dem wunderlichen des Werner, heute ist mir mein Zimmer wie ihm die alte Wartburg, die Brunnen rauschen, lebendiger mein Sinn, der sich wie ein Phönix aus seiner Makulatur hebt. Ich schließ dich unsichtbar in meine Flügel[.] Schreibe mir hieher, ich schreibe auch bald

Achim Arnim

86 *[Heidelberg, um den 20. August 1806]*

Lieber Bruder!

Welch schrecklicher Freund du bist, man liebt dich, wie ein Hirschkuh ihren Hirschochsen, den eine Königschlange halb hinunter Geschluckt, und der Rest pampelt vor dem Maul herum, weil das Geweih nicht durch die Kehle will, immer muß man sich mit Göttern schlagen, um dich ans Herz zu drücken, du schwerer Ganimed, den der preusische Adler nicht Himmelan zu tragen vermag. O Laße den Königen waß der Könige ist. Arnim, wenn du wüßtest, daß ich fühle, wie du, so weist du nur, daß ich dich fühle, es ist wunderbar, so an einem nur zu hängen, deine ganze Nation hat mir eine Ehre, weil du dich ihrer annimmst, aber du gehörst der Welt an, ein Herz kann nur sterben für den Staat, für die Welt ist Jesus gestorben, halte dich um Gotteswillen frei von gräßlichem in deinem Leben, werde kein Soldat in einer Zeit, wo es keine giebt, o bleibe der unsichtbaren Kirche der Kunst angehörig, damit ich nicht verliere, worum ich so unsäglich gern lebe, dein Dasein. Ich bin nicht feig, aber ich weiß nicht, waß ich thun soll, wenn du Krieg gegen uns führst, Weib und Kind verlassen, Arnim! meine paar Heller fielen deinen Feinden in die Kriegskasse, kein Unterthan des Bundes darf außer dem Bunde dienen; du weist nicht, wie es mich erschreckt, wärst du Soldat, o sei keiner der untergeht, keiner der siegt, sei ein Mensch hoch über der Zeit, und falle nicht in diesem elenden Streit um Hufen Landes. – aber ich muß schließen, dich in meine Arme schließen wohl auch – schreibe mir Augenblicklich, ob du gar keine Hofnung hast zu kommen, es dauert gewiß noch lange eh es losgeht, bade dich noch vorher, stärke dich, ich will lachen und weinen mit dir; bleibst du noch lange in Göttingen, schreibe gleich, soll ich gleich dir dort hin entgegen kommen, vier wochen auch sechs Wochen, hat Sophie noch zu gehen, willst du dann nicht selbst mein Kind zur Taufe heben, daß es Leben bleibt. O Lieber Junge, biß Marburg könntest du mir doch entgegen kommen, dort ist doch Berg und Wald. Befehle über mich, ich komme gleich zu dir, sehen muß ich dich. Du schreibst also gleich, *ich komme gleich*, oder *komme gleich nach Göttingen, oder komme gleich* nach *Marburg*, da will ich sein *bei Christian* zu erfragen. Soll ich die Lieder mitbringen die ich habe? Freilich fällt die Reise mir jezt schwehr, und Sophie wird es besonders Leid thun aber es muß sein! Ach Arnim komme, komme doch! wir sterben ohne dich! – Weißt du, daß die *Günterrode* sich vor 3 Wochen zu Winkel auf einem Gute der Serviere Abends am Rhein erstochen hat. Ich sende dir hiebei einen Brief Betinens, der vieles Schöne hiervon sagt, es ist *Kreuzers* wegen, dieser wollte sich scheiden lassen und sie heurathen, vorher trennt sie sich von allen Freunden, mutterseelig allein, stößt selbst Betinen zurück – Kreuzer wird hier Todkrank, und im Augenblick da er sterben will, läßt er ihr feierlich ankündigen, er Werde wenn er auch genese, sie nicht mehr sehen, er habe in diesen lezten Stunden, seine Pflicht erkannt, und wolle sein[e] Gattin behalten – nun ist er genesen, noch ist ihm die Nachricht verborgen – welches genesen! – Savignys neues Kind das er in Nürnberg erhielt, ist gestorben, wo er jezt ist weiß ich nicht. Beikommendes Lied ist von mir sehr schnell für unsre Wochenschrift, die Gegend ist Heidelberg hinter dem Haarlass abends gesehen gestern von mir Angefangen, du mußt es vors Licht halten, es ist nicht fertig, ich wollt es für dich machen, ich mache es noch einmahl fertig, dieß sende ich dir um dir es zu senden. Den Brief Betinens einer meiner liebsten sende mir gleich zurück

dein Clemens.

schreibe bestimmt über alles.

87 *Abgegangen Göttingen den 8 Sept 1806*

Symb: Wer des Vaterlandes Noth vergist, den wird Gott auch vergessen in seiner Noth!

Herzligen Dank für jedes freundschaftliche Wort, ich will auch meinen Brief nicht eher schliessen bis ich bestimmt jede Deiner Fragen beantwortet, jezt lebe ich noch in derselben unbequemen Ungewißheit wie den ersten Tag meines Aufenthalts, französische Truppen nähern sich während ihre Zeitungen vom Frieden reden, unsre Truppen sammeln sich, während das Cabinet kein Wort über den Zustand der Verhandlungen bekannt macht. Lieber Clemens, wo liegt die Welt, welche der Kunst gehört, wenn du auch nur in wunderbarer Erhebung das letzte Schlif ihrer Küsten hast wehen sehen, wir wollen sinnen und versuchen Flügel und Flossen uns bilden und Schlitschuh um dahin zu kommen, mein Vaterland würde es mir gönnen, das mit milder Segenshand tausendfache Wohlthat ohne Dank mir gereicht hat. Mein Dank ist daß ich bis dahin mit ihm fühle, ja daß ich denke ich bin es selbst; Soldat fürchtest du daß ich werden möchte, es wär freilig das einfachste, aber wahrscheinlich auch das nutzloseste bey meiner Unkenntniß und Ungewohnheit in tausend nothwendigen Dingen, aber was eben allein werth hat an mir, denn es ist besser als ich, das ist eben das, was ich jedem mittheilen kann, diese selige Beschränktheit, die mich hier festhält und laut und vernehmlich will ich reden und will kein Blat vors Maul nehmen und mag das Wort wie leerer Wind tausendmal gesprochen worden seyn, ich will es doch thun, mitfreuen, mitleiden, mitfallen, aufmuntern und trommeln, während andre fechten[;] kommt mir aber der Feind zu nahe, so schlage ich ihm die Trommelstöcke um die Ohren, daß Hören und Sehen vergeht. Ein guter Rath ist auch eine That, ich bin in der Zwischenzeit nicht nutzlos mit meinem Lande bekannt geworden und manchem braven Manne, ich trete gewissermassen frisch da auf, wo ich sonst getrieben[,] hat keine Verbindung damit scheinbar, dahingegen die meisten andern mehr oder weniger fest stecken. Kommt es zum Kriege, so ist unser Vaterland nicht in Berlin, nicht in der Mark nicht hie und da, sondern in den Menschen, das übrige mag in Flammen aufgehen, diese werden sich dran wärmen.

Deine Erzählung ist gar hübsch und rund, ich habe mir die Landschaft dabey durch den Mond angesehen. Was haben die ohlen Pälzer zur Erzählung gesagt? (Ich habe sie an Göthe geschickt.) du hättest noch sollen ein Gespräch zwischen den drey Stadt--Zeichen auf dem andern Thore anhängen, die hätten dem Karl Th. besonders gefallen, er hätte sie nachts vor der Damenpension stehend angetroffen. Die Aufklärer werden Dir sagen, wenn das Ey ausgetrunken und genossen, so ist es doch verständig noch die Schale zu ehren und zu nutzen; ob nicht die meisten ausgetrunken waren, ehe die Aufklärer kamen? Der geharnischte Kerl vor Vossens Hause hätte auch erzählen können, was ihm Voß mit seinen indischen Pfeilen für Angst macht, und deine Puppen, am Paradeplatz, was die zu den Soldaten sagen und das Heidelberger Faß was zum Bunde und um gebunden zu werden auf rheinische Art tüchtig geklopft, aber dessen ungeachtet trocken und spack dasteht, woraus nur die Fremden Wein kosten. –

Vorläufige Anzeige eines neuen Wochenblates.
Der Preusse, ein Volcksblat.

In festem Zutrauen auf unsern guten Willen kündigen wir dieses Wochenblat den Preussn bey ihrem Anmarsche zu einer neuen allgemeinen Thätigkeit an, das mit ihrem Namen ehrenvoll bezeichnet, ihnen als ein treuer Freund und Landsmann ernst und ermunternd, mannigfaltig aber in einigem Sinne zusprechen wird. Wir wollen kein Blat vor den Mund nehmen, sondern frey ergeben, unserm guten Volks-Geiste sollen alle Wünsche laut werden, die uns heimlich erfüllen, bekümmern und erfreuen, jede nothwendige Mittheilung, Prüfung unserer, Berathung, wie sie die Zeit fordert und giebt, theils aus bedeutenden Schriften, theils aus mündlicher Belehrung, die Dichtung alter und neuer Zeit, soll uns erzählend in den Strom der Begebenheiten hineinreissen, damit wir nicht leichtsinnig uns fremde Gedanken machen, sondern nach Gewissen rastlos, und ruhig aufmercksam steuren allen bösen Werken. Alle diese nothwendigen Mittheilungen, in welcher Form es sey, wird unser Volcksblat enthalten, doch wollen wir ihm dadurch keine Schranken setzen; alles was geachtete Mitbürger der öffentlichen Bekanntmachung angemessen halten, sey uns willkommen. Diesen lieben Mitbürgern, welche in rechtliger und ausdauernder Wirksamkeit und Bereitwilligkeit für das Beste des Landes durch das Klappern der leeren Mühlen nicht zurückgeschreckt vielleicht doch betäubt sind, diesen glauben wir willkommen zu seyn, damit sie einmal in dem Lermen ihr eigen Wort hören, doch ist es uns wichtiger in dieser Anzeige bekannt zu machen, welche Leser und Mitarbeiter wir strenge ausschliessen, welche wir gern zu todt langeweilen oder ärgern möchten. Oben an unter diesen Ausgeschlossenen stehen jene leeren müssigen Schwätzer, welche ihre eigene Geschichte als höhere oder tiefere Ansicht der Welt bespekuliren, denen alles vergangen, abgelaufen, aus ist, weil sie von nichts mit fortgerissen werden, die Engherzigen, welche von der Natur so knap zugeschnitten sind, daß sie ihren deutschen Sinn, der alles zwischen der Nordsee und dem Adriatischen Meere erfassen sollte, auf ein Paar Meilen Land, auf eine Stadt, auf eine Familie oder einen Namen beschränken, der doch nur Bedeutung und Werth in der Verbindung mit andern hat, ausgeschlossen sind ferner die Systematiker welche sich mühsam in ein Wort hinein gearbeitet und dieses dadurch hohl und leer gemacht haben, die frechen Tadler, die von der Erde ausgestossen, diese Erde voll Herrlichkeit umstürzen könnten, weil sie so den Punkt ausser ihr gefunden haben, der freilich einem tüchtigen Menschen und Bürger wie Archimedes unbekant bleiben muste. Dagegen wollen wir gern den Unglücklichen, die von dem Rade der gewaltigen Begebenheiten ergriffen noch mit lebender Kraft durchkämen, ein Vaterland geben, wo sie landen können im Streite mit den Wellen, den Kurzsichtigen möchten wir Trost geben, den Unwissenden manche Belehrung aus der Geschichte unserer lezten Zeit, keine hat sich gerade durch Trug und Ueberraschung so verwischt und undeutlich gemacht, Etlige, die bestimmt eines andern entgegensetzten Sinnes in unserer Nation sind besprechen sich doch wohl einmal ruhig mit uns: in einer Höhle gefangen, wo jedes den Ausgang ungeduldig suchet[,] thun selbst feindliche Geschlechter reissender Thiere einander nichts. Wir werden dieses Blat den Deutschen nennen, so bald Deutschland sich wieder herstellt von der langen Kranckheit welche jede Kraft vereinzelt und gegenseitig vernichtet, die wir mit Lust in der Stille pflegten und aufzogen: jezt nennen wir es nach dem grösten unter den lezten freyen deutschen Stämmen nach dem Preussen, der noch verknüpfet und ausbreitend umhertreibt;

um den sich neidend und drehend die Gewitter lagern, aber eher mögen sie den Morgenstern vom Himmel wegtoben, ehe sie ihm etwas anhaben. Wir glauben mit einem Schlage hier unsern Glauben darlegen zu müssen, daß Deutschland schon seit dem Beyrischen Erbfolgekriege nur in Preussen, und so weit es mit Preussen verbunden noch vorhanden war, die übrigen Staaten waren schon früher abgestanden, ehe es ruchtbar wurde. Mögen sich die Kinder, welche in den Koth gefallen an dem Preussischen Adler reiben, sie können ihn nicht beschmutzen, er kann sie vielleicht noch rein machen mit seinem glänzenden Gefieder, er schwingt die Fahne über sie, indem er mit seinen starken Schwingen auf den Feind schlägt: »Wollet nicht etwas seyn, ohne etwas zu thun, lernet wahre Grösse, geordnetes Wirken achten, das Heil eines Volcks ist immer in ihm selbst und kommt nie von aussen; das Vaterland ist in den Menschen, nicht in gutem oder schlechten Boden, der wahre herrliche Süden im menschlichen Herzen, da treibt er seine edelsten Früchte. Städte mögen in Flammen aufgehen wir wollen uns daran für einander erwärmen. Nicht des Namens wegen aus Gunst sollen wir leben, wir sollen leben weil wir die Kraft dazu haben, sonst fort mit uns Deutschen von dieser stolzen Erde. Haltet euch einander aufrecht im Siege wie im Unglück, Deiche sind gebaut, die Pest ist vertrieben durch Verbindung und Aufopferung, warum sollen nicht die grössern Uebel vertrieben werden, die zwar nur das Allgemeine zu treffen scheinen, aber eben dadurch jeden Einzelnen am sichersten zerstören. Es ist gesagt worden die französische Revoluzion sey vorbey, und das ist wahr für alle die, denen dadurch die grosse Lehre eingeschärft worden, daß Ergebenheit dem Vaterlande Aufopferung mit Gut und Blut dem herrlichen Fortschritte auch jede Art des Glücks erzeuge; diese Lehre und diese Erfahrung ist alt, aber jedes Volck lernt nur aus eigner Erfahrung; die Schlange hat auch uns umwunden wir haben ihr die Giftzähne ausgebrochen, ehe sie uns gebissen. Auch die deutsche Revoluzion, die früher begann wird bald geendigt sein, wenig besteht mehr aus blossem Herkommen, fast alles durch innern Nationalzusammenhang; der deutsche Fürstenbund der in früherer

Zeit nur ein grosser ahndender Gedanke eines grossen Mannes blieb, kommt dann aus den Trennungen und auf den Trümmern der kleinen Bündnisse zur schönsten Vollendung, unsre allgemeine Bildung wird dann klar, keine insularische Beschränktheit wird sie mehr stören!« Preussen es geht; an, an! Wir haben lange vorsichtig in der Dunkelheit umher getapt, wir sind schlimm geneckt worden, die Wuth zeigt den leuchtenden Ausgang, wir stehn allein zu unsrer Ehre, die Trommeln rühren wir Schriftsteller, ihr fechtet, kommt uns aber der Feind zu nahe, so schlagen auch wir mit den Trommelstöcken drein. Das Wort wird Geist.

Die Herausgeber des Preussen.

88

Göttingen den 6 Okt 1806.

Lieber Clemens!

Aus einem Briefe Deiner Schwester weiß ich, daß Du mit Tieck in Frankfurt gewesen, sonst habe ich von Dir seit dem kurzen dringenden Briefe, wodurch Du mich zu einem vermittelnden Orte eingeladen, gar nichts gehört. Hätte ich geglaubt, daß du so leicht die andern Umständen überwinden könntest, um von Hause wegzukommen, wie gern hätte ich Dein Anerbiethen angenommen in Marburg oder Hanau, das nur eine Tagereise von hier, Dich zu sehen, das ist etwas Versäumtes, etwas Unwiederbringliges, hättest Du nur aus Frankfurt im Augenblicke Deiner Ankunft hieher geschrieben, ich war in Cassel, sah aus der Keule des Herkules nach euren Gegenden, lauter Duft und Nebel. Das war versäumt und ich bin unschuldig daran. – Von Savignys Aufenthalt weiß ich kein Wort, ich vermuthe, daß ihn der Krieg wieder nach Marburg treibt und zweifle auch wieder, ich vermuthe es weil er seine Bücher lieb hat, ich zweifle, weil er die Seinen noch lieber hat, sein Briefpaket aus Winkelmanns Nachlaß habe ich an ihn dahin gesandt, es habe seinen Lauf wie alle menschliche Dinge, deine Briefe und Stammbuch gehn hiemit, wie viel möchte ich mitschicken, was ich Dir gern zeigen und vorlesen möchte:

Ich muß vielem mich entschlagen für jezt, schlägt sich nur mein Vaterland glücklich, so ist das alles nichts, gar nichts, ich könnte die schönste Perle meines Glücks dann zu einem Jubelbecher hinein trinken. Es schwebt mir zuweilen vor, daß ich Savigny irgendwo begegnen müste, vielleicht hier, darum warte ich noch, sonst wäre ich schon in Halle, um noch etwas von der grossen Armee zu sehen, ich habe hier Rüchels und Blüchers Corps recht mit Lust sehen können, alle Strassen waren voll Gesang und Musick, die Krone voll Trunk und Spiel; ich hörte General Blücher mitten im Platzregen auf dem Platze so wunderbar schön reden, daß er mir recht wie ein Kriegsheiliger vorkommt. Ich habe Lieder austheilen lassen, nimm sie als meinen guten Willen, was hast du zu der Einlage in der Tasche gesagt, die ich dir schickte? Wie hast Du die Deinen gefunden? Hat die Jordis ein Kind? Was treibt Kestner? Schreib, ich bitte Dich, alles was du gesehen, was dir einfällt, auch wenn die Augen dir dabey zufallen, mich macht es doch wach. Jede Traube ärgert mich, ich denke an den Rhein, da ziehen sie mir den Hals zusammen. Wie ich hier lebe? Nicht übel [–] bey manchem Uebel. Die Dieterich verlor ihr jüngstes Kind vor wenigen Tagen, da half ich trösten. – Ich kenne fast die halbe Stadt. – Wenn es, wie es scheint, nun für mich keine Most bey euch gewachsen, entschlösse sich wohl Mohr in Berlin den zweyten Theil des Wunderhorns drucken zu lassen? [–] Ich habe auch in dem ersten die meisten wieder überarbeitet zu einer neuen Auflage viel Gutes zugethan. – Seckendorf schreibt mir, daß er die Lieder an Dich gesandt, die ich von ihm verlangte, klagt aber, daß Du ihm kein Wort geantwortet, werde nicht allzusehr Sultan in deinen vier Pfälen und strangulire die Erinnerung an uns nicht daran. –

Es geht hier alles unter einander, wie bey der Mutter Engelhardt, die jezt hier ist und die ich in Cassel kennen lernte, wo sie die Bukle Engelhardsche genannt wird. Unter uns sey es erzählt, ich traf sie sehr lächerlich, ihr Kamisol aufgeschlagen mit ihrer kleinen Familie an gewaltigen schwarzen Pilzen abschälend, die sie für Champignons ausgab, die aber eher einem Commisbrod ähnlich sahen, als das Zimmer einem anständigen reinlichen Orte. Ein Handwerksbursche zündete sein Pfeifchen am einzigen Lichte an, so wie er sog schwebte das Zimmer zwischen Nacht und Tag, er war wie ich von dem einfältigen Bedienten hinein gelassen in dies Allerheiligste der Küchenzauberey, den sie dafür in die Backen knif, und es Abstrafen nannte. Die Frau ist ein höchst wunderlicher Charackter, die Rede sprüzt aus ihrem Munde wie aus einer gesprungenen Röhrleitung. Ihre blondlockige Tochter, die mit ihr hier, ist hübscher als die Geliebte von Kries, aber sehr ete, zip und preciös und verachtet Soldaten und Studenten. Grimm habe ich leider nicht kennen gelernt, ein Engländer Kieniard, der mit mir fuhr, drängte zurück, er hat nachher die Güte gehabt mich noch aufzusuchen, aber vergebens, weil ich unter dem Namen Doberwolzky da im Thore und im Wirthshause passirte. Mein Tag war sehr schön besetzt durch die verschiedenen Kunstsammlungen und Gärten prachtvoll ausgelegt, ich hatte zwey Monat so etwas entbehrt. Die Sammlung mechanischer Instrumente ist höchst merkwürdig durch die Menge gewaltiger fantastischer Angaben des Großvaters vom jezigen Churfürsten, es sind oft wunderbar lächerliche Sachen darunter. Unter den Gemälden sind die Raphaels alle unecht, der Lenardo da Vinci entweder von ihm oder von einem seiner besten Schüler, was häufig unentschieden. Die Claudes reissen wie eine Gicht nach Süden den, der dahin nun nicht kommen kann, die vier Tageszeiten sind es aber keineswegs, wahrscheinlich sind sie zufällig zusammengebracht, 1 ein Vortagen, 2 ein Nachmittag, 3 ein Abend Sonnenuntergang das beste von allen an Luft aber ein Grün wie alle sehr nachgedunkelt, endlig 4) eine helle unbestimmte Tagszeit. Als Charackteristik der Tageszeiten taugten sie alle nicht, sonst sind sie das Beste, was ich lange gesehen. Einige Rembrandts, Potters sind schauerlich wahr, aber im besten Sinne wahr, keins übertrift darin ein Familiengemälde Holbeins, ganz als wären darauf die alten Strophen geschrieben die Du wahrscheinlich noch nicht kennst, ich bekam sie in Schwäbisch Hall.

An allem Ort und Ende
Soll der gesegnet seyn,

Den Arbeit seiner Hände
Ernähret still und fein,
Gott will ihm darzu geben
Ein Ehfrau tugendreich,
Die einr fruchtbaren Weinreben
Sich soll verhalten gleich
Recht wie junge Oelzweige
Wachsen und grünen frisch,
So sollen in der Reihe
Die Kindlein um den Tisch
Gar fein und höflich stehen,
In Zucht und guter Sitt,
Der Vater soll sie sehen
Im dritt und vierten Glied.

Sey dies mein herzlicher Wunsch für dich, ich war fast ärgerlich wegen Deines langen Stillschweigens, wahrscheinlich beschäftigt dich jezt dein Kindchen und wo ich ein Paar schwarze Augen sehe meine ich, so sieht es aus und küsse es und wünsche ich wäre da, es ist Dir lange übel ergangen, nun wird alles gut, die Magnetnadel dreht sich von Osten nach Westen, darum wird es heller. – Preussen hoch!

Dein Achim Arnim

Deinen nächsten Brief schicke nach Giebichenstein

89

[Heidelberg, Mitte bis Ende Oktober 1806]

Lieber Arnim!

Ich wollte, du wärst die letzten Vierzehn Tage bei uns in Heidelberg und Frft gewesen, wo du gewiß viel Freude gehabt hättest. Lud. Tieck kam mit seinem Reisegefährten dem Hannövrischen Rumor von Rom hierher, er blieb acht Tage in Heidelberg und erquikte Kreuzer, Daub, Loos und Comp[agnie] mit Seelenspeise, man zerriß sich um ihn, und da ich kein recht lebendes Mitglied jener Gemeinde bin, kam er gewöhnlich um zwölf Uhr Nachts erst zu mir, und redete gar anmuthig und schön hintereinander. Sein Treiben hier gab mir eine Idee, wie man sich um Lavater mag gequält haben. Ich brachte ihn mit Zimmer zusammen, und mäkelte einigen Verlag, Zimmer drukt Ostern das Heldenbuch, Tieck war unendlich fleißig in der Vatik. Biblioth. er hat ½ Jahr alle Tage darinn Abschreibend zugebracht, er giebt es ganz neu deutsch mit einigen Gesängen vermehrt, die in die Reihe dieser Heldenlieder gehören, und vorher nie gedruckt waren. In einigen Wochen wird ein Programm, das er schreibt, das Ganze einleiten, und über seine folgenden Unternehmungen, Parzifal, Titurell, eine Geschichte der deutschen Poesie in zwei Bänden, und überhaubt über seine Ganze Ansicht des Mittelalters Rechenschaft geben. Er ist durchaus leichter, fröhlicher, und nicht mehr so todundverderberlich, als in Ziebingen, in der Malerei ist er dann und wann weniger Aristokratisch oder besser zu sagen Monarchisch, aber gegen Göthe ist er leider und besonders gegen die Eugenie gar unendlich erbitterter, aber auch dies kann man nicht sagen, er spricht ohne alle Leidenschaft, aus ruhiger Ueberzeugung, und bleibt nicht unbegreiflich, doch kann ich nie ganz lieben, was er sagt, weniger noch, daß er es sagt, sein Dasein in Heidelberg wo ihm, die durstigen alle Zapfen auszogen, daß er unaufhörlich floß, hatte mir etwas durchaus beengendes, und seine Ansichten können meiner Poesie, alle Quellen abgraben, es kann mir bei Etwas Vortreflichem nicht leicht so schlecht werden, als bei seiner Kritick, von welcher ich dennoch sagen muß sie ist die ruhigste, bescheidenste, und für ihren Urheber die wahrste, die je vielleicht geweßen, und ich möchte beinahe glauben, bei dem Guten könne einem auch gewissermaßen übel werden, für seine Geschichte der Poesie verspreche ich mir unendlich viel aus eben dieser Kritick, er wird sie nur bis auf die Meistersänger schreiben. Mit Mahler Müller ist er in Rom beständig gewesen, er hat ihn unmäsig lieb, und es ist ein rührender Beweiß seines treflichen würdigenden Gemüths, wie er sich bemüht, den Ruhm und die Ehre dieses in Ferne, Neid und Misverständnißen für die Welt beinah ganz verlohren gegangenen großen Dichters zu retten, Ostern kömmt eine neue Ausgabe aller Müllerschen Werke vermehrt und verbessert mit Nachrichten über den Mann und sein treuloses Geschick von Tieck heraus bei Schwan und Götz in Mannheim, an einer kleinen Schrift Müllers gegen Kotzebues Geschwätz über Rom, die Tieck mitgebracht, wird bereits gedruckt; Müller muß einer der unergründlichsten selbstständigsten Künstler Charaktere sein, die je von ihren Genoßen misverstanden und verlassen wurden, er ist oft so arm in Rom gewesen, daß er Ganze Monate lang nur Brod und rohen Sallat gegessen, Essig und Oel konnte er nicht bezahlen, übrigens soll er so gut und mit größerer Idee mahlen als irgend einer, der jetzigen Künstler, aber wegen einer unbegrenzten Gradheit und höchst naiven Wahrheitsagerei viele Feinde haben. Er hat ganze Stöße Manuskripte poetische, die er wenn gleich sehr vertraut mit Tieck ihn lesen zu lassen stets aufschob, und unter seinen Augen zu Fidibus Verbrauchte, über seine Gedichte soll er kein Urtheil haben, oft das Schlechste für das Beste halten und sich überhaubt stets verwundern, wenn sie jemand gefallen, doch hält er auf andere nicht eben mehr. Ein groses Werk über Kunst und Kunstgeschichte soll er bald vollendet haben, das treflich wird. – . Von hier bin ich mit Tieck nach Frft gereißt, wo er nach Dichter Art trotz seiner überfließenden Ernsthaftigkeit Weib und Kind noch acht Tage vergaß, die er von Morgens 7 biß Nachts 12 alle rund und rein in den Labirinthen des goldnen Kopfs zubrachte, er hat sich unendlich bei uns gefallen und misfallen, alles hat ihn geliebt, er ist von Stube zu Stube herumgezogen, hat 3 Schakspears Stücke vorgelesen, wobei Bethmann 3 mahl eingeschlafen, George der jezt an Liebenswürdigkeit und Anmuth mit Franz wetteifert, hat ihn besonders liebgewonnen, mit Betinen ist er auf du und du gekommen, sie hat so wunderbar schön vor ihm gesungen, ihren wilden Seelenschlag, keine Aria brillante, so wie sie früher sang, sie hat auch schön mit ihm gesprochen, ihr Wesen hat ihn tief gerührt, er hat ihr sehr zugeredet zu dichten, sie hat es auch versprochen – ! – ! – Waß ihren Gesang betrift, d. h. den extemporirten, so habe ich ihn Thränen dabei weinen sehen, und er versicherte, er der Kirchenmusikus, daß er durch Sie zuerst seine Ideenreihe über Musick ergänzt fühle, daß er nie etwas aehnliches gehört habe, und daß er jetzt wisse, wie die Musick entstanden sei, aber sie sang auch, wie wir es nie von ihr gehört haben. In Fft erhielt ich deinen Brief mit dem Schlittenfahrts Lied, das mich ein wenig geärgert hat, es ist einem fatal, wenn man so seine innerlichen Gedanken von Helden hat, ihnen auf den Bordelstraßen zu begegnen, die Berliner Frivolität hat für mich was gar kränkendes, vielleicht weil ich in keiner andern großen Stadt war, es ist mir bei dem Liede zu Muthe gewesen, als wenn mir die Leute dich und deinen Herrn Bruder Graf immer verwechseln. Betinens Brief über die traurige Güntherrods Geschichte bat ich dich, mir nach Einsicht zurückzusenden, thue es lieber und vergiß es nicht. Betine ist jezt täglich ein paar Stunden bei der alten Göthe, und läßt sich Anecktoden von dem geliebten Sohn erzählen, die sie für sich ganz mit den Worten der Mutter in ein Buch schreibt, um eine geheime Biographie dieses Göttlichen zu bilden, waß ich bereits von diesen Geschichten gehört ist treflich. Neulich empfing ich ein Gedicht auf das Heidelberger Faß, in einem Kalbfelle eingeneht, und erkante Frohreichs hand, ach wäre der Verfaßer doch diesem Kalbfelle gefolgt und keinem andern, so aber muß ich es einer Kuhhaut vergleichen auf welcher meine schönsten Hofnungen hinausgeschleift wurden. Lasse nur das Wunderhorn den Winter nicht einfrieren, und hänge es auch nicht hinter den Ofen, sprichwörtlich, ich erhalte täglich manichfaltige Beiträge, und habe einiges ganz trefliche, aber ich habe auch eine so unsägliche Korespondenz geführt, daß ich gestern ein Vogelkäficht den ersten in meinem Leben von Drath gemacht, um das Schreiben aus den Fingern zu kriegen. Wenn du irgend ein Trauerspiel der Anfang des Cevennenkriegs, die Mitte des C Kriegs und das Ende des C K von Krösalin, in die Hände bekömmst, so ließ den ersten Akt des Anfangs – der mir auserordentlich gefallen, es ist diese Trilogie von einem gewißen Herrn v. Sinclair der in Hessenhomburgischen Diensten war, Sekendorfs Bekanter, ich habe ihn in Frft gesehen, er reißte nach Cassel, auch hat er die Hälfte Antheil an einem Taschenbuch – Glauben und Poesie Berlin 1806 – worin ein lange Reihe wunderbarer Trinklieder von ihm, in denen hie und da ein herrlicher Enthusiasm liegt, alle diese Sachen, die ganz Erguß seiner Eigenthümlichkeit sind, erstaunen einen noch mehr, wenn man die lezte Romanze ließt, die ein Altenglische

Anecktode von Sinklairs zum Grunde hat, sie ist so ganz wunderbar gelungen, das sie ordentlich den Steinkohlengeruch hat, und ich würde nicht glauben, daß Sie von ihm ist, wenn er mir nicht eine Zigeunerromanze, Bänkelsängerartig aus der Zeit des siebenjährigen Kriegs gegeben hätte, die mich erstaunte so sehr hat sie alle Nüancen jener Zeit, die doch keinen reinen poetischen Charakter hat, er wollte über Göttingen nach Helmstädt, ist ein Fichtisches Produckt, sonst ein unangenehmer speichlender prickelnder unreiner ungedultiger Mensch, der in so vielerlei Teufeleien verzeselt zu sein scheint, daß ich ebenso gern mit Perücken in Vogelleim, oder Weichselzöpfen umgehen mögte als ihm; der närrische Patron sah mich zum erstenmahl, eine halbe Stunde, und empfahl mir gleich den wahnsinnigen Hölderlin, der jezt in Tübingen einem gewißen Autenrieht in die Kur gegeben sein soll, und einen andern verrückten Dichter im Kloster Haina, einem h[eß]ischen Tollhauß, lebte Winkelmann noch, der hätte s[ich] da zeigen können, Sinclair sagte mir, da [er j]ezt auf lange Zeit die Rheinlande verla[sse] empfehle er mir diese unglüklichen, er könne sie niemand anders empfehlen, kaum hatte er diese Rekomandation geendet, so bat er mich doch für Friedrich Schlegel Zuhörer zu einem Kollegium über waß man wolle zu sammeln, das dieser in Fft lesen wolle, dann reißte er ab, und drei Tage drauf schreibt er mir aus Kassel einen Brief, worin ein anderer von einem Wiener Kaufmannsdiener liegt, der sich in einem Gasthof zu Fft festgefressen, worin Sinclair logirte, der Kaufdiener bittet um Loslösung und Dienste und Sinclair rekomandirt ihn, weiter schreibt er, er sei im Kloster Haina gewesen, und habe zu seiner Freude erfahren, das Siegfried Schmidt gar nicht mehr verrückt sei, sondern, daß es bloß ein Irrthum gewesen, und ich mögte ihm doch eine Hofmeister Stelle zu verschaffen suchen, weil er sich schäme nach Hauß so ganz vernünftig zurück zu kehren – das dich der Teufel hohle mit all deinem Rekomandiren, der Kerl wäre im Stande mir ein ganz Narrenhaus zu rekomandiren, aber höchst toll ist dies doch von einem Mann, den ich gar nicht kenne, der mich nicht kennt, den ich nur eine halbe Stunde sprach! – Ich sehe täglich der Niederkunft meiner Frau entgegen, welcher

Abermals der Gevatter fehlt, sie ist recht wohl und grüßt dich, aber Gott weiß, wo du bist, wo d[u] hin gehst, schreibe *mir nur wo du deinen Aufenth[alt] haben wirst*, biß die Zeit sich entscheidet, und l[asse] *uns gegenseitig alles Politische vermeiden in unsern Briefen*, biß fleischerne Zungen vor den stählernen wieder schön zu Worte kommen dürfen, Tiecks Anwesenheit hat mich so zerstreut, daß ich dir so spät antwortete, glaube nicht, daß ich dich je eine Stunde vergesse, ich habe für kein Geschöpf mehr so den Zauber neuer erster ewig junger Liebe, als für dich, ja ich liebe dich recht heimlich. Hast du in einem der lezten Modejournals hefte eine Weitläufige nicht ungeschickte Kritick deines Volksliederaufsatzes gelesen, es ist wo nicht verstanden, doch verständig. – . Ach daß es Friede wär! daß ich dich sehe an dem alten Wunderkasten stehen und ins Wunderhorn stoßen. – lebe wohl schöner goldner Junge und schreibe

CB.

90 *Königsberg d. 2. Dec. 1806*
bei H. Toussaint et Comp.

Der Vater vom Himmelreich spricht:
Mensch steh still und fürcht mich
Gehst du vor dich
So thust du thöricht,
Mein rechte Hand die schlägt dich! –
So spricht Gott der Sohn:
Mensch, kehr dich um und merk mich,
Du gehst unweißlich,
Ich warne dich! –
So spricht Gott der heilge Geist:
Mensch laß deinen Willen fleischlich
In meinen Willen geistlich
Das rath ich.
In Gottes Namen
Amen!

– Taulers Nachfolge des armen
Lebens Christi S. 176

A. A.

Inhaltsverzeichnis

Die Fortsetzung der Freundschaftsbriefe *von 1807 bis 1829, der Kommentar und das Register befinden sich im fortlaufend paginierten Band II.*

Die Freundschaftsbriefe, die Achim von Arnim und Clemens Brentano in den Jahren 1801 bis 1829 miteinander gewechselt haben, sind im Januar 1998 in den Bänden 157 und 158 der Anderen Bibliothek im Eichborn Verlag, Frankfurt am Main, zum ersten Mal vollständig vorgelegt worden. Diese Edition verdankt sich Hartwig Schultz, der die Brentano-Arbeitsstelle im Freien Deutschen Hochstift (Frankfurter Goethe-Museum) leitet. Von ihm stammt der Kommentar zu der vorliegenden kritischen Leseausgabe.

Der Briefwechsel war bisher nur lückenhaft in einer tendenziösen Auswahl vom Ende des 19. Jahrhunderts zugänglich. Ein Teil der Brentano-Briefe ist seither in der großen historisch-kritischen Ausgabe erschienen, die im Freien Deutschen Hochstift erarbeitet wird. Die Veröffentlichung der Gegenbriefe wird in der geplanten Achim von Arnim-Ausgabe der Stiftung Weimarer Klassik vorbereitet. Beiden Institutionen gebührt der Dank des Verlages und der Leser für ihr Entgegenkommen. Die Freundschaftsbriefe erschienen unter Mitarbeit von Holger Schwinn; das Lektorat lag in den Händen von Rainer Wieland.

Dieses Buch wurde in der Borgis Walbaum von Wilfried Schmidberger in Nördlingen gesetzt und bei der Fuldaer Verlagsanstalt auf holz- und säurefreies mattgeglättetes 100 g/m² Bücherpapier der Papierfabrik Schleipen gedruckt. Den Einband besorgte die Buchbinderei G. Lachenmaier in Reutlingen. Ausstattung & Typographie von Franz Greno.

1.–8. Tausend, Januar 1998. Von diesem Band der ANDEREN BIBLIOTHEK gibt es eine handgebundene Lederausgabe mit den Nummern 1 bis 999; die folgenden Exemplare der limitierten Erstausgabe werden ab 1001 numeriert. Dieses Buch trägt die Nummer:

8603